高等学校交通运输与工程类专业教材建设委员会规划教材
高等学校交通运输类专业新工科教材
教育部-阿里云产学合作协同育人项目支持
北京航空航天大学立项教材

Theory and Method of Transportation Data Science

交通数据科学理论与方法

马晓磊　主　编
崔志勇　顾明臣　副主编
　　　　鲁光泉　主　审

人民交通出版社股份有限公司
北京

内 容 提 要

本书从交通数据分析全流程入手,系统讲述了数据存储、数据处理、数据可视化的理论与方法,并通过具体案例展示了数据科学理论在交通运输领域的应用场景。全书共 15 章,包括:绪论、关系型数据库建模与设计、数据库语言及其应用、地理空间数据库、交通数据处理编程实践、交通数据统计理论、回归模型与时间序列分析、支持向量机、决策树、集成学习、聚类分析、神经网络、深度学习、数据可视化和交通大数据应用实例。本书各个章节均配备了可供下载的交通数据集与代码,并详细展示了其使用方法。

本书既可作为高等学校交通运输类专业教材,供高年级本科生及研究生使用,也可为交通工程师、规划师等相关领域的技术及研究人员提供参考。

图书在版编目(CIP)数据

交通数据科学理论与方法 / 马晓磊主编. — 北京:人民交通出版社股份有限公司,2022.8
ISBN 978-7-114-18064-4

Ⅰ.①交… Ⅱ.①马… Ⅲ.①交通运输管理—智能系统 Ⅳ.①U495

中国版本图书馆 CIP 数据核字(2022)第 110284 号

Jiaotong Shuju Kexue Lilun yu Fangfa

书　　名:	交通数据科学理论与方法
著 作 者:	马晓磊
责任编辑:	李　晴
责任校对:	席少楠
责任印制:	张　凯
出版发行:	人民交通出版社股份有限公司
地　　址:	(100011)北京市朝阳区安定门外外馆斜街 3 号
网　　址:	http://www.ccpcl.com.cn
销售电话:	(010)59757973
总 经 销:	人民交通出版社股份有限公司发行部
经　　销:	各地新华书店
印　　刷:	北京虎彩文化传播有限公司
开　　本:	787×1092　1/16
印　　张:	19.75
字　　数:	493 千
版　　次:	2022 年 8 月　第 1 版
印　　次:	2023 年 6 月　第 2 次印刷
书　　号:	ISBN 978-7-114-18064-4
定　　价:	58.00 元

(有印刷、装订质量问题的图书由本公司负责调换)

序

  不同于基础学科,交通运输具有理论体系复杂、多学科交叉渗透、前沿技术应用集中的学科特点,完善交通数据科学课程体系,将有效应对交通行业"创新为先,实践为本,多元化发展"的培养要求,对填补行业大数据分析人才缺口、助推国家建设交通强国具有深远意义。在加快建设交通强国背景下,广大交通科研工作者需要以数据资源赋能交通发展为切入点,推动大数据与综合交通运输深度融合,有效构建综合交通大数据中心体系。在教学改革上,新工科建设对实践应用与创新精神提出更高要求,高校应奋勇承担为社会培养基础扎实、产学结合的新时代交通人才任务,而提升交通运输类专业学生的数据思维能力则是践行这一任务的重要手段。

  马晓磊教授等人旨在以培养学生全流程案例分析与数据实践能力为切入点,革新教学方法、资源配套、考评体系及产学研一体化建设方法,对交通数据科学理论与方法进行了深入而细致的解析。

  全书以"数据库设计→统计学习理论→人工智能算法→交通数据应用"为主线,系统介绍了交通数据库建模与语言设计、地理空间数据库应用、交通数据统计理论、回归模型、基础机器学习与深度学习算法,并通过交通安全数据建模、道路通行能力分析及轨迹数据地图匹配三个实例将理论与实践有机融合,让传统的交通仿真、交通模型落地;在突出交通运输类专业特色的同时,强化数据库设计、人工智能与统计学习算法应用能力,结合大数据时代下的"互联网+交通"新模式,深化教学意义,服务国家战略需求。

  这部教材展示了交通数据科学理论与方法的最新研究与教学成果,有利于提升我国交通大数据研究水平,将成为该领域重要的学术参考资料,同时对新工科背景下我国高等学校培养综合型交通人才及其课程流程设计起到一定启示作用。

王云鹏

中国工程院院士

北京航空航天大学校长

前言

交通运输部印发的《推进综合交通运输大数据发展行动纲要(2020—2025年)》明确指出,要推进综合交通运输大数据发展,构建综合性大数据分析技术模型,有效支撑综合交通运输决策管理与服务。大数据提供了一种全面、连续观察交通现象的手段,基于人工智能算法和统计方法,能够为交通分析技术体系带来变革。传统交通模型是交通定量分析的重要工具,基于严格的数学与物理理论,探究人、车、物的宏微观移动规律,模拟交通特征,进而解析和预测交通现象。传统交通模型与交通大数据存在相互依存的关系:一方面,传统交通模型以交通大数据作为输入,数据输入影响模型输出的准确性;另一方面,交通大数据方法依赖传统交通模型刻画交通现象的内在机理。如何利用交通大数据改进既有交通模型,建立新型交通理论与方法,一直是学术界和产业界关注的热点问题。

近些年来,工业与移动互联网的高速发展及其产生的海量数据挖掘与应用需求,对交通运输行业培养兼具专业素养与数据意识、掌握工程实践能力与学科创新思维的"新工科"人才提出了更高要求。交通数据类课程则通过讲授交通数据收集、处理、分析的应用技术成为联系各学科、各技术的关键纽带,得到了国内许多高校的重视。然而,当前国内多数高校开设的交通大数据课程面临着课程设计、考核培养及质量控制难等多重问题,这在一定程度上影响了人才培养预期。资源配套的缺乏也导致了理论与能力培养脱节、数据处理过程孤立、交通应用特征不突出等问题,阻碍了学生的数据分析思维培养及问题处理能力迁移。

顺应"互联网+"与传统交通运输学科融合发展趋势,为应对新工科背景下交通大数据分析人才的巨大缺口，破除交通运输类专业学生数据处理观念和能力薄弱、交通大数据课程重理论轻实践的难题，编者团队结合海外学习、授课经历和本土化研究实践，采用案例式教学与国际化教学研究方式，以产业实际数据集与开放式项目为支撑，依照数据库设计→统计学习理论→人工智能算法→交通数据应用的主线编写了本书。

本书从交通数据分析全流程入手，详细讲述了数据存储（第2、3章）、数据处理（第5~13章）、数据可视化（第14章）的理论与方法。此外，本书还加入了空间地理数据处理流程与方法（第4章），从而能够更加适应交通运输学科的研究内容，即研究人与物在空间中的移动规律。本书第15章通过交通安全数据建模、道路通行能力分析及轨迹数据地图匹配三个具体案例，展示了数据科学理论在交通运输领域的应用场景。在编程工具上，本书对不同类型的任务进行了区分，选取了更加适用于统计模型的R语言及更适应机器学习的Python语言，通过数据库将两者进行了有机连接。为了帮助读者更好掌握书中介绍的理论方法，编者在各个章节均配备了可供下载的交通数据集与代码，并详细展示了其使用方法，详见：https://github.com/BUAA-ACME/code4TrafficBigData。

本书既可作为高等学校交通运输类专业教材，供高年级本科生及研究生使用，也可为交通工程师、规划师等相关领域的技术及研究人员提供参考。希望本书能够促进大数据在交通运输教学和实践中的进一步发展。由于数据科学理论在国内外都还处于持续发展阶段，在交通运输领域的应用也仅有几年时间，因此本书难免存在对已有讨论覆盖不全、模型算法更新不及时等诸多问题，还请广大读者批评指正、及时反馈，以便编者在下一版本中修订。

本书的出版得到了北京航空航天大学教材/专著立项、中国交通教育研究会教育科学研究一般课题、国家重点研发计划项目（2021YFB1600103、SQ2021YFB2600113）的资助。此外，本书的编写还得到了交通运输部规划研究院"综合交通规划数字化实验室"的支持，谨在此表示诚挚的感谢。

编　者

2021年12月于北京

目录

第1章 绪论 ·· 1
1.1 交通大数据定义与类型 ··· 1
1.2 交通数据科学发展历程 ··· 3
1.3 交通数据科学挑战与展望 ·· 5
1.4 本书特点 ··· 6
1.5 本书大纲与数据集简介 ··· 6
本章参考文献 ··· 7

第2章 关系型数据库建模与设计 ··· 8
2.1 数据库系统基本概念 ··· 8
2.2 数据库设计 ··· 13
习题 ·· 25
本章参考文献 ·· 27

第3章 数据库语言及其应用 ·· 28
3.1 数据库基本操作语言 ··· 28
3.2 数据库高级操作语言 ··· 40
3.3 数据库约束 ··· 48
3.4 数据导入案例 ·· 51
习题 ·· 54
本章参考文献 ·· 55

第4章 地理空间数据库 ·· 56
4.1 地理空间数据类型 ·· 57
4.2 地理空间数据编码 ·· 63
4.3 地理空间数据操作 ·· 64
习题 ·· 81

第 5 章　交通数据处理编程实践 ·· 82
- 5.1　R 语言编程基础 ·· 83
- 5.2　R 语言与数据库连接 ··· 99
- 5.3　Python 语言编程基础 ··· 101
- 5.4　Python 语言与数据库连接 ·· 108
- 习题 ·· 111
- 本章参考文献 ·· 112

第 6 章　交通数据统计理论 ··· 113
- 6.1　数理统计基础 ·· 113
- 6.2　典型概率密度函数及其应用 ··· 117
- 6.3　排队论 ·· 119
- 6.4　随机过程 ·· 122
- 6.5　参数估计 ·· 123
- 6.6　假设检验 ·· 127
- 习题 ·· 131
- 本章参考文献 ·· 131

第 7 章　回归模型与时间序列分析 ·· 132
- 7.1　线性回归 ·· 133
- 7.2　逻辑回归 ·· 141
- 7.3　泊松回归与负二项回归 ·· 144
- 7.4　平稳时间序列分析 ·· 146
- 7.5　线性回归案例应用 ·· 150
- 7.6　时间序列分析案例应用 ·· 153
- 习题 ·· 156
- 本章参考文献 ·· 156

第 8 章　支持向量机 ··· 158
- 8.1　线性支持向量机 ·· 159
- 8.2　非线性支持向量机 ·· 164
- 8.3　支持向量机应用案例讲解 ·· 166
- 习题 ·· 172
- 本章参考文献 ·· 172

第 9 章　决策树 ··· 173
- 9.1　决策树模型 ·· 173
- 9.2　决策树参数设置及剪枝 ·· 182
- 9.3　决策树应用案例讲解 ··· 184

习题 ·· 188
本章参考文献 ·· 188

第 10 章　集成学习 ·· 190

10.1　引言 ·· 190
10.2　Boosting ··· 191
10.3　Bagging ·· 194
10.4　Stacking ·· 196
10.5　案例应用 ··· 197
习题 ·· 202
本章参考文献 ·· 203

第 11 章　聚类分析 ·· 204

11.1　引言 ·· 204
11.2　基本概念 ··· 205
11.3　K-means 聚类 ··· 206
11.4　层次聚类 ··· 208
11.5　密度聚类 ··· 209
11.6　案例应用 ··· 211
习题 ·· 217
本章参考文献 ·· 217

第 12 章　神经网络 ·· 218

12.1　人工神经网络模型 ·· 218
12.2　神经网络的训练 ··· 221
12.3　神经网络的技巧（Trick） ·· 225
12.4　在 Python 环境中实践神经网络 ··· 227
习题 ·· 238
本章参考文献 ·· 238

第 13 章　深度学习 ·· 240

13.1　深度学习简介 ··· 241
13.2　卷积神经网络（CNN） ·· 243
13.3　循环神经网络（RNN） ·· 246
13.4　在 Python 环境中实践深度学习 ··· 248
习题 ·· 251
本章参考文献 ·· 252

第 14 章　数据可视化 ··· 253

14.1　数据可视化基本方法 ·· 254

  14.2 使用 R shiny 进行数据可视化……257
  14.3 基于 R shiny 的交通轨迹数据可视化案例……267
  习题……271
  本章参考文献……271
第 15 章 交通大数据应用实例……272
  15.1 交通安全数据建模……272
  15.2 道路通行能力计算……278
  15.3 基于轨迹数据的地图匹配方法……287
  习题……303
  本章参考文献……303

第1章

绪论

1.1 交通大数据定义与类型

随着互联网技术的发展和数据传输技术的不断完善,数据量及数据源数量近年来呈现飞速增长的态势,给科技和应用领域带来了新的挑战。据分析,如今全世界每天产生的数据量达到2.5EB(注:1EB=1048576TB)。因此,大数据的概念应运而生。然而大数据作为近年来提出的新概念,并没有唯一准确的定义。

同样,交通大数据也没有正式且唯一的定义,结合本书内容,暂且认为它是服务于交通出行的数据的统称。交通大数据与智能交通系统(Intelligent Transportation Systems,ITS)是相辅相成的,ITS的发展依托交通大数据的支撑,而随着ITS发展需求的日益增加,交通数据也在逐渐壮"大"。"大"主要体现在当前交通数据与传统交通数据在特征方面的不同。目前,结合交通大数据的基本类型,可以将交通大数据特征较为全面地概括为"6V"特征,见表1-1。

交通大数据的"6V"特征　　　　表1-1

特 征	描 述
体量(Volume)	历史数据的长期存储,积累了海量数据
速度(Velocity)	数据具有时变性,对数据处理速度提出更高要求

续上表

特　征	描　述
多源(Variety)	数据源广泛、交通状态参数繁多、类型丰富
真实(Veracity)	存在数据缺失、错误等异常现象,需要去伪存真
可视(Visualization)	提供一种反映交通运行态势的更为直观的表现形式
价值(Value)	从大的数据结构中进行知识发现,带来社会效益

众所周知,交通系统是一个复杂巨系统,其系统组成元素不仅数量巨大而且来源广泛,同时元素之间还存在复杂的关系。下面我们针对不同的数据来源,从不同的属性对交通大数据进行类型划分。

(1) 时间序列属性

单源时序是较为传统的交通数据。固定检测是此类数据的常用采集方式,多依靠感应线圈、微波雷达、视频检测等设备获取道路固定点/截面数据。需要声明的是,视频检测属于非结构化数据,它包含了更为详细的出行信息,但也导致处理成本较高。无论处理成本高低,通过技术手段,可以从中获取流量、密度、速度、占有率、行程时间等交通参数,为 ITS 应用提供基础数据支撑。另外,在乘坐公共交通时,进出站、上下车等产生的刷卡数据亦属于固定检测。此外,通勤上下班期间打卡签到亦能反映区域的交通需求。

(2) 二维空间属性

人们借助精确的定位设备,获取能够反映个体出行行为的二维时空数据。得益于移动通信互联网的发展和普及,移动端设备的激增使得时空数据的体量更加庞大、种类更加多样——由单一的覆盖率低的驾车出行数据转变为综合步行、骑行、驾车等多模式高覆盖交通数据。从点/截面数据到时空数据,这种数据获取方式的转变,使得基于位置的出行服务成为可能,为交通规划、车辆路径优化、行程时间预测等提供了支撑。

(3) 非结构化属性

上述的定量数据通常具有固定的格式,称为结构化数据。与之不同,非结构化数据可以理解为非数值化的数据。首先,最为常用的是图像视频数据,主要用于关键路段、路口的交通监测,对于交通事故的定性分析起着关键作用。其次,是互联网数据。以社交媒体为代表,它是具有描述性信息的定性数据,涉及生活的方方面面,尤其是城市特大活动、交通事件、恶劣天气等信息的交互分享,其在交通领域中的研究与应用方兴未艾,并出现了"社会交通"研究方向。社交媒体所包含的描述性信息能够解析交通出行中遇到的异常状态,既能帮助交通管理者制定合理的决策方案,也便于出行者灵活地调整出行方案。但是,从这类非结构化数据中获取有价值的信息也需要代价,需要额外的图像处理技术和自然语言处理技术的辅助。

(4) 动态与静态属性

动态数据是指具有时变特征的数据,能够反映交通系统中的动态特性。静态数据是指(在相对长一段时间内)不发生变化的数据,这涉及基础交通设施位置、基础路网结构、兴趣点/区域属性等。它们的价值多依附于与常规交通动态数据结合进行交通出行相关的研究。其一是联合建模,比如刻画拥堵时空传播规律、探测拥堵瓶颈、线网优化、交通异常与城市建成环境之间的非线性效应等。其二是可视化表达,结合地理空间,可对数值型交通参数进行更为直观的图形化表达,较为常见的如电子地图实时路况、人群聚集热力图等。

1.2　交通数据科学发展历程

交通数据科学可以归纳为:通过分析和挖掘数据,描述交通运行规律或探索解决交通问题的理论体系。交通数据科学也在随着交通数据来源和交通数据分析方法的发展而发展。下面围绕以上两个方面对交通数据科学发展历程进行简述。

1.2.1　交通数据来源

世界上公认的第一个车辆检测器出现于1928年,它是安装在道路附近的麦克风,要求驾驶人鸣笛以触发设备,从而达到检测车辆经过的目的。同一时期,基于压力传感器的检测器也开始出现,直到20世纪60年代,感应线圈开始登上车辆检测器舞台,并成为目前为止应用最为广泛的交通量检测器。感应线圈具有精度高、技术成熟、成本较低的优势,但需要破路施工,维护成本较大,主要可以采集车速、车长、车流量、占有率、车头时距、行车方向等信息。

在20世纪70年代,美国加州最早提出基于视觉的交通参数研究,并在20世纪90年代进入商业化阶段,也是在这一时期,国内开始了视频车辆检测技术的研究。视觉技术较为复杂,涉及计算机视觉、视频图像处理、信号处理、模式识别以及模式融合等多个领域,通过闭路电视和数字化技术分析交通数据。直到近些年,基于视觉的技术才日臻完善。视频检测器安装方便,检测地点易于改变,可进行大区域的检测,使用软件控制,便于升级。然而,车辆之间的互相遮挡也会造成漏检,此外,检测效果也受天气、环境的影响。

随着雷达技术的逐渐民用化,从1991年开始,基于雷达技术的传感器开始在北美、欧洲和亚洲广泛应用。超声波检测器发射超出人类听觉范围的频率为25~50kHz的声波,大多数超声波检测器发射脉冲波,可提供车辆计数、速度及道路占有率等交通信息。微波雷达传感技术作为一种特殊的距离/位移测量手段,能够解决近程目标的测量问题,因此也被称为近程雷达,并已从军用领域扩展到民用领域,并在物位测量、目标识别、速度测量、振动监测、位移监测等方面逐步得到应用。相对于其他传感技术,雷达传感技术具有非接触、抗雨雾粉尘等独特优点,逐渐成为近程目标位移测量领域的一种重要传感手段。

2003年,美国先思有限公司(SENSYS)研发了基于地磁的无线流量检测系统,并在2008—2010年快速发展。我国最早在2006年使用地磁检测产品,应用于北京快速路出入口信号控制项目。地磁线圈与上述感应线圈相似,但又有所不同。当带有铁质材料的车辆靠近传感器时,传感器感应到周围磁场相对地球磁场的变化,再经微处理器分析计算,判断车辆存在和通过状态。此类产品多应用于电子警察、卡口、流量采集和信号控制场景中。

上述固定式交通信息采集方式已经不能完全满足ITS对海量的动态实时信息的需求,因此各国交管部门都在进行交通移动采集技术的研究,以弥补固定采集技术的不足,完善整个交通信息采集系统,从而更好地为ITS服务。

20世纪90年代初,国外开始验证使用移动车辆(浮动车)采集数据的可行性,其中以德国的VERDI系统、美国的ADVANCE实验项目T31和AMI-C系统最具代表性。德国的VERDI移动检测系统通过车载移动通信单元和监控中心实现道路交通信息的实时移动传输,移动传输网络采用的是GSM(全球移动通信)网络,监控中心实时采集的数据不仅包括车辆位置信息和车速信息,还包括车辆的运行状况信息、天气信息以及路面信息等。美国的 AMI-C 移动车检测系统更加强调将各种多媒体信息通过先进的通信技术在行驶的车辆和监控中心之间传输,汽车将安装多种多媒体显示和采集设备,因此通过浮动车采集到的交通信息更加丰富和全面。

近年来,随着移动互联网 + 智能终端设备的应用和普及,智能设备中基于位置服务(LBS)使得交通信息的采集更加方便,也克服了固定式检测和浮动车技术的信息采集成本高、覆盖率低等问题。目前,手机成了日常生活不可或缺的一部分,它也是一种移动传感器。手机中的位置服务体现在生活的方方面面:导航出行、签到打卡、扫码支付等,这些数据体现出个体的出行行为,为交通出行溯源、出行 OD(Origin-Destination,起讫点)分析提供了丰富的可靠的数据源。

1.2.2　交通数据分析方法

交通流理论是交通数据分析中的重要组成部分。交通流理论的研究可以追溯到 20 世纪 30 年代,依托概率分布衍生出交通流量和车速的第一批应用,相关文献论述了泊松(Possion)分布刻画交通现象的可行性。到 20 世纪 50 年代,汽车工业突飞猛进,交通量增多,而对应的交通事故、交通堵塞问题也日益严重,交通流从个体车辆(微观)向车流(中/宏观)转变,交通现象的随机性减弱,原有的随机性模型已不再适用,这促使研究学者探索新的方法模型以便进行科学的交通规划和控制。于是,车辆跟驰理论、排队论和流体动力学模拟理论被学者提出,拓展了交通流理论的维度。首届交通流理论研讨会于 1959 年在美国底特律举行,标志着现代交通流理论系统化的形成。在此之后,交通问题在世界各地的大城市中日益受到关注,为了缓解这些问题,交通流理论得到了稳步发展。

称交通流分布、车辆跟驰、交通波、车辆排队等建模研究可以被归为传统交通流理论。它们以数理统计和微积分为基础,其显著特征是具有严格的交通流模型的限制条件,模型推导过程非常严谨,模型具有明确的物理意义。目前,传统交通流理论在理论及实际应用中已相当成熟完善,初入交通领域的从业人员可以通过丰富的数值例题进行学习理解。

与传统交通流理论不同,现代交通流理论是指以现代科学技术为主要研究方法和模型的交通流理论。进入 20 世纪 90 年代,人工智能和机器学习(Machine Learning,ML)算法日趋成熟,百花齐放。一些经典的 ML 算法,如神经网络、模糊控制、K 近邻、决策树、随机森林、支持向量机等被较多地引入交通领域。至此,交通数据科学的研究开始向计算机技术倾斜,也体现出明显的学科交叉性。现代交通流理论的特点是模型方法不具备严格的物理意义,侧重于对真实交通现象的拟合效果。这类方法在模拟、预测复杂交通问题上表现优异,而传统的交通流理论处理这些问题就显得困难。

进入 21 世纪,深度学习(Deep Learning,DL)的快速发展(2006 年至今)为各行各业带来变革。此外,图形处理单元(GPU)的开发应用也满足了大数据时代下对计算速度的要求。无论是结构化或非结构化的数据,都可以进行学习训练,这使得 DL 在语音处理、图像识别、自然语言处理等方面取得巨大的成功。DL 技术具有强大的数据分析能力,它自 2015 年开始被引入交通领域,用于大规模时空数据、图像数据的预测分析,以及交通信号控制、路径规划和自动驾驶等方面的研究。在大力发展智能交通、智慧城市的背景下,这些人工智能算法逐渐在交通数据科学研究中占据主导地位。

如果说传统交通数据分析侧重于"建模"过程,那么在大数据时代下的现代交通数据分析则侧重于数据驱动的"证-析"过程。其中,"证"的本质是数据本身,充分的数字化证据使决策更加有理可依、有据可循,提高了策略制定的公正性、权威性和可靠性。"析"强调的是于证据中洞察因果规律,而不是让数学模型替代我们思考,也不是让证据表象干扰我们的判断能力。也就是说,现代的交通数据科学更需要一种"证-析"结合的决策思维模式,而非一个被数学模型束缚的自动化决策流程。因此,交通数据科学的发展目标绝非简单地把"大数据"嵌入传统理论框架。但是,也不能把二者独立开来。在研究不同问题时,二者各有优劣,切不可一味地追求和使用新兴方法。如何将二者结合,取长补短,可能是未来交通数据科学研究的热点。

1.3 交通数据科学挑战与展望

现阶段,以海量交通数据为驱动的智慧交通在研究和应用层面都面临着诸多挑战,这些挑战也是交通数据科学在建立与发展过程中所要面对的。

首先,目前交通数据的采集和使用缺乏统一的管理标准,数据的传输和应用存在较高的安全隐患。随着大众对个人隐私和数据安全的日益关注,如何采集和使用涉及交通参与者隐私信息的交通数据应受到足够的重视。

其次,多源交通大数据具有体量巨大、数据多源、类型复杂、利用难度高等特点。交通数据包括公交轨道位置刷卡数据、道路交通流等综合交通运输数据,共享单车数据、网约车监控数据等新业态数据,人流密度数据、移动互联网出行数据等社会感知数据,物流货品数据、收发运人员数据、物流车辆数据等物流数据,以及关乎人、地、事、物、组织的公共安全数据,这些多源数据的融合仍然是大部分城市尚未解决的问题。

最后,传统交通研究方法多依赖数理解析模型,这些理论模型多是现实复杂问题的简化抽象,并不能准确全面地刻画复杂的交通系统网络,对交通问题只具有理论指导意义。虽然大数据驱动下的新型人工智能技术为ITS带来了潜力应用,但却忽略了交通系统中的内在机理。如何把传统理论方法与新型技术相结合,为解决复杂的交通问题设计一系列高效的、可解释的、可拓展的新模型、新方法,亦是一项巨大挑战。

尽管面临挑战,国内外的一些出行服务行业[如滴滴、优步(Uber)、来福车(Lyft)等]在出行规划、缓解拥堵、信号控制等领域已进行了一些成功的探索。此外,谷歌、高德、百度等电子地图平台也在出行导航、路径规划、行程时间预测、车辆到站时间估计等智慧交通领域取得突破性成果。现阶段,交通数据科学在智慧城市、智慧交通等领域的研究方兴未艾,在以下几个方面有着广泛的应用前景:

(1)满足数据分析需求。目前,交通大数据处理在技术和理念上仍存在短板。根据多源数据的时空属性信息建立相互关联的数据结构可能是一种可行的融合多源数据方法,例如开发应用基于地理空间信息的数据融合技术且具有多源数据处理能力的平台。

(2)新兴机器学习、人工智能方法具有广泛的应用场景,但它们"暴力"地应用于大规模交通预测,而忽略了复杂交通系统的内部机理。模型和方法的选择需要根据数据类型和特定问题具体分析、量体裁衣。把新兴技术的强大数据分析能力与传统方法的数理解析能力结合,更进一步探索复杂交通问题的形成和演变机理,这将成为ITS发展过程中又一前瞻性课题。

(3)进一步完善出行服务。目前,跨领域的数据仍然是碎片化状态,规划"一张图"、运营管控"一张表"、交通出行"一张票"的综合交通大数据的愿景还未实现,出行即服务(Mobility as a Service,MaaS)需要进一步落实。所以,加速整合人、车、路、环境等跨领域的数据,构建一体化、数字化、智慧化的综合交通是未来交通的发展趋势。

当前,国内外城镇化进程持续推进,科技进步日新月异,在挑战与机遇并存的环境下,交通数据科学必然要在智慧城市、交通强国的战略发展中承担重要角色。随着自动驾驶和MaaS的完善及应用,传统的交通出行方式,甚至交通规则都可能会发生巨大的变革。数据驱动必然成为未来智慧交通综合体建设的重要方向,而反过来,新型的交通系统也会给交通相关人员提供极大的想象空间,激发他们的创新潜力,交通数据科学的理论内涵和实际应用也会得到极大的提升和加强。在交通数据科学的指导和支持下,智慧交通的建设将会更加高效并富有成果!

1.4 本书特点

目前,国内外并不缺乏大数据相关的优秀教材或课程,从中我们可以了解大数据的发展历程和展望、数据处理、数据挖掘的经典案例分析等方面的知识。然而,这些书籍和课程侧重于通用化的数据科学的介绍,并未针对具体领域数据,结合工程需求,进行从理论到实践的全方位指导。如果你看到这里,那么很有可能是因为你要做一些交通时空数据收集、处理、分析、探索、建模、应用和可视化等方面的工作。如果真的如此,那么这本书便能满足你的需求。

面对具有时间序列属性、二维空间属性、非结构化属性、动态与静态属性并存的交通数据,本书有层次、有梯度地展开介绍了数据库、地理信息系统、统计学、交通流理论、机器学习和深度学习方法在交通数据上的实际应用。从基础到前沿,应有尽有,是为交通数据的从业人员和打算入门的新人"量身定做"的。通过阅读本书,你会对交通数据科学形成基本的认知,并知道如何实现自己的工程目的,体会到交通数据科学的魅力。

本书依托R语言及Python语言实现数据分析、理论建模、工程应用的数据科学全生命周期。对于数据科学而言,在众多的编程语言中,R语言和Python语言可能是当前最好的两个选择。R语言具有以下优势:①R语言更多地被称为统计语言,基本上所有的统计算法都可以在R语言中实现,进而更容易把数据科学工作者从繁重的编程工作中解脱出来,把更多的精力用于理论研究;②R语言更受高校和学术机构青睐,具有更多的与统计相关的工具包,更利于学术研究;③在数据可视化方面,R语言几乎可以绘制所有类型的图,能充分发挥"一图胜千言"的优势。Python语言的优势体现在:①目前主流的大数据和机器学习框架都对Python语言提供了很好的支持,比如Hadoop、Spark、Tensorflow;②包含更丰富的数据结构,能够实现数据更精准的访问和内存控制;③具有更快的处理速度,能够直接处理海量数据。综上所述,本书将根据不同的应用角度,有侧重地选择二者之一介绍数据的分析和应用方法。

1.5 本书大纲与数据集简介

本书共包括五个部分,总计15章,分别介绍交通数据科学概论、数据库知识、统计分析、算法建模和实践应用。

本书的第1章是第一部分,主要介绍交通数据科学基本概念、发展历程,以及挑战和展望。

第 2~5 章是第二部分,介绍关系型数据库、空间数据库以及编程语言如何与数据库建立连接,用于时空交通数据的处理和分析。第 6 章和第 7 章是第三部分,主要从理论层面介绍数理统计知识在交通工程中的应用,涉及交通流概率分布统计、排队论、回归模型和时间序列分析,并结合 R 语言进行实例解析。第 8~13 章是第四部分,主要使用 Python 语言剖析各类机器学习、深度学习算法在交通数据上的应用案例,对算法从理论到实现进行详细介绍。最后两章为第五部分,面向实践应用,主要讲解数据可视化、数据案例分析相关内容。为了方便读者使用,本书提供了数据集、代码、练习 PPT 及课后习题参考答案等资料,读者可以访问 https://github.com/BUAA-ACME/code4TrafficBigData 获取。在本书后续章节中所提及的数据与代码,均可以在该网站按照对应的章节编号找到。

本章参考文献

[1] BELLO-ORGAZ G, JUNG J J, CAMACHO D. Social big data: recent achievements and new challenges[J]. Information Fusion, 2016, 28: 45-59.

[2] 陆化普,孙智源,屈闻聪. 大数据及其在城市智能交通系统中的应用综述[J]. 交通运输系统工程与信息, 2015, 15(5): 45-52.

[3] WANG F Y. Scanning the issue and beyond: crowdsourcing for field transportation studies and services[J]. IEEE Transactions on Intelligent Transportation Systems, 2015, 16(1): 1-8.

[4] 王印海,崔志勇. 智慧交通发展急需交通数据科学[J]. 城市交通, 2019, 17(3): 3.

[5] ADAMS W F. Road traffic considered as a random series[J]. Journal of the ICE, 1936, 4(1): 121-130.

[6] MA X, TAO Z, WANG Y, et al. Long short-term memory neural network for traffic speed prediction using remote microwave sensor data[J]. Transportation Research Part C: Emerging Technologies, 2015, 54: 187-197.

[7] ZHANG G, AVERY R, WANG Y. Video-based vehicle detection and classification system for real-time traffic data collection using uncalibrated video cameras[J]. Transportation Research Record Journal of the Transportation Research Board, 2007, 1993(1): 138-147.

[8] ZHU M, WANG X, WANG Y. Human-like autonomous car-following model with deep reinforcement learning[J]. Transportation Research Part C: Emerging Technologies, 2018, 97: 348-368.

[9] GUO Q, LI L, BAN X. Urban traffic signal control with connected and automated vehicles: a survey[J]. Transportation Research Part C: Emerging Technologies, 2019, 101: 313-334.

[10] CUI Z, HENRICKSON K, PU Z, et al. A new multi-source traffic data integration framework for traffic analysis and performance measurement[C]//TRB. Proceedings of Transportation Research Board 98th Annual Meeting. Washington D C: TRB, 2019.

[11] MA X, WU Y J, WANG Y. DRIVE Net: E-science transportation platform for data sharing, visualization, modeling, and analysis[J]. Transportation Research Record, 2011, 2215: 37-49.

[12] 肖自乾,陈经优,符石. 大数据背景下智能交通系统发展综述[J]. 软件导刊, 2017, 16(1): 182-184.

第 2 章
关系型数据库建模与设计

经过前面一章的介绍,相信读者已经对交通数据科学有了基本的认知。从本章开始,我们将逐一对交通数据科学涉及的各部分知识进行学习。数据库是存储、读取和处理数据必要的工具,而目前常用到的数据库模型就是关系型数据库,本章介绍数据库的相关知识。

2.1 数据库系统基本概念

数据的处理和管理是交通领域重要的工作之一,因而,数据库的知识对于交通而言是必不可少的。不仅限于交通行业,数据库已经深入于我们生活的信息社会中的方方面面,银行、大学、航空、生产等诸多领域都离不开数据库。本节将从数据库的概念入手,逐步深入地讲解数据库系统。

2.1.1 数据库系统基本定义

1) 数据(Data)

在介绍数据库之前,首先引入数据的概念。在计算机中,数据可以理解为描述事物的符号记录,该符号可以是数字,也可以是图形、图像、视频、音频等。数据大都可以经过数字化之后存入计算机中。

2）数据库（Data Base，DB）

数据库，顾名思义，是存储数据的仓库。该仓库在计算机的存储设备中，其中的数据按一定的格式存放。数据库的概念可定义为长期存储于计算机中的有组织的、可共享的数据集合。

3）数据库管理系统（Data Base Management System，DBMS）

数据库管理系统是一组访问、更新、管理数据库中数据的程序，同时也是位于用户和操作系统之间的一层管理软件。数据库管理系统是一个大型的复杂软件系统，也是计算机的基础软件系统之一。那么，数据库管理系统向用户提供了哪些功能呢？下面逐一进行介绍。

（1）可以实现数据的永久存储。我们为什么要关心数据的永久存储？因为当断电或者数据库无法连接的时候，永久存储功能让我们不需要担心数据会丢失。此外，在数据库管理系统中，可以递增地添加数据，提交之后的数据是可以永久存储的。正是由于数据库管理系统中的数据有持续性、灵活性和独立性等特性，该功能可以方便数据的多种操作。

（2）编程接口允许通过数据库语言对数据进行管理。数据库管理系统提供数据定义语言（Data Definition Language，DDL），用户可以对数据对象的组成和结构进行定义。此外，数据库管理系统还提供数据操纵语言（Data Manipulation Language，DML），用户可以通过 DML 来操纵数据，实现对数据库的一些基本操作，如查询、插入、删除和修改等操作。

（3）事务管理，即 ACID 测试。事务（Transaction）是用户定义的一个数据库操作序列，这些操作要么全做，要么全不做，在执行结构化查询语言（Structured Query Language，SQL）语句时，所有操作需要得到全部执行。事务是一个不可分割的工作单位。事务不同于程序，一般而言，程序包含多个事务。事务具有 4 个特性，即原子性（Atomicity）、一致性（Consistency）、隔离性（Isolation）和持续性（Durability）。这 4 个特性简称 ACID 特性。

①原子性。原子是不可分割的最小单元，而事务是数据库的基本逻辑单位，事务中包含的操作要么都做，要么都不做，该性质是事务的原子性。

②一致性。一致性和原子性密切相关，事务执行的结果必须是从一个一致状态到另一个一致状态，如果在系统运行过程中发生故障而导致事务被迫中断，未完成的事务有一部分修改已经存入数据库中，此时称数据库处于不正确或者不一致的状态。例如，现有 A、B 两个账户进行转账，A 账号要转给 B 账户 1 万元，该事务包含两个操作，A 账户减少 1 万元，B 账户增加 1 万元。这两个操作要么全做，要么全不做。全做或者全不做，数据库处于一致性的状态，然而只进行一个操作时，数据库就发生了错误，处于不一致的状态。

③隔离性。执行不同事务的操作是相互独立、互不干扰的，一个事务内部的数据和操作对其他并发的事务而言是隔离的，该性质是事务的隔离性。

④持续性。持续性也叫作永久性（Permanence），是指一个事务一旦提交，对数据库中的数据的改变是永久的，而接下来发生的任何故障都不会改变事务执行的结果。

4）数据库系统（Data Base System）

数据库系统是由数据库、数据库管理系统、应用程序和数据库管理员（Data Base Administrator，DBA）组成的存储、管理、处理和维护数据的系统。在不引起混淆的情况下，数据库系统常常被称作数据库。

2.1.2 数据模型

数据模型(Data Model)是对现实世界数据特征进行抽象的一种模型,数据模型亦可以理解为对数据描述、管理和控制的一种模式。由于计算机不能直接处理现实世界中的人或物,所以必须先把现实世界中具体的事物数字化,转换成计算机可以识别的符号,才能在计算机中进行相应操作,而数据模型是对现实中的事物关系的一种抽象,现有的数据库都是基于某种数据模型来运行的。数据模型是数据库的核心和基础。根据模型在应用上的分类,可将数据模型分为两类,第一类为概念模型,第二类为逻辑模型和物理模型。

概念模型(Conceptual Model)也称信息模型,主要用于数据库的设计阶段,根据用户的观点以及想法对已给的信息及数据进行抽象化的建模。

逻辑模型(Logical Model)主要是对数据之间的关系、数据结构等进行模型的构建,主要用于实现数据库管理系统。常用的逻辑模型包括:以树的形式组织数据的层次模型、以图的形式组织数据的网状模型和以表的形式组织数据的关系模型等。在本书中,我们以关系模型为主来介绍交通数据在关系型数据库中的使用。

物理模型(Physical Model)用于描述数据在系统内部存取和存储的方法,是对系统底层数据进行抽象的方法。物理模型主要用来实现数据库管理系统的任务,其选择方式取决于数据库的设计人员。

数据库的设计过程就是把现实世界中的具体事物抽象为数据库管理系统所支持的模型。首先,要把现实世界中的事物抽象到信息世界,即概念模型,然后再将其从信息世界转换到机器世界中,也就是所谓的逻辑模型,即DBMS能够支持的数据类型。这一过程可以通过图2-1来表示。

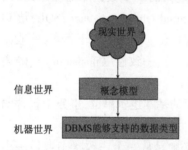

图2-1 现实世界中的具体事物抽象过程

由图2-1可以看出,概念模型是现实世界到机器世界的一个中间层次,用于现实世界中客观实体的一种抽象,概念模型的构建应当简单、清晰,使用户能够理解。下面介绍信息世界中的一些重要概念。

1)实体(Entity)

实体是现实世界中可以区别于其他对象的一件"事情"或者一个"物体",是对具体的事物抽象的概念或者联系,每一个实体都有一组性质,其中一些性质可以唯一标识一个实体。例如每个学生、每个账户、每辆车、驾驶人与车辆之间的关系(也就是驾驶人和其所拥有的车辆)等都可以称为实体。

2)属性(Attribute)

属性可以理解为实体的特性的集合,一个实体往往由多种属性来描述。例如姓名、年龄、学号、班级可以用来描述在校学生这一实体,车牌号、车辆类型、车身颜色等可以描述车辆这一实体。

3)关系(Relationship)

现实世界中,事物的内部、事物之间是存在联系的,这些联系也可以反映在信息世界的实体内部、实体之间的联系,所谓实体内部联系也就是实体的各属性之间的关系,实体间的联系是不同实体的关系。

不同实体的关系也不尽相同,可以是一对一的关系、一对多的关系,也可以是多对多的关系。实体-关系模型可以用来表示概念模型,详细内容会在 2.2 中进行介绍。

2.1.3 数据模式

模式(Schema)是对数据库中全体数据的逻辑结构和特征的描述,是对数据本身结构形式的抽象。模式并不涉及对数据中具体数值的描述,仅仅描述数据的结构以及属性,也就是型(Type)的描述。模式的一个具体值称为该模式的一个实例(Instance),同一个模式可以存在多个实例。

模式是相对稳定的,而实例是相对变动的,这是由于数据库中的数据在不断更新改变,可以理解为模式反映的是数据的结构及其联系,而实例是数据库中某一时刻的状态。对于不同的数据模式,通常采用三级模式并提供两级映像功能。

系统的三级模式是指内模式、模式和外模式。数据库的二级映像是指外模式到模式的映像和模式到内模式的映像。数据库的三级模式和二级映像结构如图 2-2 所示。

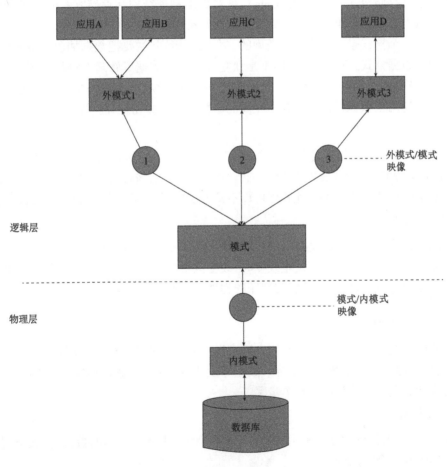

图 2-2 数据库系统模式结构

以下分别介绍图 2-2 中的三级模式和二级映像的功能。

1) 模式(Schema)

模式也称逻辑模式,是对数据库中全体数据的逻辑结构和特征的描述,也是所有用户的公共视图,其实质也是数据逻辑层的视图。一个数据库只有一种模式,数据库的模式又以数据模型为基础来满足用户的需求,并将用户的所有需求结合起来。因此,在定义模式的过程中,不仅要定义数据的逻辑结构,还要定义不同数据间的关系以及与完整性和安全性有关的要求。模式处于系统模式结构的中间层,既不涉及底层的物理存储细节,又不涉及与应用相关的高级程序设计语言。

2) 外模式(External Schema)

外模式也称子模式(Subschema)或者用户模式,是用户的数据视图,同时也是数据库用户能够看见和使用的局部数据的逻辑结构和特征描述。如图 2-2 所示,一个数据库可以有多个外模式,用户只能访问外模式中的数据,而其他数据是不可见的,这对保护数据库的安全是非常有利的。

3) 内模式(Internal Schema)

内模式也称存储模式(Storage Schema),是对数据物理结构和存储方式的描述,也可以理解为数据在数据库的内部组织方式。每个数据库都有唯一的内模式。

数据库的三个模式是对不同数据类型的三个抽象级别,主要把数据抽象成数据库管理系统能够处理的数据格式,三个模式之间不是独立工作的。数据库管理系统提供了三个模式之间的联系和转换,该过程称为映像。三个模式之间存在二级映像,即外模式/模式映像、模式/内模式映像。这两级映像保证了数据库较高的逻辑独立性和物理独立性。

4) 外模式/模式映像

该映像定义了外模式与模式之间的对应关系。外模式描述的是局部逻辑关系,而模式描述的是全局的逻辑结构,当模式发生改变时,调整外模式/模式映像可以使外模式不发生变化,应用程序是根据外模式编写的,因而应用程序可以不发生变化,保证了数据与程序的逻辑独立性。

5) 模式/内模式映像

模式到内模式之间的映像是唯一的,该映像定义了全局逻辑结构与底层存储结构之间的关系。当数据库的底层存储结构发生改变时,改变该映像可以使模式不发生变化,因而外部程序也不需要改变,这样就保证了数据与程序的物理独立性。

2.1.4 数据库设计概述

数据库设计是指根据应用环境和用户需求设计数据库的各级模式并建立相应的数据库的过程,是建立数据库应用系统的一部分。数据库设计对交通大数据的研究而言是必不可少的,数据库的设计流程主要分为以下 6 个步骤。

1) 需求分析

简而言之,需求分析就是分析用户的实际要求,例如需要什么样的数据、什么类型的应用以及什么样的操作会常用到。

2) 概念结构设计

概念结构设计是分析用户的实际需求,并将其抽象为信息结构(概念模型)的过程,这是一种抽象化的数据描述，一般使用实体-关系（Entity-Relationship，E-R）模型或类似高级数据模型的约束。

3）逻辑结构设计

这一步骤主要是将概念结构设计阶段设计好的 E-R 图转化为与数据库关系系统所支持的模式对应的逻辑结构。

4）模式约束

这一步骤的主要目的是检查关系模式中是否存在冗余和关系异常，也称为关系的规范化。例如关系数据库中的关系是要满足一定要求的，满足不同程度要求的为不同的范式。关于范式的内容，后面的内容会详细阐述。

5）物理数据库设计

物理结构是数据库在设备上的存储结构和存取方法，为逻辑模型选择合适的物理结构的过程就是物理数据库的设计，其中包括数据库的索引设计、聚簇以及调整等。数据库的设计过程可以用图 2-3 表示。

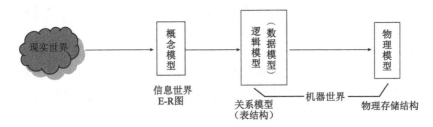

图 2-3　数据库设计步骤

6）创建并初始化数据库及其安全设计

完成物理结构的设计后，要用关系数据库系统提供数据定义语言，并载入不同的初始值进行测试，这就是数据库的初始化设计。此外，还要辨识不同的使用群体以及他们的角色，要长期进行对数据库的维护工作。到此，数据库的设计已经完成。

本部分主要介绍数据库系统的一些基本概念，从最基本的定义出发，逐步深入，重点介绍数据模型和数据结构等数据库入门所需掌握的必要知识基础，读者可根据前面的介绍思考一下数据模型和数据模式之间的区别和联系。本部分最后对数据库的设计流程做了基本介绍，图 2-3 的流程是数据库进行建模的基本框架，也是对数据库所涵盖知识的一个基本总结，今后所学习的数据库知识都是以数据库的设计为目的，是对其设计的基本流程的知识细节进行系统化的学习。

2.2　数据库设计

前面我们已经对数据库设计的基本流程做了阐述，读者应该已经有了一个总体概念。接下来，我们将着重开始进行数据库设计的介绍，包括 E-R 图的构建、关系模型以及关系范式和模式分解等内容。下面的内容所涉及的数据库均为关系型数据库。

2.2.1　E-R 图建模概述

E-R 模型是用 E-R 图来描述现实世界的概念模型,通过此前的介绍,我们已经了解了实体、属性、联系等概念,E-R 数据模型采用了实体集、关系集和属性三个基本概念,我们首先对此进行介绍。E-R 模型还可以用图形表示,后面的内容会重点介绍。

实体是现实世界中可区别于其他对象的"事物"和"对象",而实体集(Entity Set)就是有相同类型即具有相同性质(或属性)的一个实体的集合,例如一个停车场所有车辆的集合可以定义为 cars。联系是指多个实体之间的相互关联,关系集(Relationship Set)是多种相同类型联系的集合。严格来讲,联系集是两个或多个实体集之间的关联。

现实中实体的联系一般指实体集之间的联系,一个联系集中一个实体可以与另一个实体集相联系的实体的个数称为映射基数(Mapping Cardinalities),两个实体之间的联系可以分为以下 3 种:

(1) 一对一联系(1:1)

对于实体集 A 中的每一个实体,实体集 B 中至多有一个实体与之联系,反之亦然,则称实体集 A 与 B 为一对一联系,记作 1:1。例如,一个国家只有一个领袖,而一个领袖只能就职于一个国家,国家和领袖之间就是一对一联系。

(2) 一对多联系(1:n)

对于实体集 A 中的每一个实体,在实体集 B 中有 n 个实体与之联系,反之,实体集 B 中的每个实体在实体集 A 中至多有一个实体与之联系,则称实体集 A 与 B 是一对多联系,记作 1:n。例如,一个班级可以有多个学生,而每个学生只对应于一个班级,学生与班级就是一对多联系。

(3) 多对多联系($m:n$)

对于实体集 A 中的每一个实体,实体集 B 中都有 m 个实体与之联系,反之,对实体集 B 中的每一个实体,实体集 A 中都有 n 个实体与之联系,此时称实体集 A 与 B 为多对多联系,记作 $m:n$。例如,就选课而言,学生与课程就是多对多联系。

对于给定关系中的不同实体,我们需要有一种区分方法,由前面的介绍可知,实体中某些特定的属性可以唯一地区分不同的元组,换言之,不同的实体在该属性上的取值都不同。为了描述方便,这里引入码(Key)的概念,实体中的码是一个足以区分每个实体的属性集,码同样可以用于唯一标识联系,从而将联系互相区分开来。码的概念等同于后面提到的键和关键字的概念。

超码(Super Key)是由一个或者多个属性组成的集合,这些属性的组合可以让我们在一个关系中唯一标识一个实体,由定义可知,超码集中可能含有无关紧要的属性。如果 K 是一个超码,那么 K 的任意超集也是超码,然而 K 的真子集不一定也是超码。如果对于超码 K 而言,其任意真子集都不能成为超码,那么这样的最小超码 K 称为候选码(Candidate Key)。对任意超码 K,其中几个真子集都可以做候选码的情况是存在的。例如,对于在校学生而言,学号是其能够相互区分的属性,同时身份证号也是其相互区分的属性,学号与身份证号都属于其候选码。能够被数据库的设计者选中并使用的码称为主码(Primary Key),主要用来在一个关系中区分不同实体中的候选码。主码的选择应当足够慎重,应尽量选择属性始终不变或者极少变化的值。习惯上,在关系模型中,主码的属性加在其他属性之前,主码属性下还应加下划线来标识。一个关系模式 *R*1 可能在其属性中包含另一个关系模式 *R*2 的主码,这个属性在 *R*1 上叫作参照 *R*2 的外码(Foreign Key),关系 *R*1 也称为外码依赖的参照关系,*R*2 叫作外码的被参照关系。参照关系中任意实体在特定属性上的取值必然等于被参照关系中某个实体在特定关系的取值的性质称为参照完整性约束(Reference Integrity Constraint)。

2.2.2　E-R 图的结构

E-R 图可以可视化地表示数据库的全局逻辑结构,更清晰简单地勾勒出数据库的外观,同时也可以更容易地转换为关系模型,在数据库的设计方面可起到重要作用。下面介绍 E-R 图的基本结构以及其主要构件。

矩形代表实体集,如图 2-4 所示。
菱形代表联系集,如图 2-5 所示。
椭圆表示属性,如图 2-6 所示。

图 2-4　实体集　　　图 2-5　联系集　　　图 2-6　属性

属性和实体之间、实体和关系之间用直线连接,如图 2-7 所示。
属性中主码用下划线标明,例如图 2-7 中的 *A2* 就是实体 *E1* 的主键。
这里举一个简单案例来说明 E-R 图的使用。我们知道,汽车是一个实体,其包含多种属性,比如类型、生产商、价格以及汽车的名字等,汽车这一实体及其包含属性的结构关系可以表示为 E-R 图的形式,如图 2-8 所示。

图 2-7　E-R 图的表示　　　　　　图 2-8　汽车及其属性 E-R 图

此外,每个实体的每个属性都有各自的属性值。比如,表 2-1 为某辆汽车的例子。

实体属性值(以某辆汽车为例)　　　　　　　　　　　　　表 2-1

名　称	生 产 商	类　型	价　格
奔驰汽车	戴姆勒	小型车	40万

实体集中的每个唯一实体一对一,它只能对应于相关集中的单个实体。在 E-R 图中,在关系的每个端点处,箭头表示一对一关系(注意:关系用菱形表示)。一组中的一对多,每个唯一实体可以与另一组中的许多实体相关联,但是在相反的方向上,每个实体只能与另一组中的一个实体相关联,在 E-R 图中用箭头表示,指向关系的一侧。关系两侧的多对多实体可以与另一侧的任何数量的实体关联,没有标准,符号可能与其他情况有所不同,如图 2-9 所示。

在现实世界中,存在一些等级制度,一些实体可能是另一些实体的特例,在这种情况下,我们需要引入子类的概念来提高存储的效率。子类用三角表示,并在其中写明 **isa**,如图 2-10 所示。

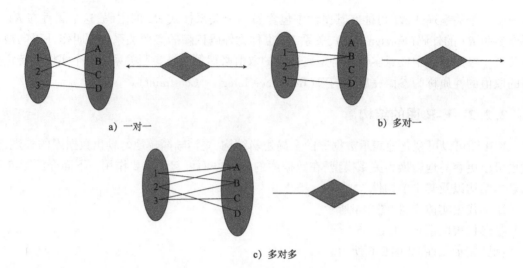

图2-9 实体间的不同对应关系表示

连接三角形上方的实体是父实体,三角形下方的实体是子实体。子实体可以继承父实体的任何属性,尽管其可能拥有自己的键。例如,在校学生实体包括本科生和研究生,如图2-11所示。

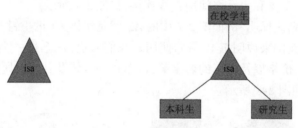

图2-10 子类的表示　　　　图2-11 用子类表示学生实体

我们使用子类,因为某些类型的信息可能与其他所有子类都不相关。例如,在这里我们要存储货车的车轴数和载质量,但这不适用于轿车等其他车辆。以上内容介绍了E-R图的一些基本构件,下面介绍数据库设计的基本原则。

首先,在E-R图中,实体集需要反映某种形式的现实。这意味着不应包含无法访问的属性。例如,在设计一个包含事故和车辆的数据库时,不应包含诸如驾驶人的身体描述或其社会保险号之类的信息。

其次,数据库设计中不应包含冗余的属性,也就是两个描述同一事物的属性。例如,在教室和建筑物数据库中,教室不应具有建筑物属性,该属性应在它们之间定义的关系中隐含。

第三,不可仅因为知道关系存在于现实世界中就添加关系。建立关系应该有一个目的,如果没有功能上的原因,那么不需要添加关系。

最后一点是选择正确的元素。有时,要存储的信息可以由不同类型的元素表示。例如,在汽车和制造商数据库中,可以将制造商名称保存为汽车的属性,也可以将制造商保存为实体集。

当实体集的键来自与其相关的其他实体时,即没有足够的属性形成主码时,此时称该实体集为弱实体集(Weak Entity),弱实体集必须与另一个称作标识(Identifying)或属主实体集

(Owner Entity Set)的实体集关联才有意义。由于一个实体集的键依赖于另一个实体集,并且键必须是唯一且无空值,所以对于弱实体集中的每个实体,在相应的强实体集中必须存在一个完全匹配的匹配项。在 E-R 图中,弱实体集和强实体集类似,以矩形表示,但也有如下区别(图 2-12):

(1)弱实体集的分辨符以虚下划线而不是实线表示。
(2)关联弱实体集和标识性强实体集的联系集以双菱形表示。
(3)弱实体集的对应关系的箭头部分用圆弧形表示。
(4)弱实体集用双矩形表示。

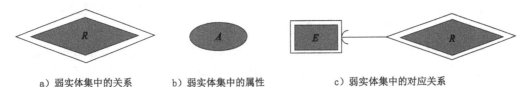

a)弱实体集中的关系　　b)弱实体集中的属性　　c)弱实体集中的对应关系

图 2-12　弱实体集表示

数据库设计的主要过程是数据库模式的设计,E-R 数据模型广泛应用于数据库设计的模型构建中。此外,E-R 图定义的数据库设计可以用关系模式的集合表示,数据库的每一个实体集和关系集都有唯一的关系模式与之对应,其名称即为相应的实体集和关系集的名称,这也是从 E-R 图转换为关系数据库设计的基础。

2.2.3　关系模型(Relationship Model)

关系模型是当今主要的数据模型,同网络模型或者层次模型等其他数据模型相比,关系模型简易并极大简化了编程的工作。下面我们将学习关系模型的基础知识,逐步理解关系型数据库的应用。

关系模型中只包含单一的数据结构——关系,即现实中的实体以及实体之间的各种联系均用关系来表示。关系中的数据逻辑是一张二维表格(Table),关系数据库是由表的集合构成,且关系数据库中的表都有唯一的名字。下面介绍关系型数据库模型中的相关概念。

在介绍关系型数据库的概念之前,我们先看一个广东大坪站治理超载记录的案例。

表 2-2 是 2021 年广东大坪站的治理超载部分数据记录,该二维表是一个关系。关系模型是建立在集合代数的基础上的,很多定义可以从集合论的角度来说明。

表 2-2　广东大坪站案例数据

检查时间	车型	载质量(t)	车轴数	车速	限质量(t)
2021-06-08T07:57:14	11	7525	2	0	36000
2021-06-01T19:02:42	13	1800	4	0	27000
2021-06-01T19:03:20	12	4420	2	0	27000
2021-06-01T19:03:24	14	2100	6	0	18000
2021-06-01T19:00:23	16	1970	4	0	18000

一般来说,一行代表一组值之间的关系,一个表则是这样一组关系的集合,这就是关系模型名称的来历。因此,在关系模型中,表(Table)用关系(Relation)来指代,而行用元组(Tuple)

来指代,类似地,列用属性(Attribute)来指代。例如,关系表 2-2 中有 5 个元组和 6 个属性。一个关系中包含的特定的行,或者一个关系中特定的实例用关系实例(Relation Instance)这一术语来表示。

域(Domain)是对于一个关系中每一个属性允许取值的集合,也可以理解为一组相同数据类型的值的集合,整数、实数以及其他类型相同的数据等都可以是域。在表 2-2 中,检查时间、车型、载质量、车轴数、车速、限质量等字段所构成的集合就是不同的域。对于任意关系而言,若其所有的属性上的域中元素都是不可再分的,则域是原子的。

关系与关系模式(Relation Schema)还是有一定区别的。例如,同一关系模式下可能会有很多关系;关系模式是关系的结构,关系是关系模式在某一时刻的数据;关系模式是稳定的,而关系是某一时刻的值,可能会随时间发生变化等。

关系数据库包括关系型数据库的模式和值。关系数据库的模式是对关系数据库的描述,对应于程序语言中对类型的定义。关系数据库的值是其关系模式所对应的关系的集合,这与上面提到的关系实例的概念相似。关系模型包含三个要素,分别是基本结构、基本操作和完整性约束。关系模型的基本结构就是上面的关系或者表格对关系的表示。

以上是对关系型数据库的一些基本结构和概念的介绍,同时这也是理解关系型数据库的基础。

在创建一个新数据库的过程中,一般分为设计阶段和实现阶段,在设计阶段中需要考虑要存储的信息、关系和约束,而实现阶段就是在真实的 DBMS 中构建数据库。因此在设计的过程中需要与数据库的关系模型保持一致。

前文介绍的 E-R 图在一定程度上可以转化成关系模型,也就是说 E-R 图和关系模型在表示实体之间的关系时是等价的。但在不同的情境下,其所具备的优势不同,因此理解并掌握如何进行两者间的有效转化就显得十分重要了。

下面介绍如何将 E-R 图转换成关系模型。将 E-R 图转换成关系型数据库的过程很简单:将每个实体集转换为具有相同属性集的关系,并将关系替换为属性是关联实体集的键的关系。对于 1∶1 关系,在两个实体中选择一个作为另外一个实体的主键;在 1∶n 关系中,在 n 端添加另一端实体的主键,例如班级与学生是 1∶n 的关系,则关系模型表示为学生加上班级的唯一标识;将 m∶n 关系转换成关系时,首先要将其转成实体,给实体加上其他实体的主键,并增加该实体关系自身的属性。

图 2-13　商品实体集

从实体集到关系的转换,首先要考虑的是强实体集,即创建具有相同名称和相同属性集的关系。例如,对图 2-13 商品实体集的转换如下。

由各属性与实体集的关系,可以写出如下关系:

商品(名称,种类,价格)

在对"表间关系"到"关系表"的转换过程中,当实体集 E 和实体集 F 之间有一个多对多的关系 R 时,表间关系 R 可以转换成如下的属性联系:E 的关键属性;F 的关键属性;属于 R 的任何属性。图 2-14 给出了商品与公司(即制造厂商)的 E-R 关系图。

公司与商品之间是生产关系,商品和公司都有各自的属性,而关系"生产"有年份的属性。层次关系可有图 2-15 的结构。

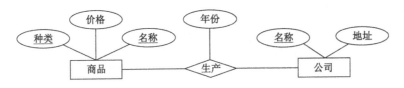

图 2-14 商品与公司之间的关系

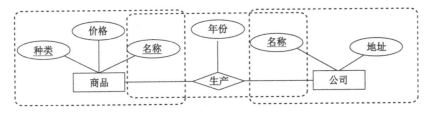

图 2-15 实体之间的关系结构

因此不难写出所有的关系,如下所示:

公司(<u>名称</u>,地址)

商品(<u>名称</u>,种类,价格)

生产(产品.名称,产品.种类,公司.名称,年份)

关系表之间又如何进行合并呢？首先要理解如何处理多对一的关系,同样有实体集 E 和 F,当 E 到 F 有多对一关系时,R 和 E 需要通过一个包含图 2-16 内容的模式组合成一个关系: E 的所有属性；F 的所有属性；属于 R 的任何属性。

图 2-16 实体集 E 和 F 的多对一关系

若公司和商品之间的关系变成多对一关系,如图 2-17 所示,那么又会需要多少个关系表呢？

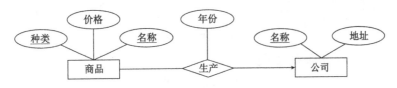

图 2-17 商品与公司多一对应关系

毫无疑问,两个关系表就可以解决上面的问题,商品与生产之间可以看作一个实体关系,而公司则可以看成另外一个实体关系(图 2-18)。

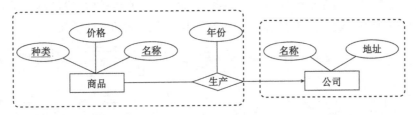

图 2-18 商品与公司实体关系

关系如下：

公司(<u>名称</u>,地址)

产品(<u>名称</u>,种类,价格,公司.名称,生产.年份)

那么当商品、生产与公司实体间的关系变为一对一关系的时候,如图2-19所示,关系表又该如何合并呢？

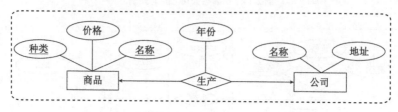

图2-19　商品与公司实体的一对一关系

一对一关系中,两个实体集的整个关系变成了一个包含所有属性的大关系;主键可以从我们选择作为主实体的任何一个实体中选取。所以有如下的关系：

公司和商品(<u>公司.名称</u>,公司.地址,产品.名称,产品.种类,产品.价格,生产.年份)

下面介绍从子类到关系表的转换,一般来说,有3种方法可以将子类实体转换为关系表：面向对象的方式,即每个实体集都成为一个关系表,具有所有适用的属性;空值,用一个表来表示整个层次结构,空值表示不适用的属性。对于层次结构的每一个实体集 E,创建一个包含来自根的主属性和所有属于 E 的属性关系表。图2-20是一个从子类到关系表的实例。

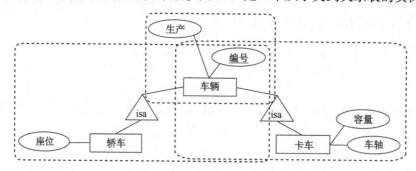

图2-20　车辆实体集及其子类关系

由上面分析,可有如下关系表示：

车辆(<u>编号</u>,生产)

轿车(<u>车辆.编号</u>,座位)

货车(<u>车辆.编号</u>,车轴,容量)

关于实体集的E-R图到关系模型的转换,以下介绍如何处理弱实体集。对于弱实体集,支持关系必须是具有引用完整性的多对一关系。与多对一关系类似,我们将关系和弱实体集结合起来创建一个关系表。图2-21是一个建筑物与教室之间的实体关系。

图2-21　建筑物实体集与教室弱实体关系

根据上面的转换规则,可以得出以下的对应关系:
建筑物(<u>名称</u>,位置,设计者)
教室(<u>建筑物.名称</u>,<u>编号</u>,空间,容量)

以上就是关于 E-R 图向关系模式的转换方式的介绍,对于相同的实体集存在的不同关系,转换的结果也是不相同的。下面给出一个其他实例来综合分析。

某车间生产产品并供给店铺销售,具体的属性结构如图 2-22 所示。

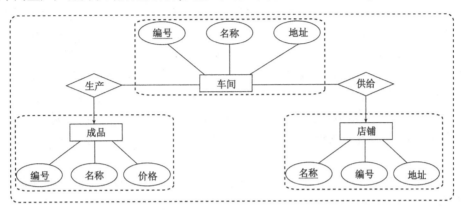

图 2-22 车间产品 E-R 图

下面根据图 2-22 并结合之前介绍的 E-R 图的构成相关要素,对上述关系进行描述,来说明各实体及其属性之间的关系、实体与实体之间的关系。

首先可观察到,车间与成品之间是一对多关系,可以把产能关系转化成产能实体。可表示为如下关系:

产能(<u>车间编号.编号</u>,日期,产量)

然后是成品实体和车间实体的对应关系:

成品(<u>编号</u>,名称,价格)
车间(<u>车间编号</u>,车间名称,地址)

以上内容就是 E-R 图与实体关系模型的转换过程,也是本部分学习的重点,在充分理解关系型数据库模型的基础上,可以更好地设计数据库。

2.2.4 关系范式与模式分解

前面我们介绍了数据库设计的基础——关系模型和 E-R 图。E-R 图是用实体和关系来描述客观世界的一种图表的表示形式,关系模型仅包含关系这一种数据结构,极大简化了建模的过程。同时,关系模型和 E-R 图之间可以遵循一定的转换原则进行转换,这里不再过多赘述。根据前述内容,理解关系和关系模式之间的区别也是非常重要的,即关系模式是对于关系的描述,是对关系全体数据逻辑结构的描述,可以理解为关系模式是型,关系是具体的值。至此,我们基本介绍了关系型数据库所包含的主要内容。

只了解关系数据库的基本概念是不够的,读者还应理解和掌握如何设计关系型数据库。在已有 E-R 图建模和关系模型的转换关系的基础上,为保证数据的正确性,数据库的设计还应具有一定的约束,也就是前面提到的完整性约束,包括实体完整性约束、参照完整性约束、用户自定义完整性约束。同时,为了减少数据冗余,消除存储异常,保证数据的完整性和存储效率,一般需要对关系模型进行规范化,也就是下面要介绍的范式的概念。此外,还需要把复杂的关系模式分解成若干个关系模式,即模式分解。下面开始讲解关系范式和模式分解部分。

根据前面的介绍,关系模型所涉及的关系都是规范化的,对于关系变量,只要其合法实例是规范化的关系,那么该关系变量就是规范化的。但是关系模型中可能包含不需要的函数依赖项,需要进一步地规范化,其目的是消除异常以及减少冗余和依赖项,可以理解为将较大的表划分为较小的表并用关系将其联系起来。

在介绍数据库设计理论之前,首先要说明一个重要的、基础性的概念——函数依赖,这一概念比较基础。函数依赖(Functional Dependency,FD)主要是指一个关系变量中一个属性集和另一个属性集的多对一的关系。设 $R(U)$ 是属性集合 $U=\{A_1,A_2,\cdots,A_n\}$ 上的一个关系模式,X,Y 是 U 上的两个子集,若对 $R(U)$ 的任意一个可能的关系 r,r 中不可能有两个元组满足在 X 中的属性值相等而在 Y 中的属性值不等,则称"X 函数决定 Y"或"Y 函数依赖于 X",记作 $X \rightarrow Y$。关系表 R 上的函数依赖是如下的一种形式:如果 R 的两个元组在属性 $A_1,A_2,\cdots,A_n$ 上一致(即,在这些元组各自的组件中,这些属性中的每一个都具有相同的值),那么它们一定也在另一个属性 B 上一致。写为:$A_1,A_2,\cdots,A_n \rightarrow B$。

当我们试图把太多的东西塞进一个单一的关系表中时,出现的问题被称为异常。我们遇到的异常的主要类型有:

(1)冗余:信息可能在几个元组中不必要地重复。

(2)插入异常:要插入的实体的属性要求太多。

(3)更新异常:更新时需要在多个地方更改信息。

(4)删除异常:可能会丢失不想删除的数据。

例如,U {学号,姓名,年龄,班号,班长,课号,成绩},学号→{姓名,年龄},班号→班长,{学号,课号}→成绩。函数依赖的分析取决于对问题领域的限定和分析,以及对业务规则的正确理解。例如,问题领域中,学生是没有重名的,则"年龄"和"家庭住址"函数都依赖于"姓名"。而在另一个问题领域中,学生是有重名的,则上述函数依赖是不成立的。设计关系模式时,除给出属性全集外,还需要给出数据依赖集合。

函数依赖包含以下特性:

(1)对 $X \rightarrow Y$,但 $Y \not\subset X$,则称 $X \rightarrow Y$ 为非平凡的函数依赖。

(2)若 $X \rightarrow Y$,则任意两个元组,若 X 上值相等,则 Y 上值必然相等,称 X 为决定因素。

(3)若 $X \rightarrow Y,Y \rightarrow X$,则记作 $X \leftrightarrow Y$。

(4)若 Y 函数不依赖于 X,则记作 $X \nrightarrow Y$。

(5)$X \rightarrow Y$,有基于模式 R 的,则要求对任意的关系 r 成立;有基于具体关系 r 的,则要求对某一关系 r 成立。

(6)如一关系 r 的某属性集 X,r 中根本没有 X 上相等的两个元组存在,则 $X \rightarrow Y$ 恒成立。

请思考分析下列属性集上的函数依赖:

(1)学生(学号,姓名,班级,课号,课程名,成绩,教师,教师职务)。

(2)员工(员工码,姓名,出生日期,联系电话,最后学历,毕业学校,培训日期,培训内容,职务变动日期,变动后职务)。

(3)图书(书号,书名,出版日期,出版社,书架号,房间号)。

(4)客户(客户号,客户名称,类别,联系电话,产品编码,产品名称,数量,要货日期)。

在对属性集上关系依赖进行分析时,关键要理清不同属性之间的依赖关系,并结合函数依赖的相关定义进行分析判断。以客户关系为例:

$$客户号\to\{客户名称,类别\}$$

$$产品编码\to 产品名称$$

$$\{客户号,产品编码,要货日期\}\to 数量$$

可以对其他关系用同样的方法进行分析,这里不再阐述。

以上是对常用的函数依赖的一部分内容的介绍,如果读者有兴趣进一步了解函数依赖,可以参考数据库相关专业书籍,该部分内容是学习关系范式和模式分解的基础,下面来对范式部分的内容进行介绍。

一个关系变量满足某一范式所规定的一系列条件时,它就属于该范式。接下来要介绍的前三个范式(1NF,2NF 和 3NF)是由 Codd 定义。该部分主要分析规范化概念,主要介绍从 1NF 到 BCNF,接着讨论无损分解的基本概念,事实上,依赖关系构成了 Codd 的三个范式,包括 BCNF 范式的基础。

在开始讨论规范化之前,我们先来分析这一过程中一个重要的性质:分解的无损性,也就是无损分解。在规范化过程中,把一个关系模式分解成几个关系模式,而且过程是可逆的,在此时不会发生信息的丢失现象。

现在开始介绍 Codd 的三个范式。

(1)定义 1:第一范式(1NF)

若关系模式 $R(U)$ 中关系的每个分量都是不可分的数据项(值、原子),则称 $R(U)$ 属于第一范式,记为:$R(U) \in 1NF$。

例 2.1 现有关系 Star(name,address(street,city)),Star 不属于 1NF,因为属性 address 包含了 street 和 city 两个属性,其分量不是原子。

同理,表 2-3 所示的学生成绩表也不属于第一范式,因为成绩属性包含了多值属性,即分数和结果,而 1NF 要求关系中不能有复合属性、多值属性及其组合。

表 2-3 学 生 成 绩 表

姓 名	学 号	班 级	成绩	
			分数	结果
小李	54601	546	99	通过
小王	44601	446	59	不通过

对于不符合 1NF 的关系,可以通过处理转化成 1NF,例如上面示例,Star(name,address(street,city)),可以转换为 Star(name,address)或者 Star(name, street, city),将复合属性处理为简单属性,将多值属性与关键字单独组成一新的关系。

(2)定义 2:第二范式(2NF)

若 $R(U) \in 1NF$ 且 U 中的每一非主属性完全函数依赖于候选键,则称 $R(U)$ 属于第二范式,记为:$R(U) \in 2NF$。

例 2.2 下面给出一个例子:

$$R(S\#,SN,SD,CN,G)$$

其中,S#:学号,SN:姓名,SD:班级,CN:课程,G:成绩。

函数依赖:S#→SN,S#→SD,{S#,CN}→G。

候选键:{S#,CN},非主属性:SN、SD 及 G。

因为:S#→SD,存在部分依赖,所以 R 不属于 2NF。

将其分解为 R1(S#,SN,SD),R2(S#,CN,G),则 R1∈2NF,R2∈2NF。

(3)定义 3:第三范式(3NF)

若 $R(U,F) \in$ 2NF 且 R 中不存在这样的情况:候选键 X,属性组 $Y \subseteq U$ 和非主属性 A,且 $A \notin X, A \notin Y, Y \not\subset X, Y \not\rightarrow X$,使得 $X \rightarrow Y, Y \rightarrow A$ 成立。满足以上条件,则称 $R(U)$ 属于第三范式,记为:$R(U) \in$ 3NF。

例 2.3 给出如下例子辅助理解:

$$Store(Sid, Pid, Did, Mgr)$$

其中,Sid:商店,Pid:商品,Did:经营部,Mgr:经理。

函数依赖:{Sid,Pid}→Did,{Sid,Did}→Mgr。

候选键:{Sid,Pid},非主属性:Mgr。

因为:{Sid,Pid}→Did,{Sid,Did}→Mgr,所以 R 不属于 3NF。

将其分解为 R1(Sid,Pid,Did),R2(Sid,Did,Mgr),则 R1∈3NF,R2∈3NF。

第三范式消除了非主属性对候选键的传递依赖。关系模式设计如满足第三范式,则一定能满足第二范式;反之则不然。

请思考:举出一些满足第三范式和不满足第三范式但满足第二范式的实例。

(4)定义 4:Boyce-Codd 范式(BCNF)

若 $R(U,F) \in$ 1NF,若对于任何 $X \rightarrow Y \in F$(或 $X \rightarrow A \in F$),当 $Y \not\subset X$(或 $A \notin X$)时,X 必含有候选键,则称 $R(U)$ 属于 Boyce-Codd 范式,记为:$R(U) \in$ BCNF。

下面给出两个示例辅助理解 BCNF 和 3NF。

例 2.4 邮编(城市,街道,邮政编码)。

函数依赖:{城市,街道}→邮政编码;邮政编码→城市。

候选键:{城市,街道}→U。

因不含候选键:邮政编码→城市;所以不满足 BCNF。

因无传递依赖,所以满足第三范式。

例 2.5 选课(学号,课程号,教师编号)。

假设规定每位教师只开一门课,则有:{学号,课程号}→教师编号;教师编号→课程号。显然,该模式满足第三范式,但不满足 Boyce-Codd 范式。

存在这样的定理:若 $R(U,F) \in$ BCNF,则 $R(U,F) \in$ 3NF(证明略)。

有传递依赖的或者说不满足 3NF 的,也一定不满足 BCNF。

请思考:举出一些满足 BCNF 的实例和不满足 BCNF 但满足第三范式的实例。

以上是关于 1NF、2NF、3NF 和 BCNF 的简单介绍,那么给定关系模式如何分解为 3NF 和 BCNF 呢?给出如下两个例子来帮助大家理解。

例 2.6 关系模式分解成 3NF。

$$R(A, B, C, D, E, F, G)$$

函数依赖集合{ A→B,A→C,C→D,C→E,E→FG }

候选键:A 有传递依赖,***R*** 不满足 3NF。
使用这样的分解规则:将每一个函数依赖单独组成一个关系。
$$\rho = \{R1(A,B),R2(A,C),R3(C,D),R4(C,E),R5(E,F,G)\}$$
可以看出:每一个模式都属于 3NF。
也可以合并一些关系:
$$\rho = \{R12(A,B,C),R34(C,D,E),R5(E,F,G)\}$$

例 2.7 关系模式分解成 BCNF。
$$\textbf{\textit{R}}(A,B,C,D,E,F,G)$$
函数依赖集合$\{A{\to}B,A{\to}C,C{\to}D,C{\to}E,E{\to}FG\}$

候选键:A;有不依赖于候选键的其他函数依赖,***R*** 不满足 BCNF。
使用这样的分解规则:将左侧不含候选键的函数依赖单独组成一个关系,将包含候选键的组成一个关系。
$$\rho = \{R1(C,D),R2(C,E),R3(E,F,G),R4(A,B,C)\}$$
可以看出:R1 $\in$ BCNF; R2 $\in$ BCNF; R3 $\in$ BCNF; R4 $\in$ BCNF。
也可以将 R1 和 R2 合并:
$$\rho = \{R12(C,D,E),R3(E,F,G),R4(A,B,C)\}$$

在本部分中,我们主要介绍了关系范式和模式分解的相关内容,简单总结如下:1NF 表示表中的每个字段都是最小的数据单元。2NF 是指在 1NF 的基础上,表中所有的非码属性必须完全依赖于候选码。3NF 是在 2NF 的基础上,非主属性之间没有相互依赖(消除传递依赖)。

(5) Boyce-Codd 与第三范式区别
Boyce-Codd 范式:对于所有非平凡函数依赖项 $A{\to}B,A$ 必须是一个超码。
第三范式:对于所有非平凡函数依赖项 $A{\to}B,A$ 必须是一个超码或者 B 是一个主属性。
主属性:候选码的成员。3NF 不允许非主属性被另一个非主属性决定,但在候选码内部,允许主属性被主属性决定,而 BCNF 中,除了非主属性不能被非主属性决定外,主属性内部也不能存在部分或传递依赖。

习 题

1. 请分别说出数据库管理系统事务管理的特点。
2. 关系模型由哪几部分组成?请分别阐述。
3. 区分以下术语的联系及区别。
(1) 主码、候选码、外码;
(2) 关系模式、关系、关系型数据库。
4. 举例说明关系模式和关系的区别。
5. 简要概述数据库设计的步骤和遵循的原则。
6. 列举所有的 E-R 图的符号并说明其实际含义。
7. 设计银行的数据库(创建 E-R 图),使得该数据库可用于维护和更新客户信息及其各自的账户信息。

要求设计的数据库至少包含以下信息：

客户：姓名，地址，电话，SSN。

账户：账户号，账户类型[保存，检查，其他]。

员工：姓名，工号，位置，薪水。

关系：客户和账户；账户和员工。

可以包含其他你认为有必要的实体、关系和属性。

8. 我们希望建立一个数据库来管理有关大学雇员（教授和教职员工）、办公室分配以及雇员和部门办公室位置的信息。下图是该数据库设计的 E-R 图和开发该 E-R 图所作的假设。

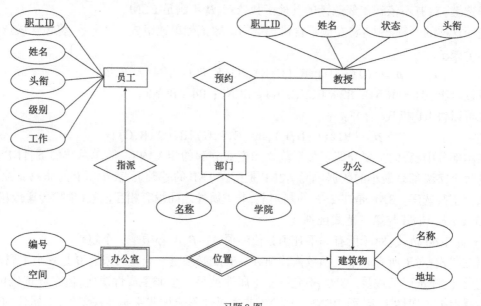

习题8图

假设条件：

(1) 每个人只能分配到一个办公室，但每个办公室可以容纳多个人。

(2) 教授/教职员工可以被任命到一个或多个部门，但可以分配到任何建筑物中的办公室。

(3) 每个建筑物可以容纳多个部门，但是每个部门只能位于一个建筑物中。

(4) 相同办公室号码可能出现在多个建筑物中。

完成以下问题：

(1) 以上假设是否在此图中正确表示？请为以上列出的每个假设进行解释。

(2) 找出以上 E-R 图中的其他问题。

(3) 更改以上 E-R 图，使得新的 E-R 图与假设完全相符。

9. 现有某国有企业的结构数据库，已知有如下的关系 R：

$$R(店铺序号，货物号，库存，部门号，部门负责人)$$

如果规定：

(1) 每个店铺的每件货物只能在一个部门销售。

(2) 每个店铺的部门只能有一个负责人。

(3)每个店铺货物只有一个库存。

请回答以下问题：

(1)写出关系模式 R 的依赖函数。

(2)写出关系模式 R 的候选码。

(3)关系模式 R 最高已经达到第几范式？为什么？

(4)将 R 分解成3NF。

本章参考文献

[1] CODD E F. A relational model of data for large shared data banks[M]. New York：Communications of the ACM，1970.

[2] DENNIS T，ANTHONY K. The ANSI/X3/SPARC DBMS framework report of the study group on database management systems[J]. Information Systems，1978(3)：173-191.

[3] 萨师煊，王珊. 数据库系统概论[M]. 2版. 北京：高等教育出版社，1991.

[4] CODD E F. Further normalization of the data base relational model[M]. New York：Prentice-Hall，1972.

[5] ULLMAN J. Principles of database system[M]. 2nd ed. Rockville：Computer Science Press，1982.

[6] CODD E F. Recent investigations in relational data base systems[J] // IFIP. IFIP Congress 74[M]. Amsterdam：North-Holland Publishing Company，1974.

第 3 章
数据库语言及其应用

本章主要介绍如何用数据库处理数据,包括数据库基本操作语言以及必要的函数介绍,并通过实例来介绍完整的数据操作流程。

结构化查询语言(Structured Query Language,SQL)是关系数据库的标准语言,同时也是一个通用的、功能强大的关系数据库语言。SQL 是一种非常高级的语言,采用一种类似表的结构,这有助于程序员避免指定传统编程语言中需要的大量数据操作细节。而且 SQL 查询可以得到很好的优化,能够实现高效的查询。SQL 在数据查询、数据库模型的创建、数据的插入、删除和修改以及数据的完整性定义与控制等一系列功能方面发挥着重要作用。

那么 SQL 都能够做些什么呢? 大致可以归纳为以下几点:一是可以创建和管理数据库和数据表,存储过程和视图等;二是可以向数据库中插入新的记录,并可以修改和删除;三是对数据表中的数据进行查询;四是对数据库进行事务控制和权限管理。本章主要介绍数据库语言的基本功能及其在交通领域的一些应用。

3.1 数据库基本操作语言

按照功能用途可以将 SQL 分成四类:数据定义语言、数据操纵语言、数据控制语言和数据查询语言。数据定义语言(Data Definition Language,DDL)用于数据库、表、视图等的建立、删除。DDL 包括 CREATE、ALTER、DROP 等操作。数据操纵语言(Data Manipulation Language, DML)用于添加、删除和修改数据表中的记录。DML 包括 INSERT、DELETE 和 UPDATE 等操作。数据控制语言(Data Control Language, DCL)用于对数据库对象的权限管理和事务管理。DCL 包括 COMMIT、ROLLBACK、GRANT 等操作。数据查询语言(Data Query Language, DQL)用于查询,查询是数据库的基本功能。DQL 中使用 SELECT 查询数据表中的记录。

下面我们将从关系的基本查询、创建和修改以及对多个关系的联合操作等诸多方面来对数据库的基本操作语言进行讲解和操作。

3.1.1 基本查询语句

在 SQL 语句中,是不区分大小写字母的。SQL 提供了结构形式一致但功能多样化的检索语句 SELECT,其简单的语法格式如下:

SELECT 列名 [[,列名] …]
FROM 表名
[WHERE 检索条件];

这也是最基本的 SQL 查询语法格式。以上 SQL 查询的语义是从表名所给出的表中,查询出满足检索条件的元组,并按给定的列名及顺序进行投影显示。SELECT 语句中的 SELECT …, FROM…,WHERE…,等被称为子句,在以上基本形式基础上会增加许多构成要素,也会增加许多新的子句,满足不同的需求。

现在来说明一下 SELECT、FROM 和 WHERE 语句的主要功能和在该语句中发挥的主要作用。SELECT 的主要作用是投影数据,可以是现有字段的列表或者某些表达式。FROM 后接关系或者表格,可以是现有关系、临时表或者子查询。WHERE 在该语法结构中起到选择数据的作用,是限制查询返回的行的条件表达式。表 3-1 给出了一个 2021 年 6 月 1 日广东大坪站莞深检查站关系的实例来介绍 SQL 简单查询的语法具体应用。

表 3-1 2021 年 6 月 1 日广东大坪站莞深检查站关系的实例

Check_time	Vehicle_type	Weight	Alex_count	Speed	Limit_weight
19:01:50	11	7525	2	0	18000
19:02:42	12	8200	2	0	18000
19:03:24	16	19930	2	0	49000
19:00:23	14	20610	6	0	36000
19:08:29	13	19490	4	0	27000
19:10:05	14	25350	2	0	36000
……	……	……	……	……	……

现在要对检查时间为"19:01:50"的检查时间、车辆类型、载质量、总轴数等相关属性进行查询。根据上面介绍的 SQL 的语法规则,可以很容易写出如下的 SQL 查询语句。

```
1. SELECT Check_time, Vehicle_type, Weight, Alex_count
2. FROM En_station
3. WHERE Check_time = "19:01:50 ";
```

将以上 SQL 语句在 SQL Server 或者 Mysql 等数据库管理软件中运行可以得到所要查询的结果。结果如下：

Check_time	Vehicle_type	Weight	Alex_count
19:01:50	11	7525	2

由于 SQL 查询对大小写字母不敏感，所以查询语句中的字母大小写不影响查询的结果。如果要对表中某一元组的所有属性进行查询，可以用"*"来简单表达所有属性。例如，要对检查时间为"19:01:50"的所有属性进行查询，可以使用如下的 SQL 语句。

```
1.  SELECT *
2.  FROM En_station
3.  WHERE Check_time = "19:01:50";
```

将该 SQL 查询语句在数据库管理软件中运行可以得到如下的结果：

Check_time	Vehicle_type	Weight	Alex_count	Speed	Limit_weight
19:01:50	11	7525	2	0	18000

以上就是对于关系或者表格的简单 SQL 查询操作，对于 En_station 这一关系，有如下的输入模式表示：En_station(Check_time, Vehicle_type, Weight, Alex_count, Speed, Limit_weight)。

进行简单查询的操作：

```
1.  SELECT Check_time, Vehicle_type, Weight, Alex_count
2.  FROM En_station
3.  WHERE Check_time = "19:01:50";
```

可以得到以下的输出模式：Result(Check_time, Vehicle_type, Weight, Alex_count)。

对于 SQL 查询语句结构中的每个部分都可以进行一定程度上的深入理解和变化。在 SQL 的投影过程中，也就是 SELECT 过程中可以对结果中的列进行重命名，用到 AS 语句。还是以上一个选择语句为例，对结果列的名称进行重命名，如下语句所示：

```
1.  SELECT Check_time AS Time, Vehicle_type AS type, Weight
2.  FROM En_station
3.  WHERE title = "19:01:50";
```

在该语句中，将 Check_time 重命名为 Time，将 Vehicle_type 重命名为 Type，因此选择后的结果会变为：

Time	Type	Weight
19:01:50	11	7525

在 SQL 选择操作时，用 WHERE 进行条件的判断从而筛选出符合条件的项，那么 WHERE 子句中通常有什么呢，又有什么书写规范？下面我们来进行详解说明。

对于本例而言，用等号判断所筛选的条件，如 Check_time = "19:01:50"，也就是选出符合检查时间为 19:01:50 的条件所投影的相关属性。用布尔运算符来完成相关操作，在 WHERE

字句中常用的布尔运算符总结见表3-2。

常用布尔运算符总结　　　　　　　　　表3-2

运算符	描述	运算符	描述
=	等于	<=	小于或等于
<>或!=	不等于	BETWEEN a AND b	位于[a,b]范围内
>	大于	LIKE	匹配一种字符串模式
<	小于	IN (a,b,c)	等于多个可能值中的一个
>=	大于或等于	IS NULL 或 IS NOT NULL	与null(缺失数据)做比较

注意一点:"!="不是标准的 SQL 运算符,但在大多数 DBMS 中受支持。对于数字,它们具有通常的含义;对于字符和文本,它们通常按字母顺序进行布尔运算;对于日期和时间的布尔运算,例如 time1 < time2,意味着 time1 早于 time2。

SQL 语句的简单查询不但可以直观判断出所查询的内容是否符合条件,而且可以进行匹配查询,常见的匹配查询运算符有 LIKE、IN 等,下面来对 LIKE 的使用进行说明。在 WHERE 子句中,有时候我们需要查询包含×××字符串的所有记录,这时就需要用到运算符 LIKE。LIKE 运算符是根据模式匹配比较两个字符串,其简单表达式可以理解为:s LIKE p,其中 s 是一种字符串,p 是一种模式。p 中可以包含两个特殊符号:"_="表示任意的单个字符,而"%="表示任意的字符序列,其作用类似于正则表达式中的"*",可以匹配任意0个或者多个字符。值得说明的是,LIKE 字句中如果没有"_"和"%",就相当于运算符"="的结果。从上面对于 LIKE 的描述可以了解其对 SQL 查询的重要作用:它可以大大地提升 SQL 查询语句的执行效率以及对于模糊查询的准确性。LIKE 语句的结构可以用如下的形式来表示:

#WHERE 子句使用 LIKE 语法:

1. `SELECT column_name FROM table_name WHERE column_name LIKE '%value%'`

下面还是以表 3-1 为例来熟悉 LIKE 的具体使用方法,选出检查时间在 19:01 的车辆类型、载质量以及轴承数记录,和前面查询的过程类似,只需要将查询条件进行变换即可,根据上述介绍 LIKE 的语法规则,可以有如下写法:

1. `SELECT Check_time, Vehicle_type, Weight, Alex_count`
2. `FROM En_station`
3. `WHERE Check_time LIKE '19:01__'`

由上面的 SQL 语句可以看出,由于 LIKE 的使用,查询的效率变得更高,查询也变得更加方便起来。在某些情况下,LIKE 的使用可以起到重要作用。下面是前述语句的执行结果:

Check_time	Vehicle_type	Weight	Alex_count
19:01:50	11	7525	2

对于含"%"的 SQL 语句,其使用同上面类似,这里不多做介绍,感兴趣的读者可以进行"%Check_time%"的查询操作。

在 SQL 简单查询操作中,还可以使用逻辑运算符来进行条件的判断,和其他编程语言一样,SQL 常用的逻辑运算符包括"AND""OR"和"NOT",具体用法如下:对于"AND"而言,如果两边都为TRUE,则返回TRUE;对于"OR"来说,如果任何一方为TRUE,则返回TRUE;对于"NOT",如果以下谓词为FALSE,则返回TRUE,反之亦然。此外,还可以用括号来更改求值的顺序,比如,TRUE OR TRUE AND FALSE 和(TRUE OR TRUE)AND FALSE 这两个语句执行的顺序会因括号的存在而有所不同。条件判断中运算的优先级见表3-3。

运 算 符 优 先 级　　　　　　　　　　表3-3

优先级顺序	操　作
1	*（乘）,/（除）,%（取模）
2	=,>,<,>=,<=,<>,!=（比较运算符）
3	NOT
4	AND
5	BETWEEN,IN,LIKE,OR
6	=

下面给出一个运用逻辑运算符在条件判断语句中的例子来更好地体会上面的理论部分,依然用表3-1来进行查询说明。

选择载质量大于8000并且车轴数量大于2的记录,或者限质量高于18000的记录。在本例中,筛选条件满足两个条件的记录中的一个条件就可以,那么可以通过逻辑AND和逻辑OR满足要求。查询语句如下:

```
1. SELECT Check_time, Vehicle_type, Weight, Alex_count, Limit_weight
2. FROM En_station
3. WHERE Limit_weight > 18000 OR Alex_count > 2 AND Weight > 8000
```

由于AND的优先级要高于OR,所以在本例中不需要加括号,不过在遇到此类条件时,建议对不同的条件添加括号来区分不同的条件,这样也可以使得查询表达式更加直观。对上面的语句进行执行过后,可以得到相应的结果,读者可以自行尝试。

前面对于简单的SQL查询语句的结构和语法已经有了很详细的介绍,在应用过程中可以满足绝大部分查询的需求,但是如果对结果呈现的顺序有一定需求,比如按照某一属性对结果进行升降序的排列,又该怎么解决呢?其实生活中很多常用的数据库查询的过程中都会对结果有一定的顺序需求,比如将银行取款的数据按金额降序排列,对日期时间进行升序排列等。在SQL查询语句中使用ORDER BY来对结果进行排序,该语句后面接属性的名称。下面给出一个实例来介绍ORDER BY语句的使用方法。

根据表3-1,查找载质量大于8000的记录,并按其分级对车辆进行排序,在前面已有语法的基础上增加ORDER BY的语句即可:

```
1. SELECT Check_time, Vehicle_type, Weight, Limit_weight
2. FROM En_station
3. WHERE Weight > 8000
4. ORDER BY Vehicle_type;
```

将该SQL语句在数据库管理软件中输入便可以得到按照车辆类型进行升序排列的所有

查询结果，如下所示：

Check_time	Vehicle_type	Weight	Alex_count	Speed	Limit_weight
19：02：42	12	8200	2	0	18000
19：08：29	13	19490	4	0	27000
19：00：23	14	20610	6	0	36000
19：10：05	14	25350	2	0	36000
19：03：24	16	19930	2	0	49000
……	……	……	……	……	……

由上面的查询结果可以直接看出，该结果是按照车辆类型的升序进行排列的。如果不对 ORDER BY 增加限制，那么结果将自动返回升序后的结果。但是，有时候我们想得到降序后的结果，那么又需要怎么做呢？我们需要指定 DESC 关键字，其实也可以指定 ASC 关键字进行升序排列，只不过系统默认不指定升降序关键字的时候，是升序排列的。在对结果进行指定字段的排序时，可以进行多个字段的排序，不过字段的先后顺序与 ORDER BY 后面的字段保持一致。例如下面的 SQL 语句：

```
1.  SELECT Check_time, Vehicle_type, Weight, Limit_weight
2.  FROM En_station
3.  WHERE Weight > 8000
4.  ORDER BY Vehicle_type ASC, Weight DESC
```

以上语句是根据车辆类型进行正序排列，如果车辆类型相同，那么将车辆类型相同的两条记录进行载质量的倒序排列。

根据前一章对于数据库的介绍，我们知道，数据库中的数据可能会存在部分字段的值相同的情况，而在投影该类字段过程中，可能会出现结果的重复，而我们不希望在查询结果中看到重复的结果，使用 DISTINCT 关键字可以删除查询结果中的重复项。下面继续以表 3-1 为例来介绍 DISTINCT 的使用方法。

在表 3-1 中有多少种不同类型的车辆？由于可能存在很多车辆有相同的车辆类型，所以要进行重复值的去除，在 SELECT 语句后加上 DISTINCT 可以达到效果。执行如下所示的 SQL 语句：

```
1.  SELECT DISTINCT Vehicle_type
2.  FROM En_station
```

将该语句输入到数据库管理软件中运行，得到如下结果：

11
12
16
14
13

该结果中没有重复的值。但是如果没有加 DISTINCT 会出现什么结果呢？读者可以自行尝试，然后比较两种结果。

以上便是 SQL 的一些基本查询语句的部分详细讲解，上面提到的 SELECT、FROM、WHERE 以及后面的 ORDER BY 和 DISTINCT，只是 SQL 选择查询的部分语句，但也是非常常用的查询语句，还有很多其他的高级一点的语句，诸如 HAVING、GROUP BY、LIMIT 等，它们的用法会在后面的内容中介绍。一般而言，用 SELECT 查询数据的完整语法结构如下：

```
1. SELECT column_name1, column_name2
2. FROM table_name
3. [WHERE where_condition]
4. [GROUP BY {col_name | expr | position}, ... [WITH ROLLUP]]
5. [HAVING where_condition]
6. [ORDER BY {col_name | expr | position} [ASC | DESC], ... [WITH ROLLUP]]
7. [LIMIT {[offset,] row_count | row_count OFFSET offset}]
```

SQL 语言不但可以对所给关系或者数据库进行查询，而且可以对数据库进行数据的增、删、改等操作，也就是前面提到的数据定义语言（DDL）、数据操纵语言（DML）和数据控制语言（DCL）等功能。下面将逐一介绍 SQL 的其他功能。

3.1.2 创建与修改语句

SQL 语言具有建立数据库的功能，建立数据库的过程中包含两步操作，即：定义数据库和表（使用 DDL），及向表中追加元组（使用 DML）。在本部分中，我们将重点对建立数据库的 SQL 操作进行介绍。

一般来说，数据库创建语言（DDL）包含以下几个功能：创建数据库；创建数据库中的关系模式；定义关系表及其各个属性的约束条件（定义完整性约束）；定义视图（定义外模式及 E-C 映像）；定义物理存储参数；上面提到的各种定义的撤销与修正。

用数据库对数据进行存储和处理的第一步是创建数据库。前面我们已经讲到，数据库是若干个具有相互关联关系的表或者关系的集合。数据库又可以看作是一个集中存放若干表的大型文件。SQL 中创建数据库的基本语句是 CREATE DATABASE，其简单语法形式是：

```
1. CREATE DATABASE 数据库名；
```

例如，创建一个课程学习的数据库 SCT：

```
2. CREATE DATABASE SCT；
```

创建定义好数据库之后，接下来要对数据库中的关系/表进行创建，其创建的语句是 CREATE TABLE，其简单的语法表示形式为：

```
1. CREATE TABLE 表名( 列名 数据类型 [Primary key |Unique] [Not null]
2. 列名 数据类型 [Not null] , … );
```

对以上表达式做一下简单说明,"[ ]"表示其括起的内容可以省略,"|"表示其隔开的两项可取其一。Primary key:主键约束,每个表只能创建一个主键约束。Unique:唯一性约束(即候选键),可以有多个唯一性约束。Not null:非空约束,如选择了 Not null,表明该列不允许有空值出现。

在该语法中的数据类型在 SQL 标准中有定义。下面介绍 SQL-92 中定义的数据类型,值得注意的是,此类型与现行的商用 DBMS 有所差异,但总体上保持一致(表3-4)。

表3-4 数据类型介绍

数 据 类 型	具体含义说明
char(n)	固定长度的字符串
varchar(n)	可变长字符串
int	整数,有时不同系统也写作 integer
numeric(p,q)	固定精度数字,小数点左边 p 位,右边 $p-q$ 位
real	浮点精度数字,有时不同系统也写作 float(n),小数点后保留 n 位
date	日期(如 2020-09-12)
time	时间(如 23:15:03)

下面我们来看两个创建关系的实例。分别是创建学生列表和课程列表的例子。

定义学生列表 Student:

```
1. CREATE TABLE Student ( S# char(8) not null , Sname char(10),
2. x char(2), Sage integer, D# char(2), Sclass char(6) );
```

定义课程列表 Course:

```
1. CREATE TABLE Course ( C# char(3) , Cname char(12), Chours integer,
2. dit float(1), T# char(3) );
```

到现在为止,数据库和表的创建定义方式已经介绍完了,下一步就是向数据库和表中追加元组了。向数据库中插入、删除和更新元组属于数据操纵语言(DML),DML 包含以下几个方面:INSERT,向关系中插入新的元组;UPDATE,修改关系中某些元组的某些属性值;DELETE,删除关系中的某些元组;SELECT,对关系中数据进行各种条件的检索,此前我们已经介绍过该语句的用法。DML 通常由用户或应用程序员访问经授权的数据库使用。

首先介绍如何向表中追加元组,INSERT INTO 的简单语法形式如下:

```
1. INSERT INTO 表名[ (列名 [,列名 ]… ]
2. VALUES (值 [,值 ],…);
```

对上面的语言形式做一下简单说明,VALUES 后面值的排列须与 INTO 子句后面的列名排列一致。若表名后的所有列名省略,则 VALUES 后的值的排列须与该表存储中的列名排列一致。现在用上面已经创建好的学生列表、课程列表做例子来进行插入元组的操作。

向学生列表中追加元组,追加两条记录,语法如下:

```
1. INSERT INTO Student
2. VALUES ( '54601' , '张三', '男', 20, '03', '546');
3. INSERT INTO Student ( S#, Sname, Ssex, Sage, D# , Sclass)
4. VALUES ( '54602' , '张四', '女', 20, '03', '546');
```

从上面的追加记录来看，所有列名省略的情况下，VALUES 须与定义或存储的列名顺序一致，所有列名不省略的情况下，VALUES 须与语句中列名的顺序一致。将该语句在数据库管理软件中实现，我们可以得到如下结果：

S#	Sname	Ssex	Sage	D#	Sclass
54601	张三	男	20	03	546
54602	张四	女	20	03	546

向课程列表中追加元素的过程同上，这里不再过多介绍，请读者自行练习。

介绍完 INSERT 的用法之后，我们继续介绍 DML 中的其他一些操作的语法。元组更新 UPDATE 是对某些元组中的某些属性进行重新设定，既能对单一记录操作，也能对多条记录进行批量操作。UPDATE 的具体语法使用如下：

```
1. UPDATE 表名
2. SET 列名= 表达式| (子查询)
3. [ [ ，列名= 表达式| (子查询) ] … ]
4. [ WHERE 条件表达式 ] ；
```

如果上面语句中的 WHERE 条件省略，那么更新所有的元组。例如在教师列表中将所有计算机系的教师工资上调10%，可以用如下的语句：

```
1. UPDATE Teacher
2. SET Salary = Salary * 1.1
3. WHERE D# in
4. ( SELECT D# FROM Dept WHERE Dname = '计算机');
```

DELETE 是 SQL 中的删除操作，也是在数据库中使用比较频繁的一个操作，其主要作用是删除满足指定条件的元组。其简单语法形式为：

```
1. DELETE FROM 表名[WHERE 条件表达式] ；
```

值得注意的是，如果 WHERE 后面的条件省略，将删除所有元组。例如，删除 SC 表中所有元组的 SQL 语句为"DELETE FROM SC"；删除学号为 54601 的同学选的所有课程的 SQL 语句为"DELETE FROM SC WHERE S# = '54601'"；还可以有更复杂的"条件控制的删除"语句，即删除条件中嵌套查询语句，这个会在后面的内容中涉及。当删除元组时，DBMS 会检查用户定义的完整性约束条件等，如不符合完整性约束条件，则将不会执行删除动作。完整性约束条件部分的内容后文会有涉及。

以上内容就是 SQL 在创建和修改数据库中常用的语句，对数据库以及数据表的建立是最基本的,其次是使用 DML 对数据库进行多种操作,主要包括数据库的增、删、改、查,尤其是对于满足指定条件的数据进行查询时,查询的语法以及逻辑关系非常重要,根据前面对于数据库方面的介绍,查询语法的逻辑关系实际上就是代数运算的过程,因此,对数据库原理部分的深入理解是后续 SQL 语法设计的逻辑基础。以上所介绍的大都是单一列表的操作,那么如果数据库中存在多个相互关联的列表又当如何操作呢? SQL 的语法在这方面有着强大的功能,下面我们来深入学习多表联合操作的知识。

3.1.3 多表联合操作

一般说来,数据库中的关系间具有很强的相关性,如果只是对某一个表进行修改操作,可能会影响其他表的数据变化,因此在对数据库中的数据进行操作时,要考虑多个表之间的关联性,下面给出两个表的例子来具体说明。

Product:

PName	Price	Category	Manufacturer
Gizmo	19.99	Gadgets	GizmoWorks
Powergizmo	29.99	Gadgets	GizmoWorks
SingleTouch	149.99	Photography	Canon
MultiTouch	203.99	Household	Hitachi

Company:

CName	StockPrice	Country
GizmoWorks	25	USA
Canon	65	Japan
Hitachi	15	Japan

以上两个表分别是产品和公司的属性表,Product(PName,Price,Category,Manufacturer),Company(CName,StockPrice,Country),两个表之间有什么关联性吗? 由表的内容可以看出,产品的生产商与公司的名称是对应的,也就是说生产产品的公司都在 Company 的关系表中。

根据以上两个表格,如果我们现在要查找在日本制造的所有产品的名称和价格该怎么做呢? 由于要查找的属性在两个表中,因而我们需要把两个表连接起来,然后进行查询操作,可以运行如下的查询:

```
1.  SELECT pname, price
2.  FROM product, company
3.  WHERE manufacturer = cname AND country = 'Japan'
```

以上语句表示对两个表符合条件的值同时查询,并将查询结果返回到一个表格中,在数据库管理软件中运行得到如下结果:

Pname	Price
SingleTouch	149.99
MultiTouch	203.99

由上例可以知道,对于多表查询问题,需要弄清要查询的对象所在的表,然后在 FROM 后面选择对应的表,WHERE 字句中的查询条件用 AND 相连接。有了上面的例子,读者对于 SQL 的一般连接应该有了一定的认识,下面请尝试自行查找所有生产"Gadgets"类别产品的国家,可按照上一例的操作步骤完成(提示:根据前面的知识思考如何去除查询结果中的重复项)。

是不是所有的查询都可以通过这种连接实现?下面我们继续看一个例子,假设我们现在有两个大表,Accident(ReportNum, Route, Milepost, Date, Severity) 和 Loopdata(LoopID, Date, Time, Speed, Volume),想一想,如果我们只使用公共的"Date"属性连接这些表,会发生什么?

大概会出现以下情况:每天发生多起事故,每天有多个探测器和时间;每次事故都将与相应日期收集的所有线圈数据匹配;数据库管理软件会出现巨大的无用响应,可能会内存过载;需要事故时间和线圈位置来完全定义连接等。

在 SQL 中的连接分为内连接和外连接,常见的内连接包括交叉连接、θ-连接以及自然连接,外连接包括全外连接、左外连接、右外连接。内连接可以在 WHERE 或 FROM 字句中指定,而外连接只能在 FROM 字句中指定。

对于内连接只返回两个表都匹配的行。交叉连接也被称为笛卡尔积。交叉连接在哪里使用呢?首先,考虑内部连接的工作方式=匹配所有可能的行,然后只返回与 WHERE 子句中条件匹配的行。如果在 FROM 子句中包含一个表,而没有在 WHERE 子句中指定连接条件,则会产生交叉连接。举个例子,假设你正在管理计算机实验室,部门刚刚购买了一个软件列表,你希望确保所有软件都安装在所有计算机上。在这种情况下,你可以将计算机表与软件许可证表交叉连接,以创建任务清单。这对于从现有数据中创建表非常有用。

使用 WHERE:

```
1.  SELECT *
2.  FROM product, company
3.  WHERE manufacturer = cname
```

使用 JOIN 或者 INNER JOIN:

```
1.  SELECT *
2.  FROM product JOIN company
3.  ON manufacturer = cname
```

自然连接与内部连接类似,但自动连接具有相同名称的列,执行与同等连接相同的操作,无须指定连接条件,但如果出现问题,会浪费大量时间。

有些不同关系中会存在名称相同的属性,因此为了更好地执行 SQL,需要去除具有相同名称的属性,举个例子,现有如下两个关系表,Student(Name, Address, StudyAt),University(Name, Address),如果要选出学生所在学校的地址该怎么做呢?可以通过以下办法来实现:

```
1.  SELECT DISTINCT student.name, university.address
2.  FROM student, university
3.  WHERE student.studyat = university.name
```

这样操作归属关系就一目了然了,不易发生属性的歧义,可更好地提升执行的效率。

以上是关于内连接的介绍,下面我们接着来介绍外连接。假设我们进行 R OUTER JOIN S:一个 R 的元组如果没有与其连接的 S 的匹配元组,则被称为悬浮,其与 S 的元组相似。OUTER JOIN 通过在结果中填充一个特殊的 NULL 符号来保留悬浮元组,我们可以使用 FULL、LEFT 或 RIGHT 来指定要执行的外部连接的类型。如下例所示,有两个关系 R 和 S,对 R 和 S 进行全外连接,该如何操作又会有什么样的结果呢?

R:

A	B
1	2
4	5

S:

A	C
1	3
6	7

根据全外连接的语法形式,可以写出如下 SQL 语句:

```
1. SELECT *
2. FROM R FULL OUTER JOIN S
3. ON R.A = S.A
```

在数据库管理软件中运行以上命令,可以得到如下结果:

R.A	B	S.A	C
1	2	1	3
4	5	NULL	NULL
NULL	NULL	6	7

以下依次介绍三种不同外连接的含义以及区别。全外连接是包括两个表中的所有行,不管是否找到匹配项;左外连接是包括 JOIN 子句左边指定的表中的所有行;右外连接是包含 JOIN 子句右侧指定的表中的所有行。如图 3-1 所示的三幅图依次为全外连接、左外连接和右外连接的示意图。

a) 全外连接

b) 左外连接

c) 右外连接

图 3-1 全外、左外、右外连接示意图

左外连接和右外连接查询的本质是相同的,唯一的区别是结果中的列的顺序不同。对于上面的关系 R 和 S,读者可以考虑如何进行左外连接和右外连接的操作。

SQL 的基本操作就介绍到这里,以上内容属于初学者的入门知识,也是学习 SQL 数据库操作的最基本知识,需要打好基础才能为后续的学习提供支持。其实 SQL 不限于对数据库进行增删改查的操作,作为一门数据库方面热门的编程语言,SQL 还可以完成一些高端的操作,如视图、聚合函数、窗口函数等,下面我们将进一步对 SQL 的其他用法进行探究。

3.2 数据库高级操作语言

在本部分中,我们将着重介绍 SQL 中使用频率高而且能够明显体现 SQL 语法优势的知识,比如嵌套子查询、聚合函数、窗口函数、视图、变量、存储过程等,这些都是 SQL 与数据库结合非常紧密的部分,对处理事务有着重要作用。

3.2.1 嵌套子查询

SQL 提供嵌套子查询机制,子查询是嵌套在另一个查询中的 SELECT-FROM-WHERE 表达式,子查询可用于多个位置,包括 FROM 和 WHERE 字句中。在 FROM 子句中,我们可以放置另一个查询,然后查询其结果,也可以使用保证返回单个值的查询来代替值。

我们以前面的关系表 Product 和关系表 Company 为例子,来尝试使用嵌套子查询的用法,找出所有生产"Gadgets"的公司名称和股票价格。首先对该查询进行分析,可以分为两步来解决该问题,首先要查询出生产"Gadgets"的制造商,第二步就是根据第一步的查询结果进行公司名称和股票价格的查询,最终返回所要求的结果。在嵌套查询中可以用一个 SQL 语句完成这两步操作,执行过程如下所示:

```
1. SELECT DISTINCT c.cname, stockprice
2. FROM (SELECT cname, stockprice
3.        FROM company, product
4.        WHERE cname = manufacturer
5.          AND product.category = 'gadgets'
6.     ) AS c
```

最后一个字母 c 表示对作用关系表的子查询语句进行重命名,这样比较有逻辑性和代码的可读性。

子查询可以理解为将原有查询进行分步骤的操作,下面是一道思考题,读者可以根据前面的例题来进行求解。

有如下三个关系:Product(pname,price,category,manufacturer),Purchase(buyer,seller,store,product),Company(cname,stockPrice,country)。Joe 是关系表 Purchase 中 buyer 属性的一个元素,也就是一个买家,通过 SQL 查找制造 Joe 购买的某些产品的公司的股票价格。该表达式的写法不唯一,可以讨论多种方法的可行性。

子查询是在前面所讲基本查询的基础上所发展的一种查询方式,在逻辑层面来理解子查询,可以更好地辅助学习。最后介绍一下返回关系的子查询。

先介绍下 ALL 和 ANY 的比较运算符:

(1)S > ALL < set > :如果 S 大于集合中的所有值,则返回 TRUE;

(2)S > ANY < set > :如果 S 大于集合中的任何单个值,则返回 TRUE。

例如，以关系表 Company 和关系表 Product 为数据来源，查找比名为"GizmoWorks"的公司生产的所有产品都贵的产品。

当题目中出现所有、任何、任一等词语时，可以考虑在 SQL 使用 ALL 和 ANY 语句，这样可以大大简化查询的步骤，在该场景下，要查找所有产品，所以需要用到 ALL，具体 SQL 语句如下：

```
1.  SELECT pname
2.  FROM product
3.  WHERE price > ALL (SELECT price
4.                     FROM product
5.                     WHERE manufacturer = 'GizmoWorks')
```

读者需要对 ALL 和 ANY 的具体用法进行深入思考，对于遇到的现实问题，思考在哪些情景下可以简化查询的步骤，提升代码的可读性等。

3.2.2 聚合函数

聚合函数是以值的一个集合为输入，返回单个值的函数。SQL 提供了 5 个固有的聚合函数：平均值 AVG、最小值 MIN、最大值 MAX、总和 SUM、计数 COUNT。其中，SUM 输入的必须是数字集，但其他运算符可以作用在非数字字段类型的集合上，如字符串。

聚合函数部分主要介绍一般问题的聚合、分组聚合、HAVING 子句的使用，后续会简单讲解空值和布尔值的聚合。一般的聚合问题就是对某些字段属性的统计聚合，下面我们就关系 Product 的例子来进行说明。

请分别选出 GizmoWorks 所生产的产品的平均价格以及数量。

对于产品的平均价格，可以用 AVG 聚合函数来进行求解。首先选出符合条件的产品，然后对所有的产品价格取平均计算如下：

```
1.  SELECT AVG(price)
2.  FROM product
3.  WHERE manufacturer = 'GizmoWorks'
```

通过查询和计算，最后得出运算结果：

(No column name)
24.99

如果对取平均后的结果进行重命名，会出现以上的结果，这可以方便对结果进行理解。比如对产品计数时，来看以下 SQL 语句：

```
1.  SELECT COUNT(*) AS ProductCount
2.  FROM product
3.  WHERE manufacturer = 'GizmoWorks'
```

*是全部的意思,AS 后面的 ProductCount 是对查询到的结果进行重命名,其他部分同基本查询操作类似,结果如下:

ProductCount
2

COUNT 后面可以是计数的属性名称,此外对于其他聚合函数,其参数可以是现有的属性字段,也可以是需要计算的属性字段。

通常我们需要对关系的某些部分进行聚合,在 SQL 分组与聚合的过程中,主要有以下的部分内容,SQL 中分组和聚合的过程:计算 FROM 和 WHERE 子句为 GROUP BY 属性的每个组合分表。应用聚合并为每个子表返回一个元组。使用聚合时,SELECT 只能有两种类型的表达式:GROUP BY 子句中的属性和聚合。

例如,现有产品销售关系 Sale(product,date,price,quantity),试找到每个产品的总销售额。

Sale:

Product	Date	Price	Quantity
Banana	2016-10-19	0.52	17
Bagel	2016-10-20	0.85	20
Bagel	2016-10-21	0.85	15
Banana	2016-10-22	0.52	7

```
1.  SELECT Product, SUM(price * quantity) AS TotalSale
2.  FROM sale
3.  GROUP BY Product
```

SUM 后面可以加可运算的表达式,GROUP BY 后面一般是分组的属性字段名称。通过上式可以看出,聚合函数 GROUP BY 大大简化了查询的复杂度。如果不用 GROUP BY 而用嵌套子查询完成同样的运算,会大大增加事件处理的复杂性,如下是嵌套子查询的程序:

```
1.  SELECT DISTINCT x.Product,
2.      (SELECT SUM(price * quantity) FROM sale AS y
3.       WHERE x.product = y.product) AS TotalSale
4.  FROM sale AS x
```

以下介绍 HAVING 语法,HAVING <条件> 可以跟在 GROUP BY 子句后面。条件适用于每个组,不满足 <条件> 的组将被排除。HAVING 子句中的条件可以引用属性,只要该属性在组中有意义,即它是 GROUP BY 子句中的属性以及聚合。

例如,根据 Sale 关系表,查找 2016 年 10 月 1 日后售出且总销售量超过 30 个的每个产品的产品名称和总销售额。

```sql
1. SELECT Product, SUM(price * quantity) AS TotalSale
2. FROM sale
3. WHERE date > '2016-10-1'
4. GROUP BY Product
5. HAVING SUM(quantity) > 30
```

关于结果,读者可自行实践。SQL 高级查询的强大之处在于可以将计算后的结果返回,而不仅是对现有数据进行汇总。分组和聚合的一般形式为:

```sql
1. SELECT S
2. FROM R1,…,Rn
3. WHERE C1
4. GROUP BY a1,…,ak
5. HAVING C2
```

其中,S 是指可能包含属性 $a_1,\cdots,a_k$ 和/或相应的聚合,但不包含其他属性;C1 是 $R_1,\cdots,R_n$ 中属性的任何条件;C2 是聚合表达式上的任何条件。

3.2.3 窗口函数

窗口函数,是指查询的每一行利用和这一行相关的行构成一个窗口,对窗口进行计算,得到一个值作为结果。窗口函数允许更复杂的数据分类和排序,包括难以捉摸的分位数函数。其一般形式为:

```sql
1. select 排序函数/聚合函数 over (<partition by … >  order by …)
2. from …;
```

窗口函数都带有 OVER,OVER 后面是窗口的范围,OVER 前面是窗口运算函数。OVER (PARTITION BY a ORDER BY b) FROM T 是指:把表 T 按照 a 列进行分组,然后,分别让每一个集合的记录按照 b 列进行排序。于是,我们再使用一个排序函数,就可以得到一个新列,这一列的值就是每一条记录在它所在集合中的排序编号。常用的排序函数有 rank( );dense_rank( )以及 row_number( )等。

PARTITION BY 是可选的。如果不使用 PARTITION BY,那么就是将整张表作为一个集合,最后使用排序函数,得到的就是每一条记录根据 b 列的排序编号。窗口函数具有 GROUP BY 的分组功能和 ORDER BY 的排序功能。但是,它又与 GROUP BY 和 ORDER BY 同时使用的概念完全不同。

和前面介绍的聚合函数相比较,有如下几点差别:

(1)聚合函数是将多条记录聚合成一条,而窗口函数每条记录都会执行,有几条记录执行完还是几条。

(2)聚合函数不能将聚合前后的数据展示在一起,而窗口函数就可以做到这一点。

(3)聚合函数也可以作为窗口函数。

关于窗口函数的介绍就到这里,窗口函数属于 SQL 中较高级的应用,综合上述分析,窗口函数的功能可以概括为同时具有分组(PARTITION BY)和排序(ORDER BY)的功能,而且也不减少原表的行数,所以经常用于在每组内排名。注意,窗口函数原则上只能写在SELECT子句中,其他关于窗口函数的知识,读者可自行学习。

3.2.4 视图

视图是一个虚拟表,其内容由SELECT查询语句定义。和真实的表一样,视图也包含行和列,对视图的操作与对表的操作基本一致。视图中的数据是在使用视图时动态生成,视图中的数据都存储在基表中。视图有以下特点。

(1) 可读性:简化了复杂的查询,使复杂的查询更易于理解和使用。

(2) 安全性:视图可以隐藏一些敏感的信息,可以把权限限定到行列级别。

(3) 重用性:视图是对复杂查询语句的封装,对数据库重构,不会影响程序的运行。

视图中的数据变化会影响到基表,基表的数据变化也会影响视图。视图是关系表,但它们不是物理存储的。视图是存储查询语句的快照的虚拟表;除非从另一个查询访问视图,否则不会运行或处理查询;每次访问视图时都会重新生成结果;有助于组织代码。

视图的基本操作也可分为创建视图、修改视图、查看视图、删除视图等。下面对其SQL实现分别做一些介绍。

创建视图:

```
1. CREATE VIEW view_name AS SELECT…;
```

修改视图:

```
1. ALTER VIEW view_name AS SELECT…;
```

查看视图创建语句:

```
1. SHOW CREATE VIEW view_name;
```

查看有哪些视图:

```
1. SHOW TABLE STATUS WHERE comment='view';
```

删除视图:

```
1. DROP VIEW view_name;
```

例如,创建一个存储Seahawks球员信息的视图。球员关系为Players(Name, Salary, Height, Weight, Team)。

根据上面介绍的相关语法,可以给出如下的SQL操作程序:

```
1. CREATE VIEW Seahawks AS
2. SELECT *
3. FROM player
4. WHERE team = 'Seahawks'
```

若继续对视图进行操作,选出薪水最高的球员,操作步骤如下:

1. SELECT MAX(salary)
2. FROM Seahawks

视图和临时表在某些方面类似,但也有一定区别。临时表将结果存储在 tempDB 中,很适合存储将来需要多次检索的中间结果。临时表可以分为局部临时表和全局临时表,局部临时表(由"#表名"定义)只有创建局部临时表的连接时才可以看到,当连接断开时会自动去除。全局临时表在所有连接上均能看到,当连接断开时会自动去除。

例如,创建一个存储 Seahawks 球员信息的临时表。球员关系为 Players(Name,Salary,Height,Weight,Team)。

1. SELECT *
2. INTO #Seahawks
3. FROM player
4. WHERE team = 'Seahawks'

在其他查询中引用临时表,语法如下:

1. SELECT MAX(salary)
2. FROM #Seahawks

最后,使用完临时表后删除它:

1. DROP TABLE #Seahawks

视图和临时表二者的区别如下:
(1)空间分配:物理空间的分配不一样,视图不分配空间,临时表会分配空间。
(2)虚实:视图是一条预编译的 SQL 语句,并不保存实际数据,而临时表是保存在 tempDB 中的实际的表。即视图是一个快照,是一个虚表,而临时表是客观存在的表类型对象。它们的结构一个是表、一个是快照。可以把视图想象成联合表的快捷方式。

视图只供查询,其内部数据不可更改,在需要用到大量中间表连接数据时可以展现出很强的优势,在解决中间表业务逻辑方面是个不错的选择。

3.2.5 变量

在 SQL 中,局部变量是一个对象,可以保存特定类型的单个数据值。声明变量的句法如下:

1. DECLARE @variable_name <data type>
2. SET @variable_name = <some value>

或者使用如下句法:

```
1. DECLARE @variable_name <data type> = <some value>
```

例如,在关系 Player(Name,Salary,Height,Weight,Team)中,找到薪水最高的球员的名字。使用子查询的解决方案是:

```
1. SELECT name, salary
2. FROM player
3. WHERE salary = (SELECT MAX(salary) FROM player)
```

然而,使用局部变量的解决方案时:

```
1. DECLARE @max_salary INT = (SELECT MAX(salary) FROM player)
2. SELECT name, salary
3. FROM player
4. WHERE salary = @max_salary
```

二者最后可以得出同样的结果。由上例可以看出,变量具有使用简便的优点,当一个查询里同一个字段需要修改的地方较多的时候,我们只需要修改这个字段对应的变量内容,那么所有的字段对应的值都会一起跟着修改。还可以提高查询效率。当数据库在执行查询语句的时候,如果不使用变量来修改值,实际上是两个查询。例如:

```
1. SELECT * FROM TEST WHERE Student='张三'
2. SELECT * FROM TEST WHERE Student='李四'
```

执行这两个查询,数据库会制订两个执行计划,而制订执行计划是需要消耗系统资源的。而如果我们改成:

```
1. DECLARE @NAME VARCHAR(20)
2. SET @NAME='张三'
3. SELECT * FROM TEST WHERE Student=@NAME
```

当我们修改@NAME的值为'李四'的时候,数据库还是会使用之前的执行计划。这样就节省了时间。

变量的应用范围比较广,特别是在存储过程、游标还有动态SQL中都有应用。作用也比较明显,在查询优化方面也是一个不错的选择。此外,还有很多全局变量可以供我们在平时的开发中使用,有兴趣的读者可以去探究一下其他全局变量的用法。

3.2.6 存储过程

存储过程是一组在SQL中保存的命令,可以随时轻松执行,甚至可以输入参数值(例如函数)。大部分数据库支持存储过程,其实现方式也不尽相同。那么为什么我们要使用存储过程呢?一个原因是如果正在编写与数据库交互的程序,则可以将一组SQL语句保存为单个过程,以减少必须编写的代码量。另一个原因是管理访问,即在某些情况下,只授予用户访问特定过程的权限,而不是授予对数据库的一般查询访问权限。此外,还可以将SQL代码与可能正在使用的任何其他代码隔离。考虑一下,如果你正在用 Java 编写需要与数据库进行交互的程序,而想先在 SQL Server 中调试 SQL 代码,再从 Java 代码执行,那么将这两种类型的代码分开,可以更轻松地调试和维护这两种不同类型的代码。

归结一下,存储过程的优点包括提高性能、降低网络开销、便于代码移植以及具有更高的安全性。但也存在一定的缺点,比如需要专门的数据库开发人员进行维护,设计逻辑改变时,修改存储过程不是很方便。

下面给出一个存储过程的相关示例,即给学生增加额外的学分的案例,代码如下:

```
1.  CREATE PROCEDURE ExtraCredit
2.  @student_name VARCHAR(10),
3.  @extra_credit FLOAT
4.  AS
5.  UPDATE #student
6.  SET Grade = Grade + @extra_credit
7.  WHERE name = @student_name
8.  RETURN(1)
```

上面的 SQL 程序中,ExtraCredit 是程序的名称,下面两行是要输入的变量,SET 后面的部分是过程的命令,最后一行的返回值可以省略。比如要给学生 Peter 增加额外的 5 学分,则执行以下命令:

```
1.  EXEC ExtraCredit @student_name = 'Peter', @extra_credit = 5.0
```

读者可自行在数据库管理系统中练习不同的案例来加深对存储过程的理解,了解使用存储过程的场景以及其使用方便之处。

3.2.7 索引介绍

索引是存储引擎用来快速查找记录的一种数据结构,索引有多种类型,可以为不同的场景提供更好的性能。不同的存储引擎支持的索引类型也各有差异,即使多种存储引擎支持的索引类型相同,其底层的实现也可能不同。常用的存储引擎包括 InnoDB、MyISAM、MEMORY/HEAP、NDB 等,其中 InnoDB 和 MyISAM 支持多路搜索树(BTREE),而后两者支持哈希函数(HASH)和 BTREE。

哈希索引是基于哈希表的实现,根据给定的哈希函数 HASH(Key) 和处理冲突(即不同索引列值具有相同的哈希值)方法将每一个索引列值都映射到一个固定长度的地址,哈希索引值存储哈希值和行指针。

二叉查找树,又叫作二叉搜索树、二叉排序树,其每个节点最多有两个子节点,左子树的节点值均小于根节点值,右子树的节点值均大于它的根节点值,左、右子树分别是二叉排序树。而二叉查找树存在不平衡问题,因此也有了自平衡二叉树,它能够自动旋转和调整,让树始终处于平衡状态。常见的自平衡二叉树有红黑树和 AVL 树。

B-Tree,又叫 B 树,可以在平衡二叉树的基础上降低树的高度从而提升查找效率。而 B + Tree 是 B 树的变体,在叶子节点上增加了有序链表,包含所有的节点,非常适合范围查询。

3.3 数据库约束

数据的完整性是指数据的正确性和一致性,可以在定义表时定义完整性约束,也可以通过规则、索引、触发器等定义。约束分为不同级别类型,有键约束、属性级约束、元组级约束以及全局约束,总的来说,约束越复杂,检查和执行越困难。

完整性约束是一种规则,不占用任何数据库空间。完整性约束存在于数据字典中,在执行 SQL 期间使用。用户可以指明约束是启用的还是禁用的,当约束启用时,数据的完整性增强,否则,降低其完整性。表的约束类型总的来说有五种:唯一性(UNIQUE)和主键约束(PRIMARY KEY)、外键约束(FOREIGN KEY)、检查约束(CHECK)、空值约束(NOT NULL)、默认值约束(DEFAULT)。下面我们只介绍主键约束和外键约束,这两种约束最为常用。

3.3.1 主键约束

主键约束用于唯一标识表中的每一行记录。在一个表中,最多只能有一个主键约束,主键约束既可以由一个列组成,也可以由两个或两个以上的列组成(这种称为联合主键)。对于表中的每一行数据,主键约束列都是不同的。主键约束同时也具有非空约束的特性,用于保证表的实体完整性。主键约束可以保证数据的唯一性,经常对标识列定义主键约束。主键中只能使用不允许 NULL 值的列(即主键值不能为 NULL 值),允许 NULL 值的列不能作为唯一标识。

主键约束的语法规则如下:

```
1. CREATE TABLE 表名
2. (
3. 列名称 数据类型以及长度 PRIMARY KEY;
4. ……
5. );
```

为多个列定义 PRIMARY KEY 约束,语法如下:

```
1. CREATE TABLE 表名
2. (
3. 列名称1 数据类型以及长度;
4. 列名称2 数据类型以及长度;
5. ……
6. PRIMARY KEY(列名称1,列名称2,……)
7. );
```

同创建表的过程相似,不过要在唯一标识的属性后面注明 PRIMARY KEY。此外,对于唯一性约束,要在主键的基础上最后加上 UNIQUE(属性名),表明该属性的唯一性。

3.3.2 外键约束

外键是一个列或列的组合,用于在两个表中的数据之间建立和进行连接。通过将一个表的主键(或唯一)值添加到另一个表中,在两个表之间创建连接。这将成为第二个表中的外键。

一个表中的外键约束指向另一个表中的主键,即给属性1设置了外键约束,向属性1插入数据,这个数据一定要是在外键后面所跟的那个参照表的列名称中存在的值,外键约束了数据的完整性,不会插入错误的数据。添加了外键之后,插入引用表的记录要么必须与被引用表中被引用列的某条记录匹配,要么外键列的值必须设置为 NULL。每个表中的外键数目不限制唯一性,并且一个列只能引用一个外键,一个列可以被多个外键引用。试想一下,根据前文的知识,将 E-R 图转换为关系模式时,什么会生成外键?

下面我们用一个实例来具体介绍外键约束及其用法,现有关系表 Company 和关系表 Product,其内部属性和值如下。

Company:

CName	StockPrice	Country
GizmoWorks	25	USA
Canon	65	Japan
Hitachi	15	Japan

Product:

PName	Price	Category	CName
Gizmo	19.99	Gadgets	GizmoWorks
Powergizmo	29.99	Gadgets	GizmoWorks
SingleTouch	149.99	Photography	Canon
MultiTouch	203.99	Household	Hitachi

从两个表中可以看出,两个关系表内都存在名为 CName 的属性。显然有,Cname 是 Product 中连接 Company(CName) 的外键,Cname 一定是 Company 中的键,但不一定是主键。外键实际上是一种参照关系。用 REFERENCE 语句来声明外键,对于本例,我们用如下的方法声明一个外键:

```
1. CREATE TABLE Product(
2.   Pname      CHAR(30) PRIMARY KEY,
3.   Category   CHAR(30),
4.   Price      FLOAT,
5.   CName      CHAR(30) REFERENCES Company(CName)
6. )
```

同声明主键的方法类似，声明外键还有其他方式，用 FOREIGN KEY 来直接表明外键，其方式如下：

```
1. CREATE TABLE Product(
2. Pname      CHAR(30) PRIMARY KEY,
3. Category  CHAR(30),
4. Price     FLOAT,
5. CName     CHAR(30),
6. FOREIGN KEY (Cname) REFERENCES Company(CName)
7. )
```

以上就是对于外键的声明操作，无论对于主键约束还是外键约束来讲，都是在创建关系表的基础上进行定义，这种声明可以更好地在逻辑上理解和运行 SQL 语句。

但是，试想一下在对关系表进行更新操作时会发生什么事，是不是可能会出现违反外键约束规则的情况呢？例如，对 Product 表的插入或更新可能引起 Company 表中找不到值；对 Company 表的删除或更新会导致 Product 表的某些元组"悬挂"等现象。如果对 Product 表的插入或更新引起 Company 表中的"不存在"，拒绝该插入或更新删除；或更新 Company 表时，引起 Product 表中某些元组 CName 的删除，可以通过三种方式进行处理：

首先是拒绝修改默认值；其次，在 Product 表中进行相同的更改，如果已删除 CName，那么删除相应的 Product，如果只是更新 CName，则更改 Product 表中的值；最后，可以将 Product 表中的 CName 更改为 NULL。

对关系进行更新时，可以用 CASCADE 独立进行删除和更新。当我们声明一个外键时，可以选择从 SET NULL 到 CASCADE 的策略。其外键声明如下：

```
1. ON [UPDATE, DELETE][SET NULL, CASCADE]
```

可以使用两个这样的子句，一个用于更新，一个用于删除。否则，使用默认值（reject）。

下面给出一个 SQL 的更新示例，感兴趣的读者可以自行实践：

```
1. CREATE TABLE Product(
2. PName      CHAR(30) PRIMARY KEY,
3. Category  CHAR(30),
4. Price     FLOAT,
5. CName     CHAR(30),
6. FOREIGN KEY (CName) REFERENCES Company(CName)
7. ON DELETE SET NULL
8. ON UPDATE CASCADE
9. )
```

本部分主要对主键约束和外键约束进行了介绍，主键和外键是把多个表组织为一个有效的关系数据库的黏合剂。

3.4 数据导入案例

数据库操作语言既可以在数据库管理软件中应用,也可以通过其他程序语言连接数据库,在编译语言环境下进行数据库语言的嵌入,例如后面章节介绍到的 Python、R 语言等连接数据库,可以对数据进行增加、删除、修改以及查询等操作。

数据库语言处理数据的前提是将数据导入数据库,然后才能进行后续操作。数据的导入可以通过数据库语言进行操作,当然也可以通过数据库管理软件进行操作,后者的好处是有友好的可视化功能模块,对于大多数人来说可以很轻松地完成。下面我们以 postgresql 为例,导入治理超载和交通调查的数据。本书所用数据可在在线网站下载(见第 1 章)。本节以治理超载和交通调查数据为例讲解数据库导入操作,其余节所用数据的导入均可以此方法为例(少部分空间数据还需参照第 4 章),举一反三地导入数据库并使用。

第一步,打开 postgresql 的可视化操作界面 pgAdmin,连接服务器,首先创建数据库,填写基本配置信息,如图 3-2 所示。

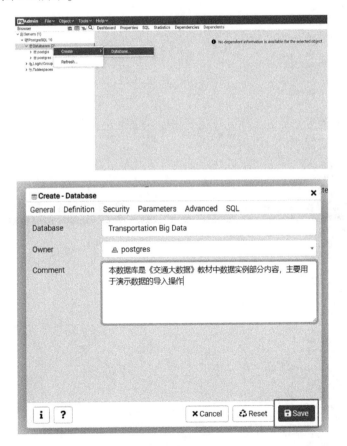

图 3-2　pgAdmin 界面

第二步,创建含有要导入的表格的字段的空表,用 SQL 语言在查询框里输入,主要用到 CREATE 语句,如图 3-3 所示。

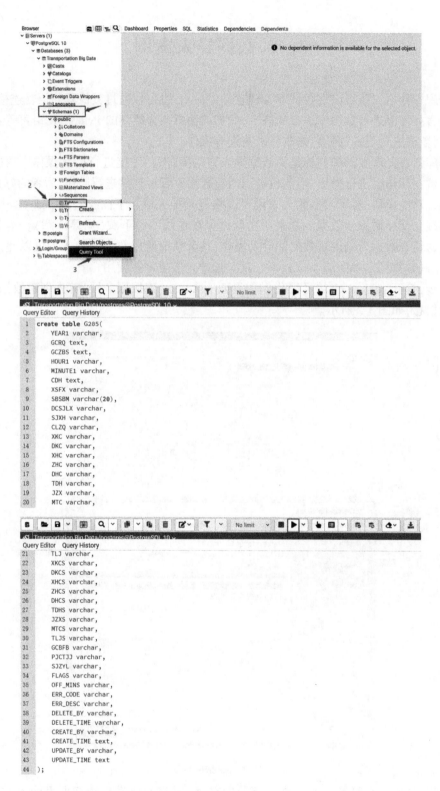

图 3-3 创建表操作

第三步,创建空表后,进行数据表的导入,值得注意的是,表中每个字段都应正确对应实际要导入表的数据类型。具体过程如图 3-4 所示。

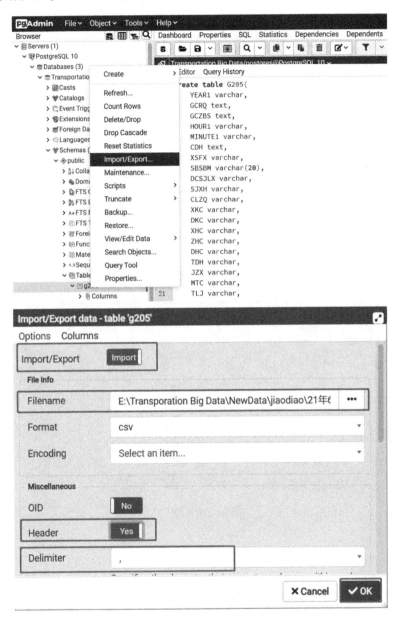

图 3-4　导入数据操作

此外,导入数据的过程中需要设置编码格式,一般而言,CSV 格式的文件编码默认使用 GBK 编码,分隔符为逗号。

第四步,当数据导入成功后,查看导入的数据,可以查看前几行或者全部行,可以在右键功能栏中查看,也可以在查询框中用 SELECT 查看,如图 3-5 所示。

以上就是数据导入的全部过程,后面章节的数据已经全部导入名为 Transporation Big Data 的数据库中。后续涉及的数据库的增删改查操作均可基于该数据库进行。请读者根据上述过程将教材资料中的交通调查数据、治理超载数据、道路数据文件夹中所有数据表导入本地数据库,巩固本章节知识,并为后续章节的学习打下基础。

图3-5 查询操作

习　　题

1.现有图书馆会员与借阅书籍的关系,请找出或计算:
Member（num,name,gender）
Book（isbn,title,authors,publisher）
Borrowed（num,isbn,date）
(1)借阅任意由"人民交通出版社"出版书籍的会员名字。
(2)借阅所有由"人民交通出版社"出版书籍的会员名字。
(3)借书数量大于5本的会员名字。

（4）会员借书的平均数量，如果没借书，则不出现在关系 Borrowed 中。

2. 现有员工表和项目表两个关系表，请据此写一个 SQL 查询，找出经验年数最大的员工，如果有经验年数相同的情况，找出所有员工。

Project：

Column Name	Type
project_id	int
employee_id	int

注：(project_id,employee_id)是 Project 主键，employee_id 是 Employee 外键。

Employee：

Column Name	Type
employee_id	int
name	varchar
Experience_years	int

注：employee_id 是该表主键。

3. 请描述视图的优点。

4. 请根据你了解的生活中的数据库，举例说明数据库中的主键约束和外键约束在该数据库中的适用情况。

本章参考文献

[1] BOYCE R,CHAMBERLIN DD,HAMMER M,el al. Specifying queries as relational expressions[J]. ACM SIGPLAN Notices,1975,10(1):31-47.

[2] CHAMBERLIN DD,BOYCE R. Seque：a structured english query language[C]//ACM. Proceedings of the 1974 ACM SIGFIDET Workshop on Data Description,Access and Control. New York：ACM,1974.

[3] ANSI. The database language SQL：document ANSI X3.315[S]. Washington D C：ANSI,1986.

[4] GULUTZAN P,PELZER T. SQL-99 complete, really[M]. Boston：Peter Gulutzan and Trudy Pelzer,1999.

[5] KELLER A M. Updates to relational databases through views involving joins[M]. New York：American Academic Press,1982.

第 4 章
地理空间数据库

　　作为一门交叉学科,交通大数据分析既离不开针对海量数据的直接处理及建模,也需要结合地理信息数据进行深入分析。常见的地理信息数据可归纳为以公交站点、地理信息兴趣点(Point of Interest,POI)等为代表的点数据,以公路线、铁路线等为代表的线数据和以行政区域等为代表的面数据。常见的地理信息管理软件如 ArcGIS 等可以实现针对地理数据的可视化及修改功能,但在自动化、程序化处理海量交通数据与地理信息数据间的计算、关系分析等任务时,显得十分复杂且效率较低。

　　幸运的是,以结构化查询语言(Structured Query Language,SQL)为核心的关系型数据库在多年发展中不断扩充,出现了以 PostgreSQL 等开源数据库为代表的地理空间功能数据库;而针对该数据库开发的 PostGIS 等扩展模块则在继承结构化查询语言的基础之上,针对地理空间数据库中涉及的地理数据间的距离计算、相交关系判断等开发了专有查询语句,结合 Python 等主流编程软件配套的数据库接口包能够实现快速化、自动化处理,进而为海量空间数据处理提供可能。

　　本章将在介绍常见地理空间数据类型外,讲解地理空间数据编码,帮助读者深入理解空间数据处理原理。同时,讲解主流的 PostgreSQL 空间数据库及其 PostGIS 空间处理模块安装方法,在讲解多种交通数据导入及其地理空间数据字段编码方法的基础上,通过几个常见但能够覆盖众多交通地理数据分析需求的案例进行地理空间函数讲解,帮助读者实现立即上手处理自身交通地理数据的目标。此外，本章将针对当前地理空间数据处理中普遍出现的地图匹配问题进行案例说明，并以 Python 编程软件及 PostgreSQL 数据库为演示，给出具体的算法实现方式及实例代码，供读者进一步研究所用。

4.1 地理空间数据类型

在日常生活中，随着高德地图、百度地图等电子地图软件的不断普及，我们能更容易地获取目的地位置及抵达路线，而这一切的实现均离不开空间数据库及其依仗的海量空间数据。与本书前文介绍的数据库相似，空间数据库是一种在表格中使用特殊地理信息列存储空间数据的关系型数据库，并提供了基于特殊函数及空间索引的查询与操作技术。作为空间数据库存储、分析及组织的基础，地理空间数据也被划分为不同类型：举例而言，空间数据库经常存储旅游景点、海岸线、行政区域等数据，而它们在数据库中则分别以点型、线型及面型数据存在，这也是由其不同特性所决定的。

从大类上讲，常见的地理空间数据可归入四大类型，分别是地理坐标系类型(Geometry)、投影坐标系类型(Geography)、网络拓扑类型(Topology)、栅格类型(Raster)，其大体特征及定义如下：

①地理坐标系类型(Geometry)：又称平面坐标系型数据，是空间数据库中最为流行也最为基础的类型，针对它的操作均基于笛卡尔数学坐标系计算。

②投影坐标系类型(Geography)：又称球面大地坐标系型数据，线型、面型在这一数据类型下均以曲线而非直线表示。

③网络拓扑类型(Topology)：又称关系模型数据，是一种主要由节点、边和面三种元素组成的网络，且每一种元素间均可相互产生联系。网络拓扑类型经常与网络、路径规划等共同讨论，而网络又是由给定元素组成的产物，例如道路网络是由道路边、路网节点组成。严格来讲，网络拓扑类型数据是图模型在空间数据库的一种存储方式，其主要通过 PostGIS 扩展及其 pgrouting 模块实现最短路径规划，读者可自行阅读图模型相关书籍进行学习，本书不进行详细论述。

④栅格类型(Raster)：又称基于字段模型数据，是一种由矩形像元组成的二维矩阵，且每个像元均表征一个数值数组(如温度、海拔等)，广泛用于基础影像底图、表面地图(如降雨量、温度、人口密度图等)、主题地图(如用地属性等专题图)，详见图 4-1。该部分数据在地理信息系统工程等侧重测绘等目标的专业中应用广泛，而在交通运输学科实际应用较少，故本书不进行详细讨论。

4.1.1 地理坐标系类型数据

作为一种基于平面笛卡尔网络的地理空间数据，地理坐标系类型数据在将地球默认为一个平坦平面的前提下，将生活中常见的公路、便利店、公园等简单地转化为二维形式的点、线、面，并因此仅支持解析几何层面的空间计算。对于常见的以经度、纬度表示的轨迹数据等，它们都建立在记录范围足够小而忽略地球曲率基础上，进而均属于地理坐标系类型数据。为熟练将交通运输学科所涉及的，以广泛经纬度数据表征的地理空间数据导入空间数据库，需充分了解常见的几种数据类型。

a) 基础影像底图　　　　　　　　　　　b) 表面地图

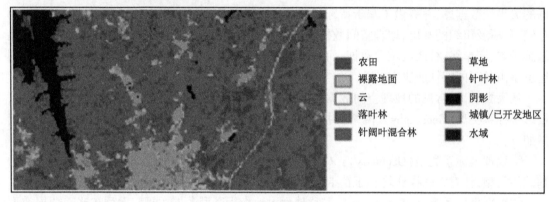

c) 主题地图

图 4-1　常见的多种栅格数据

(1) 点型数据

点型数据 (Points) 通常用于表示交通运输学科内的 POI、瞬时定位记录等数据,且依据笛卡尔空间纬度及所含信息不同划分为以下四类：

①POINT——用于描述由 X 坐标与 Y 坐标表示的二维形式点；

②POINTZ——用于描述由 X 坐标、Y 坐标与 Z 坐标表示的三维形式点；

③POINTM——用于描述由 X 坐标与 Y 坐标表示的具备测量值 M 的二维坐标点；

④POINTZM——用于描述由 X 坐标、Y 坐标与 Z 坐标表示的具备测量值 M 的三维形式点。

以上四种点型数据虽然在表示内容上有所不同,但针对列的定义方法均需要明确声明对应的数据类型标识符、子数据类型标识符、空间参考标识符三大要素。以 geometry(POINT,4326) 为例,geometry 是表示数据类型的数据类型标识符,POINT 是表示子数据类型及点型数据的子数据类型标识符,4326 是表示 SRID 种类的空间参考标识符。为详细描述不同类型点型数据创建方法,以下 SQL 语句展示了创建新表并插入数据的具体方法：

```
1.  CREATE TABLE geodata (
2.    id serial PRIMARY KEY,
3.    p geometry(POINT,4326),
4.    pz geometry(POINTZ,4326),
```

```
5.    pm geometry(POINTM,4326),
6.    pzm geometry(POINTZM,4326)
7.  );
8.  INSERT INTO geodata (p, pz, pm, pzm, p_srid)
9.  VALUES (
10.   ST_GeomFromText('POINT(116.4073963 39.9041999)'),
11.   ST_GeomFromText('POINT Z(116.4073963 39.9041999 10)'),
12.   ST_GeomFromText('POINT M(116.4073963 39.9041999 100)'),
13.   ST_GeomFromText('POINT ZM(116.4073963 39.9041999 10 100)')
14. );
```

(2) 线型数据

线型数据(Linestrings)通常用于描述交通运输学科内的公路、公交线路等数据,可定义为两个及以上点型数据间的连线,其基本组成单元为连接两个点型数据的线段(Segment)。尽管线型数据是由有限个点型数据组成的,但在实际计算中可视作为由组成的线段上无限多个点型数据构成,进而完成垂线距离等计算。与点型数据相同,线型数据根据笛卡尔空间纬度及所含信息可分为以下四类:

①LINESTRING——使用两个或多个点型数据 POINT 描述的二维线段;

②LINESTRINGZ——使用两个或多个点型数据 POINTZ 描述的三维线段;

③LINESTRINGM——使用两个或多个点型数据 POINTM 描述的具备测量值 M 的二维线段;

④LINESTRINGZM——使用两个或多个点型数据 POINTZM 描述的具备测量值 M 的三维线段。

除此之外,线型数据可依据是否存在自交点划分为简单线型数据与复杂线型数据,具体如图 4-2 所示。其中,简单线型数据可解释为除起、终点可相同外(即允许闭合现象存在),其他点型数据必须是唯一的,当出现相交情况时,则为复杂线型数据。相似地,创建线型数据需要先声明地理空间数据列并插入数据,以下 SQL 语句展示了创建新表并插入数据的具体方法:

```
1.  CREATE TABLE geodata (
2.    id serial PRIMARY KEY,
3.    roadname varchar(32),
4.    geolinestrings geometry(LINESTRING, 4326)
5.  );
6.  INSERT INTO geodata (roadname, geolinestrings )
7.  VALUES
8.    ('工农路', ST_GeomFromText('LINESTRING(114.458791 38.037814, 114.45482 38.037743, 114.45 067 38.037714)')),
```

```
9.    ('谊联街', ST_GeomFromText('LINESTRING(114.454784 38.033778, 114.454748
38.035725, 114.4  54838 38.037757)'));
```

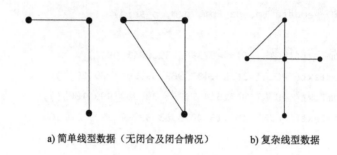

a) 简单线型数据(无闭合及闭合情况)　　b) 复杂线型数据

图4-2　线型数据按照是否含自交点分类图解

(3) 面型数据

面型数据(Polygon)通常用于描述交通运输学科内的行政区域等数据,可定义为由多个线型数据闭合包围的封闭区域,包括内部所有可能的点和线,它的唯一边界即是构成它的线型数据,被称作为外环。同时,面型数据也允许区域内部存在孔洞,而形成这些孔洞的线型数据被称为内环,具体如图4-3所示,对应的SQL语句如下。需要指出的是,对于一个有效的面型数据,其内环及外环均不应存在相交、相切或部分重合现象。

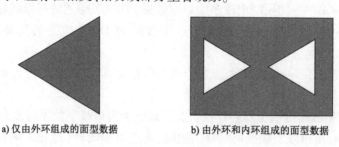

a) 仅由外环组成的面型数据　　b) 由外环和内环组成的面型数据

图4-3　面型数据按照是否含孔洞分类图解

```
1.    CREATE TABLE geodata (
2.    id serial PRIMARY KEY,
3.    name varchar(32),
4.    geopolygons geometry(POLYGON, 0)
5.    );
6.    INSERT INTO geodata  (name, geopolygons)
7.    VALUES ('外环面型数据',ST_GeomFromText(
8.    'POLYGON((0 0, 1 1, 1 -1, 0 0))'));
9.    INSERT INTO geodata  (name,geopolygons)
10.   VALUES ('内外环面型数据',ST_GeomFromText('POLYGON(
11.   (-0.25 -1.25,-0.25 1.25,2.5 1.25,2.5 -1.25,-0.25 -1.25),
```

```
12.   (2.25 0,1.25 1,1.25 -1,2.25 0),(1 -1,1 1,0 0,1 -1))'
13. ));
```

(4)集合型数据

尽管点型数据、线型数据、面型数据已经能够描述大部分的交通数据,但某些时候我们仍会遇到以下几种无法描述的现象:以面型数据为例,我国的廊坊市是由北三县及廊坊市区组成的地级市,其中北三县夹于北京市及天津市之间,因而与廊坊市区不接壤,进而无法使用面型数据表示。诚然,我们可以创建两条记录分别存储这两个市域范围,但为了保障数据存储的简洁性,能够将二者同时存储在同一地理信息数据中则更为便捷。为解决这一问题,多数空间数据库如PostgreSQL等给出了集合型数据(Collection Geometries)这一数据类型。集合型数据包含的可能是多点型数据、多线型数据、多面型数据或它们的组合,但它们必须处在相同的空间参考系内,且维度数量相同。

①多点型数据。多点型数据可看作是多个点型数据的集合,声明方式同POINT相似,仅将POINT置换为MULTIPOINT。创建方式主要有以下两种:按照是否将每个点型数据写入花括号内分别表示为MULTIPOINT(-1 1,0 0,2 3)与MULTIPOINT({-1 1},{0 0},{2 3})。

同时,其分类也与点型数据相同,分别为MULTIPOINT、MULTIPOINTZ、MULTIPOINTM、MULTIPOINTZM,但定义时所包含的全部个体均为点型数据所对应的类别,比如MULTI-POINTM所定义的点型数据均需要为POINTM。

②多线型数据。多线型数据可看作是多个线型数据的集合,声明方式与LINESTRING相同,仅将LINESTRING置换为MULTILINESTRING。与MULTIPOINT不同的是,其创建方式仅有一种,即将每个线型数据放入花括号内,例如MULTILINESTRING({0 0,0 1,1 1},{-1 1,-1 -1})。

同时,其分类也与面型数据相同,分别为MULTILINESTRING、MULTILINESTRINGZ、MUL-TILINESTRINGM、MULTILINESTRINGZM,但定义时所包含的全部个体均为线型数据所对应的类别,比如MULTILINESTRINGM所定义的点型数据均需要为MULTILINESTRINGM。

此外,多线型数据也区分简单型与复杂型,只有组成的多个线型数据均为简单型,且互相之间不存在交点的,才能被称作简单型多线型数据。

③多面型数据。多面型数据可看作是多个面型数据的集合,申明方式与POLYGON相同,仅将POLYGON置换为MULTIPOLYGON。相较之下更为复杂的是,由于允许内环的存在,每个面型数据个体的环均写在括号内且全部环需要放入花括号内,创建方式例如MULTIPOLY-GON({(2.25 0,1.25 1,1.25 -1,2.25 0),(1.75 0,0.75 0.5,0.75 -0.1,1.75 0)},{(1 -1,1 1,0 0,1 -1)})。需要注意的是,当某个面型数据仅存在外环时,括号也不能省略。

同时,其分类也与点型数据相同,分别为MULTIPOLYGON、MULTIPOLYGONZ、MULTI-POLYGONM、MULTIPOLYGONZM,但定义时所包含的全部个体均为线型数据所对应的类别,比如MULTIPOLYGONM所定义的点型数据均需要为MULTIPOLYGONM。

④混合型数据。与前三种类型数据不同的是,混合型数据不再要求组成的个体类型相同,允许任意点型数据、线型数据、面型数据及其子类型数据混合存储,甚至可嵌套包含其他的混合型数据。这一类型虽然实现了一次性整合多种类型数据,但也造成很多的空间计算函数对其使用无效。故在实际工程实践中,需要进行计算的地理空间数据不应全部放入这一类型数

据中,而需要全部执行可视化或整体保存的数据则可考虑使用这一类型数据。一个典型的混合型数据创建方式如下所示:

```
1. SELECT ST_AsText(ST_Collect(g))
2. FROM (
3. SELECT ST_GeomFromEWKT('MULTIPOINTM(-1 1 4, 0 0 2 , 2 3 2)') As g
4. UNION ALL
5. SELECT ST_GeomFromEWKT(
6. 'MULTILINESTRINGM((0 0 1, 0 1 2, 1 1 3), (-1 1 1,-1 -1 2))'
7. ) A s g
8. UNION ALL
9. SELECT ST_GeomFromEWKT(
10. 'POLYGONM(
11. (-0.25 -1.25 1, -0.25 1.25 2, 2.5 1.25 3,
12.           ➡ 2.5 -1.25 1, -0.25 -1.25 1),
13. (2.25 0 2, 1.25 1 1, 1.25 -1 1, 2.25 0 2),
14. (1 -1 2,1 1 2,0 0 2,1 -1 2)
15. )'
16. ) As g
17. ) x  ;
```

4.1.2 投影坐标系类型数据

对于所有的投影坐标系类型数据,其均基于大地坐标系数据如 WGS84 下的经纬度数据;由于地球是椭球形且存在曲率,地理坐标系类型数据仅在表示小范围内的建筑平面图、城市街区图等时较为准确,而对范围较大的地理空间数据,则需要使用大地坐标系表示的投影坐标系类型数据。

相似地,投影坐标系类型数据也含有地理坐标系类型数据对应的点、线、面数据类型,但不同的是,它们都具备一定曲率,这也导致了投影坐标系类型数据更高的计算准确度建立在相对较慢的计算速度之上,且涉及的数据类型仅有点型数据、线型数据及面型数据。由于相较于地理坐标系类型数据,投影坐标系类型数据仅发生了坐标系转变,故以上三种类型数据与前文相同,仅在创建方式上由 ST_GeomFromText() 函数更改为 ST_GeogFromText() 函数,一个简单的声明及创建例子如下所示:

```
1. CREATE TABLE citygeogs (
2. id serial PRIMARY KEY,
3. ctname varchar(20),
4. geopoint geography(POINT)
5. );
6. INSERT INTO citygeogs (ctname , my_point)
7. VALUES
```

8. ('北京市',ST_GeogFromText('POINT(116.39614 39.926419)')),
9. ('上海市',ST_GeogFromText('POINT(121.477091 31.237411)')),
10. ('广州市',ST_GeogFromText('POINT(113.272004 23.136399)'));

4.2 地理空间数据编码

在进行后续的空间数据库安装及操作前,细致了解空间数据编码规则是快速入门的最好辅助。常用的编码格式 WKT(OGC Well-Known Text)和 WKB(OGC Well-Known Binary)是 OGC 制定的空间数据的组织规范,而以 PostGIS 为代表的许多空间数据库模块均基于 WKB 标准存储空间数据,并允许用户查询时以 WKT 标准输出,以同时实现高效化存储和清晰化查询。除此之外,地理空间数据库中还流行着以下几种编码格式,如 Keyhole 公司提出的基于 XML 语言并广泛用于谷歌地图及谷歌地球的 Keyhole 标记语言(Keyhole Markup Language,KML)格式、基于 XML 语言并广泛用于网络地理要素服务的地理标识语言(Geography Markup Language,GML)格式、基于 JSON 并面向 Ajax 应用的地理 javascript 对象表示法(Geometry Java Script Object Notation,GeoJSON)格式、在顶层渲染及绘图工具中广泛使用的可缩放矢量图形(Scalable Vector Graphics,SVG)格式等,但由于在交通运输学科中使用较少,本书不对其进行细致描述。

WKT 格式是一种文本标记语言,它的长处在于可以简洁表示地理空间数据,使数据的用户可读性更高且较易被理解。此外,WKT 格式下的地理空间数据均以点型数据为基础,每个点型数据的坐标又以空格隔开、相邻点型数据以逗号隔开,具备极强的阅读功能。常见的 8 种地理空间数据类型在 WKT 格式下的表示方法见表 4-1。

常见地理空间数据在 WKT 格式下的表示方法示范　　　　表 4-1

地理空间数据类型	WKT 格式表示方法
点型数据	POINT (10 10)
线型数据	LINESTRING (10 10,20 20,30 40)
面型数据	POLYGON ((10 10,10 20,20 20,20 15,10 10))
多点型数据	MULTIPOINT ((10 10),(20 20))
多线型数据	MULTILINESTRING ((10 10,20 20),(15 15,30 15))
多面型数据	MULTIPOLYGON (((10 10,10 20,20 20,20 15,10 10)),((60 60,70 70,80 60,60 60)))
混合型数据	GEOMETRYCOLLECTION(POINT (10 10),POINT (30 30),LINESTRING (15 15,20 20))

WKB 格式是一种二进制标记格式,它的长处在于方便计算机处理及数据的传输与存储,以此便于地理空间数据高效保存在空间数据库中,其主要涉及两种数值类型,即用于存储节点数、地理空间数据类型等信息的 4 字节 unit 和用于存储坐标数据的 8 字节 double。以常见的点型数据为例,计算机内用于描述它的 WKB 格式数据共计占据 21 个字节,其结构图如图 4-4 所示。

| 1字节（字节序） | 4字节（几何类型） | 8字节（X坐标） | 8字节（Y坐标） |

图 4-4　常见的点型数据在 WKB 格式下数据结构图示

鉴于日常科研工作中接触到的多为 WKT 格式下表示的地理空间数据，读者仅需要在空间数据库内看到地理信息列以二进制表示时有所了解即可。除了在存储进数据库时自动完成的 WKT 格式转 WKB 格式外，PostGIS 等空间数据模块提供了 WKB 格式转 WKT 格式的 ST_AsText( )处理函数，读者可在本书所介绍的案例中熟悉使用。

4.3　地理空间数据操作

面对日益海量的交通数据，最佳的管理软件即是地理空间数据库，它通过实现在标准数据库管理系统中存储和管理地理信息，给予科研工作者更加智能的时空数据分析支持。在多款空间数据库中，加州大学计算机系开发的 PostgreSQL 数据库由于支持大部分 SQL 标准，且提供复杂查询、触发器、视图等现代功能，成为管理及分析空间数据的首选软件。下面将以 PostgreSQL 数据库及其 PostGIS 模块涉及的软件安装、数据导入、空间数据分析为示例，帮助读者快速搭建并开始自己的第一个空间数据分析实验。由于空间数据库涉及的函数较多，且本书仅展示了交通运输学科使用频率较高的几个功能，读者可登录 PostGIS 官方网站查看相关函数用法，并在科研工作中不断尝试，开展个性化的空间数据分析。

4.3.1　地理空间数据库安装

自 10.0 版本以来，PostgreSQL 数据库在操作界面上进行了较大更新。截至目前，PostgreSQL 数据库已更新至 13.1 版本。为保证稳定性，本书主要以 10.6 版本的 PostgreSQL 为例讲解安装、数据导入及维护、案例操作等流程，读者可自行下载更高版本练习相同操作。

在 PostgreSQL 官网（https://www.enterprisedb.com/downloads/postgres-postgresql-downloads）进入下载页面后，下载 10.6 版本的安装包并打开，然后在 PostGIS 官网（http://download.osgeo.org/postgis/windows/pg10/）下载页面"OSGeo downloads"选项卡中按照 PostgreSQL 版本下载.exe 后缀的 PostGIS 模块安装包，即可获取搭建地理空间数据库的最低要求安装文件。为更便捷地实现空间数据可视化，推荐读者额外下载最新版本 QGIS 软件并自行安装。

在安装 PostgreSQL 数据库时，需要注意的是安装组件需要全部勾选，且输入的超级管理员密码应熟记，关键的两个步骤如图 4-5 所示。此外，程序安装路径、数据库路径均可按照计算机硬盘容量自行更改地址，以应对下一阶段大量计算时可能的硬盘缓存占用情况；在默认的端口号 5432 与计算机其他程序冲突时，也可更改为其他数值并熟记。

在安装 PostGIS 时，需要注意的是安装路径尽量保持与 PostgreSQL 数据库根目录相同，且步骤中的端口号、密码需要与 PostgreSQL 数据库设置保持一致，关键的两个步骤如图 4-6 所示。安装过程中三次弹出的环境变量设置均点击"是"即可。

在安装 QGIS 时，读者可根据计算机存储空间实际情况任意选择位置安装，详细的操作及使用方法将在后文进行讲解。

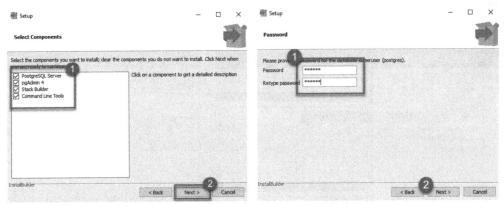

a) 勾选全部组件以便后续科研工作使用　　　　b) 设置超级管理员密码并熟记

图 4-5　安装 PostgreSQL 数据库时的重要步骤

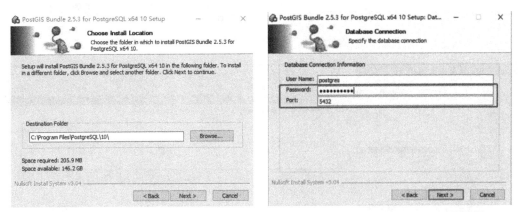

a) 安装至 PostgreSQL 数据库根目录下　　　　b) 保持端口号及密码与 PostgreSQL 设置相同

图 4-6　安装 PostGIS 模块时的重要步骤

4.3.2　地理空间数据导入及维护

在成功安装 PostgreSQL 数据库后,需要通过 pgAdmin4 软件进入浏览器管理界面,并在输入超级管理员密码后创建案例所需的 Exercise 数据库,数据库的所有者默认为超级管理员 postgres,且其他设置无须操作,具体如图 4-7 所示。

此时,新创建的仅为普通的关系型数据库,而不具备空间数据存储及处理功能,需要额外新增 PostGIS 模块扩展,具体如图 4-8 所示。需要注意的是,与 SQL Sever 不同,PostgreSQL 数据库在浏览器内呼出 SQL 语句执行窗口的方法为进入数据库 Schema 模式后右击任意模式并选择"Query Tool…",且 SQL 语句的执行方式为单击呼出窗口的闪电符号。

至此,新创建的 Exercise 数据库已具备空间数据存储及处理功能。以下分别介绍使用 SQL 语言导入、文本数据文件(.csv 文件、.txt 文件)及矢量数据文件(.shp 文件)导入方法。

①SQL 语句导入。

与关系型数据库相似,PostgreSQL 数据库也支持使用 SQL 新建表格并逐条插入数据的数据导入方法,或运行 .sql 脚本实现自动化导入。为便于展示,在此创建一张后续案例需要使用的表格 lu_franchises，主要记录大型快餐公司名称及其与缩写名称的对应关系，具体的表格创建及数据插入如图 4-9 所示。

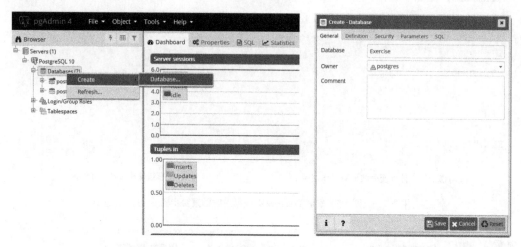

图 4-7 登录 PostgreSQL 数据库超级管理员账户并新建 Exercise 数据库

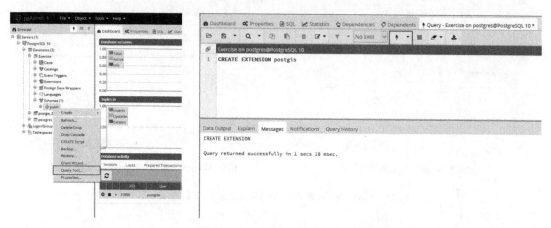

图 4-8 为新建的 Exercise 数据库新增 PostGIS 模块扩展

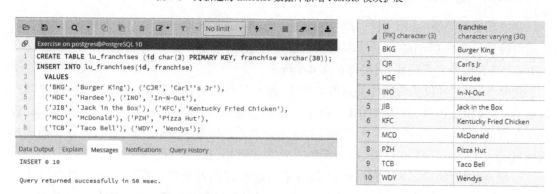

图 4-9 使用 SQL 语句完成数据导入

相似地，对于其他数据库导入的 .sql 后缀文件，PostgreSQL 数据库提供了 pqsl.exe 这一辅助工具，其调用方法为使用命令提示符转换路径至 PostgreSQL 数据库根目录下 bin 文件夹后，使用"psql-d 数据库名称-p 端口名-W 管理员密码-U 用户名-f 文件路径"进行导入。

②文本数据文件。

针对文本型数据,PostgreSQL 数据库未提供类似 SQL Sever 数据库的导入助手功能,但预留了使用 SQL 语句导入功能。为便于展示,在此导入后续案例需要的餐厅坐标表格 restaurants_staging。受限于 PostgreSQL 数据库特点,为保障数据的顺利导入,需要保证数据及存储的目录不含有中文字符且开放全部权限,具体操作如图 4-10 所示。

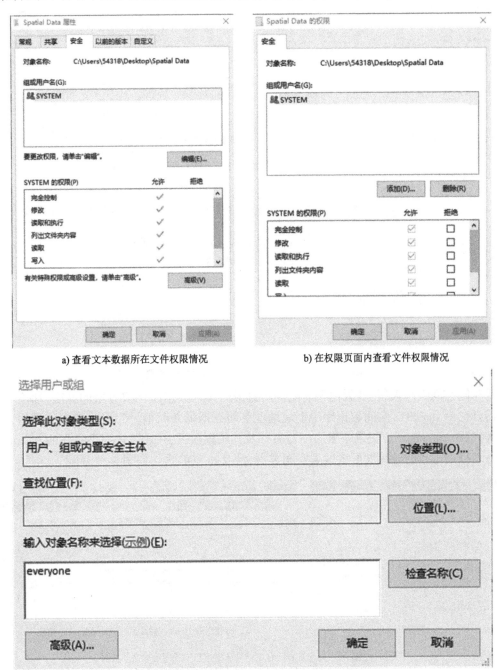

a) 查看文本数据所在文件权限情况　　b) 在权限页面内查看文件权限情况

c) 在权限页面内添加用户Everyone并赋予完全控制权限

图 4-10　为文本数据文件所在目录添加权限

在赋予文本数据所在文件夹完全控制权限后,需要首先在 Exercise 数据库内按照文本数据对应的列数、字段特征创建表格,并再次利用 COPY 语句导入数据,其中","指代文本数据中分隔每一项记录的符号。具体导入过程如图 4-11 所示,其导入结果如图 4-12 所示,涉及的文本数据可从本书所附的电子数据中找到,其文件名为"restaurant. csv"。

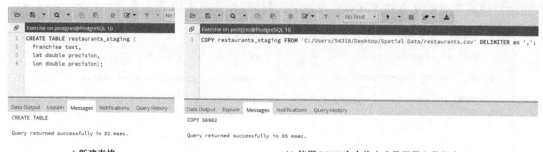

图 4-11 使用 COPY 语句实现将文本数据导入表格

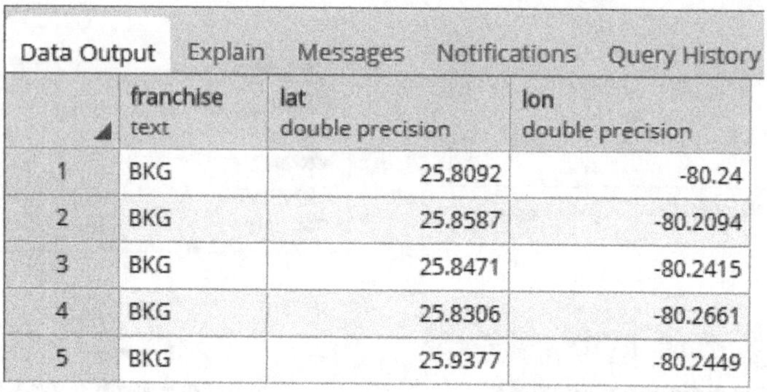

图 4-12 使用 COPY 语句导入数据后的数据表格

受存储空间大小限制,多数记录地理空间数据的文本数据仅保留对象的经度、纬度信息,进而需要在 PostgreSQL 空间数据库中创建地理空间数据列并赋值。为保持数据表逻辑,在此新建表格 restaurants 用以记录快餐店缩写名称及其位置数据,并通过查询已存在的 restaurant_staging 表格内记录的经纬度形成地理空间数据,涉及的 SQL 语句如图 4-13 所示。

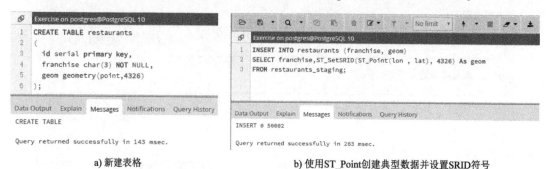

图 4-13 创建新表格并导入已有表格经纬度信息构成的地理空间数据

在成功创建地理数据列后,最新版本的 PostgreSQL 数据库提供了基于 WGS84 坐标系创建的地理数据可视化功能,仅需要在查看表格内容时点击地理数据列上方查看按钮,便可在指定地图(如 OpenStreetMap 地图)上呈现地理数据分布。

需要注意的是,某些文本数据也存在含有空间引用识别号 SRID 符号及 WKT 格式表示的地理空间数据的现象,进而可预先在创建表格时声明地理坐标系类型字段并直接导入空间数据。例如,文本数据中的每一行数据以形如"BKG,25.8092,-80.24,SRID=4326;POINT (25.8092 -80.24)"记录,通过在创建 SQL 表格中增加对地理空间数据列的声明,则可直接按照图 4-12 中 COPY 语句导入含有地理数据的文本数据。涉及的 SQL 语句如下,其中{path}指代文本数据所在路径。

```
1.  CREATE TABLE restaurant (
2.      franchise text,
3.      lat double precision,
4.      lon double precision,
5.      geom geometry(Point, 4326)
6.  );
7.  COPY restaurant FROM '{path}' delimiter ',';
```

③矢量数据文件。

在通常情况下,地理空间数据不仅可通过在文本数据中以 WKT/WKB 格式保存,也可存储在以.shp 后缀表示的矢量数据文件之中。作为一种由美国环境系统研究所公司(ESRI)开发的空间数据开放格式,ESRI Shpfile(shp)文件已经成为地理信息软件界通用的用于存储点、线、面数据的标准,而 PostGIS 也为此准备了导入软件。通过在 PostGIS 模块根目录或"开始"菜单栏下寻找并双击"PostGIS 2.0 Shapefile and DBF Loader Exporter"软件,在"View connection details…"菜单中填写超级管理员名称、密码、网络接口号及端口号、数据库名称后,成功建立与 PostgreSQL 数据库的连接;在保证 Shpfile 文件名称及路径名称均为英文字符的前提下,在"Import"选项卡下点击"Add File"按钮找到 Shpfile 文件所在目录并双击,在配置将要导入进的 schema 模式(Schema)、导入后的表格名称(Table)、地理空间数据所在信息列名(Geo Column)、空间引用识别号 SRID 符号(SRID)及任务模式为新创建表格后(Mode),可单击"Import"按钮等待导入结束,具体步骤如图 4-14 所示。

需要指明的是,矢量数据文件导入的模式将默认为 public 且表格名称默认同 Shpfile 名称保持相同;当读者遗漏设置空间引用识别号 SRID 符号(SRID)时,地理空间数据对应的 SRID 符号将默认为 0,需要读者在后续步骤重新设置为 4326。在本例中,导入的 Shapefile 文件记录了美国全部公路数据,而后续案例分析仅需要使用美国高速公路数据,因而需要对导入的数据抽取高速公路部分数据的关键字段,并将其加入 highways 表格,其具体 SQL 语句如图 4-15 所示。

上述内容展示了三种不同的数据导入及地理空间数据列定义方法。与 SQL Sever 等关系型数据库相似,PostgreSQL 等空间数据库也提供了提升性能并加快查询速度的索引,并额外提供了建立在地理空间数据列上的空间索引。在没有空间索引的背景下,任何涉及数据表的空间查询操作均需要遍历表格内部的每一条地理空间数据,而在创建基于"R-Tree"结构的空间索引后,将极大地加快遍历并查找到相应地理空间数据结果。以创建好的 restaurant 数据表为例,为每个快餐店所处位置创建空间索引的 SQL 语句如图 4-16 所示。需要注意的是,空间索引仅能建立在地理空间数据列上,针对其他任何类型列的操作均将报错。

a) 在PostGIS模块根目录打开小工具

b) 配置PostgreSQL数据库参数并连接

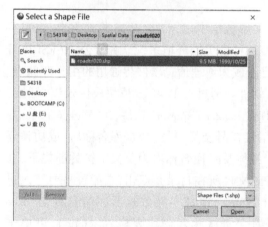

c) 根据文件地址选中矢量数据文件

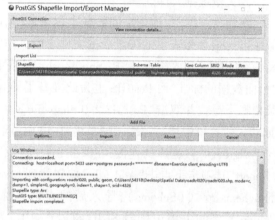

d) 配置导入位置及SRID符号等信息

图 4-14　使用 PostGIS 自带小工具导入矢量数据文件

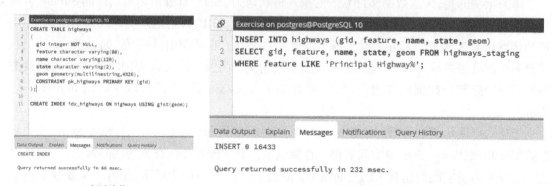

a) 新建表格　　　　　　　　　　　　　　b) 筛选高速公路数据并保留关键列字段

图 4-15　创建新表格并导入高速公路部分数据及其关键列字段

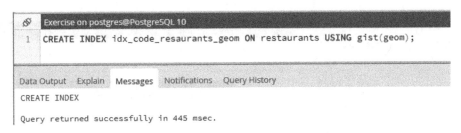

图 4-16　使用 SQL 语句为数据表中地理空间数据列创建空间索引

　　空间索引的创建并不总是为查询等操作带来效率的提升，比如在返回表中所有记录时，遍历索引树以获取每条记录实际将比线性读取表格记录慢很多，于是 PostgreSQL 数据库提供了查询规划器（Query Planner）这一智能选取是否使用索引加速查询操作的功能模块。查询规划器的主要原理是定期统计数据库中全部表格索引列的数据分布特征，进而实现是否使用索引的智能判断，而短时间内更改表格构成、删除或更新大量数据可能并不会触发及时的定期搜索，进而需要人工更新，涉及的 SQL 语句如图 4-17 所示。

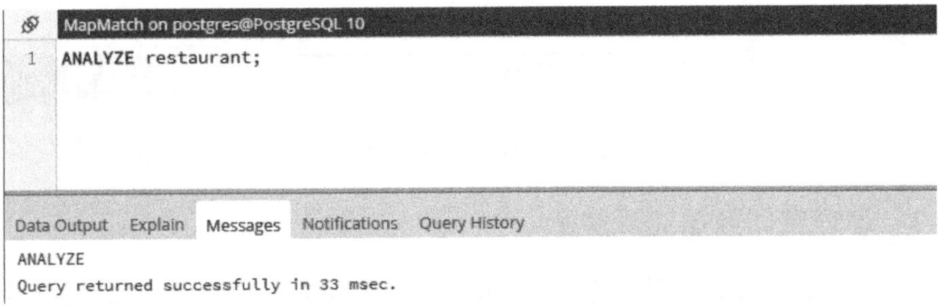

图 4-17　使用 SQL 语句及时更新查询规划器对数据表掌握情况

　　为最大程度发挥空间索引对查询操作的效率提升作用，PostgreSQL 数据库需要对表格进行大量更新、插入或删除后产生的空间变动进行回收。为实现这一目标，PostgreSQL 数据库在创建表格时默认勾选了"自动清理（Autovacuum）"，并会在默认情况下根据活动级别确定合理的时间间隔对表格进行自动清理和分析。根据需要，管理员可单独执行清理（Vaccum）和分析（Analyze），其具体涉及的 SQL 语句如图 4-18 所示。此外，上述的清理及分析操作均可通过浏览器交互实现，具体方式如图 4-19 所示。至此，外部数据在导入数据库后利用索引及数据库维护方法实现了查询效率的最大化，进而可为处理海量时空数据提供便利。

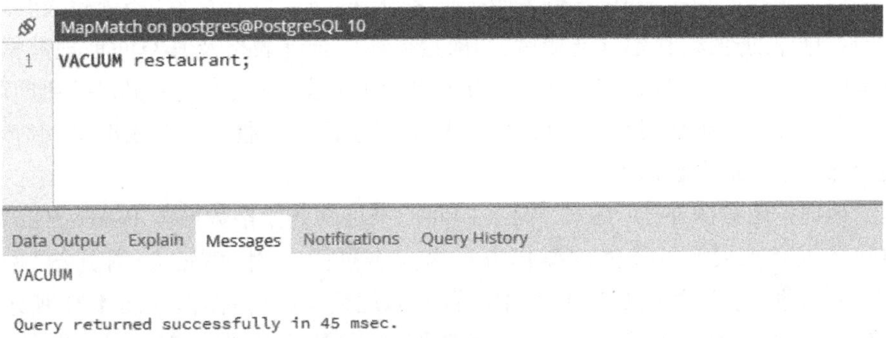

图 4-18　使用 SQL 语句及时对表格因数据异动产生的空间变化进行清理

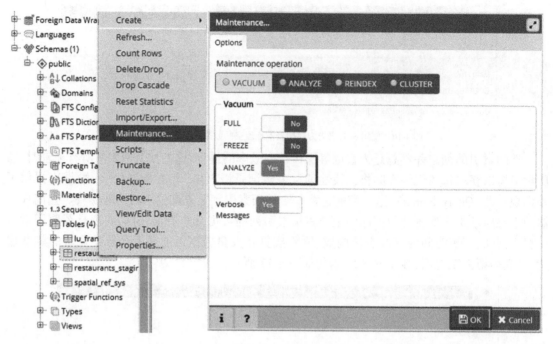

图4-19 使用浏览器交互实现对数据表的清理及分析(自动清理为默认勾选)

4.3.3 地理空间数据交互展示

在上述操作中,PostgreSQL数据库所自带的空间地理数据预览功能能帮助我们快速了解以WGS84坐标系统创建的空间地理数据分布特征,但当用户需要叠加多列空间地理数据以同时展示时,便需要一种配合PostgreSQL数据库共同完成空间数据可视化的交互软件。QGIS是基于Qt并使用C++语言开发的一个用户界面友好、跨平台的开源版桌面地理信息系统,能够实现对PostgreSQL数据库中的空间地理数据的显示、编辑和分析,进而成为二次开发和数据可视化的最佳选择。

为了发挥QGIS软件联动PostgreSQL数据库灵活展示空间地理数据优势,首先需要建立与PostgreSQL数据库的连接,具体操作如图4-20所示。除支持在ArcGIS等平台添加Shapefile文件等并可视化的功能外,QGIS软件还支持将PostgreSQL数据库中表格内的某空间地理数据列作为图层加入画布的功能,并可在输入数据库名称、网络接口号及端口号、超级管理员及密码后建立同数据库的连接;在建立连接后,当前数据库中全部表格及其空间地理数据字段、类别均将按其所属模式进行展示;在选定想要交互展示的数据表后,点击"Add"按钮即可将对应的空间地理数据进行可视化展示,而点击"Set Filters"按钮则可通过输入SQL语句对表格进行筛选后展示部分空间地理数据。

除展示地理空间数据外,QGIS软件还支持将谷歌地图等栅格数据与PostgreSQL数据库中的地理空间数据叠加展示。具体的操作方法为点击页面左侧"Browser浏览器"中的"SXY Title"按钮,新建地图名称并在URL栏目中配置开源地址,其具体操作如图4-21所示。此外,QGIS目前已支持谷歌地图、谷歌卫星图、谷歌路网图、谷歌地形图等多种地图展示,常见的地图开源地址见表4-2。

第4章 地理空间数据库

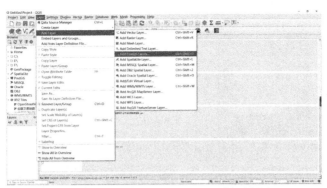

a) 在QGIS软件中选择添加PostgreSQL数据库图层

b) 在连接配置中输入PostgreSQL数据库参数并成功连接

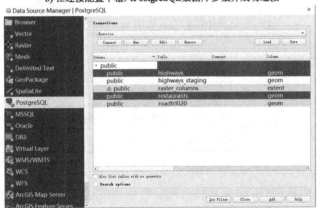

c) 成功连接数据库后根据显示的表格及空间地理数据信息选择可视化内容

d) 通过多个图层展示美国州际高速公路及快餐网点分布图

图 4-20　在 QGIS 软件中建立与 PostgreSQL 数据库的连接并展示选定数据

a) 在导航栏中添加在线地图　　　　　b) 新建在线地图并配置开源网站地址

图 4-21　在 QGIS 软件中新建在线地图数据

QGIS 软件中常见的在线地图开源网站地址　　　　　表 4-2

地 图 类 型	开源网站地址
谷歌地图	https://mt1.google.com/vt/lyrs=r&x={x}&y={y}&z={z}
谷歌卫星地图	http://www.google.cn/maps/vt?lyrs=s@189&gl=cn&x={x}&y={y}&z={z}
谷歌综合地图	https://mt1.google.com/vt/lyrs=y&x={x}&y={y}&z={z}
谷歌地形地图	https://mt1.google.com/vt/lyrs=t&x={x}&y={y}&z={z}
谷歌道路地图	https://mt1.google.com/vt/lyrs=h&x={x}&y={y}&z={z}

通过配置多种在线地图，可配合 PostgreSQL 数据库完成更加直观的地理空间数据展示，图 4-22 分别为使用谷歌地图及谷歌卫星地图配合 PostgreSQL 数据库中的高速公路及快餐店地址进行的综合展示，可帮助用户直观了解道路、快餐店在不同地形、不同城市的分布数量及特征，进而便于更为直观地开展交通运输学科科研工作。

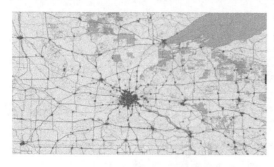

图 4-22　在 QGIS 软件中实现在线地图同 PostgreSQL 数据库地理空间数据共同展示

4.3.4 地理空间数据案例操作

(1)案例一:统计美国一号州际高速公路附近的快餐店品牌及数量

在交通运输学科中,经常需要进行获取某条道路旁的 POI 信息、某个位置附近一定距离的地铁站个数等查询,这时使用 PostgreSQL 数据库可快速满足上述要求。在上述操作中,我们已导入并优化了表示美国全部高速公路数据的 highways 表格、表示美国全部快餐店及其分布的 restaurants 表格及存储名称对应关系的 lu_franchises 表格,在此我们将使用这三张表格统计美国一号州际高速公路附近的快餐品牌及数量。

为了将问题具体化,案例将研究对象放缩至美国马里兰州境内州际高速公路。与其他关系型数据库相同,PostgreSQL 数据库可使用 WHERE 子句设置查询限制并返回给定字段,具体 SQL 语句及其查询结果如图 4-23 所示。

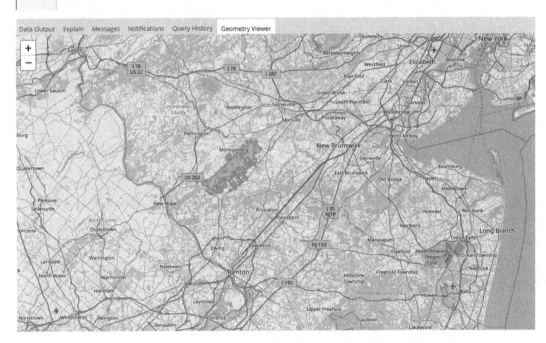

图 4-23 使用 WHERE 子句设置查询限制并返回马里兰州一号高速公路给定字段

在获取马里兰州境内的一号州际高速公路后,下一个问题便是寻找该公路附近的全部快餐店。为解决这一问题,可采取两种思路:第一,为当前道路创建一定大小的缓冲区并统计落入该缓冲区的快餐店;第二,统计全部快餐店距离当前道路的距离并按照某个阈值进行筛选。一般来讲,第二种方法由于需要计算全部快餐店距离当前道路的垂线距离,因而速度较第一种方法而言更慢,且占用资源更大;同时,第一种方法则仅需要进行两步计算,即生成围绕道路的平行缓冲区并比较快餐店是否位于该缓冲区内。在第一种思路的指导下,为马里兰州境内的一号州际高速公路创建缓冲区的 SQL 语句及其效果如图 4-24 所示。

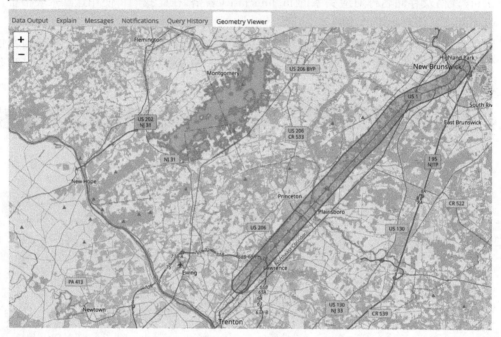

图 4-24　综合使用 ST_Union( ) 函数及 ST_Buffer( ) 函数创建道路缓冲区

在上述 SQL 语句中，ST_Union( ) 函数能够实现将所选择的多个地理空间数据合并为没有重叠的联合空间数据，即将多个线型数据表示的一号州际高速公路联合为一个多线型数据，进而使用 ST_Buffer( ) 函数生成一个长度为 1000 米的缓冲区。需要注意的是，由于经过 ST_Union( ) 函数处理后的多线型数据仍为 geometry 类型，如不转化为 geography 类型则将默认输入的参数 1000 单位是度，而加入::geography 进行类型转换后则将输入的参数 1000 单位设置为米。

在为马里兰州境内的一号州际高速公路生成 1000 米缓冲区后，下一个问题便是搜索处在这一缓冲区内的全部快餐店，SQL 语句及其效果如图 4-25 所示。在上述 SQL 语句中，ST_Within( ) 函数用于判断并筛选出前后两个地理空间数据中存在包含关系的记录。需要注意的是，ST_Within( ) 函数中判断的两个地理空间数据需类别一致，故建立缓冲区时使用的 geography 类型数据要使用::geometry 进行转化。

由于 PostgreSQL 数据库是一款建立在关系型数据库上的现代化空间数据库，故 SQL Sever 数据库中涉及的多表连接、嵌套查询、聚合函数等均可直接使用。于是，在获取处在马里兰州境内一号州际高速公路上的快餐店后，可使用左连接结合 lu_franchises 表格获取快餐店全称，并进一步使用聚合函数获取不同品牌快餐店个数，SQL 语句及其结果如图 4-26 所示。

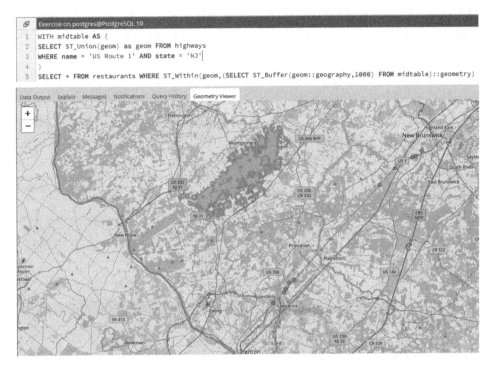

图 4-25 使用 ST_Within( ) 函数获取处在道路的快餐店信息

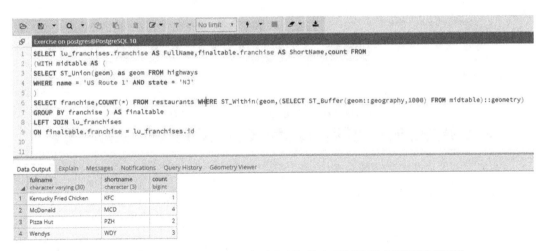

图 4-26 综合使用空间查询、多表连接、嵌套查询、聚合函数等解决交通数据分析问题

综上所述,使用 PostgreSQL 数据库及 PostGIS 模块处理时空数据本质上仍离不开对 SQL 语言的熟练掌握;在深入理解空间数据的类型并查阅空间搜索函数使用规则后,读者可在嵌套查询、子查询的规则下自由组合函数实现对于空间数据的高级处理,进而展现 PostgreSQL 数据库更强大的空间数据处理能力。

(2) 案例二:寻找轨迹数据对应车辆途经的道路

在交通运输学科中,另一类经常出现的需求是寻找当前对象附近与距离最近的另一对象,寻找轨迹数据对应车辆途经的道路即地图匹配是这一需求的典型代表。对于车辆在运行过程中所留下的轨迹定位数据,经常因为信号传输或定位装置异常导致记录结果中存在较大误差,如何寻找车辆最可能真实通过的道路便是地图匹配问题的核心目标,也是进行微观交通行为分析的基础。为了配合常见的空间数据库函数展示 PostGIS 模块在交通问题求解上的先进性,本例仅使用距离确定车辆真实途经的道路。

案例使用的车辆轨迹数据包含一般全球定位设备所获取的基础字段共计 4 个,具体如表 4-3 所示,记载了车辆按照时间顺序在不同时刻所出现的地点。相似地,由于轨迹数据不包含以 WKT 格式记载的地理空间数据,需在导入 PostgreSQL 数据库后声明地理空间数据列并结合 ST_SetSRID( ) 函数及 ST_MakePOINT( ) 函数创建点型数据,涉及的 SQL 语句如图 4-27 所示。

表 4-3 车辆轨迹数据包含的字段说明表

字 段 名 称	字 段 解 释	数 据 样 例
gid	轨迹数据中当前定位记录对应序号	1
tms	当前定位记录对应的时间,以时间戳表示	1523315701
lon	当前定位记录对应的经度	122.98195
lat	当前定位记录对应的纬度	41.108066

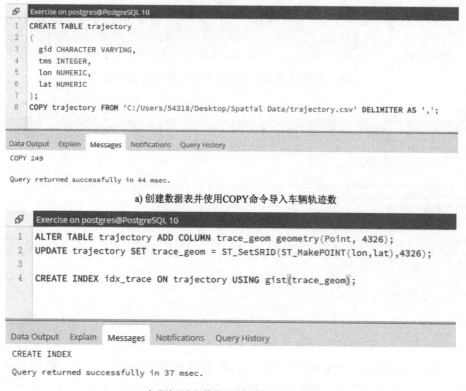

a) 创建数据表并使用COPY命令导入车辆轨迹数

b) 声明地理空间数据列并创建地理空间数据

图 4-27 导入车辆轨迹数据并创建地理空间数据列

案例使用的道路信息为辽宁省鞍山市路网,也即地图匹配流程中车辆可能途经的全部道路段集合。在交通运输学科中,开源且准确的道路信息可从 OpenStreetMap 网站下载,并选择其提供的 .pbf.osm 后缀文件、.shp 后缀文件。.pbf.osm 文件是一种综合保存道路信息、POI 信息、地理信息的专用文件,需要特殊的插件提取道路信息;.shp 后缀文件则将地图数据按照道路、水文、POI 信息等分类存储在单个 Shapefile 文件并打包压缩。总体而言,对于不追求较高准确度或无须确定车辆相对匹配道路行驶方向的科研工作,使用 Shapefile 文件将更为便捷,文件中涉及的关键字段如表 4-4 所示;而对于准确度要求高、后续需要进行微观分析的地图匹配过程,使用.pbf.osm 后缀文件并利用 osm2po 插件等创建拓扑网络则更为合理。相似地,借助 PostGIS 模块提供的导入工具可快速将 Shapefile 文件导入 Exercise 数据库并对道路数据进行可视化展示,具体如图 4-28 所示。

辽宁省城市路网包含的字段说明表　　　　　表 4-4

字 段 名 称	字 段 解 释	数 据 样 例
gid	道路段序号	8728
osm_id	OSM 数据库管理序号,相同道路段的值在各个版本中相同	49962764
code	OSM 数据库对道路段的单独分类方法	5111
fclass	道路等级,如 motorway 对应高速公路	motorway
name	道路名称	丹锡高速
ref	道路段代码	G16
oneway	道路段是否为单向行驶,F-单向、B-双向	F
maxspeed	道路段最高限速,单位为 km/h(该值需自行补充)	0
layer	道路所在图层,是类似道路等级的另一种表示方法	1
bridge	当前道路段是否存在桥梁,F-不存在、T-存在	F
tunnel	当前道路段是否存在隧道,F-不存在、T-存在	F
geom	道路段地理空间信息,以 WKB 格式保存	0105000020E…

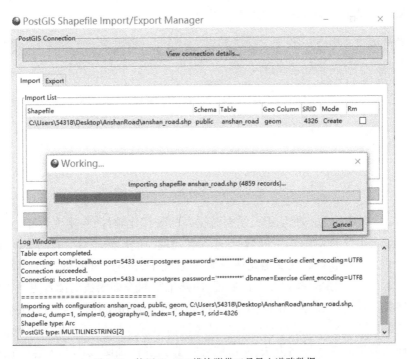

图 4-28　使用 PostGIS 模块附带工具导入道路数据

在交通运输学科的研究中，PostgreSQL 数据库的角色应被定义为辅助工具，因而读者需具备将研究需求转化为 SQL 查询语句的联想能力。以地图匹配为例，其核心目标是寻找车辆定位记录附近距离最近的道路段，而这一功能在 PostGIS 模块中可以按两种方式实现：一是使用最近邻域搜索，即使用 ST_Distance( ) 对每一个定位记录计算它与全部道路的距离并筛选出最短距离对应的道路段；二是使用基于索引的 KNN 近邻搜索，即借助空间索引实现高效查询。

第一种查询方法的原理是按与要查询的几何图形的距离对候选表进行排序，然后获取最小距离对应的表记录。显而易见的是，当面临庞大的数据表格时，即使添加了空间索引，仍会造成极大的计算量，因而不是首选方法。

第二种查询方法的原理是借助在表格空间索引中上下寻找来实现在没有指定半径的情况下寻找最近的 K 个地理空间数据，因此在庞大的数据表格中保持较高的查询效率。在 PostgreSQL 数据库版本高于 9.1 且 PostGIS 模块版本高于 2.0 的条件下，数据库能够使用 R-Tree 索引快速评估地理空间数据之间的距离并按大小顺序返回结果。实现这一功能需借助 ORDER BY 语句和"基于索引的距离运算符"＜-＞和＜#＞，其具体差异如下：

（1）＜-＞表示边界框中心之间的距离。当两个地理对象为点型数据和线型数据时，则会计算点距离线的垂线距离。

（2）＜#＞表示边界框边界之间的距离。当两个地理对象为点型数据和面型数据时，则会计算点距离面的任一边界的最短距离。

于是，在综合利用交叉连接、排序查询等方法的基础上，能够快速确定车辆可能通过的道路段，涉及的 SQL 查询语句如图 4-29 所示。然而，当前的地图匹配方法仅依靠定位点与道路段间的最短距离来确定途经道路，无法适应双挑单向可通行路段的准确识别，同时无法解决轨迹定位中断。为解决这一问题并将针对轨迹数据的研究落入微观层面，本书在后续章节讨论基于概率模型的高精度地图匹配原理及其实现方法。

```
Exercise on postgres@PostgreSQL 10
1  SELECT * FROM trajectory p
2  CROSS JOIN LATERAL (
3      SELECT r.id AS trace_id, r.osm_name AS road_name, r.geom AS road_geom
4      FROM anshan_road r
5      ORDER BY r.geom <-> p.trace_geom
6      LIMIT 1
7  ) midtable;
```

图 4-29 实现 KNN 近邻搜索查询的 SQL 语句

PostgreSQL 数据库作为一种基于关系型数据库的现代化软件，在实现大部分 SQL Sever 数据库功能的基础之上支持对地理空间数据的高效处理，而实现这一功能的模块便是 PostGIS 模块及相关的 GIS 操作软件。在交通运输学科的研究中，PostgreSQL 数据库将作为支持软件便捷缓冲区搜索、近邻搜索等系列数据预处理，而熟悉空间查询函数的读者更可以根据当前的各种模型实现类似地图匹配等复杂操作，从而极大地开拓科研工作。需要指出的是，熟练使用 PostgreSQL 数据库并开展时空数据分析的前提是灵活掌握不同类型数据的声明及定义方法，并了解不同种类数据的导入导出方法，而这些均需要读者仔细阅读本章内容。在掌握基础知识后，读者可按照 4.3 案例中的分析方法将研究所需的空间分析转化为 PostGIS 中的函数及查询操作组合，进而实现高度依赖空间计算的模型处理。

习 题

1. 从 PostgreSQL 官网及 PostGIS 官网下载最新版本软件并成功配置。
2. 寻找你所在城市的一个商场、一条道路及一个公园，分别在 PostgreSQL 数据库中创建表格并分别以 geometry 类型和 geography 类型创建对应的点型数据、线型数据、面型数据。
3. 将当前研究中涉及的文本数据、矢量数据（Shapefile 文件）分别导入 PostgreSQL 空间数据库，完成空间数据列的声明及创建。
4. 针对上述导入的所有数据添加空间索引并进行清理及分析，比较操作前后的查询速度差异。
5. 下载并安装 QGIS 软件，在成功连接 PostgreSQL 数据库的基础之上配置电子地图，并将上述习题中的数据进行可视化展示。

第 5 章
交通数据处理编程实践

在本书第 2~4 章中,学习了数据库语言及其在数据处理方面的基础应用,这对于数据的集中管理、控制冗余、提高数据的利用率和一致性具有重要作用,它为后续的数据科学分析做好了数据准备,是大数据处理和分析的第一阶段(图 5-1)。工欲善其事,必先利其器,使用数据库语言进行数据分析面临功能不全和操作不便等问题,所以数据分析需要依托编程语言工具。因此,本章将对本书后续章节所采用的数据分析工具——R 语言和 Python 语言进行介绍。R 语言和 Python 语言是深受数据科学家青睐的两种语言,其使用方法简单高效,且都提供大量独特的库资源,能在科研学习工作中帮助使用者达到事半功倍的效果。不同之处在于 R 语言主要服务于统计科学家,内含大量先进的数理统计科学包,可以输出较多关键解释参数;此外 R 语言具有简洁高效的数据可视化包,支持网页平台发布。而 Python 语言作为当前人工智能最火热的平台之一,大部分深度学习框架都支持 Python 语言。R 语言和 Python 语言具有不同的分工,构成了大数据处理的第二阶段(图 5-1),上述提到的功能将会在本书后续章节中一一展示。如果想要把数据处理和分析做成产品或软件来发布,那就要使用 C 或 Java 等底层开发语言来集成第二阶段设计的模型或算法(图 5-1),这部分本书不做详细介绍。

本章分别简单介绍了 R 语言和 Python 语言的使用方法,以及通过典型例子,由浅入深介绍这两种编程语言在数据处理和分析中的基础应用,以及如何通过 R 语言和 Python 语言的扩展包连接数据库。使用 R 语言和 Python 语言需要掌握一定的数据库语言基础。

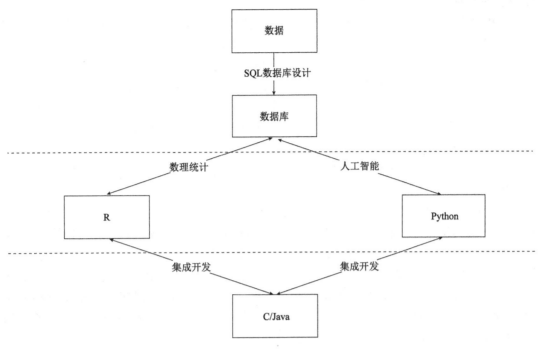

图 5-1　大数据处理流程和框架

5.1　R 语言编程基础

5.1.1　R 语言简介

R 语言是一套由数据操作、计算和图形展示等功能整合而成的套件,也是一个自由、开源的软件平台。R 语言来自 S 语言,可以当作是 S 语言的实现工具。S 语言由 Bell 实验室的 Rick Becker 和 John Chambers 等人开发。

R 语言最初由新西兰 Auckland 大学的 Ross Ihaka 和 Robert Gentleman 于 1997 年发布,R 语言实现了与 S 语言基本相同的功能和统计功能。R 语言虽然是由其核心团队开发,但很多用户都贡献软件包,可以说是集体智慧的结晶。

R 语言可以在综合档案网络(Comprehensive R Archive Network,CRAN)上免费下载。Linux、Mac OS X 和 Windows 都有相应编译好的二进制版本,也可以通过安装扩展包(Packages)来增强 R 语言的功能。(网址:https:∥cran.r-project.org/mirrors.html)

5.1.2　R 语言的主要特点

R 语言作为广为人知的编程语言和软件环境,具有如下重要特点:

(1)R 语言是一种开发良好、简单有效的编程语言,包括条件、循环、用户定义的递归函数以及输入和输出功能等。其语法结构简单,代码像伪代码一样简洁、可读,比较容易掌握,且各函数和扩展包都有很清晰的实例说明。

（2）R语言是免费开源软件，支持各个主要计算机系统；作为开源软件的好处就在于，很快就会有人将这种方法编写成扩展包，或者你自己就可以做这件工作。

（3）R语言是完整的程序设计语言，基于函数和对象，可以自定义函数，调入C、C++、Fortran编译的代码；具有完善的数据类型，如向量、矩阵、因子、数据集等。

（4）R语言为数据分析提供了大型、一致和集成的工具集合。可实现多种现代经典统计方法，如参数和非参数假设检验、线性回归、广义线性回归、非线性回归、可加模型、树回归、混合模型、方差分析、判别、聚类、时间序列分析等。

（5）R语言的安装包很小，但可通过安装扩展包来增强其功能，这使得R语言灵活且功能强大，在各行各业均有应用。

R Studio 是 R 语言的一个集成开发环境(Integrated Development Environment, IDE)，可为用户提供更好的编辑界面和更多的交互界面(Graphical User Interface, GUI，又称图形用户接口)选项。它是由 JJ Allaire 公司在 2011 年成立，在 2 个版本中提供 R Studio 桌面和 R Studio 服务器，并在商业和开源版本可用。由于使用简单且功能强大，使用 R 语言的用户一般都会安装 R Studio 软件。R Studio 作为 R 软件的应用界面与增强系统，可以在其中编辑、运行 R 语言的程序文件，还可以构造文字与图表融合在一起的研究报告、论文、图书、网站等。一个运行中的 R Studio 界面见图 5-2。

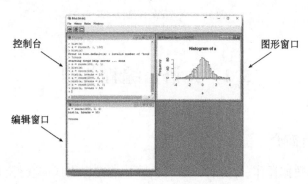

图 5-2　R Studio 运行界面

R Studio 的界面中编辑窗口(Editor Window)与控制窗口(Console Window)是最重要的两个窗格。编辑窗口类似于 SQL 中的查询窗口，可用来查看和编辑程序、文本型的数据文件、程序与文字融合在一起的 RMD 文件等，你只需要写下你的命令而不运行它。如果要在编辑窗口中执行命令，可以将它们复制粘贴到控制窗口或使用键盘快捷键"Ctrl + R"。控制窗口与基本 R 软件的命令行窗口基本相同，但功能有所增强，你可以键入命令，并在按 Enter 键时执行它们，将看到输出或者错误/警告消息。

其他的一些重要窗格包括：

Files：列出当前项目的目录(文件夹)内容。其中以 * *.R 或者 * *.r 为扩展名的是 R 源程序文件，单击某一源程序文件就可以在编辑窗口中打开该文件。

Help：显示 R 与 R Studio 的帮助和说明文档。

Environment：显示已经有定义的变量、函数。

History：显示历史命令，且包括以前使用 R Studio 时运行过的命令。

Packages：显示已安装的 R 语言扩展包及其文档。

要在 R 语言中执行命令，可以在命令行直接输入命令运行，文字结果会显示在控制窗口，图形结果显示在"Plots"窗格中。在控制窗口中，只需键入一行代码并按 Enter 键，软件将显示你编写的代码，然后显示代码的输出(如果有)。尽管此处不支持文本编辑，但可以按向上箭头查找历史命令，且输入命令的前几个字母后用"Ctrl + 向上光标键"可以较精准地查找历史命令。

通常使用的另一种执行命令的方法是，将 R 语言源程序保存在一个源程序文件中运行。在 R Studio 中"File-New File-R Script file"建立一个新的脚本文件(源程序文件)，并在打开的编辑窗口内输入 R 语言的源程序，进而可选择将代码保存到 R 语言文件中。编写 R 语言程序的正常做法是一边写一边试验运行，运行没有错误再继续编写下一部分。在编辑窗口中，当光标在某一程序上，点击窗口的"Run"快捷图标或者用快捷键"Ctrl + Enter"可以运行该行；高亮选中若干程序行后，点击窗口的"Run"快捷图标或者用快捷键"Ctrl + Enter"可以运行这些行。在 R studio 中，通常还会有一些代码编写方面的帮助，例如自动完成变量名的填充。

同 R 语言一样，R Studio 可以在很多系统上运行，包括 Windows、Mac、Linux，甚至可以在使用 R Studio 服务器的 web 浏览器上运行。须注意的是，R Studio 只是一个接口，要使用它，必须在后台运行 R。R Studio 同样是免费的。

5.1.3 R 语言基本语法

(1) R 语言基本运算

在 R 语言中，你可以自由地进行四则运算。+ - * / ^ 分别表示(加、减、乘、除、乘方)，运算规则仍遵从通常的优先级规则，可以用圆括号 ( ) 改变运算的先后次序。

R 语言还支持整除运算和求余运算。用 %/% 表示整除，用 %% 表示求余。

```
1. 10%/% 3
2. ## [1] 3
3. 10 %% 3
4. ## [1] 1
```

注：为了便于区分，本节用"##"表示运行结果，"#"表示注释。

输出前面的方括号和序号 1 是在输出有多个值时提供的提示性序号。注释能帮助你解释 R 语言程序中的脚本，它们在实际执行程序时会被解释器忽略。R 语言不支持多行注释，但可以使用技巧实现：

```
1. if(FALSE) {
2. "This is a demo for multi-line comments and it should be put inside either a single OR double quote"
3. }
```

在 R 语言中，你还可以使用很多数学函数进行运算，如平方根、指数、对数，以及取整、三角函数、反三角函数等：

1. sqrt(9)
2. ## [1] 3
3. exp(1)
4. ## [1] 2.718282
5. log10(100000)
6. ## [1] 5
7. round(1.1234, 2)
8. ## [1] 1.12
9. floor(-1.1234)
10. ## [1] -2
11. sin(pi/6)
12. ## [1] 0.5
13. acos(sqrt(3)/2)
14. ## [1] 0.5235988

你可以运行命令 help.start( )查看这些基础的数学函数的列表,点击链接"Search Engine and Keywords",找到"Mathematics"栏目,浏览其中的"arith"和"math"链接中的说明。常用的数学函数有:

舍入:ceiling ,floor ,round ,signif ,trunc ,zapsmall;

符号函数:sign;

绝对值:abs;

平方根:sqrt;

对数与指数函数:log ,exp ,log10 ,log2;

三角函数:sin ,cos ,tan;

反三角函数:asin ,acos ,atan ,atan2;

双曲函数:sinh ,cosh ,tanh;

反双曲函数:asinh ,acosh ,atanh。

还有一些逻辑运算符会被经常应用到,需要掌握,如表 5-1 所示。它只适用于逻辑、数字或复杂类型的向量。所有大于 1 的数字被认为是逻辑值 TRUE。将第一向量的每个元素与第二向量的相应元素进行比较,比较的结果是布尔值。

逻辑运算符描述与应用 表 5-1

运算符	描述	例
&	元素逻辑 AND 运算符。它将第一向量的每个元素与第二向量的相应元素组合,并且如果两个元素都为 TRUE,则给出输出 TRUE	v <- c(3,1,TRUE,2+3i) t <- c(4,1,FALSE,2+3i) print(v&t) ##TRUE TRUE FALSE TRUE
|	元素逻辑或运算符。它将第一向量的每个元素与第二向量的相应元素组合,并且如果元素为真,则给出输出 TRUE	v <- c(3,0,TRUE,2+2i) t <- c(4,0,FALSE,2+3i) print(v|t) ##TRUE FALSE TRUE TRUE

续上表

运算符	描述	例
!	逻辑非运算符。取得向量的每个元素,并给出相反的逻辑值	v <- c(3,0,TRUE,2+2i) print(!v) FALSE TRUE FALSE FALSE
&&	称为逻辑 AND 运算符。取两个向量的第一个元素,并且只有两个都为 TRUE 时才给出 TRUE	v <- c(3,0,TRUE,2+2i) t <- c(1,3,TRUE,2+3i) print(v&&t) TRUE

(2) R 语言函数

同其他语言一样,在 R 语言中当一段程序需要在多处使用时,可将其写成一个函数,然后在其他位置调用。这样做的好处是需要修改程序执行功能时,只需要修改函数而不需要修改各处调用,也就实现了代码的复用与模块化设计。同时,编程任务被分解成一个个小模块,每个模块应用不同的函数,可帮助使用者更好地理解各模块作用,降低程序复杂性,增强可读性。

在 R 语言中,函数是一个对象,R 语言解释器能够将控制传递给函数,以及函数完成动作所需的参数。该函数依次执行其任务并将控制返回到解释器以及可以存储在其他对象中的任何结果。函数定义使用 function 关键字,一般格式为:

1. 函数名 <- function(形式参数表) {
2.   函数体
3. }

函数通常由以下部分组成:

函数名称:函数的实际名称,它作为具有此名称的对象存储在 R 语言环境中。

参数:参数是一个占位符。当函数被调用时,就会传递一个值到参数。参数是可选的,即一个函数可能不包含参数。

函数体:函数体包含定义函数的功能的语句集合。

返回值:函数的返回值是要评估的函数体中的最后一个表达式。

R 语言中具有大量内置函数,可以在程序中直接调用而无须先定义它们。用户还可以创建和使用自己的函数,称为用户定义的函数,一旦创建,它们就可以像内置函数一样使用。

函数调用时最基本的调用方式之一是把实参与形式参数按位置对准,与在数学中使用多元函数的习惯类似。R 语言函数调用时全部或部分形参对应的实参可以用"形式参数名=实参"的格式给出,这样格式给出的实参不用考虑次序,不带形式参数名的则按先后位置对准。在调用函数时,如果以"形参名=实参值"的格式输入参数,则"形参名"与定义时的形参名完全匹配时优先采用;如果"形参名"是定义时的形参名的前一部分子串,即部分匹配,这时调用表中如果没有其他部分匹配,也可以输入到对应的完整形参名的参数中;按位置匹配是最后才进行的。

(3) R 语言绘图示例

在 R 语言中,用户可以应用部分函数进行绘图。

例如,可用 curve( )函数制作 $y=x^2$ 函数的曲线图,curve( )函数第二、第三个变量是绘图区间[图 5-3a)];同样可绘制 sin(x)函数曲线图,并用 abline( )函数添加参考线[图 5-3b)]:

```
1. curve(x^2, -2, 2)
2. curve(sin(x), 0, 2*pi)
3. abline(h=0)
```

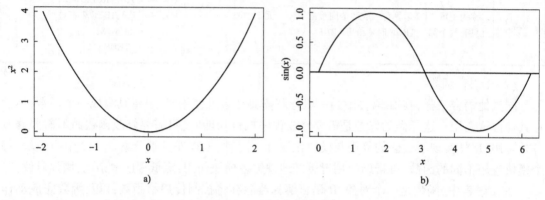

图 5-3　函数曲线图示例

可绘制直方图(图 5-4),基本语法是:

```
1. barplot(H, xlab, ylab, main, names.arg, col)
```

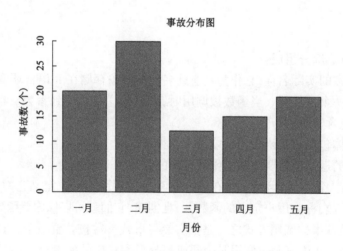

图 5-4　函数条形图示例

H 是包含在条形图中使用的数值的向量或矩阵;
xlab 是 x 轴的标签;
ylab 是 y 轴的标签;
main 是条形图的标题;
names.arg 是在每个条下出现的名称的向量;
col 用于向图中的条形提供颜色。

例如：

1. # Create the data for the chart.
2. H <- c(20,30,12,15,19)
3. M <- c("一月","二月","三月","四月","五月")
4. barplot(H,names.arg = M,xlab = "月份",ylab = "事故数",col = "blue",main = "事故分布图",border = "red")

可绘制折线图（图 5-5），基本语法是：

1. plot(v,type,col,xlab,ylab)

并可通过使用 lines( )函数，在同一个图表上绘制多条线。例如：

1. # Create the data for the chart.
2. v <- c(7,12,28,3,41)
3. t <- c(14,7,6,19,3)
4. plot(v,type = "o",col = "red", xlab = "月份", ylab = "降雨量", main = "两地降雨量对比折线图")
5. lines(t, type = "o", col = "blue")

v 是包含数值的向量；
type 采用值"p"仅绘制点，"l"仅绘制线和"o"绘制点和线；
xlab 是 x 轴的标签；
ylab 是 y 轴的标签；
main 是图表的标题；
col 用于给点和线的颜色。

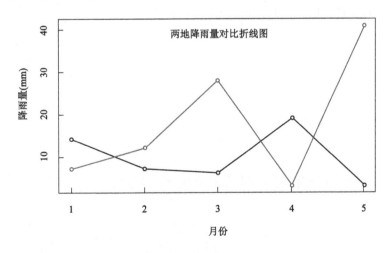

图 5-5 函数折线图示例

可绘制饼状图（图 5-6），基本语法是：

```
1. pie(x, labels, radius, main, col, clockwise)
```

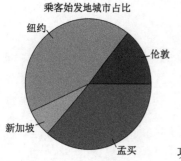

图 5-6　函数饼状图示例

x 是包含饼图中使用的数值的向量；
labels 用于给出切片的描述；
radius 表示饼图圆的半径（值 −1 和 +1 之间）；
main 表示图表的标题；
col 表示调色板；
clockwise 是指示片段是顺时针还是逆时针绘制的逻辑值。

同样，我们可以通过向函数中添加更多参数来扩展图表的功能，可使用参数 main 向图表添加标题，使用参数 col 在绘制图表时使用彩虹色板，并结合使用 length(x) 函数。例如：

```
1. # Create data for the graph.
2. x <- c(21, 62, 10, 53)
3. labels <- c("London", "New York", "Singapore", "Mumbai")
4. png(file = "pie_chart.jpg")
5. pie(x, labels, main = "City pie chart", col = rainbow(length(x)))
6. dev.off()
```

5.1.4　R 语言数据结构

R 语言数据结构包括向量、矩阵、数组、列表、数据框等。数据中元素、行、列还可以用名字访问。最基本的是向量类型，向量类型数据的访问方式也是其他数据类型访问方式的基础。

（1）R 语言向量

R 语言的最小单位是向量，共有六种类型的子向量，分别是逻辑向量、整数向量、双精度向量、复杂向量、字符向量和原始向量。可用"< −"赋值：

```
4. x1 <- 1:5
5. x1
6. ## [1] 1 2 3 4 5 6 7 8 9 10
```

也可以使用 c( ) 函数把多个元素或向量组合成一个向量。

```
1. s <- c(3, 5, 10, 5, 6)
```

如果其中一个元素是字符，则非字符值被强制转换为字符类型：

```
1. s<- c('apple','red',5,TRUE)
2. print(s)
3. ##[1] "apple"  "red"    "5"      "TRUE"
```

用 print( ) 函数显示向量或在命令行中显示向量时，每行显示的行首会有方括号和数字序号，代表该行显示的第一个向量元素的下标：

```
1.  12345678901:12345678920
2.  ## [1] 12345678901 12345678902 12345678903 12345678904 12345678905
3.  ## [6] 12345678906 12345678907 12345678908 12345678909 12345678910
4.  ## [11] 12345678911 12345678912 12345678913 12345678914 12345678915
5.  ## [16] 12345678916 12345678917 12345678918 12345678919 12345678920
```

单个数值称为标量，R 语言没有单独的标量类型，标量实际是长度为 1 的向量。R 语言中向量可以和一个标量作四则运算，结果是每个元素都和这个标量作四则运算：

```
1.  x1 + 200
2.  ## [1] 201 202 203 204 205 206 207 208 209 210
3.  2*x1
4.  ## [1]  2  4  6  8 10 12 14 16 18 20
5.  2520/x1
6.  ## [1] 2520 1260  840  630  504  420  360  315  280  252
```

两个等长的向量可以进行四则运算，相当于对应元素进行四则运算，如：

```
1.  x2 <- x1 * 3
2.  x2
3.  ## [1]  3  6  9 12 15 18 21 24 27 30
4.  x2 - x1
5.  ## [1]  2  4  6  8 10 12 14 16 18 20
```

两个不等长向量的四则运算，如果其长度为倍数关系，则较短向量的元素被循环以完成操作。且不仅是四则运算，R 中有两个或多个向量按照元素一一对应参与某种运算或函数调用时，如果向量长度不同，一般都采用这样的规则。

```
1.  x1 <- c(10, 30)
2.  x2 <- c(1, 2, 3, 4)
3.  x1 + x2
4.  ## [1] 11 32 13 34
5.  x1 * x2
6.  ## [1]  10  60  30 120
```

向量中的元素可以使用 sort( ) 函数排序。rev( ) 函数可返回把各元素排列次序反转后的结果。

```
1.  x <- c(33, 22, 11)
2.  sort(x)
3.  ## [1] 11 22 33
4.  rev(sort(x))
5.  ## [1] 33 22 11
```

R语言的许多函数都可以用向量作为自变量,如 sqrt,log10,log,exp,sin,cos,tan 等。运算结果是自变量的每个元素各自的函数值:

```
1.  sqrt(c(1, 9, 16, 25))
2.  ## [1] 1.0 3.0 4.0 5.0
```

(2) R 语言矩阵

矩阵是其中元素以二维矩形布局布置的 R 对象。它们包含相同原子类型的元素。虽然也可以创建一个只包含字符或只包含逻辑值的矩阵,但没有太多实际意义。包含数字元素的矩阵可用于数学计算。创建矩阵的基本语法是:

```
1.  matrix(data, nrow, ncol, byrow, dimnames)
```

data 是成为矩阵的数据元素的输入向量;
nrow 是要创建的行数;
ncol 是要创建的列数;
byrow 是一个逻辑线索;如果为 TRUE,则输入向量元素按行排列;
dimname 是分配给行和列的名称。
例:

```
1.  A <- matrix(c(1,-1, 1,1), nrow=2, ncol=2, byrow=TRUE); print(B)
2.  ##      [,1] [,2]
3.  ## [1,]   1   -1
4.  ## [2,]   1    1
```

可以通过使用元素的列和行索引来访问矩阵的元素。

使用 R 语言运算符对矩阵执行各种数学运算。操作的结果也是一个矩阵。对于操作中涉及的矩阵,维度(行数和列数)应该相同。例:

```
1.  # Create two 2x3 matrices.
2.  matrix1 <- matrix(c(3, 9, -1, 4, 2, 6), nrow = 2)
3.  print(matrix1)
4.  matrix2 <- matrix(c(5, 2, 0, 9, 3, 4), nrow = 2)
5.  print(matrix2)
6.  ##      [,1] [,2] [,3]
7.  ##[1,]   3   -1    2
8.  ##[2,]   9    4    6
9.  ##      [,1] [,2] [,3]
10. ##[1,]   5    0    3
11. ##[2,]   2    9    4
```

以上述矩阵进行加减乘除四则运算:

```
1.  # Add the matrices.
2.  result <- matrix1 + matrix2
3.  cat("Result of addition","
4.  ")
5.  print(result)
6.  # Subtract the matrices
7.  result <- matrix1 - matrix2
8.  cat("Result of subtraction","
9.  ")
10. print(result)
11. # Multiply the matrices.
12. result <- matrix1 * matrix2
13. cat("Result of multiplication","
14. ")
15. print(result)
16. # Divide the matrices
17. result <- matrix1 / matrix2
18. cat("Result of division","
19. ")
20. print(result)
21. ##Result of addition
22. ##     [,1] [,2] [,3]
23. ##[1,]   8   -1    5
24. ##[2,]  11   13   10
25. ##Result of subtraction
26. ##     [,1] [,2] [,3]
27. ##[1,]  -2   -1   -1
28. ##[2,]   7   -5    2
29. ##Result of multiplication
30. ##     [,1] [,2] [,3]
31. ##[1,]  15    0    6
32. ##[2,]  18   36   24
33. ##Result of division
34. ##     [,1]      [,2]       [,3]
35. ##[1,] 0.6       -Inf  0.6666667
36. ##[2,] 4.5  0.4444444  1.5000000
```

(3) R 语言数组

数组是可以在两个以上维度中存储数据的 R 语言数据对象。在 R 语言中,通常使用

array( )函数创建数组。它使用向量作为输入,并使用 dim 参数中的值创建数组。上述的矩阵其实就是多维数组的特例。多维数组的基本语法为：

1. 数组名 <- array(数组元素, dim=c(第一下标个数，第二下标个数，...，第 s 下 标个数))

例：

```
1.  ara <- array(1:24, dim=c(2,3,4)); ara
2.  ## , , 1
3.  ##
4.  ##      [,1] [,2] [,3]
5.  ## [1,]   1    3    5
6.  ## [2,]   2    4    6
7.  ##
8.  ## , , 2
9.  ##
10. ##      [,1] [,2] [,3]
11. ## [1,]   7    9   11
12. ## [2,]   8   10   12
13. ##
14. ## , , 3
15. ##
16. ##      [,1] [,2] [,3]
17. ## [1,]  13   15   17
18. ## [2,]  14   16   18
19. ##
20. ## , , 4
21. ##
22. ##      [,1] [,2] [,3]
23. ## [1,]  19   21   23
24. ## [2,]  20   22   24
```

对数组元素的操作通过访问矩阵的元素来执行：

```
1. vector1 <- c(5,9,3)
2. vector2 <- c(10,11,12,13,14,15)
3. # Take these vectors as input to the array.
4. array1 <- array(c(vector1,vector2),dim = c(3,3,2))
5. # Create two vectors of different lengths.
6. vector3 <- c(9,1,0)
7. vector4 <- c(6,0,11,3,14,1,2,6,9)
```

```
8.  array2 <- array(c(vector1,vector2),dim = c(3,3,2))
9.  # create matrices from these arrays.
10. matrix1 <- array1[,,2]
11. matrix2 <- array2[,,2]
12. # Add the matrices.
13. result <- matrix1+matrix2
14. print(result)
15.
16. ##     [,1] [,2] [,3]
17. ##[1,]  10   20   26
18. ##[2,]  18   22   28
19. ##[3,]   6   24   30
```

还可以使用 apply( ) 函数进行跨数组元素的计算。

(4) R 语言列表

列表是 R 语言对象，它包含不同类型的元素，如数字、字符串、向量和其中的另一个列表。列表还可以包含矩阵或函数作为其元素。列表是使用 list( ) 函数创建的。例：

```
1.  list_data <- list("Red", c(21,32,11), TRUE, 51.23)
2.  print(list_data)
3.
4.  ##[[1]]
5.  ##[1] "Red"
6.  ##[[2]]
7.  ##[1] 21 32 11
8.  ##[[3]]
9.  ##[1] TRUE
10. ##[[4]]
11. ##[1] 51.23
```

列表元素可以给出名称，并且可以使用这些名称访问它们。

```
1.  # Create a list containing a vector, a matrix and a list.
2.  list_data <- list(c("Jan","Feb","Mar"), matrix(c(3,9,5,1,-2,8), nrow
 = 2),list("green",12.3))
3.  names(list_data) <- c("1st Quarter", "A_Matrix", "A Inner list")
4.  print(list_data)
5.
6.  ##$`1st_Quarter`
7.  ##[1] "Jan" "Feb" "Mar"
```

```
8.  ##$A_Matrix
9.  ##      [,1] [,2] [,3]
10. ##[1,]   3    5   -2
11. ##[2,]   9    1    8
12. ##$A_Inner_list
13. ##$A_Inner_list[[1]]
14. ##[1] "green"
15. ##$A_Inner_list[[2]]
16. ##[1] 12.3
```

可以添加、删除和更新列表元素,通常只能在列表的末尾添加和删除元素。但可以更新任何元素。

```
1.  # Add element at the end of the list.
2.  list_data[4] <- "New element"
3.  print(list_data[4])
4.  # Remove the last element.
5.  list_data[4] <- NULL
6.  # Print the 4th Element.
7.  print(list_data[4])
8.  # Update the 3rd Element.
9.  list_data[3] <- "updated element"
10. print(list_data[3])
11. 
12. ##[[1]]
13. ##[1] "New element"
14. ##$
15. ##NULL
16. ##$`A Inner list`
17. ##[1] "updated element"
```

通过将所有列表放在一个 list( ) 函数中,还可以将许多列表合并到一个列表中。以及使用 unlist( ) 函数,可将列表作为输入并生成向量。具体做法这里不再展开。

(5) R 语言数据框

统计分析中较常见的原始数据形式是类似于数据库表或 excel 数据表的形式,这样形式的数据在 R 中叫作数据框(data.frame)。数据框类似于一个矩阵,有 n 行 m 列,但各列允许有不同类型,如数值型向量、因子、字符型向量、日期时间向量等。数据框是表或二维阵列状结构,其中每一列包含一个变量的值,并且每一行包含来自每一列的一组值。一般有如下特性:

①列名称应为非空;

②行名称应该是唯一的;

③存储在数据帧中的数据可以是数字、因子或字符类型；
④每个列应包含相同数量的数据项。
如下可生成一个简单数据框：

```
1. d <- data.frame(name=c("张三", "李四", "王五"), age=c(20, 21, 22),
height=c(180, 170, 175),stringsAsFactors=FALSE)
2. print(d)
3. ##   name age height
4. ## 1 张三  20  180
5. ## 2 李四  21  170
6. ## 3 王五  22  175
```

数据框每列叫作一个变量，每列都有名字，称为列名或变量名，可以用 names( ) 函数和 colnames( ) 函数访问，使用列名称从数据框中提取特定列。如果数据框的某一列为常数，可以在 data.frame( ) 调用中仅给该列赋一个值，生成的结果会自动重复这个值使得该列与其他列等长。

```
1. # Create the data frame.
2. d.data <- data.frame(
3.   d_id = c (1:5),
   a)  d_name = c("Rick","Dan","Michelle","Ryan","Gary"),
   b)  salary = c(623.3,515.2,611.0,729.0,843.25),
     i. start_date =
   as.Date(c("2012-01-01","2013-09-23","2014-11-15","2014-05-11","2015-
   03-27")),
4.   stringsAsFactors = FALSE)
5. result <- data.frame(d.data$d_name,d.data$salary)
6. print(result)
7. ##d.data.d_name d.data.salary
8. ##1         Rick         623.30
9. ##2         Dan          515.20
10.##3         Michelle     611.00
11.##4         Ryan         729.00
12.##5         Gary         843.25
```

可以通过添加列和行来扩展数据框。添加列时只需使用新的列名称添加列向量。添加行时则要将更多行永久添加到现有数据框，需要使用 rbind( ) 函数引入与现有数据框相同结构的新行。

5.1.5 R 语言的数据接入

在 R 语言中，可以从存储在 R 语言环境外的文件中读取数据。还可以将数据写入到被操作系统存储和访问的文件。R 语言可以读取和写入各种文件格式,实际上,R 语言有很多软件包,故可以读取各种格式的数据文件,本节仅介绍 csv、excel、JSON 三种,R 语言与 SQL 的连接将在下一章详细介绍。

(1) R 语言 csv 文件

在 R 语言获取的各种格式的数据文件中,较为常用的数据源就是 csv 文件。csv 文件是一个文本文件,其中列中的值由逗号分隔。当 csv 文件作为输入时,可通过如下的代码进行读取:

```
1.  data <- read.csv("input.csv")
2.  print(data)
```

默认情况下,read.csv( )函数将以数据框的形式作为输出,而一旦读取数据框中的数据,也就可以应用所有适用于数据框的函数。

此外,R 语言还可以创建 csv 文件形式的现有数据框。write.csv( )函数用于创建 csv 文件。

(2) R 语言 excel 文件

Microsoft excel 是最广泛使用的电子表格程序之一,以".xls"或".xlsx"格式存储数据。R 语言可以直接对这些文件使用一些 excel 文件特定的包。在 R 语言控制窗口中使用以下命令来安装"xlsx"软件包。

```
1.  install.packages("xlsx")
```

通过使用 read.xlsx( )函数读取 input.xlsx:

```
1.  # Read the first worksheet in the file input.xlsx.
2.  data <- read.xlsx("input.xlsx", sheetIndex = 1)
3.  print(data)
```

(3) R 语言 JSON 文件

JSON(JavaScript Object Notation)文件以人类可读格式将数据存储为文本。R 语言可以使用 rjson 包读取 JSON 文件。在 R 语言控制窗口中,可以安装 rjson 包:

```
1.  install.packages("rjson")
```

JSON 文件由 R 语言使用 fromJSON( )函数读取。通常作为列表存储在 R 语言中:

```
1.  # Load the package required to read JSON files.
2.  library("rjson")
3.  result <- fromJSON(file = "input.json")
4.  print(result)
```

还可以使用 as.data.frame( )函数将上面提取的数据转换为 R 语言数据框以进行进一步分析。

```
1. # Load the package required to read JSON files.
2. library("rjson")
3. result <- fromJSON(file = "input.json")
4. json_data_frame <- as.data.frame(result)
5. print(json_data_frame)
```

5.2 R语言与数据库连接

在实际工程项目中,数据的读写以及进一步的分析处理往往是较为复杂的,单靠手动操作SQL语句管理数据库并不现实,必须通过编程语言对数据库进行操作才能有效地管理数据库。R语言作为数据分析的利器,如果能够直接连接到数据库将能使数据分析事半功倍。图5-7给出了本节R语言处理数据的逻辑流程。前面3章已经介绍了数据到数据库的操作,下面主要讲解如何利用R语言连接数据库。

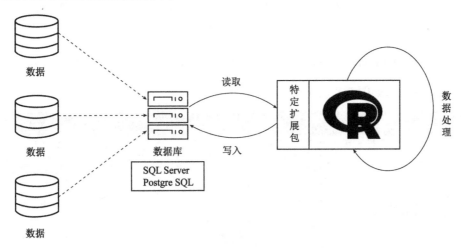

图5-7　R语言数据处理的逻辑流程图

5.2.1　R语言基于DBI方式连接数据库

R语言通过特定的扩展包可以访问许多种常用的关系数据库系统,这些扩展包大多按照DBI扩展包规定的接口规范为用户提供了方便的访问功能,DBI是一个为R语言与数据库通信的数据库接口。本节以访问PostgreSQL为例。

本书第4章已经对地理空间数据做了介绍,作为管理地理空间数据的利器——PostgreSQL数据库,R语言可以通过RPostgreSQL扩展包实现与PostgreSQL数据库之间的本地连接。其安装方法较为简单,只需要在脚本文件中运行安装代码:

```
1. install.packages("RPostgreSQL")
```

安装扩展包后,就可以在R语言中创建一个连接对象(Connection)以连接到PostgreSQL

数据库，使用主机名、用户名、密码、数据库名称和端口号作为输入：

1. library(DBI)
2. library(RPostgreSQL)
3. connection <-dbConnect(PostgreSQL(), host="你的主机名", user= "你的用户名", password="你的密码", dbname="你的数据库名称",port = "5432")

值得注意的是，在加载PostreSQL数据库之前，需要先加载DBI库作为依赖库。此外，由于RPostgreSQL扩展包还没有升级以匹配SCRAM-SHA-256方法进行数据库密码身份验证，所以在使用R语言连接PostgreSQL数据库时，建议使用10.0及其以下版本的PostgreSQL(本章使用9.6版本)。

5.2.2　R语言向PostgreSQL数据库写入数据

本节使用的数据样例是交调数据，也是后续章节进行分析的数据，主要有各种类型机动车流量和平均速度、跟车百分比、平均车头时距等。

基于上节创建的连接对象(Connection)，可以向连接的数据库中写入数据表，调用dbWriteTable()函数，将读取的"data"数据写入数据库中，代码如下：

1. data <- read.csv("input.csv")
2. dbWriteTable(conn = connection, name = "real_time_data", value = data)

写入数据库结果如图5-8所示。

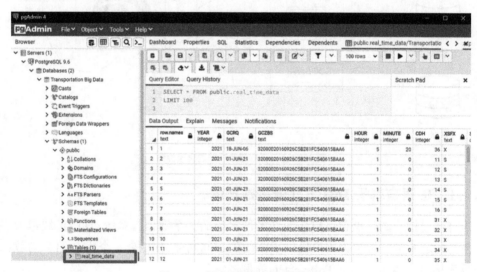

图5-8　R语言将数据表写入数据库

5.2.3　R语言从PostgreSQL数据库读取数据

基于上节创建的连接对象(Connection)，可以从连接的数据库中读取数据，调用dbReadTable()函数，读取连接数据库中的"real_time_data"表格，代码如下：

1. read_data = dbReadTable(connection,"real_time_data")

读取数据库中数据表结果如图 5-9 所示。

图 5-9　R 语言读取数据库中数据表

5.3　Python 语言编程基础

5.3.1　Python 语言简介

Python 语言作为一门面向对象的编程语言,其优雅、简洁和高效的特点使其备受数据科学家和初学者的青睐。良好的扩展性和高效的数据结构使其能够完成快速应用的开发;大量开源的数据科学包可以被调用,节省了底层代码的编写时间。此外,目前人工智能方面的研究大多通过 Python 语言进行编程实现,有众多深度学习的包可供使用。不夸张地说,想要利用人工智能赋能交通大数据,Python 语言是首选语言。

5.3.2　Python 语言的主要特点

Python 语言作为数据分析利器,搭配一个良好的数据环境能使工作事半功倍。Anaconda 是一款免费开源软件,支持 Linux、MacOS、Windows 系统,内置多种 Python 版本,集成多个编译器,以及众多预安装的可用于数据分析的第三方包。此外,Anaconda 自带一个名为 Conda 的模块,基于此,我们可以非常轻松地建立起使用不同 Python 版本的数据环境,将需求不同的项目进行隔离,方便管理;此外,对于依赖性比较复杂的第三方包,使用 pip 安装经常会缺少一些依赖包,而通过 Conda 安装第三方包时,可以把依赖的包都装进对应的数据环境。毫不夸张地讲,对 Anaconda 的使用就是对 Conda 使用。

Spyder 是一款基于 Python 语言的集成开发环境(Integrated Development Environment,IDE),读者可以在安装好的 Anaconda Navigator 中找到并启动它(图 5-10)。

相较于其他集成开发环境,Spyder 简单易懂的用户界面和独有的变量管理器(图 5-11)非常适合 Python 语言初学者以及数据分析工作者使用,本章将采用 Spyder 进行 Python 讲解。

5.3.3　Python 语言基本语法

(1) Python 语言控制流

与绝大多数编程语言相似,Python 语言的控制流分为顺序结构、分支结构和循环结构。

①顺序结构。

顺序结构是最基本的控制流结构,就是将语句自上而下一条一条地执行。

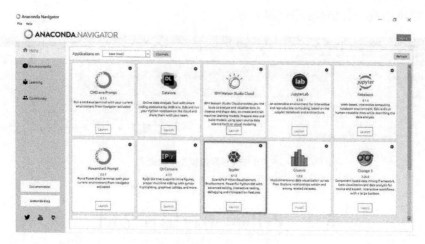

图 5-10　Anaconda 中的 Spyder

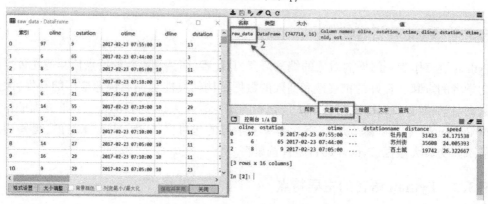

图 5-11　通过 Spyder 变量管理器查看数据

例 5.1　顺序结构——计算平均速度

```
1.  distance=float(input('请输入行驶里程(单位：km)：')) #输入行驶里程
2.  travel_time=float(input('请输入行驶时间（单位：min)：')) #输入行驶时间
3.  speed=distance/(travel_time/60) #计算速度
4.  print("汽车的平均行驶速度是",speed,"km/h") #输出速度
```

② 分支结构。

当程序遇到做判断和选择的时候,就需要用到分支结构,Python 语言中的分支结构主要有以下三种：

例 5.2　分支结构——if 语句,判断汽车是否超速

当 if 后的条件判断句为真(布尔值为 True)时,执行 if 下的语句。

```
1.  distance=float(input('请输入行驶里程(单位：km)：')) #读入行驶里程
2.  travel_time=float(input('请输入行驶时间（单位：min)：')) #读入行驶时间
3.  speed=distance/(travel_time/60) #计算速度
4.  if speed>120:
5.      print("您的当前车速为：",int(speed),"km/h，您已超速")
```

例 5.3 分支结构——if-else 语句

当 if 后的条件判断句不为真(布尔值为 False)时,执行 else 下的语句。

```
1.  distance=float(input('请输入行驶里程(单位：km)：'))  #读入行驶里程
2.  travel_time=float(input('请输入行驶时间（单位：min)：'))  #读入行驶时间
3.  speed=distance/(travel_time/60)  #计算速度
4.  if speed>120:
5.      print("您的当前车速为：",int(speed),"km/h，您已超速")
6.  else:
7.      print("您的当前车速为：",int(speed),"km/h，请保持车速")
```

例 5.4 分支结构——if-elif-else 语句

当 if 后的条件判断句为真时,执行 if 下的语句,之后的语句不执行;若 if 后的条件判断句不为真,向下依次执行 elif 后的条件判断句,直到为真为止;若 elif 后的条件判断句都不为真,执行 else 下的语句。

```
1.  distance=float(input('请输入行驶里程(单位：km)：'))  #读入行驶里程
2.  travel_time=float(input('请输入行驶时间（单位：min)：'))  #读入行驶时间
3.  speed=distance/(travel_time/60)  #计算速度
4.  if speed>120:
5.      print("您的当前车速为：",int(speed),"km/h，您已超速")
6.  elif speed<60:
7.      print("您的当前车速为：",int(speed),"km/h，请保持车速不低于60km/h")
8.  else:
9.      print("您的当前车速为：",int(speed),"km/h，请保持车速")
```

③循环结构。

当程序遇到一系列重复性操作时,就需要用到循环结构。Python 中的循环结构主要由遍历循环(for 循环)和 while 循环构成。

例 5.5 循环结构——遍历循环(for 循环)

for 循环可以用来遍历字符串(str)、元组(tuple)、列表(list)、字典(dict)以及 range( ) 函数生成的迭代对象。这里我们使用 for 循环配合 range( ) 函数,依次计算五辆车各自的平均行驶速度。

```
1.  # 利用list构建一个矩阵，共五行，每一行第一列代表行驶里程，第二列代表行驶时间
2.  count_vehicle=[[55,30],[45,25],[34,20],[60,40],[70,35]]  # [[km,min],…]
3.  speed=[]  # 建立一个空list来存放五辆车的速度
4.  for i in range(len(count_vehicle)):  # 遍历矩阵中的每一行
5.      speed_temp=count_vehicle[i][0]/(count_vehicle[i][1]/60)
6.      speed.append(int(speed_temp))  # 将计算出的速度放入list中
7.  print("五辆车的速度分别是：",speed)
```

输出结果:五辆车的速度分别是:[110,108,102,90,119]。

注意:例子中用到了多个 Python 内置函数,这里简要介绍一下:len()函数可以返回一个列表的长度,在例子中,len(count_vehicle)返回的结果是 5,即五辆车;range()函数可以构造一个可迭代的对象,例子中的 range(len(count_vehicle))其实就是 range(5),让 i 在[0,5)上进行循环,默认步长是 1;append()函数可以在列表的末尾添加新的对象。另有一个需要强调的地方,Python 中的列表、元组和字典等所有数据结构都是从 0 开始索引。所以在一个二维列表(矩阵)中,想要索引第一行第二列的数据时,要用 count_vehicle[0][1]。

例 5.6　循环结构——while 循环

while 循环就是检查一个条件判断句的真假,若为 True,继续循环;若为 False,则终止循环。这里我们用 while 循环计算前三辆车的平均速度。

```
1.  # 利用list构建一个矩阵,共五行,每一行第一列代表行驶里程,第二列代表行驶时间
2.  count_vehicle=[[55,30],[45,25],[34,20],[60,40],[70,35]] # [[km,min],...]
3.  speed=[] # 建立一个空list来存放前三辆车的速度
4.  i=0
5.  while i<=2: # 该辆车是否在前三辆
6.      speed_temp=count_vehicle[i][0]/(count_vehicle[i][1]/60)
7.      speed.append(int(speed_temp)) # 将计算出的速度放入list中
8.      i+=1
9.  average_speed=sum(speed)/len(speed) # 对前三辆车的速度求平均
10. print("前三辆车的平均速度是: ",round(average_speed,2),"km/h")
```

输出结果:前三辆车的平均速度是:106.67km/h。

(2)Python 语言函数

Python 语言中函数的应用非常广泛,前面我们已经引入了多个 Python 内置函数,比如 input()、print()、range()和 len()等函数,可以直接使用。除此之外,Python 还支持自定义函数,将一段有规律的、可重复利用的代码定义成函数,达到一次编写、多次调用的目的。

Python 函数的定义如下:

```
1.  def 函数名 (参数1,参数2,...参数n):
2.      函数体
3.      return 返回值1,返回值2
```

①函数代码块以 def 开头,后接函数名和圆括号();
②任何传入的参数和自变量必须放在圆括号内,多个参数用逗号隔开;
③return 表达式结束函数,并返回所需的值,缺失 return 默认返回 None。

注意:Python 中函数的定义必须在主函数调用之前;但是,在自定义函数内部调用其他自定义函数不需要考虑顺序,只要被调用的函数被定义了即可。

例 5.7　将例 5.5 计算方法写成函数并调用

```
1.  # 构建计算车辆行驶速度的函数: get_speed
2.  def get_speed (count_data):
3.      cal_speed=[] # 建立一个空 list 来存放计算后的车辆速度
4.      for i in range(len(count_data)): # 遍历矩阵中的每一行
5.          speed_temp=count_data[i][0]/(count_data[i][1]/60)
6.          cal_speed.append(int(speed_temp)) # 将计算出的速度放入 list 中
7.      return cal_speed # 返回计算得到的各个车辆行驶速度
8.  # 主函数
9.  if __name__=='__main__':
10.     # 利用 list 构建一个矩阵, 共五行, 每一行第一列代表行驶里程, 第二列代表行驶时间
11.     count_vehicle=[[55,30],[45,25],[34,20],[60,40],[70,35]] # [[km,min],…]
12.     speed=get_speed(count_vehicle) # 调用 get_speed 函数, 得到车辆行驶速度
13.     print(len(count_vehicle),"辆车的速度分别是: ",speed)
```

输出结果:5 辆车的速度分别是:[110,108,102,90,119]。

Python 文件通常有两种使用方法:一种是直接作为脚本执行,另一种是被其他 Python 文件调用执行。只有当前执行的 Python 文件被作为脚本运行时, if __name == '__main__': 下的代码才会被执行。

(3) Python 语言模块

Python 语言中的模块其实就是一个 Python 文件,当程序中函数较多,把写好的函数分类存放在不同的文件中能够方便管理和维护,这样的文件就形成了模块。通常所说的第三方包,其实也是模块,由其他 Python 开发者提供并上传。当我们需要用到某些模块或模块内的函数时,需要通过以下语句导入:

①import 模块名;
②import 模块名 as 新名称;
③from 模块名 import 函数名。

例 5.8 导入 Pandas 模块

以 Pandas 为例,首先需要在 Python 环境中安装 Pandas 包,如果已经将 Anaconda 添加到系统环境变量中,可以直接打开命令提示符(Windows)或终端(MacOS)使用 conda 或 pip 这两种包管理器来安装。若要安装 Pandas,输入以下语句即可安装:

```
1.  conda install pandas
```

在编写代码时,通过 import 即可将包导入:

```
1.  import pandas # 导入 pandas 模块
2.  import pandas as pd # 导入 pandas 模块, 并记为 pd
3.  from pandas import DataFrame # 从模块 pandas 导入 DataFrame 函数
```

5.3.4 Python 语言数据类型和结构

初入数据分析,Python 程序报错或输出有误很大程度不是因为语法或者逻辑出现了问题,而是对数据对象本身的特性没有搞清楚。就好比做题没有审清题,拿着数字就加减乘除,那么得到的结果大概率是错的。只有知道了各个数据对象属于什么类型,是怎样的结构,才可以进行有针对性的分析。

Python 中的数据对象具有三个重要特性:身份(id)、类型(type)和值(value)。身份是指该数据对象的内存地址,Python 内置函数 id() 可获得数据对象的身份;类型决定数据对象可以保存什么类型的值(例如:整数、浮点值);值是数据对象所表示的数据项。在 Python 中,通常将数据对象划分为可变对象类型和不可变对象类型。

可变对象类型:当数据对象的值(value)发生变化时,对象身份(id)不发生改变。

不可变对象类型:当数据对象的值(value)发生变化时,对象身份(id)发生改变。

在 Python 中,常用的数据对象类型见表 5-2,表中不包含第三方包中的数据类型。

Python 中常用的数据对象描述及分类 表 5-2

数据对象类型(type)	描述	是否是可变对象类型
int 整数	整数数字,例:a = 1	否
float 浮点数	带小数点的数字,例:b = 3.14	否
str 字符串	一系列字符,例:name = "Jack"	否
bool 布尔值	布尔值(True 和 False)	否
tuple 元组	由对象组成的数列(不可被修改),例:grade_tuple = (90,90,'A','A'),由于元组不可被修改,所以自然是不可变对象	否
list 列表	由对象组成的数列(可以被修改),例:grade_list = [90,90,'A','A']	是
set 集合	不同对象组成的无序集合,例:grade_set = {90,'A'}	是
dict 字典	对象之间一一对应的映射关系,例:{'中国':'China','美国':'America'}。其中'中国'和'美国'被称作字典的键(Key),必须是不可变对象;对应的'China'和'America'被称作字典的值(Value),可以是任意类型数据对象	是

5.3.5 Python 语言的数据接入

想要做好数据分析,要做的第一件事当然是"读数据"。Python 中集成了大量能够读写数据的第三方包,其中应用较为广泛的便是 Pandas 数据科学包,它具有独特的 DataFrame 数据结构,这是一个与 excel 十分相似的表格型数据结构,具有处理数据高效、支持异构数据类型等诸多优点,很多语言逻辑都和 excel 相似,极易上手。

然后,尝试利用 Pandas 包内读取数据的函数来读取某时间段某高速路口治超数据(图 5-12),这是后续章节会用到的数据。列名分别为卡口名称、检测日期和时间、车辆类型、车重、车辆轴数、当前速度、所属车辆类型限重。

例 5.9 读取.csv 格式数据

引入 Pandas 模块中的 pd.read_csv() 函数来读取.csv 格式文件,数据文件与 Python 文件存放在同一路径下。

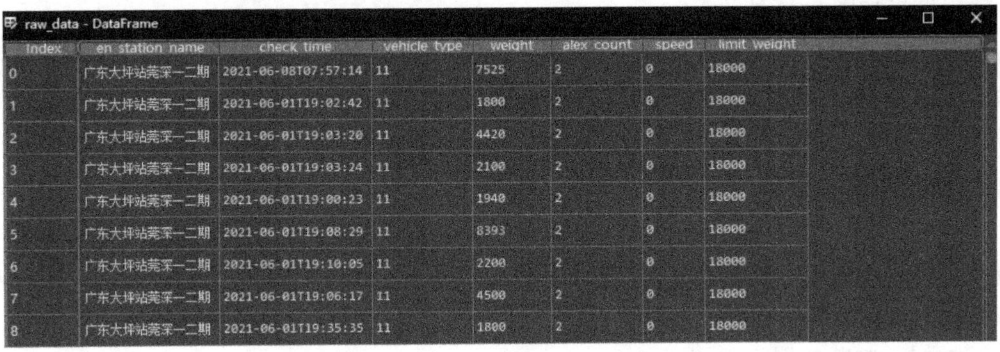

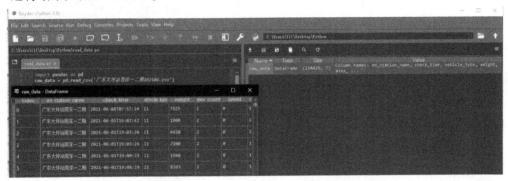

图 5-12　治超数据部分展示

```
1. import pandas as pd
2. raw_data = pd.read_csv('21年6月实时数据南京G205里桥工区.csv')
```

运行结果如图 5-13 所示。

图 5-13　通过 Spyder 变量管理器查看读入数据

如果数据是 txt 格式的文件,也可以利用 Pandas 包中的 pd.read_csv( )函数来读取;如果数据是 xlsx 格式的文件,可以利用 Pandas 包中的 pd.read_excel( )函数来读取。

5.3.6　Python 语言数据处理实例

读取数据之后,如果直接拿来分析,就有可能忽略数据本身存在的问题,导致分析结论与事实不符,浪费计算资源。所以,需要对读取到的数据进行一次"清洗",有效的数据才能得到有效的结果,本节主要列举对数据缺失和数据重复的处理方法。

(1)剔除/补充缺失值

DataFrame 内置剔除或补充缺失值的方法,dropna( )方法可以剔除缺失值;fillna( )方法可以填充缺失值。

例 5.10　剔除/补充数据缺失

```
1. # 将缺失值用 0 填充
2. raw_data_fillna = raw_data.fillna(0)
3. # 剔除有缺失值的行
4. raw_data_dropna = raw_data.dropna(axis = 0)
5. print('缺失数据共有', len(raw_data)-len(raw_data_dropna), '行')
```

输出结果如图 5-14 所示。

```
In [2]: runfile('C:/Users/111/Desktop/Python/read_data.py', wdir='C:/Users/111/Desktop/Python')
缺失数据共有 0 行
```

图 5-14　剔除/补充缺失值结果

(2) 剔除重复数据

DataFrame 数据带有检查原始数据是否存在重复行和剔除重复行的方法, duplicated( ) 方法可以检查数据集是否存在重复行, 并通过给每一行返回一个布尔值 (Ture 或 False) 来表示该行是否是重复数据; drup_duplicates( ) 方法可以直接将数据集中的重复行剔除。

例 5.11　判断并剔除重复行

```
1.  # 检查原始数据重复情况，并存放检查结果
2.  judgement = raw_data_dropna.duplicated()
3.  # 创建一个空的 DataFrame 来存放重复数据，列名和原始数据相同
4.  duplicated_data = pd.DataFrame(columns=raw_data_dropna.columns)
5.  for i in range(len(raw_data_dropna)):
6.      if judgement.iloc[i] == True:  # 如果该行是重复数据
7.          # 将重复数据行加入到准备好的 DataFrame，加入时忽略原数据的索引
8.          duplicated_data = duplicated_data.append(raw_data_dropna.iloc[i],ignore_index = True)
9.  if len(duplicated_data) == 0:
10.     print("不存在完全一致的行")
11. else:
12.     print("有",len(duplicated_data),"行重复数据")
13. new_data = raw_data_dropna.drop_duplicates()  # 剔除重复行
14. print("剔除重复数据后，有效数据有", len(new_data), "行")
```

输出结果如图 5-15 所示。

```
有 28 行重复数据
剔除重复数据后，有效数据有 154397 行
```

图 5-15　检查并剔除重复结果

5.4　Python 语言与数据库连接

在实际工程中,采集到的数据大多存在一定程度的重复、缺失和错误,这些数据通过数据库语言直接筛选十分麻烦,必须通过编程语言对数据库进行操作才能有效地管理数据库。此外,想要在 Python 语言中利用人工智能的手段对海量数据进行分析,连接数据库这一步必不可少。本章节就学习如何使用 Python 语言对数据库进行操作,具体流程如图 5-16 所示。

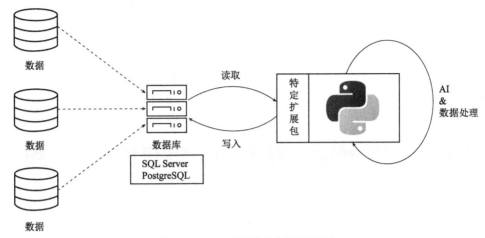

图 5-16 Python 数据处理的逻辑流程图

5.4.1 Python 语言连接数据库服务器

Python 语言想要连接数据库,通常都需要借助扩展包,这里以连接 PostgreSQL 为例。在 CMD 或 Terminal 中输入如下命令,即可在指定环境中安装 Sqlalchemy 包。

```
1. pip install sqlalchemy
```

Sqlalchemy 扩展包提供了能与多种数据库连接的函数 create_engine(),如果只用到该包中的某个函数,可以通过以下方式来加载所需函数,实现 Python 连接数据库的功能。

```
1. from sqlalchemy import create_engine
```

Python 语言利用 sqlalchemy 库中的 create_engine() 函数创建一个连接对象(engine)来连接数据库。

例 5.12 Python 语言连接 PostgreSQL 数据库

```
1. # 创建连接对象
2. engine = create_engine('postgresql+psycopg2' + '://'
3.                        + '你的登录名' + ':'
4.                        + '你的登录密码' + '@'
5.                        + '你的主机名' + ':'
6.                        + '5432' + '/'
7.                        + '你的数据库名称')
```

其中,第二行是数据库类型,连接 PostgreSQL 使用 postgresql + psycopg2 即可;第三行是登录角色名;第四行是登录角色密码;第五行是主机名,本地使用 localhost 即可;第六行是端口号;第七行是连接数据库名称。

5.4.2 Python 语言向 PostgreSQL 数据库写入数据

基于创建的连接对象和 DataFrame 中的 to_sql() 函数,可以向连接的数据库中写入数据表,调用 to_sql() 函数,将例 5.11 中处理好的"new_data"数据写入数据库中,代码如下:

```
1. new_data.to_sql(name = 'overweight_data', schema = 'public', con = engine,
   if_exists = 'replace', index = False)
```

其中，name 是写入数据库中的数据表名称；schema 是模式名称；con 是当前的连接对象；if_exists = 'replace' 表示若表存在数据则覆盖写入；index = False 表示写入时忽略 DataFrame 的行索引，运行结果如图 5-17 所示。

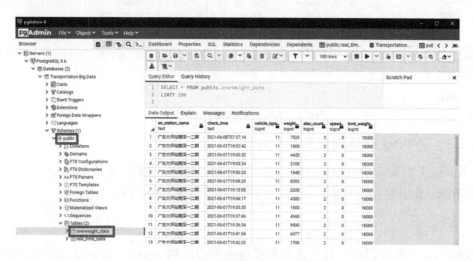

图 5-17　Python 语言将数据表写入数据库

5.4.3　Python 语言从 PostgreSQL 数据库读取数据

基于创建的连接对象和 DataFrame 中的 read_sql() 函数，可以从连接的数据库中读取数据表；调用 read_sql() 函数，读取连接数据库中的"overweight_data"表格，代码如下：

```
1. read_data = pd.read_sql('SELECT * FROM overweight_data',con = engine)
```

读取数据库中数据表结果如图 5-18 所示。

图 5-18　Python 语言读取数据库中数据表

习 题

1. 下载 R 语言安装程序,安装 R;下载 R Studio 软件并安装相应的扩展包。
2. 简述 R 语言的基本功能。
3. 简述如何利用 R 语言程序包进行数据分析、建模和数据预测。
4. 下表为某班级学生信息表,已经读入为 R 数据框 d.class,其中的 sex 列已经自动转换为因子。求:

(1) 显示 d.class 中年龄至少为 13 的行子集;

(2) 显示女生且年龄至少为 13 的学生姓名和年龄;

(3) 取出数据框中的 age 变量赋给变量 x。

学 生 信 息 表　　　　　　　习题 4 表

name	sex	age	height	weight
Alice	F	13	56.5	84
Becka	F	13	65.3	98
Gail	F	14	64.3	90
Karen	F	12	55.3	77
Kathy	F	12	59.8	84.5
Mary	F	15	66.5	112
Sandy	F	11	51.3	50.5
Sharon	F	15	62.5	112.5
Tammy	F	14	62.8	102.5
Alfred	M	14	69	112.5
Duke	M	14	63.5	102.5
Guido	M	15	67	133
James	M	12	57.3	83
Jeffrey	M	13	62.5	84
John	M	12	59	99.5
Philip	M	16	72	150
Robert	M	12	64.8	128
Thomas	M	11	57.5	85
William	M	15	66.5	112

5. 下载"两客一危"交通数据集,使用 Python 语言连接数据库并分析处理(可参考第 13 章)。

6. 利用 Pandas 包读取 5.3.5 节中的治超数据,请根据所学知识完成以下任务,为后续章节做数据准备:

(1) 删除 DataFrame 中列名为"en_station_name","check_time"和"speed"的列;

(2) 根据删除后的数据,删除有缺失值的行和重复行;

(3) 在 DataFrame 中新建一列"flag",数据行不超重(weight < limit_weight)取值为 0,超重取值为 1,完成赋值后删除 DataFrame 中列名为"limit_weight"的列;

(4) 从未超重数据集中随机选择与超重数据数量相当的数据并与超重数据集合并,将合并数据写入数据库中。

本章参考文献

[1] 汤银才. R 语言与统计分析[M]. 北京:高等教育出版社,2008.
[2] PERVEZ A,OMKAR A. Functional responses of coccinellid predators:an illustration of a logistic approach[J]. Journal of Insect Science,2005,5(1):1-6.
[3] MCKINNEY W. Python for data analysis:data wrangling with Pandas, NumPy, and IPython [M]. 2nd ed. Sevastopol:O'Reilly Media,2017.

第 6 章 交通数据统计理论

前面的部分介绍了数据处理分析的工具和使用方法,但正确使用工具并从交通数据中挖掘其所蕴含的信息及解释结果,需要一定的统计理论基础。本章将主要介绍统计理论的基础概念和常用知识。

6.1 数理统计基础

6.1.1 随机事件与概率

(1)随机事件与概率

统计学中将同一组条件下,对某事物或现象所进行的观察或实验叫作试验,而试验的结果叫作事件。随机事件是指在同一条件下,每次试验可能出现也可能不出现的事件。通常采用概率来描述某事件在试验中出现的可能性的大小,如 $P(A)$ 表示事件 A 出现可能性的大小,称为事件 A 的概率。概率的统计定义如下:在相同条件下随机试验 n 次,某事件 A 出现 m 次,则比值 m/n 称为事件 A 发生的频率;随着 n 增大,该频率围绕某一常数 p 上下波动并趋于稳定,则这个频率的稳定值即为该事件的概率。

概率具有如下基本性质与法则：

①任一随机事件 A，有 $0 \leqslant P(A) \leqslant 1$。

②必然事件的概率为 1，不可能事件的概率为 0。

③若 A 与 B 互斥，则 $P(A \cup B) = P(A) + P(B)$。

④对于任意两个随机事件，事件和的概率为两事件的概率之和减去两事件相交的概率。即 $P(A \cup B) = P(A) + P(B) - P(A \cap B)$。

(2) 条件概率与独立性

在事件 B 已经发生的情况下事件 A 发生的概率为事件 B 发生条件下事件 A 发生的条件概率，记为 $P(A|B)$。条件概率 $P(A|B)$ 与概率 $P(AB)$ 和 $P(B)$ 的关系如下：

$$P(A|B) = \frac{P(AB)}{P(B)}, P(B) > 0 \tag{6-1}$$

若两个事件中不论哪个事件发生并不影响另一个事件发生的概率，则称这两个事件相互独立，当两事件相互独立时有 $P(AB) = P(A)P(B)$。

6.1.2 参数与统计量

(1) 参数

参数(Parameter)是用来描述总体特征的概括性数字度量，是研究者所关心的总体的某种特征值。常用的参数有总体平均值、总体标准差等。在统计学中，常用希腊字母表示总体参数，如 μ 表示总体平均值，σ 表示总体标准差。

(2) 统计量

统计量(Statistic)是用来描述样本特征的概括性数字度量，是根据样本数据计算得出的一个值。常用的统计量主要有样本平均值、样本标准差等。在统计学中，常用英文字母表示样本统计量，如 $\bar{x}$ 表示样本平均值，s 表示样本标准差。

一般来说，研究者无法获取总体数据，因此，实际上参数是一个未知数，而样本由于是已经抽取出来的，可计算得到统计量。而抽样的目的在于利用样本统计量去估计总体参数。

设 $X_1, X_2, \cdots, X_n$ 是从总体 X 中抽取的容量为 n 的一个样本，如果由此样本构造一个函数 $T(X_1, X_2, \cdots, X_n)$，不依赖于任何未知参数，则称函数 $T(X_1, X_2, \cdots, X_n)$ 是一个统计量。$T(X_1, X_2, \cdots, X_n)$ 又被称为样本统计量，而当获得样本的一组具体观测值 $x_1, x_2, \cdots, x_n$ 时，计算得出 $T(x_1, x_2, \cdots, x_n)$ 的数值，就是一个具体的统计量值。将提取了有关参数的全部信息的统计量称为充分统计量。

(3) 顺序统计量与常用统计量

把样本 $X_1, X_2, \cdots, X_n$ 的观察值 $x_1, x_2, \cdots, x_n$ 按从小到大递增的顺序进行排列，记为 $x_{(1)}, x_{(2)}, \cdots, x_{(n)}$，其满足 $x_{(1)} \leqslant x_{(2)} \leqslant \cdots \leqslant x_{(n)}$，排在 k 位置的数 $x_{(k)}$ 为 $X_{(k)}$ 的观察值，显然有 $X_{(1)} \leqslant X_{(2)} \leqslant \cdots \leqslant X_{(n)}$。$X_{(k)}$ 是样本 $X_1, X_2, \cdots, X_n$ 的函数，且不含任何未知参数，因此，称 $X_{(k)}$ 为第 k 个顺序统计量。特别的，$X_{(1)}$ 表示最小顺序统计量，$X_{(n)}$ 表示最大顺序统计量，$R_{(n)} = X_{(n)} - X_{(1)}$ 称为样本极差。

下面介绍几个常用统计量。设 $X_1, X_2, \cdots, X_n$ 为来自总体的简单样本。

①统计量 $\bar{X} = \frac{1}{n}\sum_{i=1}^{n}X_i$ 称为样本均值，它反映了样本的平均取值，描述了样本的集中趋势。

②统计量$S^2 = \frac{1}{n}\sum_{i=1}^{n}(X_i - \overline{X})^2$称为样本方差,它描述了样本取值的分散程度大小,$S$称为样本标准差。

③统计量$A_k = \frac{1}{n}\sum_{i=1}^{n}X_i^k$($k=1,2,\cdots$)称为样本$k$阶原点矩,显然$A_1$就是样本均值。

④统计量$B_k = \frac{1}{n}\sum_{i=1}^{n}(X_i - \overline{X})^k$($k=1,2,\cdots$)称为样本$k$阶中心矩,显然$B_2$就是样本方差。

6.1.3 随机变量

(1)随机变量与分布函数

随机变量表示随机试验各种结果的实值单值函数,例如X的所有可能值$x_1,x_2,\cdots,x_n$具有确定的概率$P(x_1),P(x_2),\cdots,P(x_n)$,其中$P(x_i) = P(X = x_i)$称为概率函数,则$X$称为$P(X)$的随机变量,$P(X)$称为随机变量$X$的概率函数。通常用大写字母表示某一随机变量,用小写字母表示随机变量的取值。按随机变量的特性,可分为离散型(Discrete)随机变量和连续型(Continuous)随机变量。在交通中,一年内某交通小区发生的交通事故数、某时间段内通过路段的车辆数等都可看作随机变量。

分布函数(也称累积分布函数)是随机变量最重要的概率特征,分布函数可以完整地描述随机变量的统计规律,并且决定随机变量的一切其他概率特征。设X是一个随机变量,x是任意实数,函数$F(x) = P\{X \leq x\}$称为X的分布函数,其表示事件$\{X \leq x\}$发生的概率。

分布函数具有如下性质:

①非降性,即其是一个单调不减函数。

②有界性,即$0 \leq F(x) \leq 1$;$F(-\infty) = 0$,$F(+\infty) = 1$。

③右连续性,即$\lim_{x \to x_0} F(x) = F(x_0)$,$-\infty < x_0 < +\infty$。

(2)离散型随机变量及其分布

如果随机变量X的所有取值可以逐个列出来,则称X为离散型随机变量。设离散型随机变量X的所有可能取值为$x_1,x_2,\cdots,x_n$,该离散型随机变量的分布律可用$P\{X=x_k\}=p_k$($k=1,2,\cdots n$)来表示,且:

$$\sum_{k=1}^{n} p_k = 1 \tag{6-2}$$

其对应的分布函数为:

$$F(x) = \sum_{x_k \leq x} p(x_k) \tag{6-3}$$

离散型随机变量X的期望值定义为各可能值x_k与其对应概率p_k的乘积之和,该和值称为该随机变量X的期望值(Expected Value),记作$E(X)$,即:

$$E(X) = \sum_{x_k \leq x} p(x_k) \tag{6-4}$$

随机变量取值的离散程度用方差来反映。随机变量方差的定义为每一个随机变量取值与期望值的差的平方之期望值。设随机变量为X,方差常用$D(X)$表示,根据定义有$D(X) = E[X - E(X)]^2$。若为离散型随机变量,则:

$$D(X) = \sum_{k=1}^{\infty}[x_k - E(X)]^2 p_k \tag{6-5}$$

(3) 连续型随机变量及其分布

如果随机变量 X 的所有取值无法逐个列出,而是取数轴上某一区间内的任一点,则称 X 为连续型随机变量。对于连续型随机变量 X,若存在一个非负的可积函数 $f(x)$,使得对任意实数 x,有该随机变量的分布函数满足下式:

$$F(x) = \int_{-\infty}^{x} f(t)\mathrm{d}t, \quad -\infty < x < +\infty \tag{6-6}$$

称 $f(x)$ 为随机变量 X 的概率密度函数,显然连续型随机变量的概率密度函数是其分布函数的导数,概率密度函数满足以下两个条件:

① $f(x) \geq 0$;

② $\int_{-\infty}^{+\infty} f(x)\mathrm{d}x = 1$。

连续型随机变量 X 在 a 与 b 之间的概率可以写成:

$$P(a < X < b) = \int_{a}^{b} f(x)\mathrm{d}x \tag{6-7}$$

连续型随机变量的期望值与方差可分别表示为:

$$E(X) = \int_{-\infty}^{+\infty} x f(x)\mathrm{d}x \tag{6-8}$$

$$D(X) = \int_{-\infty}^{+\infty} [x - E(X)]^2 f(x)\mathrm{d}x \tag{6-9}$$

(4) 随机变量的联合分布

前面所讨论的是随机试验中单独的一个随机变量,又称为一维随机变量;然而在许多实际问题中,经常需要同时研究一个试验中的两个甚至更多个随机变量。设 (X, Y) 是二维随机变量,对于任意实数 x, y,有二元函数:

$$F(x, y) = P\{(X \leq x) \cap (Y \leq y)\} = P\{X \leq x, Y \leq y\} \tag{6-10}$$

称 $F(x, y)$ 为二维随机变量 (X, Y) 的分布函数或随机变量 X 和 Y 的联合分布函数。$F_X(x)$ 和 $F_Y(y)$ 为边缘分布函数,可表示为:

$$F_X(x) = P\{X \leq x\} = \lim_{y \to +\infty} F(x, y) \tag{6-11}$$

$$F_Y(y) = P\{Y \leq y\} = \lim_{x \to +\infty} F(x, y) \tag{6-12}$$

若 $F(x, y) = F_X(x) F_Y(y)$,则随机变量 X 和 Y 相互独立。

若二维随机变量 (X, Y) 的所有可能取值只有有限对或可列对,则称 (X, Y) 为二维离散型随机变量。其分布律可用 $P\{X = x_i, Y = y_j\} = p_{ij}(k = 1, 2, \cdots, j = 1, 2, \cdots)$ 来表示。

若存在非负函数 $f(x, y)$,使对任意实数 x, y,二维随机变量 (X, Y) 的分布函数可表示成如下形式:

$$F(x, y) = \int_{-\infty}^{x} \int_{-\infty}^{y} f(u, v)\mathrm{d}u\mathrm{d}v \tag{6-13}$$

则称 (X, Y) 是二维连续型随机变量,$f(x, y)$ 为二维随机变量 (X, Y) 的联合概率密度函数。

6.2 典型概率密度函数及其应用

6.2.1 泊松分布

泊松(Poisson)分布是用来描述在某一指定时间范围内或在指定的面积或体积之内某一事件出现的次数的分布。泊松分布的分布函数：

$$P(X=x) = \frac{(\lambda t)^x e^{-\lambda t}}{x!}, x=0,1,2,\cdots \tag{6-14}$$

式中，t 表示计数时间如一个信号周期；λ 表示单位时间内平均发生的事件次数；$P(X=x)$ 表示在计数时间内 t 事件发生 x 次的概率。

泊松分布的期望和方差均为 λt。

例 6.1 某条车道上安装有探测器，该探测器每 20s 存储一次数据，即一个时间周期为 20s，已知在一个周期内到达探测器的车辆数目服从泊松分布。在 4h（即 720 个 20s 周期）内有 508 个周期至少探测到一辆车，请据此计算该车道的车辆到达率、在一个周期内探测到三辆及以上车辆的概率。

解：由题目可知，$t=20$，结合泊松分布的分布函数有：

$$P(X=0) = 1 - P(X \geqslant 1) = e^{-20\lambda} = 1 - (508/720) = 0.2944$$

得到 $\lambda = 0.0611$，即该车道的车辆到达率为 0.0611 辆/s。

可计算出 $P(X=0) = 0.295, P(X=1) = 0.360, P(X=2) = 0.220$，因此，

$$P(X \geqslant 3) = 1 - P(X=0) - P(X=1) - P(X=2) = 0.125$$

6.2.2 均匀分布

设随机变量 X 的概率密度函数可表示为：

$$f(x) = \begin{cases} \dfrac{1}{b-a}, & a \leqslant x \leqslant b \\ 0, & \text{其他} \end{cases} \tag{6-15}$$

则称 X 服从区间 $[a,b]$ 内的均匀分布，记作 $X \sim U(a,b)$。其分布函数为：

$$F(x) = \begin{cases} 0, & x < a \\ \dfrac{x-a}{b-a}, & a \leqslant x \leqslant b \\ 1, & x > b \end{cases} \tag{6-16}$$

均匀分布是最简单的连续随机变量分布，它表示在区间 $[a,b]$ 内任意等长度区间内事件出现的概率相同。设 $X \sim U(a,b)$，则其期望与方差分别为 $(a+b)/2$ 和 $(b-a)^2/12$。

6.2.3 指数分布

指数分布又叫负指数分布，其与泊松分布关系密切。指数分布是描述泊松过程中事件的时间间隔的概率，即事件以恒定平均速率连续且独立地发生的过程。电子器件的寿命分布、网

站访问的时间间隔和交通中的车头时距的分布常用指数分布来描述,特别地,当车辆到达服从泊松分布时,车头时距服从指数分布,反之结论也成立。指数分布的概率密度函数:

$$f(x) = \begin{cases} \lambda\,e^{-\lambda x}, & x > 0 \\ 0, & x \leq 0 \end{cases} \qquad (6\text{-}17)$$

其分布函数为:

$$F(x) = P(X \leq x) = \begin{cases} 1 - e^{-\lambda x}, & x > 0 \\ 0, & x \leq 0 \end{cases} \qquad (6\text{-}18)$$

若随机变量 X 服从参数为 λ 的指数分布,记为 $X \sim E(\lambda)$,X 的期望和方差分别为 $1/\lambda$ 和 $1/\lambda^2$。

指数分布具有无记忆性,设随机变量 T 服从指数分布,当 s、$t \geq 0$ 时,有:

$$P(T > s + t \mid T > t) = P(T > s) \qquad (6\text{-}19)$$

即,如果 T 是某一元件的寿命,已知元件使用了 t 小时,它总共至少 $(s+t)$ 小时的条件概率与从开始使用时算起它使用至少 s 小时的概率相等。

例 6.2 请在例 6.1 的基础上计算车头时距小于 10s 的概率。

解:车头时距服从指数分布,由分布函数得:

$$P(x < 10) = 1 - e^{-0.0611 \times 10} = 0.457$$

即车头时距小于 10s 的概率为 0.457。

6.2.4 正态分布

正态随机变量具有钟形概率分布,是一种十分重要的连续型随机变量,相应的概率分布称为正态分布(Normal Distribution),又名高斯分布,有相当广泛的应用。在交通工程中,常用正态分布来描述车辆运行速度分布。

如果随机变量 X 的概率密度函数为:

$$f(x) = \frac{1}{\sigma\sqrt{2\pi}} e^{-\frac{1}{2\sigma^2}(x-\mu)^2}, \quad -\infty < x < +\infty \qquad (6\text{-}20)$$

则称 X 服从正态分布,记作 $X \sim N(\mu, \sigma^2)$,其中 $-\infty < \mu < +\infty$,$\sigma > 0$。μ 和 σ 为正态分布的两个参数,μ 为随机变量的均值,σ 为随机变量的标准差。

特别地,当 $\mu = 0$,$\sigma^2 = 1$ 时,称 X 服从标准正态分布,记为 $X \sim N(0,1)$。对于标准正态分布,通常用 $\varphi(x)$ 表示概率密度函数,用 $\Phi(x)$ 表示分布函数,即:

$$\varphi(x) = \frac{1}{\sqrt{2\pi}} e^{-\frac{x^2}{2}} \qquad (6\text{-}21)$$

$$\Phi(x) = \int_{-\infty}^{x} \frac{1}{\sqrt{2\pi}} e^{-\frac{t^2}{2}} dt \qquad (6\text{-}22)$$

因为任何一个一般的正态分布都可以通过线性变换转为标准正态分布,所以概率计算问题可通过查标准正态分布表的方式解决。设 $X \sim N(\mu, \sigma^2)$,则:

$$Z = \frac{X - \mu}{\sigma} \sim N(0,1) \qquad (6\text{-}23)$$

与正态分布相关的中心极限定理在实际问题中有较多应用,因为在实际问题中,总体的分布并不总是正态分布或近似正态分布。

中心极限定理(Central Limit Theorem):设从均值为μ、方差为σ^2的任意一个总体中抽取样本量为n的样本,当N充分大时,样本均值$\overline{X}$的抽样分布近似服从均值为μ、方差为σ^2/n的正态分布。

6.2.5 χ^2分布、t分布和F分布

(1) χ^2分布

设随机变量$X_1,X_2,\cdots,X_n$相互独立,且$X_i(i=1,2,\cdots,n)$服从标准正态分布,则它们的平方和$Y=\sum_{i=1}^{n}X_i^2$服从自由度为n的χ^2分布,记为$Y\sim\chi^2(n)$。并且可得Y的期望和方差分别为n和$2n$。χ^2分布在统计中常用于假设检验和拟合优度检验等方面。

χ^2分布具有可加性,若$Y_1\sim\chi^2(n_1)$,$Y_2\sim\chi^2(n_2)$,且相互独立,则:

$$Y_1+Y_2\sim\chi^2(n_1+n_2) \tag{6-24}$$

设$X_1,X_2,\cdots,X_n$是来自正态总体$N(\mu,\sigma^2)$的简单样本,则:

$$\chi^2=\frac{1}{\sigma^2}\sum_{i=1}^{n}(X_i-\mu)^2\sim\chi^2(n) \tag{6-25}$$

(2) t分布

设随机变量$X\sim N(0,1)$,$Y\sim\chi^2(n)$,且X与Y独立,则称随机变量:

$$T=\frac{X}{\sqrt{Y/n}} \tag{6-26}$$

服从自由度为n的t分布,记为$T\sim t(n)$。t分布常用于根据小样本来估计正态分布且方差未知的总体均值。t分布的概率密度函数呈现以0为中心,左右对称的单峰分布,随着自由度增大,t分布逐渐接近标准正态分布。

设$X\sim N(\mu,\sigma^2)$,$Y/\sigma^2\sim\chi^2(n)$,且X与Y相互独立,则有:

$$T=\frac{X-\mu}{\sqrt{Y/n}}\sim t(n) \tag{6-27}$$

(3) F分布

设随机变量X与Y相互独立,且X和Y分别服从自由度为n_1和n_2的χ^2分布,则随机变量F:

$$F=\frac{X/n_1}{Y/n_2} \tag{6-28}$$

所服从的分布是自由度为(n_1,n_2)的F分布,记为$F\sim F(n_1,n_2)$。F分布的两个自由度位置不可互换,若$F\sim F(n_1,n_2)$,则$1/F\sim F(n_2,n_1)$。F分布与t分布还存在如下关系:如果随机变量X服从$t(n)$分布,则X^2服从$F(1,n)$的F分布。

6.3 排队论

排队现象在交通系统中非常普遍,如车辆通过交叉口时常需要排队,汽车在通过道路的瓶颈路段时需要排队等。排队论(Queuing Theory)被用来研究生活中各种各样的排队问题。

在排队论中,顾客指被服务的对象,而为顾客服务的人或物称为服务员或服务机构,因此,

排队论中顾客与服务员的含义是相当广义的。各种各样的排队系统均可一般地描述如下:顾客为得到某种服务而到达系统,若不能立即获得服务而又允许排队等待,则加入排队,获得服务后离开系统。

6.3.1 排队系统的描述

排队系统主要由输入过程、排队规则和服务机制三部分组成。

(1) 输入过程

输入过程说明顾客按怎样的规律到达系统。顾客可以是有限的,也可以是无限的,顾客可以是单个到达也可以是成批到达。顾客到达的时间间隔可以认为是定长的(用 D 表示),可以是服从某一分布的随机变量(常用指数分布,用 M 表示)。

(2) 排队规则

有限排队指排队系统中的顾客数有限,当系统被占满后,新来的顾客将不能进入系统;无限排队指队列可以无限长,顾客到达系统后均可排队。当顾客到达时,若所有的服务台均被占用且系统允许排队,有如下排队规则:

①先到先服务(First-Come-First-Served,FCFS):按顾客到达的先后次序对顾客进行服务,这是排队系统中最普遍的情形;

②后到先服务(Last-Come-First-Served,LCFS):后面来的顾客会先被服务,通常将于库存系统或情报系统。

(3) 服务机制

服务机制主要包括服务员的数量和顾客接受服务时间的分布。常见的顾客接受服务时间的分布有固定时间长度(用 D 表示)或服从指数分布(用 M 表示)。

(4) 排队系统主要性能指标

排队系统的数量指标一般都是和系统运行时间有关的随机变量。记 $p_n(t)$ 为时刻 t 系统处于状态 n 的概率,系统的状态指系统中有 n 个顾客。大部分排队系统在运行一定时间后就会到达平衡(平稳)状态,一般在系统到达平衡(平稳)时讨论相关性质,把系统达到平衡(平稳)时处于状态 n 的概率记为 p_n。当系统处于平衡(平稳)状态时,研究者通常关心如下指标:

①队长指当系统处于平稳状态时,在系统中的顾客数,其期望值记为 L_s,L_s 称为平均队长。排队长是指当系统处于平稳状态时,在系统中排队等待的顾客数,其期望值记为 L_q,L_q 称为平均排队长。

②等待时间指当系统处于平稳状态时,顾客在系统中排队等待的时间,其期望值记为 W_q,W_q 称为平均等待时间。逗留时间是指当系统处于平稳状态时,顾客在系统中停留的时间,即从到达系统时刻起到接受服务完成为止,其期望值记作 W_s,W_s 称为平均逗留时间。

③当系统处于状态 n 时,新来顾客的平均达到率记为 λ_n,即单位时间内来到系统的平均顾客数,当 λ_n 为常数时,记为 λ。整个系统的平均服务率记为 μ_n,即单位时间内可以服务完的顾客数。当每个服务台的平均服务率为常数时,记每个服务台的服务率为 μ,则 $\mu_n = s\mu$,s 表示服务员数。因此,有顾客到达的平均时间间隔为 $1/\lambda$,平均服务时间为 $1/s\mu$,定义 $\rho = \lambda/s\mu$,称为服务强度,表示平均到达率与平均服务率之比,也表示一个顾客的平均服务时间与相继顾客到达的平均时间间隔之比。

④忙期是指从顾客到达空闲着的服务员起到服务员再次成为空闲为止的这段时间,即服

务员连续忙的时间,这是一个随机变量。与忙期相对的是闲期,也就是连续保持空闲的时间。忙期记为 B,闲期记为 I,用 $\bar{B}$ 和 $\bar{I}$ 分别表示平均忙期与平均闲期。

6.3.2 排队系统的符号表示

为了更方便地描述排队系统,目前常采用 Kendall 记号来表示排队系统。其一般形式为: $X/Y/Z/A/B/C$。X 表示顾客到达时间间隔的分布,Y 表示服务时间的分布,Z 表示服务员的数量,A 表示系统的容量,B 表示顾客源的数量,C 表示排队规则,是 FCFS 或是 LCFS。例如 $M/M/2/\infty/\infty/FCFS$ 表示顾客到达时间间隔和服务时间均服从指数分布,两个服务员,系统容量无限,顾客源无限,排队规则为先到先服务的排队系统。在 Kendall 记号中,若后三项为 $\infty/\infty/FCFS$ 可省略,即 $M/M/1/\infty/\infty/FCFS$ 可写作 $M/M/1$。

6.3.3 $M/M/1$ 等待制排队模型

$M/M/1$ 表示顾客到达的时间间隔服从参数为 λ 的指数分布,服务时间服从参数为 μ 的指数分布,单个服务员,系统容量无限,顾客源无限,排队规则为先到先服务的排队系统,这是一类最简单的排队系统。

$p_n = P\{N = n\}$ ($n = 0, 1, 2, \cdots$) 为系统达到平稳状态后队长 N 的概率分布,并且 $\lambda_n = \lambda$,$\mu_n = \mu$,则该系统的服务强度 $\rho = \lambda/\mu$,并设 $\rho < 1$。可计算得出如下指标:

$$p_n = (1 - \rho)\rho^n, n = 0, 1, 2, \cdots \tag{6-29}$$

式(6-29)给出了在平衡条件下系统中顾客数为 n 的概率。当 $n = 0$ 时,有 $p_0 = 1 - \rho$,可以看出 ρ 是系统中至少有一个顾客的概率。

平稳状态下平均队长:

$$L_s = \sum_{n=0}^{\infty} n p_n = \frac{\rho}{1 - \rho} = \frac{\lambda}{\mu - \lambda} \tag{6-30}$$

平稳状态下平均排队长:

$$L_q = \sum_{n=0}^{\infty} (n - 1) p_n = \frac{\rho^2}{1 - \rho} = \frac{\rho\lambda}{\mu - \lambda} \tag{6-31}$$

顾客在系统中的逗留时间是随机变量,其服从参数为 $\mu - \lambda$ 的指数分布,因此,平稳状态下顾客平均逗留时间:

$$W_s = \frac{1}{\mu - \lambda} \tag{6-32}$$

平稳状态下顾客平均等待时间:

$$W_q = W_s - \frac{1}{\mu} = \frac{\rho}{\mu - \lambda} \tag{6-33}$$

由式(6-30)~式(6-33)可将四个指标的关系归纳如下:

$$L_s = \lambda W_s, L_q = \lambda W_q \tag{6-34}$$

$$W_s = W_q + 1/\mu, L_s = L_q + \lambda/\mu \tag{6-35}$$

式(6-34)和式(6-35)被称为 Little 公式。

系统的平均闲期 $\bar{I} = 1/\lambda$,平均忙期 $\bar{B} = 1/(\mu - \lambda)$,一个忙期平均服务的顾客数为 $1/(1 - \rho)$。

6.4 随机过程

在自然界中,有一类没有确定变化形式的事物变化过程,对该变化过程重复地独立地进行多次观察,每次得到的结果是不相同的。如果固定某一观测时刻,事物在该时刻出现的状态是随机的,这类过程称为随机过程。随机过程的研究对象是随时间演变的随机现象,它是从多维随机变量向无限多个随机变量的推广。

6.4.1 基本概念

(1) 定义

在给定的概率空间和给定的参数集 T 中,若对每个 $t \in T$,有一个随机变量 $X(t,e)$ 与之对应,则称随机变量族 $\{X(t,e), t \in T\}$ 是该概率空间上的随机过程,简记为随机过程 $\{X(t), t \in T\}$,T 为参数集,通常表示时间。根据参数集 T 是否可列,可将随机过程分为离散参数随机过程或连续参数随机过程。另一方面,也可根据 $X(t)$ 的取值状态,把随机过程分为离散型随机过程和连续型随机过程。

设 $\{X(t), t \in T\}$ 是一个随机过程,对任意 $n \geq 1$ 和 $t_1, t_2, \cdots, t_n \in T$,随机向量 $(X(t_1), X(t_2), \cdots, X(t_n))$ 的联合分布函数为:

$$F_{t_1,t_2,\cdots,t_n}(x_1, x_2, \cdots, x_n) = P\{X(t_1) \leq x_1, X(t_2) \leq x_2, \cdots, X(t_n) \leq x_n\} \tag{6-36}$$

这些分布函数的全体:

$$F = \{F_{t_1,t_2,\cdots,t_n}(x_1, x_2, \cdots, x_n) : t_1, t_2, \cdots, t_n \in T, n \geq 1\} \tag{6-37}$$

称为 $X_T = \{X(t), t \in T\}$ 的有限维分布函数族。

(2) 基本性质

设 $X_T = \{X(t), t \geq 0\}$ 是随机过程,如果对任意 $t \in T$,$EX(t)$ 存在,则称函数 $m_X(t) = EX(t)$,$t \in T$ 为 X_T 的均值函数。若对任意 $t \in T$,$EX(t)^2$ 存在,称 X_T 为二阶矩过程;$B_X(s,t) = E[\{X(s) - m_X(s)\}\{X(t) - m_X(t)\}]$,$s, t \in T$,为 X_T 的协方差函数;$D_X(t) = E[\{X(s) - m_X(s)\}]^2$,$t \in T$,为 X_T 的方差函数。X_T 的相关函数可表示为 $R_X(s,t) = E[X(s)X(t)]$。

均值函数 $m_X(t)$ 是随机过程在时刻 t 的平均值,方差函数 $D_X(t)$ 是随机过程在时刻 t 对均值 $m_X(t)$ 的偏离程度,协方差函数 $B_X(s,t)$ 和相关函数 $R_X(s,t)$ 反映了随机过程在时刻 s 和 t 的线性相关程度。二阶矩过程的协方差函数和相关函数一定存在,且满足如下关系:

$$B_X(s,t) = R_X(s,t) - m_X(s)m_X(t) \tag{6-38}$$

6.4.2 泊松过程

(1) 定义

在 $(0,t)$ 内某事件出现的总数所组成的随机过程 $\{N(t), t \geq 0\}$ 称为计数过程,则任一计数过程应该满足以下条件:①$N(t) \geq 0$;②$N(t)$ 取正整数值;③若 $s < t$,则 $N(s) \leq N(t)$;④当 $s < t$ 时,$N(t) - N(s)$ 等于区间 $(s, t]$ 该事件发生的次数。

在计数过程中,如果在 $(t, t+s)$ $(s > 0)$ 内,事件发生的次数 $N(t+s) - N(t)$ 仅与时间差 s 有关,而与 t 无关,此时的计数过程称为平稳增量过程。若计数过程 $N(t)$ 在重叠的时间间隔内,事件发生的次数相互独立,则称计数过程$N(t)$为独立增量过程,即若$t_1<t_2\leq t_3<t_4$,$N(t_2)-N(t_1)$表示在$(t_1,t_2]$内事件发生的次数,$N(t_4)-N(t_3)$表示在$(t_3,t_4]$内事件发生的次数,$N(t_2)-N(t_1)$与$N(t_4)-N(t_3)$相互独立。

当计数过程$\{N(t),t\geq 0\}$满足下列条件:①$N(0)=0$;②$N(t)$是独立平稳增量过程;③在任一长度为t的区间中,事件发生的次数服从参数$\lambda t>0$的泊松分布,即对任意s、$t\geq 0$,有:

$$P\{N(t+s)-N(s)=n\}=e^{-\lambda t}\frac{(\lambda t)^n}{n!},n=0,1,\cdots \tag{6-39}$$

则称计数过程$\{N(t),t\geq 0\}$为具有参数$\lambda>0$的泊松过程,λ称为此过程的速率或强度。由以上定义可推出:

$$\begin{cases}P\{N(t+h)-N(t)=1\}=\lambda h+o(h)\\ P\{N(t+h)-N(t)\geq 2\}=o(h)\end{cases} \tag{6-40}$$

说明在充分小的时间间隔内,最多有一个事件发生,而不能有两个或以上的事件同时发生。

(2)基本性质

设$\{X(t),t\geq 0\}$是具有参数为λ的泊松过程,$\{T_n,n\geq 1\}$是对应的时间间隔序列,$\{W_n,n\geq 1\}$是与泊松过程$\{X(t),t\geq 0\}$对应的一个等待时间序列,则随机变量$T_n(n=1,2,\cdots)$服从独立同分布的均值为$1/\lambda$的指数分布,$W_n(n=1,2,\cdots)$服从参数为n和λ的Γ分布。对于泊松过程$\{X(t),t\geq 0\}$,任意的t、$s\in[0,\infty)$,且$s<t$,有:

$$E[X(t)-X(s)]=D[X(t)-X(s)]=\lambda(t-s) \tag{6-41}$$

$$m_X(t)=EX(t)=E[X(t)-X(0)]=\lambda t \tag{6-42}$$

$$R_X(s,t)=\lambda s(\lambda t+1),B_X(s,t)=\lambda s \tag{6-43}$$

6.5 参 数 估 计

参数估计(Parameter Estimation)就是用样本统计量去估计总体的参数。例如,用样本均值$\bar{x}$估计总体均值μ,用样本方差s^2估计总体方差σ^2。如果用θ笼统地表示总体参数,用$\hat{\theta}$表示用于估计总体参数的样本统计量,参数估计也就是如何用$\hat{\theta}$估计θ。在参数估计中,用来估计总体参数的统计量称为估计量(Estimator),用符号$\hat{\theta}$表示,而依据一个具体的样本计算出来的估计量的数值称为估计值。参数估计的方法有点估计和区间估计。

6.5.1 点估计

点估计(Point Estimation)就是用一个统计量来估计参数。设$X_1,X_2,\cdots,X_n$为一个样本,$x_1,x_2,\cdots,x_n$为一组观测值,$g(X_1,X_2,\cdots,X_n)$为样本构成的一个统计量,θ为未知参数。如果用$g(X_1,X_2,\cdots,X_n)$来估计θ(或θ的函数),则称$g(X_1,X_2,\cdots,X_n)$为θ(或θ的函数)的点估计量,记为$\hat{\theta}=g(X_1,X_2,\cdots,X_n)$,$g(x_1,x_2,\cdots,x_n)$为参数$\theta$的估计值。点估计常用的方法有频率替换法、矩估计法和极大似然估计法,频率替换法和矩估计法又统称为替换原理法。

(1)频率替换法

频率替换法就是用频率近似表示事件发生的概率。考虑n次独立重复试验,每次试验有

m 种可能的结果 $D_1, D_2, \cdots, D_m$,每个结果 D_i 发生的概率 $P\{D_i\} = p_i$ 是未知的,且 $\sum_{i=1}^{m} p_i = 1$。用 n_i 表示 n 次独立重复试验中结果 D_i 发生的次数,概率 p_i 最简单的直观估计是 n_i/n,即 $\hat{p_i} = n_i/n$,称 $\hat{p_i}$ 为 p_i 的频率替换估计。

(2)矩估计法

经学者研究发现,若总体矩存在,则样本矩依概率几乎必然收敛于相应的总体矩。因此,只要总体矩存在,就可以用相应的样本矩作为总体矩的合理估计,进而对参数进行估计。矩估计的基本思想是用相应的样本矩去估计总体矩,用相应的样本矩的函数去估计总体矩的函数。

矩按照定义可分为原点矩和中心矩;按照矩是由总体还是样本得到的,又分为总体矩和样本矩。

设总体 $X \sim F_\theta(x)$(θ 为参数),称 $\mu_k = E_\theta(X^k)$ 和 $v_k = E_\theta[X - E_\theta(X)]^k$ 为总体的 k 阶原点矩和 k 阶中心矩。设 $X_1, X_2, \cdots, X_n$ 为来自总体 $X \sim F_\theta(x)$ 的一个样本,称 $A_k = \frac{1}{n}\sum_{i=1}^{n} X_i^k$ 和 $B_k = \frac{1}{n}\sum_{i=1}^{n}(X_i - \overline{X})^k$ 为样本的 k 阶原点矩和 k 阶中心矩。

设 $X_1, X_2, \cdots, X_n$ 为来自某一总体的样本,如果参数 θ 可以表示为总体的前 k 阶矩 $\mu_1, \mu_2, \cdots, \mu_k$(或 $v_1, v_2, \cdots, v_k$)的函数:

$$\theta = g(\mu_1, \mu_2, \cdots, \mu_k) \text{ 或 } \theta = g(v_1, v_2, \cdots, v_k) \quad (6\text{-}44)$$

由矩估计法,可用 $\hat{\theta} = g(A_1, A_2, \cdots, A_k)$ 或 $\hat{\theta} = g(B_1, B_2, \cdots, B_k)$ 估计 θ,称 $\hat{\theta}$ 为 θ 的矩估计。在实际应用中参数 θ 一般是多维的,例如 $\theta = (\theta_1, \theta_2, \cdots, \theta_s)$,因此求参数 θ 需要构造 s 个独立方程,通过求解方程组得到参数的矩估计,即:

$$\begin{cases} \hat{\theta}_1 = g_1(A_1, A_2, \cdots, A_k) \\ \hat{\theta}_2 = g_2(A_1, A_2, \cdots, A_k) \\ \vdots \\ \hat{\theta}_s = g_s(A_1, A_2, \cdots, A_k) \end{cases} \text{ 或 } \begin{cases} \hat{\theta}_1 = g_1(B_1, B_2, \cdots, B_k) \\ \hat{\theta}_2 = g_2(B_1, B_2, \cdots, B_k) \\ \vdots \\ \hat{\theta}_s = g_s(B_1, B_2, \cdots, B_k) \end{cases} \quad (6\text{-}45)$$

(3)极大似然估计法

极大似然估计法(Maximum Likelihood Method)是求点估计的一种重要方法。在一次试验中,某个试验结果发生,则一般认为试验条件对这个结果的发生有利,即这个结果发生的机会最大。因此,参数 θ 的估计 $\hat{\theta}$ 应使该结果较其他结果出现的概率大。

设 $X_1, X_2, \cdots, X_n$ 为来自某一总体 $X \sim F_\theta(x)$($\theta \in \Theta$,Θ 为参数空间)的样本,其概率分布列或者密度函数为 $f(x, \theta)$。当样本 $x_1, x_2, \cdots, x_n$ 给定时,令:

$$L(\theta, X) = L(x_1, x_2, \cdots, x_n; \theta) = \prod_{i=1}^{n} f(x_i, \theta) \quad (6\text{-}46)$$

称 $L(\theta, X)$ 为参数 θ 的似然函数,记为 $L(\theta)$,似然函数只有要估计的参数是未知的。

若存在 $\hat{\theta} = \hat{\theta}(x_1, x_2, \cdots, x_k)$,且满足:

$$L(\hat{\theta}, X) = \sup\{L(\theta, X)\} \quad (6\text{-}47)$$

其中 $\theta \in \Theta$,则称 $\hat{\theta}(x_1, x_2, \cdots, x_k)$ 为参数 θ 的极大似然估计(Maximum Likelihood Estimate,MLE)。$\sup\{f(x)\}$($x \in A$)表示函数 $f(x)$ 在集合 A 上的上确界,因为最大值未必存在。求参数 θ 的极大似然估计 $\hat{\theta}$,就是求使似然函数 $L(\theta)$ 在参数空间 Θ 上取得上确界的 $\hat{\theta}$。

为计算方便,一般将似然函数取对数得到 $\ln L(\theta)$,称为对数似然函数。$\ln L(\theta)$ 与 $L(\theta)$ 在相同的点取得上确界。特别地,当 $\ln L(\theta)$ 在 Θ 上存在连续偏导数,并在 Θ 内取得最大值时,θ 的极大似然估计 $\hat{\theta}$ 必满足似然方程组:

$$\frac{\partial \ln L(\theta)}{\partial \theta_i} = 0, i = 1, 2, \cdots, m \tag{6-48}$$

如果似然方程组的解 $\hat{\theta}$ 使得式(6-47)成立,则 $\hat{\theta}$ 就是参数 θ 的极大似然估计。

例 6.3 设 $X_1, X_2, \cdots, X_n$ 是正态总体 $N(\mu, \sigma^2)$ 的随机样本,求参数 μ、σ^2 的极大似然估计。

解:似然函数为 $L(\mu, \sigma^2) = 2\pi \sigma^2 \exp\left[-\frac{\sum(x_i - \mu)^2}{2\sigma^2}\right]$,则对数似然函数为:

$$\ln L(\mu, \sigma^2) = -\frac{n}{2}\ln(2\pi) - \frac{n}{2}\ln\sigma^2 - \frac{n}{2\sigma^2}\sum_{i=1}^{n}(x_i - \mu)^2 \tag{6-49}$$

关于 μ、σ^2 分别求偏导数并令其为 0,可得:

$$\begin{cases} \dfrac{1}{\sigma^2}\sum_{i=1}^{n}(x_i - \mu) = 0 \\ \dfrac{n}{2\sigma^2} + \dfrac{1}{2\sigma^4}\sum_{i=1}^{n}(x_i - \mu)^2 = 0 \end{cases} \tag{6-50}$$

因此,关于 μ、σ^2 的极大似然估计分别为:

$$\begin{cases} \mu = \bar{x} \\ \sigma^2 = \dfrac{1}{n}\sum_{i=1}^{n}(x_i - \bar{x})^2 \end{cases} \tag{6-51}$$

6.5.2 估计量的评优准则

(1) 无偏性

无偏性(Unbiasedness)是指估计量抽样分布的数学期望等于被估计的总体参数。设总体参数为 θ,所选择的估计量为 $\hat{\theta}$,如果 $E(\hat{\theta}) = \theta$,则称 $\hat{\theta}$ 为 θ 的无偏估计量。无偏估计的意义是在多次重复下,它们的平均数接近所估计的参数真值。经学者研究,无论总体服从什么分布,样本均值 $\bar{x}$ 和样本方差 S^2 分别是总体均值 μ 和总体方差 σ^2 的无偏估计。

(2) 有效性

有效性(Efficiency)是指对同一总体参数的两个无偏估计量,有更小标准差的估计量更有效。一个无偏的估计量并不意味着它就非常接近被估计的参数,它还必须与总体参数的离散程度比较小。

设 $\hat{\theta}_1$ 和 $\hat{\theta}_2$ 是总体参数 θ 的无偏估计量,如果 $D(\hat{\theta}_1) < D(\hat{\theta}_2)$,则称 $\hat{\theta}_1$ 是比 $\hat{\theta}_2$ 更有效的一个估计量。在无偏估计的条件下,估计量的方差越小,估计越有效。

(3) 一致性

一致性(Consistency)是指随着样本量的增大,估计量的值越来越接近被估计总体的参数。也就是一个大样本给出的估计量要比一个小样本给出的估计量更接近总体的参数。

6.5.3 区间估计

区间估计(Interval Estimate)给出的是总体参数估计的一个区间范围。设总体的参数为

θ,若存在两个统计量$T_1(x)$和$T_2(x)$,对给定的$\alpha(0<\alpha<1)$有：

$$P\{T_1(x) \leq \theta \leq T_2(x)\} \geq 1-\alpha \qquad (6\text{-}52)$$

则称区间$[T_1,T_2]$为参数θ的置信水平为$1-\alpha$的置信区间,称T_1为置信下限,T_2为置信上限,$1-\alpha$为置信水平或置信度。区间估计的直观意义表示:若反复抽取m个样本,每个样本的容量为n,就得到m个区间$[T_1,T_2]$,当式(6-52)成立时,在这m个区间中,包含θ真值的至少占$(1-\alpha)\times100\%$,即随机区间包含参数θ真值的频率近似地至少为$(1-\alpha)$。

(1) 单个正态总体均值与方差的区间估计

当正态总体方差已知,样本均值$\bar{x}$经标准化后的随机变量服从标准正态分布,即：

$$z = \frac{\bar{x}-\mu}{\sigma/\sqrt{n}} \sim N(0,1) \qquad (6\text{-}53)$$

根据正态分布的性质可得总体均值μ在$1-\alpha$置信水平下的置信区间为：

$$\bar{x} \pm z_{\alpha/2} \frac{\sigma}{\sqrt{n}} \qquad (6\text{-}54)$$

其中,$z_{\alpha/2}$是标准正态分布右侧面积为$\alpha/2$时的z值。

当正态总体方差未知,则需要用样本方差s^2代替总体方差σ^2,此时样本均值经过标准化以后的随机变量服从自由度为$n-1$的t分布,即：

$$t = \frac{\bar{x}-\mu}{S/\sqrt{n}} \sim t(n-1) \qquad (6\text{-}55)$$

由t分布的性质可得总体均值μ在$1-\alpha$置信水平下的置信区间为：

$$\bar{x} \pm t_{\alpha/2} \frac{S}{\sqrt{n}} \qquad (6\text{-}56)$$

其中,$t_{\alpha/2}$是t分布右侧面积为$\alpha/2$时的t值。

设$x_1,x_2,\cdots,x_n$为来自某一总体$X \sim N(\mu,\sigma^2)$的一个样本,σ^2未知,样本方差为S^2。$(n-1)S^2/\sigma^2$服从自由度为$n-1$的χ^2分布,由χ^2分布的性质得总体方差σ^2在$1-\alpha$置信水平下的置信区间为：

$$\frac{(n-1)S^2}{\chi^2_{\alpha/2}(n-1)} \leq \sigma^2 \leq \frac{(n-1)S^2}{\chi^2_{1-\alpha/2}(n-1)} \qquad (6\text{-}57)$$

其中$\chi^2_{\alpha/2}(n-1)$和$\chi^2_{1-\alpha/2}(n-1)$分别为自由度为$n-1$的χ^2分布右侧面积为$\alpha/2$和$1-\alpha/2$时的χ^2值,可查表得到。

(2) 枢轴变量法

一般求参数θ的区间估计采用枢轴变量法,可分为三步：

①设$\hat{\theta}$为参数θ一个优良的点估计,利用$\hat{\theta}$构造一个仅包含统计量$\hat{\theta}$和参数θ的函数,且该函数的分布是完全已知的并与参数θ无关,记为$g(\hat{\theta},\theta)$。

②对于给定的置信水平$1-\alpha$,选取两个常数a和b使得：

$$P\{a \leq g(\hat{\theta},\theta) \leq b\} = 1-\alpha \qquad (6\text{-}58)$$

③若不等式$a \leq g(\hat{\theta},\theta) \leq b$可等价地变换为：

$$\theta_1(x_1,x_2,\cdots,x_n) \leq \theta \leq \theta_2(x_1,x_2,\cdots,x_n) \qquad (6\text{-}59)$$

则$[\theta_1,\theta_2]$就是θ的一个置信水平为$1-\alpha$的置信区间。

注意:采用枢轴变量法时,构造的$g(\hat{\theta},\theta)$的分布尽量采用标准正态分布、t分布、F分布和

χ^2 分布等。同时,a 一般选取 $g(\hat{\theta},\theta)$ 的分布的 $\alpha/2$ 分位数,b 选取 $g(\hat{\theta},\theta)$ 的分布的 $1-\alpha/2$ 分位数。

6.6 假设检验

假设检验(Hypothesis Testing)是通过假设总体的分布形式或总体的参数具有某种特征,然后利用样本提供的信息来推断所提出的假设的正确性。假设检验依据的是小概率原理,即发生概率很小的随机事件在一次试验中几乎不可能发生。在总体分布形式已知的情况下,对总体分布中的参数所提出的检验问题称为参数检验问题,常用的检验有 t 检验和 F 检验;总体分布形式未知,则称有关的假设检验问题为非参数检验问题,常用的检验为 χ^2 检验。

6.6.1 基本概念

(1) 原假设与备择假设

在统计学中,关于总体分布中的参数 θ 的推测 $\theta \in \overline{\Theta} \subset \Theta$ 称为假设,记为 $H:\theta \in \overline{\Theta}$,其中 $\overline{\Theta}$ 为参数空间 Θ 的一个非空子集。如果 $\overline{\Theta}$ 仅包含一个参数,则称 H 为简单假设,否则称为复合假设。

在假设检验中常把被检验的假设称为原假设或零假设,用 H_0 表示,与 H_0 不相容的假设称为备择假设或对立假设,用 H_1 表示。一般情况下,将可能或希望成立的假设作为备择假设。对一般假设检验问题可表述为:

$$H_0:\theta \in \Theta_0, H_1:\theta \in \Theta_1 \tag{6-60}$$

其中 Θ_0 和 Θ_1 是 Θ 的两个互不相交的非空真子集。形如式(6-61)的假设检验问题称为双侧检验,形如式(6-62)的假设检验问题称为单侧检验。

$$H_0:\mu = \mu_0, H_1:\mu \neq \mu_0 \tag{6-61}$$

$$H_0:\mu \leq (\geq)\mu_0, H_1:\mu > (<)\mu_0 \tag{6-62}$$

(2) 两类错误

在假设检验中,依据样本对原假设做出拒绝或接受的推断,由于样本的随机性与局限性,也面临着犯错误的可能。错误可分为弃真错误和取伪错误。

第一类错误是原假设 H_0 为真却被拒绝了,犯这种错误的概率用 α 表示,也称为 α 错误或弃真错误,α 也称为显著性水平。第二类错误是原假设 H_0 为伪没有拒绝,犯这种错误的概率用 β 表示,也称为 β 错误或取伪错误。

虽然希望犯这两类错误的概率越小越好,但在样本容量一定的情况下,无法做到同时减小犯这两类错误的概率。如果减小犯 α 错误的概率,必然导致犯 β 错误的概率增大;同理,减小犯 β 错误的概率,必然导致犯 α 错误的概率增大。通常在假设检验中,采用首先控制犯 α 错误的原则。

(3) 拒绝域与检验统计量

检验一个假设就是根据某一法则在原假设和备择假设之间做出选择。可将样本空间划分为两个互不相交的子集 W 和 W^c,若样本 $(x_1,x_2,\cdots,x_n) \in W$ 时,则拒绝原假设 H_0,认为 H_1 成立;若 $(x_1,x_2,\cdots,x_n) \in W^c$,则接受原假设 H_0,认为 H_0 成立。W 被称为拒绝域,W^c 被称为接受域。

为了进行假设检验,需要依据样本统计量 $T(x)$ 确定拒绝域,称为 $T(x)$ 检验统计量。

(4) P 值与显著性水平

由于拒绝域会随着显著性水平 α 的变化而变化,因此,统计学中通常采用 P 值进行决策。在一个假设检验问题中,把利用检验统计量的值能够得到"拒绝原假设"结论的最小显著性水平称为 P 值。当显著性水平 α 大于或等于 P 值时,则在显著性水平 α 下拒绝 H_0,否则就接受 H_0。P 值的优点是其反映了观察到的实际数据与原假设之间不一致的概率值。

若确定了显著性水平 α 为 0.05,在双侧检验中,$P \geq 0.025$($\alpha/2 = 0.025$)则不能拒绝原假设,反之拒绝原假设。在单侧检验中,$P \geq 0.05$ 不能拒绝原假设,反之拒绝原假设。

6.6.2 χ^2 检验

χ^2 检验主要用于拟合优度检验、独立性检验和单个正态总体的方差检验。

(1) 拟合优度检验

拟合优度检验(Goodness of Fit Test)是依据总体分布状况,利用 χ^2 统计量判断分类变量的期望频数与观察频数是否有显著性差异,从而做出假设检验。拟合优度检验可以用来检验总体是否服从任何一个预先给定的分布。

设 $F(x)$ 为总体 X 的分布函数,而 $F_0(x)$ 不包含任何未知参数的分布函数,$x_1, x_2, \cdots, x_n$ 为来自总体的简单样本。原假设为 $H_0: F(x) = F_0(x)$,检验假设 H_0 的步骤如下:

①将总体 X 的取值范围分为 k 个互不相交的区间,一般要求区间数不小于 5,记为 A_i($i = 1, 2, \cdots, k$);

②计算样本 $x_1, x_2, \cdots, x_n$ 落在区间 A_i 的个数 f_i,称为实际频数;

③计算概率 $p_i = P\{X \in A_i\}$,并计算 np_i,得到 A_i 区间的理论频数,一般要求各区间的理论频数不小于 5;

④计算 χ^2 统计量值:

$$\chi^2 = \sum_{i=1}^{k} \frac{(f_i - np_i)^2}{np_i} \tag{6-63}$$

并在给定的显著性水平下,查表得临界值 $\chi^2_{1-\alpha}(k-1)$;

⑤依据临界值和 χ^2 统计量值做出接受原假设或拒绝原假设。

经学者研究证明,当样本容量 n 充分大时($n \geq 50$),无论总体服从何种分布 $F_0(x)$,式(6-63)中的 χ^2 统计量总是近似服从自由度为 $k-1$ 的 χ^2 分布,其中 $F_0(x)$ 完全确定,不含任何未知参数。

如果分布函数 $F_0(x)$ 中有未知参数,则需将参数的估计值代入,计算各区间的理论频数,然后再计算 χ^2 统计量的值,相应的自由度修改为 $k - 1 - \gamma$,γ 为分布函数 $F_0(x)$ 中估计的参数的个数。

(2) 独立性检验

独立性检验是指检验变量或指标之间是否相互独立,本节仅讨论二维情况下的独立性检验。列联表是由两个以上的变量进行交叉分类的频数分布表。设有两个分类变量 X 和 Y,它们的取值分别为 r 个和 s 个互不相交的类 $A_1, A_2, \cdots, A_r$ 和 $B_1, B_2, \cdots, B_s$。从总体中抽出容量为 n 个的简单样本,n_{ij} 表示既属于 A_i 类,又属于 B_j 类的样本数,称为频数,则如表 6-1 所示称为 $r \times s$

列联表,其中$n_{i.} = \sum_{j=1}^{s} n_{ij}, n_{.j} = \sum_{i=1}^{r} n_{ij}$。

表 6-1 $r \times s$ 列联表

B_j \ A_i	B_1	B_2	⋯	B_s	合计
A_1	n_{11}	n_{12}	⋯	n_{1s}	$n_{1.}$
A_2	n_{21}	n_{22}	⋯	n_{2s}	$n_{2.}$
⋮	⋮	⋮	⋮	⋮	⋮
A_r	n_{r1}	n_{r2}	⋯	n_{rs}	$n_{r.}$
合计	$n_{.1}$	$n_{.2}$	⋯	$n_{.s}$	n

记$p_{ij} = \{X \in A_i, Y \in B_j, i=1,2,\cdots,r; j=1,2,\cdots,s\}$,需要检验的假设$H_0$:$X$和$Y$相互独立,即:

$$H_0: p_{ij} = p_{i.} p_{.j}, i=1,2,\cdots,r; j=1,2,\cdots,s \tag{6-64}$$

其中,$p_{i.} = \sum_{j=1}^{s} p_{ij}, p_{.j} = \sum_{i=1}^{r} p_{ij}, \sum_{i=1}^{r} p_{i.} = 1, \sum_{j=1}^{s} p_{.j} = 1$。然后计算$\chi^2$统计量:

$$\chi^2 = \sum_{i=1}^{r} \sum_{j=1}^{s} \frac{(n_{ij} - \frac{n_{i.} n_{.j}}{n})^2}{\frac{n_{i.} n_{.j}}{n}} \tag{6-65}$$

在该假设检验问题中,实际上有$(r+s-2)$个独立参数,所以当H_0成立时,χ^2统计量近似服从自由度为$(r-1)(s-1)$的χ^2分布。在给定的显著性水平下,查表得临界值$\chi^2_{1-\alpha}((r-1)(S-1))$,依据临界值和$\chi^2$统计量值做出接受原假设或拒绝原假设。

(3)单个正态总体的方差检验

设$x_1, x_2, \cdots, x_n$是来自正态总体$N(\mu, \sigma^2)$的简单样本,其中μ未知,S^2为样本方差。考虑假设检验问题:$H_0: \sigma^2 = \sigma_0^2, H_1: \sigma^2 \neq \sigma_0^2$。构造检验统计量$\chi^2$:

$$\chi^2 = \frac{(n-1)S^2}{\sigma_0^2} \sim \chi^2(n-1) \tag{6-66}$$

在给定的显著性水平α下的拒绝域为:

$$W = \{\chi^2 \geq \chi^2_{1-\alpha/2}(n-1)\} \cup \{\chi^2 \leq \chi^2_{\alpha/2}(n-1)\} \tag{6-67}$$

6.6.3 z 检验

z 检验又称 U 检验,常用于单个正态总体方差已知情况下的总体均值检验。设$x_1, x_2, \cdots, x_n$是来自正态总体$N(\mu, \sigma^2)$的简单样本,其中σ^2已知。考虑假设检验问题:$H_0: \mu = \mu_0, H_1: \mu \neq \mu_0$。构造检验统计量$z$:

$$z = \frac{\bar{x} - \mu_0}{\sigma/\sqrt{n}} \tag{6-68}$$

当原假设H_0成立时,有z服从标准正态分布,因此,在显著性水平α下的拒绝域为:

$$W = \{(x_1, x_2, \cdots, x_n): |z| \geq z_{1-\alpha/2}\} \tag{6-69}$$

6.6.4 F 检验

F 检验常用于检验两个正态总体方差是否相等。设总体$X \sim N(\mu_1, \sigma_1^2)$,来自总体$X$的简单样本为$x_1, x_2, \cdots, x_{n_1}$,总体$Y \sim N(\mu_2, \sigma_2^2)$,来自总体$Y$的简单样本为$y_1, y_2, \cdots, y_{n_2}$,两样本相互独立,样本均值和样本方差分别记为$\bar{x}, S_1^2$和$\bar{y}, S_2^2$。考虑假设检验问题:$H_0: \sigma_1^2 = \sigma_2^2, H_1: \sigma_1^2 \neq \sigma_2^2$。当$H_0$成立时,有:

$$F = \frac{S_1^2}{S_2^2} = \frac{S_1^2/\sigma_1^2}{S_2^2/\sigma_2^2} \sim F(n_1-1, n_2-1) \tag{6-70}$$

在给定的显著性水平α下的拒绝域为:

$$W = \{F \geq F_{1-\alpha/2}(n_1-1, n_2-1)\} \cup \{F \leq F_{\alpha/2}(n_1-1, n_2-1)\} \tag{6-71}$$

6.6.5 t检验

t检验常用于单个正态总体方差未知情况下的总体均值检验和两个正态总体均值相等的检验。

(1) 单个正态总体方差未知时总体均值检验

设$x_1, x_2, \cdots, x_n$是来自正态总体$N(\mu, \sigma^2)$的简单样本,其中σ^2未知。考虑假设检验问题:$H_0: \mu = \mu_0, H_1: \mu \neq \mu_0$。当总体方差$\sigma^2$未知时,可以考虑使用样本方差$S^2$来估计总体的方差,用样本标准差$S$替换$z$中的$\sigma$,由此构造统计量$t$作为检验统计量:

$$t = \frac{\bar{x} - \mu_0}{S/\sqrt{n}} \sim t(n-1) \tag{6-72}$$

在给定的显著性水平α下的拒绝域为:

$$W = \{(x_1, x_2, \cdots, x_n) : |t| \geq t_{1-\alpha/2}(n-1)\} \tag{6-73}$$

例6.4 据资料记载某路段中行人步行速度为1.15m/s,一个研究小组为了对该数值进行证实,观测了40位行人通过该路段的步行速度(m/s),结果如下:[0.90, 1.21, 1.14, 1.32, 0.88, 1.21, 1.18, 1.30, 1.23, 1.17, 0.85, 1.42, 1.37, 1.51, 0.88, 0.93, 1.03, 1.19, 1.03, 0.99, 0.86, 1.14, 0.97, 1.26, 1.36, 1.44, 1.05, 1.10, 1.15, 0.98, 1.43, 1.14, 1.21, 1.22, 1.53, 1.39, 1.47, 0.99, 1.50, 1.37]。请问根据该观测结果,是否可以在置信水平为95%时说明该路段行人步行速度发生了变化?

解:该题属于单个正态总体方差未知时的总体均值检验,可根据式(6-72)和式(6-73)进行求解。在R语言中,可用t.test()命令进行求解。利用R语言编程求得p值为0.311,因此,不能拒绝原假设,即不能说明该路段行人步行速度发生了变化。

(2) 两个正态总体均值相等的检验

设总体$X \sim N(\mu_1, \sigma_1^2)$,来自总体$X$的简单样本为$x_1, x_2, \cdots, x_{n_1}$,总体$Y \sim N(\mu_2, \sigma_2^2)$,来自总体$Y$的简单样本为$y_1, y_2, \cdots, y_{n_2}$,两样本相互独立,样本均值和样本方差分别记为$\bar{x}, S_1^2$和$\bar{y}, S_2^2$,且$\sigma_1^2 = \sigma_2^2 = \sigma^2, \sigma^2$未知。考虑假设检验问题:$H_0: \mu_1 = \mu_2, H_1: \mu_1 \neq \mu_2$。可计算$S_W^2$:

$$S_W^2 = \frac{(n_1-1)S_1^2 + (n_2-1)S_2^2}{n_1 + n_2 - 2} \tag{6-74}$$

可构造t检验统计量:

$$t = \frac{\bar{x} - \bar{y}}{S_W\sqrt{\frac{1}{n_1} + \frac{1}{n_2}}} \sim t(n_1 + n_2 - 2) \tag{6-75}$$

在给定的显著性水平 α 下的拒绝域为:
$$W = \{|t| \geq t_{1-\alpha/2}(n_1 + n_2 - 2)\} \tag{6-76}$$

习　题

1. 前往某地下车库停车的需求为每小时平均停车数为 8 辆,且服从泊松分布,求 1 小时内去停车的数量大于 6 辆但不超过 10 辆的概率。

2. 某研究院在 3 年前测定某路段行人平均步行速度为 1.28m/s,如今对该路段的 672 个行人进行测量,发现其平均步行速度为 1.33m/s,样本标准差为 0.16,是否可以根据调查结果认为如今的行人步行速度与之前相比有了变化?

3. 早上 7 点 50 分,车辆到达收费站,到达率为 $\lambda(t) = 5.2 - 0.01t$(t 在早上 7 点 50 分之后以分钟计算,λ 单位为辆/min),收费站于上午 8 点开放,以 $\mu(t) = 3.3 + 2.4t$ 的速率进行服务(t 在早上 8 点之后以分钟计算,λ 单位为辆/min),一旦服务率达到 10 辆/min,其将维持这个服务率保持不变,如果排队是 $D/D/1$,请问早上 7 点 50 形成的队伍何时才能消散?

本章参考文献

[1] 贾俊平,何晓群,金勇进.统计学[M].8 版.北京:中国人民大学出版社,2021.
[2] 邵长桥.交通数据统计分析理论与方法[M].北京:人民交通出版社,2012.
[3] 胡运权.运筹学教程[M].5 版.北京:清华大学出版社,2021.
[4] 刘次华.随机过程[M].5 版.武汉:华中科技大学出版社,2017.
[5] 陆大铨,张颢.随机过程及其应用[M].2 版.北京:清华大学出版社,2012.
[6] 孙海燕,周梦,李卫国,等.数理统计[M].北京:北京航空航天大学出版社,2016.

第 7 章
回归模型与时间序列分析

上一章介绍了交通数据统计理论的基础概念和常用知识,本章将在这些基础概念和常用知识的基础上,学习分析和解决问题的具体模型。本章主要讲解回归模型和时间序列模型,两类模型应用于不同的问题场景。当问题中涉及自变量和因变量,我们关注的是自变量对因变量的解释能力以及预测效果时,通常使用回归模型;当问题只针对一个变量,关注的是该变量随着时间的变化趋势时,通常使用时间序列分析模型。

回归分析(Regression Analysis)指的是研究一个变量关于一个或一些变量的依赖关系的计算方法和理论。其目的在于通过一个或一些变量的已知或设定值,去估计或预测未知的变量的均值,其中这个或这些已知或设定值的变量被称为解释变量或自变量,被估计或预测的未知的变量称为被解释变量或因变量。在大数据分析中,回归分析是一种预测性的建模技术。这种技术通常用于预测分析,以及发现变量之间的因果关系。例如,驾驶人的驾驶行为与交通事故发生数量之间的关系,就是一个非常适合用回归分析来研究的问题。回归分析包含很多种方法,根据不同的分类标准可以划分为不同的类别。根据自变量的个数,可以分为一元回归分析和多元回归分析;根据因变量的多少,可分为简单回归分析和多重回归分析;根据自变量和因变量之间的关系类型,可分为线性回归分析和非线性回归分析。

时间序列分析方法是基于随机过程理论和数理统计学的方法,研究时间序列数据所遵从的统计规律,以用于解决实际问题。在交通领域,很多问题的发展是随时间变化的,处理问题常常会遇到时间序列数据,这时可以考虑运用时间序列分析的方法来解决问题。

7.1 线性回归

7.1.1 线性回归基本形式

线性回归是利用数理统计中的回归分析,来确定两种或两种以上变量间相互依赖的定量关系的一种统计分析方法,运用十分广泛。在线性模型中,因变量与自变量之间的关系呈线性关系,只有一个自变量的情况称为一元线性回归,两个或两个以上自变量的情况称为多元线性回归。

线性回归模型的一般形式是:

$$Y = \beta_0 + \beta_1 X_1 + \beta_2 X_2 + \cdots + \beta_k X_k + \mu \tag{7-1}$$

其中,Y为因变量,$X_j(j=1,12,\cdots,k)$为自变量,k为解释变量的个数,β_j为回归系数,μ为随机误差项。$k=1$时,模型是一元线性回归模型,$k \geq 2$时,模型是多元线性回归模型。

如果给出一组观测值$\{(X_{i1}, X_{i2}, \cdots, X_{ik}, Y_i): i=1,2,\cdots,n\}$,则总体回归模型还可写成如下形式:

$$Y_i = \beta_0 + \beta_1 X_{i1} + \beta_2 X_{i2} + \cdots + \beta_k X_{ik} + \mu_i \tag{7-2}$$

7.1.2 线性回归模型的基本假设

为了保证参数估计具有良好的性质,通常对模型提出若干基本假设。

假设1:回归模型是正确设定的。

模型的正确设定包括模型选择了正确的变量和正确的函数形式。

假设2:解释变量$X_1, X_2, \cdots, X_k$是非随机的或固定的,且各X_j之间不存在严格线性相关(没有完全多重共线性)。

各X_j之间不存在严格线性相关假设是多元线性回归模型所独有的,一元线性回归模型只要求解释变量X是确定性变量,在重复抽样中取固定值即可。

假设3:各解释变量X_j在所抽取的样本中具有变异性,而且随着样本容量的无限增加,解释变量X_j的样本方差趋于一个非零的有限常数。

样本方差的极限为非零的有限常数的假设,旨在排除时间序列数据出现持续上升或下降的变量作为解释变量,因为这类数据不仅使大样本统计推断变得无效,而且往往产生所谓的伪回归问题(Spurious Regression Problem)。

假设4:随机误差项μ具有给定X条件下的零均值、同方差及序列不相关性,即:

$$E(\mu_i | X_1, X_2, \cdots, X_k) = 0 \tag{7-3}$$

$$Var(\mu_i | X_1, X_2, \cdots, X_k) = \sigma^2 \tag{7-4}$$

$$Cov(\mu_i, \mu_j | X_1, X_2, \cdots, X_k) = 0, i \neq j \tag{7-5}$$

因此,该假设成立时也往往称X为外生解释变量(Exogenous Explanatory Variable),否则称X为内生解释变量(Endogenous Explanatory Variable)。该假设最为重要,只有该假设成立时,总体回归函数的随机形式才能等价于非随机形式。

假设5：随机误差项与解释变量之间不相关，即：
$$Cov(X_{ij}, \mu_i | X_1, X_2, \cdots, X_k) = 0, j = 1, 2, \cdots, k \tag{7-6}$$
该假设并非是必须的，当随机误差项 μ 的条件零均值假设成立时，该假设一定成立，因为：
$$Cov(X_{ij}, \mu_i | X_1, X_2, \cdots, X_m) = E(X_{ij}, \mu_i) - E(X_{ij}) * E(\mu_i) = E(X_{ij}, \mu_i) = 0$$
假设6：随机误差项服从正态分布。
$$\mu_i | X_1, X_2, \cdots, X_k \sim N(0, \sigma^2) \tag{7-7}$$

对于随机误差项的正态性假设，根据中心极限定理，如果仅包括源生性的随机干扰，当样本容量趋于无穷大时，都是满足的。如果包括衍生的随机误差，即使样本容量趋于无穷大，正态性假设也经常是不满足的。

上述六个假设条件统称为线性回归模型的经典假设，满足上述六个假设条件的线性回归模型也称为经典线性回归模型。

7.1.3 线性回归模型的参数估计

线性回归模型的参数估计，是在一组样本观测值 $\{(X_{i1}, X_{i2}, \cdots, X_{ik}, Y_i): i = 1, 2, \cdots, n\}$ 下，通过一定的参数估计方法，估计出样本回归线。常见的参数估计方法有三种：普通最小二乘法，极大似然法和矩估计法。由于6.5.1节详细介绍了极大似然估计法和矩估计法，本章节不再过多赘述，仅对普通最小二乘法进行介绍。

普通最小二乘法的基本思想就是要找到一组合适的参数估计值，使得被解释变量的估计值与实际观测值之差的平方和最小。即：
$$\min Q = \sum_{i=1}^{n} e_i^2 = \sum_{i=1}^{n}(Y_i - \widehat{Y}_i)^2 = \sum_{i=1}^{n}[Y_i - (\widehat{\beta}_0 + \widehat{\beta}_1 X_{i1} + \widehat{\beta}_2 X_{i2} + \cdots + \widehat{\beta}_k X_{ik})]^2 \tag{7-8}$$
在给定样本观测值之下，选择 $\widehat{\beta}_0, \widehat{\beta}_1, \widehat{\beta}_2, \cdots, \widehat{\beta}_k$ 使 Y_i 与 $\widehat{Y}_i$ 之差的平方和最小。

选用平方和是因为样本回归线上的点 $\widehat{Y}_i$ 与真实观测点 Y_i 之差可正可负，简单的算数求和可能出现很大的误差正负抵消的情况，而平方和均为非负值，能够反映二者在总体上的接近程度。这就是最小二乘原理。

由微积分学知识可知，当 Q 对 $\widehat{\beta}_0, \widehat{\beta}_1, \widehat{\beta}_2, \cdots, \widehat{\beta}_k$ 的一阶偏导数为 0 时，Q 取得最小值，即：
$$\frac{\partial Q}{\partial \widehat{\beta}_j} = 0, j = 0, 1, 2, \cdots, k \tag{7-9}$$
可得到关于待估参数估计值的正规方程组：
$$\begin{cases} \sum(\widehat{\beta}_0 + \widehat{\beta}_1 X_{i1} + \widehat{\beta}_2 X_{i2} + \cdots + \widehat{\beta}_k X_{ik}) = \sum Y_i \\ \sum(\widehat{\beta}_0 + \widehat{\beta}_1 X_{i1} + \widehat{\beta}_2 X_{i2} + \cdots + \widehat{\beta}_k X_{ik})X_{i1} = \sum Y_i X_{i1} \\ \sum(\widehat{\beta}_0 + \widehat{\beta}_1 X_{i1} + \widehat{\beta}_2 X_{i2} + \cdots + \widehat{\beta}_k X_{ik})X_{i2} = \sum Y_i X_{i2} \\ \vdots \\ \sum(\widehat{\beta}_0 + \widehat{\beta}_1 X_{i1} + \widehat{\beta}_2 X_{i2} + \cdots + \widehat{\beta}_k X_{ik})X_{ik} = \sum Y_i X_{ik} \end{cases} \tag{7-10}$$

解这个 $k+1$ 个线性方程组成的方程组，可得 $k+1$ 个待估计参数的估计值 $\widehat{\beta}_j (j = 0, 1, 2, \cdots, k)$。

式(7-10)的矩阵形式如下：

$$\begin{pmatrix} n & \sum X_{i1} & \cdots & \sum X_{ik} \\ \sum X_{i1} & \sum X_{i1}^2 & \cdots & \sum X_{i1}\sum X_{ik} \\ \vdots & \vdots & \ddots & \vdots \\ \sum X_{ik} & \sum X_{ik}\sum X_{i1} & \cdots & \sum X_{ik}^2 \end{pmatrix} \begin{pmatrix} \widehat{\beta}_0 \\ \widehat{\beta}_1 \\ \vdots \\ \widehat{\beta}_k \end{pmatrix}$$

$$= \begin{pmatrix} 1 & 1 & \cdots & 1 \\ X_{11} & X_{21} & \cdots & X_{n1} \\ \vdots & \vdots & \ddots & \vdots \\ X_{1k} & X_{2k} & \cdots & X_{nk} \end{pmatrix} \begin{pmatrix} Y_1 \\ Y_2 \\ \vdots \\ Y_n \end{pmatrix} \tag{7-11}$$

将矩阵 $\begin{pmatrix} 1 & X_{11} & \cdots & X_{1k} \\ 1 & X_{21} & \cdots & X_{2k} \\ \vdots & \vdots & \ddots & \vdots \\ 1 & X_{n1} & \cdots & X_{nk} \end{pmatrix}$ 记为 X，则有：

$$(X'X)\widehat{\beta} = X'Y \tag{7-12}$$

由 X 的列满秩性可得 $X'X$ 为满秩对称矩阵，故有：

$$\widehat{\beta} = (X'X)^{-1}X'Y \tag{7-13}$$

将上述过程用矩阵表示如下，根据最小二乘原理，应寻找一组参数估计值 $\widehat{\beta}$，使得残差平方和最小，即：

$$\min Q = \sum_{i=1}^{n} e_i^2 = e'e = (Y - X\widehat{\beta})'(Y - X\widehat{\beta}) \tag{7-14}$$

此时参数估计值应该是下列方程组的解，即：

$$\frac{\partial}{\partial \widehat{\beta}}(Y - X\widehat{\beta})'(Y - X\widehat{\beta}) = 0 \tag{7-15}$$

求解过程如下：

$$\frac{\partial}{\partial \widehat{\beta}}(Y'Y - \widehat{\beta}'X'Y - Y'X\widehat{\beta} + \widehat{\beta}'X'X\widehat{\beta}) = 0$$

$$\frac{\partial}{\partial \widehat{\beta}}(Y'Y - 2Y'X\widehat{\beta} + \widehat{\beta}'X'X\widehat{\beta}) = 0$$

$$-X'Y + X'X\widehat{\beta} = 0$$

即得到：

$$(X'X)\widehat{\beta} = X'Y \tag{7-16}$$

故参数的最小二乘估计值为：

$$\widehat{\beta} = (X'X)^{-1}X'Y \tag{7-17}$$

7.1.4 线性回归模型的统计检验

(1) 拟合优度检验

拟合优度(Goodness of Fit, GOF)检验，顾名思义是检验模型对样本观测值的拟合程度。检验的方法通常是构造一个可以表征拟合程度的指标，在这里称为统计量，它是样本的函数。

从检验对象中计算出该统计量的数值,然后与某一标准进行比较,得出检验结果。本书将介绍讨论拟合优度检验的几个常用指标:R^2和调整R^2、赤池信息准则和施瓦兹准则。

①R^2和调整R^2。

首先需要一些基本概念,由于:

$$\widehat{Y}_i = \widehat{\beta}_0 + \widehat{\beta}_1 X_{i1} + \widehat{\beta}_2 X_{i2} + \cdots + \widehat{\beta}_k X_{ik} \tag{7-18}$$

Y的第i个拟合值与样本均值的离差为:

$$\widehat{y}_i = \widehat{Y}_i - \overline{Y} \tag{7-19}$$

离差可以分解为两部分,即:

$$y_i = Y_i - \overline{Y} = (Y_i - \widehat{Y}_i) + (\widehat{Y}_i - \overline{Y}) = e_i + \widehat{y}_i \tag{7-20}$$

其中,$\widehat{y}_i = \widehat{Y}_i - \overline{Y}$时样本回归拟合值与观测值的平均值之差,是回归直线可以解释的部分,$e_i = Y_i - \widehat{Y}_i$是实际观测值与回归拟合值之差,是回归直线不能解释的部分。

对于所有样本点,考虑离差平方和:

$$\sum y_i^2 = \sum \widehat{y}_i^2 + \sum e_i^2 + 2\sum \widehat{y}_i e_i = \sum \widehat{y}_i^2 + \sum e_i^2 \tag{7-21}$$

定义总体平方和(Total Sum of Squares,TSS)为:

$$\text{TSS} = \sum y_i^2 = \sum \widehat{y}_i^2 + \sum e_i^2 \tag{7-22}$$

回归平方和(Explained Sum of Squares,ESS)为:

$$\text{ESS} = \sum \widehat{y}_i^2 = \sum (\widehat{Y}_i - \overline{Y})^2 \tag{7-23}$$

残差平方和(Residual Sum of Squares,RSS)为:

$$\text{RSS} = \sum e_i^2 = \sum (Y_i - \widehat{Y})_i^2 \tag{7-24}$$

显然有:

$$\text{TSS} = \text{ESS} + \text{RSS} \tag{7-25}$$

在给定样本中,TSS 不变,如果实际观测点离样本回归线越近,则 ESS 在 TSS 中占的比重越大,因此拟合优度为回归平方和 ESS 与总离差 TSS 之比,即:

$$R^2 = \frac{\text{ESS}}{\text{TSS}} = 1 - \frac{\text{RSS}}{\text{TSS}} \tag{7-26}$$

拟合优度R^2是一个取值在 0~1 之间的非负统计量,它的值越接近 1,说明实际观测点离回归线越近,回归模型拟合优度越高。

从R^2的表达式中发现,如果在模型中增加解释变量,R^2的值往往增大。这就给人一种错觉:要使得模型拟合得更好,只需增加解释变量即可。但实际上,由增加解释变量引起的R^2的增大与拟合优劣无关,因此需要对R^2进行调整。定义调整R^2为:

$$\overline{R}^2 = 1 - \frac{\dfrac{\text{RSS}}{n-k-1}}{\dfrac{\text{TSS}}{n-1}} \tag{7-27}$$

其中,$(n-k-1)$是残差平方和的自由度,$(n-1)$是总体平方和的自由度。$\overline{R}^2$不会随着解释变量个数的变化产生大的波动,从而消除R^2对解释变量个数的较强依赖。

②赤池信息准则和施瓦兹准则。

上文讲到,在模型中增加解释变量,往往会增大R^2的值,为了解决这个问题,提出了调整R^2。从另一个角度,也可以通过信息熵来解决这个问题。赤池信息准则和施瓦兹准则是建立在熵的概念基础上,对模型的复杂度和模型拟合优度进行权衡。

赤池信息准则(Akaike Information Criterion,AIC)由日本统计学家赤池弘次创立和发展,并因此而得名。赤池信息准则的定义和计算方法为:

$$\text{AIC} = \ln\frac{e'e}{n} + 2\frac{k+1}{n} \tag{7-28}$$

施瓦兹准则(Schwarz Criterion,SC)由施瓦兹于1978年提出,是一个比赤池信息准则对解释变量的增加更"严格"的信息准则。施瓦兹准则的定义和计算方法为:

$$\text{SC} = \ln\frac{e'e}{n} + \frac{k}{n}\ln n \tag{7-29}$$

对于含不同解释变量个数的多元回归模型,这两个准则均是寻找可以最佳的解释数据,同时包含最少自由参数的模型。可以理解为这两个准则是对增加解释变量进行相应的"惩罚",只有增加解释变量对模型拟合带来的正面效果大于这个惩罚时,即 AIC 值或 SC 值减少时,才在模型中加入这个新的解释变量。如果增加的解释变量没有足够的作用,对残差平方和的减小帮助不大,就很可能导致 AIC 值或 SC 值的增加,就不应该在模型中加入这个解释变量。

(2)模型与变量的显著性检验

模型的显著性检验是为了对模型中被解释变量与解释变量之间的线性关系在总体上是否显著成立做出推断。在多元模型中,即检验模型中的参数 β_j 是否显著不为 0,通常为使用 F 检验(详见6.6.4节)。

回归方程显著成立,并不意味着每个解释变量对被解释变量都是同样重要,每个解释变量对被解释变量的影响有大有小,如果某个解释变量 X_i 对被解释变量 Y 影响不重要,那么就可以考虑将其从模型中剔除,从而使得模型更加简洁有效。过多的解释变量意味着建模难度和成本的增加,因此,检验解释变量影响是否显著具有重要意义。

如果某解释变量 X_i 对 Y 影响不重要,可以考虑将其剔除,此时,可以认为其前面的系数 $\beta_j = 0$。变量的显著性检验,就是对各个变量的系数 β_j 是否显著不等于 0 分别进行检验,通常使用 t 检验(详见6.6.5节)。

7.1.5 线性回归模型的模型诊断

回归诊断是对回归分析中的数据及模型假设进行检验与分析,通常对模型假设和数据异常值进行检验。在7.1.2节讲到了线性回归模型的若干基本假设,但在实际的应用中,很难完全满足这些基本假设,称不满足基本假设的情况为基本假定违背。回归诊断的一个重要部分就是检验是否存在一种或多种的基本假定违背,如果发现存在基本假定违背,则需要采取一定的措施对数据进行修正。异常值检验是回归诊断的另一个重要部分,是检验数据中是否有异常数据以及对异常数据的处置方法。异常值的出现不仅会影响分析结果的可信度,有时也会蕴涵着重要的信息。因此,需要对其进行检验和分析。

(1)异方差性检验

异方差性检验是检验随机误差项序列是否存在异方差性,也就是检验随机误差项的方差与解释变量观测值之间的相关性及其相关的形式。异方差性检验的方法有:图示检验法、Goldfeld-Quandt 检验法、White 检验法、Park 检验法和 Gleiser 检验法。本章介绍图示检验法和 Goldfeld-Quandt 检验法。

①图示检验法。

图示检验法也包含两种方法,一种是直接观察 $X\text{-}Y$ 的散点图,看是否存在明显的散点扩大、缩小或复杂型的趋势,分别对应递增型、递减型和复杂型异方差(图7-1)。

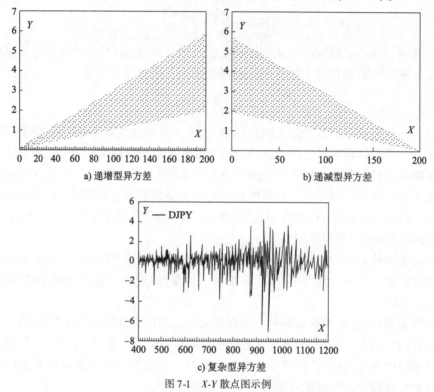

图 7-1 $X\text{-}Y$ 散点图示例

另一种方法是观察 $X\text{-}\mu_i^2$ 的散点图,看是否形成一斜率为零的直线,若是则为同方差,否则存在异方差性(图7-2)。

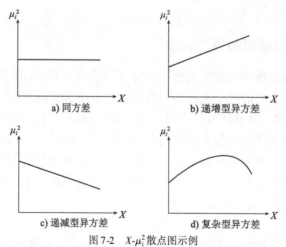

图 7-2 $X\text{-}\mu_i^2$ 散点图示例

检验异方差的解析方法的共同思想是:由于不同的观察值随机误差项具有不同的方差,因此检验异方差的主要问题是判断随机误差项的方差与解释变量之间的相关性。下列这些方法都是围绕这个思路,通过建立不同的模型和验判标准来检验异方差。

②Goldfeld-Quandt 检验法。

Goldfeld-Quandt 检验法简称 GQ 检验法,是由 Goldfeld 和 Quandt 在 1965 年提出的。这种检验方法仅适用大样本情形($n > 30$),要求随机项不存在自相关性并且服从正态分布。异方差性的常见形式之一是随着自变量的增大,随机误差项 μ 具有递增方差性。GQ 检验法的基本思想是根据随机误差项 μ 的方差变化判断是否存在异方差性。由于 μ 的方差估计量为:

$$\widehat{\sigma_\mu^2} = \frac{\sum \mu_i^2}{n-k-1} \tag{7-30}$$

所以判断是否有递增方差可以通过判断是否显著变大来实现。GQ 检验步骤如下:

a. 建立统计假设:原假设 H_0:μ_i 具有同方差性,备择假设 H_1:μ_i 具有递增异方差性。

b. 处理观测值:把成对(组)的观测值按解释变量的大小顺序排列,略去 c 个处于中心位置的观测值[取 $c \approx n/4$,余下的 $n-c$ 个观测值自然分成容量相等$(n-c)/2$ 的 n_1 和 n_2 两个子样本]。

c. 建立回归方程计算残差平方和:对两个子样本分别应用最小二乘法估计回归直线,并计算残差平方和,分别用 RSS_1 和 RSS_2 表示。

d. 构造 F 统计量。用两个子样本的残差平方和构造 F 统计量:

$$F = \frac{\dfrac{RSS_2}{n_2-k-1}}{\dfrac{RSS_1}{n_1-k-1}} = \frac{RSS_2}{RSS_1} \tag{7-31}$$

式中,n 为样本容量(观测值总数);c 为被去掉的观测值的数目;k 为模型中自变量的个数。在 H_0 成立条件下,$F \sim F_\alpha\left(\dfrac{n-c}{2}-k-1, \dfrac{n-c}{2}-k-1\right)$。

e. 判别原假设是否成立:若 $F \leqslant F_\alpha\left(\dfrac{n-c}{2}-k-1, \dfrac{n-c}{2}-k-1\right)$,接受 H_0,即 μ_i 具有同方差性,不存在异方差性;若 $F > F_\alpha\left(\dfrac{n-c}{2}-k-1, \dfrac{n-c}{2}-k-1\right)$,拒绝 H_0,即 μ_i 存在递增异方差性。

需要注意的是,该方法只适用于递增型异方差,且对于截面样本,计算 F 之前必须把数据按解释变量的值从小到大排序。

(2)序列相关性检验

序列相关性检验是检验随机干扰项序列是否存在序列相关性,也就是检验模型的随机干扰项之间是否不再是完全相互独立的,而是存在某种相关关系。序列相关性的检验有很多种方法,但基本思路相同。首先采用最小二乘法估计模型,计算随机干扰项"近似估计量",用 $\tilde{e}_t$ 表示:

$$\tilde{e}_t = Y_t - (\widehat{Y}_t)_{OLS} \tag{7-32}$$

通过分析这些"近似估计量"之间的相关性,判断随机误差项是否具有序列相关性。序列相关性检验的方法有:图示检验法、回归检验法、D-W 检验法、拉格朗日乘数(LM)检验法等,本章主要介绍 D-W 检验法。

D-W 检验法是由 Durbin 和 Waston 于 1951 年提出的一种检验方法,该方法检验随机误差项是否存在一阶自相关。D-W 检验步骤如下:

①建立统计假设：原假设H_0：残差项不存在一阶序列相关性，备择假设H_1：残差项存在一阶序列相关性。

②构造D-W统计量：

$$D\text{-}W = \frac{\sum_{t=2}^{n}(\tilde{e}_t - \tilde{e}_{t-1})^2}{\sum_{t=1}^{n}\tilde{e}_t^2} \tag{7-33}$$

③计算临界值：D-W统计量的分布与给定样本中的X值有着较为复杂的关系，很难得到其精确的分布，但可以得到临界值的上限d_U和下限d_L，这些上下限的取值只与样本容量n和解释变量个数k有关。因只需要根据样本容量n和解释变量个数k查表确定d_U和d_L，与计算得到的D-W统计量的值相比较，即可判断随机误差项的自相关性。

④判断是否存在自相关性：判断依据如下，若D-W值小于d_L，则存在正自相关性；若D-W值在d_L和d_U范围内，则不能确定是否存在自相关性；若D-W值在d_U和$(4-d_U)$范围内，则不存在自相关性，；若D-W值在$(4-d_U)$和$(4-d_L)$范围内，则不能确定是否存在自相关性；若D-W值在$(4-d_L)$和4范围内，则存在负自相关性（图7-3）。

此外，通过公式推导可知，当D-W值约等于2时，模型不存在一阶自相关性，证明过程此处不再展开。

从D-W检验法的判断准则中可知，D-W的取值存在一个不能确定是否具有自相关性的区间，这是D-W检验法的一个重要缺点，而且D-W检验法只能检验一阶自相关性，不能检验存在滞后被解释变量的模型。

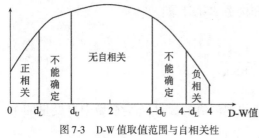

图7-3 D-W值取值范围与自相关性

(3) 多重共线性检验

多重共线性检验是检验解释变量之间是否存在多重共线性，也就是检验解释变量之间是否具有相关关系。多重共线性检验主要分为两个步骤，第一步检验是否存在多重共线性，若存在则需进一步判断多重共线性的范围。用于判断多重共线性范围的方法有判定系数法、逐步回归法等。

对于只有两个解释变量的模型，可以通过相关系数法检验多重共线性是否存在。计算两个解释变量的简单相关系数r，若r的绝对值接近1，说明存在较强的多重共线性，否则不存在。

对于具有多个解释变量的模型，需要采用综合统计法进行检验。若在普通最小二乘法中，模型的拟合优度R^2值与F值较大，而各参数估计值的t检验值较小，则说明各解释变量之间存在共线性。

如果判定模型解释变量之间存在多重共线性，需要进一步确定多重共线性的范围。

①判定系数法。

对于多于两个解释变量的模型，可以将模型中每个解释变量分别以其余解释变量为解释变量进行线性回归，计算出相应的拟合优度，也称为判定系数。如果某一个判定系数较大，说明对应的解释变量用其他解释变量的线性组合代替，即该变量与其他解释变量间存在共线性。进一步对上述判定系数较大的回归方程进行F检验：

$$F_j = \frac{\dfrac{R_{j_.}^{\,2}}{k-1}}{\dfrac{1-R_{j_.}^{\,2}}{n-k}} \sim F(k-1, n-k) \tag{7-34}$$

其中$R_{j_.}^2$为第j个解释变量对其他解释变量的回归方程的判定系数。如果该变量与其他解释变量间存在较强的共线性,则$R_{j_.}^2$接近于1,这时$1-R_{j_.}^2$接近于0,F_j值较大。因此可以给定显著性水平α,通过计算的F值与相应的临界值的比较来进行检验。此外,也可以通过在模型中排除该解释变量,用剩余解释变量估计模型,如果拟合优度与包含该变量时十分接近,则说明该变量与其他解释变量之间存在共线性。

②逐步回归法。

逐步回归法以Y为被解释变量,逐个引入解释变量,构成回归模型,进行模型估计。根据拟合优度的变化判定新引入的变量是否可以用其他变量的线性组合代替。若拟合优度提升显著,说明新引入的变量与其他变量相互独立,若拟合优度提升不显著,说明新引入的变量可以用其他变量的线性组合代替,即该变量与其他解释变量之间存在共线性。

(4) 异常值检验

异常值是指数据集中过大或过小的观测值,通常以平均值上下浮动两倍标准差为界限,它的存在对于回归方程的拟合、判定系数及显著性检验的结果都有很大的影响。异常值产生的原因有很多,有可能是数据调查过程中的人为造成的错误数据,可能是总体固有的随机情况,也可能是试验条件和方法的偶然性造成的等。但异常值的出现应该引起我们的注意,对异常值的处理也需要根据具体情况决定。

常用的异常值检验方法有 Grubbs 检验和 Dixon 检验,下面介绍 Grubbs 检验法的主要步骤:

①计算各个观测数据的统计量G值:首先计算观测样本的均值$\bar{X}$和标准差S,第i个观察值的G值为:

$$G_i = \frac{x_i - \bar{X}}{S} \tag{7-35}$$

②确定检测水平:根据检测水平α(越小越严格)确定置信概率$p=1-\alpha$,根据p值和观测样本量查 Grubbs 表得到临界值$G_p(n)$。

③比较G_i和临界值$G_p(n)$,如果$G_i > G_p(n)$,则判定第i个观测值为异常值。

至此,我们介绍了回归中常见的几种基本假定违背检测方法,在面对实际问题时,经常需要应用这些方法对数据进行分析和检验,建议读者视具体情况选择合适的检验方法,以确保所建立模型的正确性和准确性。

7.2 逻辑回归

在线性回归中,被解释变量是连续变量。但是,人们经常会面临决策问题或者选择问题,即人们必须在两个或多个方案之间做出选择。例如,你是否会购买一件商品,分别用1和0来表示;对某一事件持强烈反对、反对、中立、支持、强烈支持5种态度,可以分别用0,1,2,3,4表示。这样的问题属于分类问题,以选择结果作为被解释变量建立模型,被解释变量是离散的,线性回归不再适用。

逻辑回归(Logistic Regression)是用于处理因变量类型为分类变量的回归问题,常见的是二分类或二项分布问题,也可以处理多分类问题,它实际上属于一种分类方法。根据因变量的分类个数是两类还是更多,可分为二项 Logit 模型和多项 Logit 模型;根据因变量本身是否有内在顺序,可分为有序 Logit 模型和无序 Logit 模型。Logit 模型的自变量可以是定量的也可以是分类的。

在线性回归中,模型具有同构性假设,即 Y 的方差在 X 的所有值上都是常数,并且随机误差项服从正态分布。不同于线性回归,逻辑回归不符合模型的同构性假设和随机误差项的正态性假设。

7.2.1 二项 Logit 模型

如果忽略二分类问题中 y 的取值是一个离散的取值(0 或 1),继续使用线性来预测 y 的取值,会导致 y 的取值并不为 0 或 1。逻辑回归使用一个函数来归一化 y 值,使 y 的取值在区间 (0,1) 内,这个函数称为 Logistic 函数,也称为 Sigmoid 函数(Sigmoid Function)。Logistic 回归模型与线性概率模型取值示意图如图 7-4 所示。Logistic 函数公式如下:

$$\text{Logistic}(\pi) = \frac{1}{1+e^{-\pi}} = \frac{e^{\pi}}{e^{\pi}+1} \tag{7-36}$$

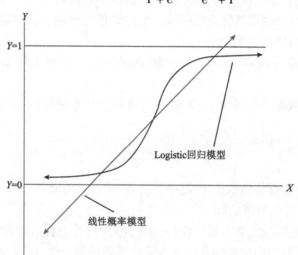

图 7-4 Logistic 回归模型与线性概率模型取值示意图

Logistics 模型定义:

$$\ln\left(\frac{p}{1-p}\right) = \beta_0 + \beta_1 X_1 \frac{p}{1-p} = e^{\beta_0 + \beta_1 X_1} \tag{7-37}$$

其中 p 是事件 Y 发生的概率,即 $P(Y=1)=p, P(Y=0)=1-p$。定义 Logit 变换如下:

$$\text{Logit}(p) = \ln\left(\frac{p}{1-p}\right) \tag{7-38}$$

Logit 是一个链接函数或者说是一个参数的转换。Logit 变换使得在 [0,1] 范围上取值的 p 变换到 $(-\infty,+\infty)$,当 p 趋向于 0,$\text{Logit}(p)$ 趋向于 $-\infty$,当 p 趋向于 1,$\text{Logit}(p)$ 趋向于 $+\infty$。

那么 Logistics 模型又为：
$$\text{Logit}(p) = \beta_0 + \beta_1 X_1 \tag{7-39}$$

对于普通最小二乘法（用于线性回归），希望最小化残差平方和。对于 Logistic 曲线，没有数学方法可以得出最小二乘估计值，而是确定条件概率 $P(Y|X)$ 或提供这些参数的数据的可能性，所选参数是使样本数据的可能性最大化的参数。

Logistics 回归参数的估计通常采用最大似然法。最大似然的基本思想是先建立似然函数与对数似然函数，再通过使对数似然函数最大求解相应的参数值，所得到的估计值称为参数的最大似然估计值。

参数估计的似然公式为：
$$L = \prod_{i=1}^{n} p_i^{Y_i} (1 - p_i)^{1-Y_i}, i = 1, 2, \cdots, n \tag{7-40}$$

对数似然公式为：
$$\ln L = \sum_{i=1}^{n} [Y_i \ln p_i + (1 - Y_i) \ln (1 - p_i)], i = 1, 2, \cdots, n \tag{7-41}$$

求对数似然函数最大时的参数值，令：
$$\frac{\partial \ln L}{\partial \beta_j} = 0 \tag{7-42}$$

采用 Newton-Raphson 迭代法可求得参数 β_j 的估计值 b_j。

7.2.2 多项 Logit 模型

如果有两个以上的分类选项，但选项之间没有固定顺序，如出行方式有公共汽车、汽车、自行车或步行等，道路选择有主干道、双车道公路、高速公路。此时采用多项 Logit 模型，令 p_{ij} = 第 i 个人选择 n 个类别中 j 类的概率，那么：

$$p_{i1} = \text{第 } i \text{ 个人选择 1 的概率}$$
$$p_{i2} = \text{第 } i \text{ 个人选择 2 的概率}$$
$$\vdots$$
$$p_{in} = \text{第 } i \text{ 个人选择 } n \text{ 的概率}$$

显然，有 $p_{i1} + p_{i2} + \cdots + p_{in} = 1$，因此对于多项 Logit 模型，不能简单地认为：

$$\ln \left(\frac{p_{i1}}{1 - p_{i1}} \right) = \beta_1 X_i + \varepsilon$$

$$\ln \left(\frac{p_{i2}}{1 - p_{i2}} \right) = \beta_2 X_i + \varepsilon$$

$$\ln \left(\frac{p_{i3}}{1 - p_{i3}} \right) = \beta_3 X_i + \varepsilon$$

这种方式下，$\sum_{i=1}^{n} p_{ij} \neq 1$，且需要构建过多的方程，效率低下，容易引发一系列问题。而实际通常采用联合拟合方程，联合拟合方程为：

$$\ln \left(\frac{p_{i1}}{p_{i3}} \right) = \beta_1 X_i + \varepsilon$$

$$\ln\left(\frac{p_{i2}}{p_{i3}}\right) = \beta_2 X_i + \varepsilon$$

$$\ln\left(\frac{p_{i1}}{p_{i2}}\right) = \beta_3 X_i + \varepsilon$$

可以用任意两个求解第三个。例如：

$$\ln\left(\frac{p_{i1}}{p_{i2}}\right) = \ln\left(\frac{p_{i1}}{p_{i3}}\right) - \ln\left(\frac{p_{i2}}{p_{i3}}\right) \tag{7-43}$$

可以证明：

$$\ln\left(\frac{p_{i1}}{p_{i3}}\right) - \ln\left(\frac{p_{i2}}{p_{i3}}\right) = [\ln(p_{i1}) - \ln(p_{i3})] - [\ln(p_{i2}) - \ln(p_{i3})]$$

$$= \ln(p_{i1}) - \ln(p_{i2}) = \ln\left(\frac{p_{i1}}{p_{i2}}\right) \tag{7-44}$$

由于：

$$\ln\left(\frac{p_{i1}}{p_{i2}}\right) = \ln\left(\frac{p_{i1}}{p_{i3}}\right) - \ln\left(\frac{p_{i2}}{p_{i3}}\right) \tag{7-45}$$

那么：

$$\beta_3 x_i = \beta_1 x_i - \beta_2 x_i \Rightarrow \beta_3 = \beta_1 - \beta_2 \tag{7-46}$$

进行分析时，求解除一个以外的所有类别的系数。

7.2.3 有序 Logit 模型

如果分类选项之间具有一定的内在顺序，如：对某一事件持强烈反对、反对、中立、支持、强烈支持 5 种态度，不同选项之间是增加和递进的关系，不能随意调整顺序，此时选用有序 Logit 模型。

有序 Logit 模型采用如下形式：

$$\ln\left(\frac{p_1}{1-p_1}\right) = \beta_{01} + \beta X_i + \varepsilon$$

$$\ln\left(\frac{p_1 + p_2}{1 - p_1 - p_2}\right) = \beta_{02} + \beta X_i + \varepsilon$$

$$\vdots$$

$$\ln\left(\frac{p_1 + p_2 + \cdots + p_n}{1 - p_1 - p_2 - \cdots - p_n}\right) = \beta_{0n} + \beta X_i + \varepsilon \tag{7-47}$$

其中 $p_1 + p_2 + \ldots + p_n = 1$。

7.3 泊松回归与负二项回归

对因变量是离散型变量的问题建模时，普通的线性回归模型和逻辑回归模型已经能解决大部分的需求。但实际生活中，有一类特殊的因变量记录某个特定事件出现的次数，是离散的非负整数，它们被称为"计数数据"。这时普通的线性回归模型不再适用，我们考虑应用计数模型进行分析。本节将介绍常见的计数模型：泊松回归与负二项回归。

7.3.1 泊松回归

泊松回归假设反应变量 X 是泊松分布,并假设其期望值的对数可被未知参数的线性组合建模。

当一个变量满足以下条件时,可以说该变量服从泊松分布:

(1) X 是在一个区间(时间、空间、长度、面积、部件、整机等等)内发生特定事件的次数,可以取值为 $0,1,2,\cdots$;

(2) 一个事件的发生不影响其他事件的发生,即事件独立发生;

(3) 事件的发生率是相同的,不能有些区间内发生率高一些而另一些区间低一些;

(4) 两个事件不能在同一个时刻发生;

(5) 一个区间内一个事件发生的概率与区间的大小成比例。

满足以上条件,则 X 就是泊松随机变量,其分布就是泊松分布。

泊松分布的概率分布为:

$$P(X=x) = \frac{\lambda^x}{x!}e^{-\lambda} \tag{7-48}$$

其中 λ 是常数且 $\lambda > 0$,表示单位区间事件发生率的均值。

由上式可得期望 $E(X) = \lambda$,方差 $Var(X) = \lambda$,泊松分布的期望 $E(X)$ 与方差 $Var(X)$ 是相等的,并且样本均值和样本方差分别为无偏估计。

泊松分布是一种描述和分析稀有事件的概率分布。要观察到这类事件,样本容量 n 必须很大。比如一个产品存在瑕疵的数量,广深高速每天出现交通事故的数量,放射性物质在单位时间内的放射次数,一匹布中疵点的数量等。在交通中,泊松分布可以用于描述一定时间内到达车辆数的分布规律,当交通量不大且没有交通信号干扰时,可以使用泊松分布拟合观测数据。

7.3.2 负二项回归

在泊松回归中,隐含着一个重要假设:$E(X) = Var(X)$,但如果 X 的方差明显大于期望时,泊松回归就不再适用,这时我们可以考虑应用负二项回归。

类似地,负二项回归假设反应变量 X 是负二项分布,满足以下条件的称为负二项分布:

(1) 试验包含一系列独立的试验。

(2) 每个试验都有成功、失败两种结果。

(3) 成功的概率是恒定的。

(4) 试验持续到 r 次不成功,r 可以为任意正数。

负二项分布的概率分布为:

$$P(X=k;r,p) = \binom{k+r-1}{r-1} \cdot p^r \cdot (1-p)^k \tag{7-49}$$

式(7-49)表示在一连串伯努利试验中,一件事件刚好在第 $k+r$ 次试验出现第 r 次的概率。其中,p 是一个事件在伯努利试验中每次出现的概率,$\binom{k+r-1}{r-1}$ 为二项分布的系数,即:

$$\binom{k+r-1}{r-1} = \frac{(k+r-1)!}{k!(r-1)!} = \frac{(k+r-1)(k+r-2)\cdots(r)}{k!} \tag{7-50}$$

该系数也可以表示为以下形式,解释了"负二项"的名字的由来:

$$\frac{(k+r-1)(k+r-2)\cdots(r)}{k!}$$

$$=(-1)^k \frac{(-k-r+1)(-k-r+2)\cdots(-r)}{k!}$$

$$=(-1)^k \binom{-r}{k} \tag{7-51}$$

对上面的概率分布进行解释:因为 $k+r$ 次重复试验的结果假设是独立的,需要注意每个特定的 k 作为成功 r 失败的数列为 $p(1-p)$。因第 r 个失败是最后发生的,所以需要 $k+r-1$ 次重复试验中有 k 次成功的。上面的二项分布系数,正好它的组合长度为 $k+r-1$。

负二项分布的期望 $E(X) = \frac{r(1-p)}{p}$,方差 $Var(X) = \frac{r(1-p)}{p^2}$。

负二项分布的期望 $E(X)$ 小于方差 $Var(X)$。在描述车辆到达分布规律时,负二项分布适合观测到达车辆数据方差很大的情况。特别是当计数过程包括高峰期和非高峰期时,交通量变化较大,用负二项分布描述车辆到达是很好的选择。当计数间隔较小时,也会出现大流量时段与小流量时段,负二项分布仍然适用。

7.4 平稳时间序列分析

建模常用到的数据有时间序列数据、截面数据、面板数据等,其中时间序列数据是最常见,也是最常用到的数据。时间序列分析通常是运用时间序列的过去值、当前值及滞后扰动项的加权和建立模型,来"解释"时间序列的变化规律。在时间序列模型的发展过程中,一个重要的特征是对统计均衡关系做某种形式的假设,其中一种非常重要的假设就是:数据是平稳的。如果数据是非平稳的,那么就破坏了大样本下统计推断基础的"一致性"要求。数据非平稳,往往导致出现"虚假回归"问题,表现为两个本来没有任何因果关系的变量,却有很高的相关性。

7.4.1 平稳性定义

假定某个时间序列是由某一随机过程(Stochastic Process)生成的,即假定时间序列 $X_t (t = 1,2,\cdots)$ 的每一个数值都是从一个概率分布中随机得到,如果 X_t 满足下列条件,则称该随机过程是(宽)平稳的,而该随机过程是一个平稳随机过程(Stationary Stochastic Process)。

(1)均值 $E(X_t) = \mu$,是与时间 t 无关的常数;

(2)方差 $Var(X_t) = \sigma^2$,是与时间 t 无关的常数;

(3)协方差 $Cov(X_t, X_{t+k}) = \gamma_k$,是只与时期间隔 k 有关,与时间 t 无关的常数。

例:最简单的随机时间序列 X_t 是一个具有零均值同方差的独立分布序列:

$$X_t = \mu_t, \mu_t \sim N(0, \sigma^2) \tag{7-52}$$

该序列常被称为是一个白噪声(White Noise)。由于X_t具有相同的均值与方差,且协方差为0,因此由定义可知一个白噪声序列是平稳的。

另一个简单的随机时间序列被称为随机游走(Random Walk):

$$X_t = X_{t-1} + \mu_t \quad (7\text{-}53)$$

其中,μ_t是一个白噪声,根据定义容易判断出随机游走过程是非平稳的。但是,对X_t进行一阶差分:

$$\Delta X_t = X_t - X_{t-1} = \mu_t \quad (7\text{-}54)$$

显然,序列ΔX_t是平稳的。事实上称式(7-53)是如下1阶自回归AR(1)过程的特例:

$$X_t = \varphi X_{t-1} + \mu_t \quad (7\text{-}55)$$

不难证明,当$|\varphi|>1$时,该随机过程生成的序列是非平稳的,表现为持续的上升或下降;当$\varphi=1$时,是一个随机游走过程,生成的序列也是非平稳的;只有在$-1<\varphi<1$时,该随机过程生成的序列才是平稳的。

7.4.2 平稳性的单位根检验

单位根检验用于判断时间序列的平稳性,目前已经构成一个庞大的体系,方法众多。常用方法有 DF(Dickey-Fuller)检验、ADF(Augmented Dickey-Fuller)检验、PP(Phillips-Perron)检验等。本小节将介绍 DF 检验和 ADF 检验。

(1) DF 检验

上文已经讲到,随机游走序列$X_t = X_{t-1} + \mu_t$是非平稳的,而该序列可以看作是随机模型$X_t = \varphi X_{t-1} + \mu_t$在$\varphi=1$时的特例。也就是说,对式(7-55)做回归,如果确实有$\varphi=1$,则称随机变量X_t有一个单位根。显然,一个有单位根的时间序列就是随机游走时间序列,是非平稳的。因此,若要判断某个时间序列是否平稳,可以通过式(7-55)来判断它是否有单位根,这就是时间序列平稳性的单位根检验。

可对式(7-55)做进一步变形,其差分形式为:

$$\begin{aligned}\Delta X_t &= X_t - X_{t-1} = \varphi X_{t-1} + \mu_t - X_{t-1} \\ &= (\varphi - 1) X_{t-1} + \mu_t = \delta X_{t-1} + \mu_t\end{aligned} \quad (7\text{-}56)$$

检验一个时间序列X_t平稳性的一般模型如下:

$$X_t = \alpha + \varphi X_{t-1} + \mu_t \quad (7\text{-}57)$$

$$\Delta X_t = \alpha + \delta X_{t-1} + \mu_t \quad (7\text{-}58)$$

针对式(7-58),提出假设:

$$H_0: \delta = 0 \quad H_1: \delta > 0$$

可以通过普通最小二乘法下的t检验完成。

但是,在零假设(序列非平稳)下,即使在大样本下t统计量也是有偏误的(向下偏倚),通常的t检验无法使用。1976 年 Dicky 和 Fuller 提出了这一情形下t统计量服从的分布(这时的t统计量称为τ统计量),即 DF 分布。检验仍采用普通最小二乘法。

(2) ADF 检验

DF 检验假定时间序列是由具有白噪声随机误差项的一阶自回归过程 AR(1)生成的。但在实际检验中并非常常如此,这导致 DF 检验无效。如果时间序列含有明显的随时间变化的某种趋势(如上升或下降),也容易导致 DF 检验中的自相关随机误差项问题。为了保证 DF 检验中随机误差项白噪声的特性,Dicky 和 Fuller 对 DF 检验进行了扩展,提出了 ADF 检验方法。ADF 检验有三个模型完成:

模型 1
$$\Delta X_t = \delta X_{t-1} + \sum_{i=1}^{m} \beta_i \Delta X_{t-1} + \varepsilon_t \tag{7-59}$$

模型 2
$$\Delta X_t = \alpha + \delta X_{t-1} + \sum_{i=1}^{m} \beta_i \Delta X_{t-1} + \varepsilon_t \tag{7-60}$$

模型 3
$$\Delta X_t = \alpha + \beta t + \delta X_{t-1} + \sum_{i=1}^{m} \beta_i \Delta X_{t-1} + \varepsilon_t \tag{7-61}$$

假设同 DF 检验,ADF 检验时从模型 3 开始,然后模型 2、模型 1。只要有一个模型的检验结果拒绝零假设,即原序列不存在单位根,就可以认为该时间序列是平稳序列,停止检验。否则,就要继续检验,直到检验完模型 1 为止,当三个模型的检验结果都不能拒绝零假设时,可以认为该时间序列是非平稳的。

时间序列的平稳性检验还有 PP 检验、霍尔工具变量方法、DF-GLS 方法、KPSS 方法等,此处不再过多介绍。

7.4.3 差分平稳随机过程与单整

(1)差分平稳随机过程

非平稳序列中有一类序列可以通过差分运算,得到具有平稳性的序列,称为差分平稳过程。考虑下式:

$$X_t = a + X_{t-1} + u_t, t = 1, 2, \cdots, T \tag{7-62}$$

也可以写成:

$$\Delta X_t = (1-L)X_t = a + u_t \tag{7-63}$$

式中,a 为常数,u 为平稳序列。若 $u_t = \varepsilon_t$,且 ε 是一个白噪声序列,均值为 0,方差为 σ^2,则该过程称为含有移位 a 的随机游走。若令 $X_0 = 0$,则由式(7-61)生成的序列 X,有:

$$Var(X_t) = t\sigma^2, t = 1, 2, \cdots, T \tag{7-64}$$

显然违背了时间序列平稳性的假设,而其差分序列 ΔX 是平稳序列。由于式(7-62)滞后算子多项式的根为 1,也称为单位根过程。

(2)单整

像差分平稳过程描述的 X 这种非平稳序列,可以通过差分运算得到平稳性的序列称为单整(Integration)序列。定义如下:

定义如果序列 X,通过 d 次差分成为一个平稳序列,而这个序列差分$(d-1)$次时却不平稳,那么称序列 X 为 d 阶单整序列,记为 $X \sim I(d)$。特别地,如果序列 X 本身是平稳的,则为零阶单整序列,记为 $X \sim I(0)$。

单整阶数是序列中单位根个数,或者是使序列平稳而差分的阶数。对于上面的随机游走过程,有一个单位根,所以是 $I(1)$。一般而言,表示存量的数据,如以不变价格表示的资产总值、储蓄余额等存量数据经常表现为 2 阶单整;以不变价格表示的消费额、收入等流量数据经常表现为 1 阶单整;而像利率、收益率等表示变化率的数据则经常表现为零阶单整。

7.4.4 时间序列模型基本概念

时间序列模型是指仅用它的过去值及随机误差项所建立起来的模型,其一般形式为:

$$X_t = F(X_{t-1}, X_{t-2}, \cdots, \mu) \tag{7-65}$$

建立具体的时间序列模型,需解决以下三个问题:模型的具体形式、时序变量的滞后期以及随机误差项的结构。例如,取线性方程、1 期滞后以及白噪声随机误差项($\mu_t = \varepsilon_t$),模型将是一个 1 阶自回归过程 AR(1):

$$X_t = \varphi X_{t-1} + \varepsilon_t \tag{7-66}$$

这里,ε_t 特指白噪声。

一般的 p 阶自回归过程 AR(p)是:

$$X_t = \varphi_1 X_{t-1} + \varphi_2 X_{t-2} + \cdots + \varphi_p X_{t-p} + \mu_t \tag{7-67}$$

如果随机误差项 μ_t 是一个白噪声($\mu_t = \varepsilon_t$),则称式(7-68)为一个纯 AR(p)过程,记为:

$$X_t = \varphi_1 X_{t-1} + \varphi_2 X_{t-2} + \cdots + \varphi_p X_{t-p} + \varepsilon_t \tag{7-68}$$

如果 μ_t 不是一个白噪声,通常认为它是一个 q 阶的移动平均过程 MA(q):

$$\mu_t = \varepsilon_t - \theta_1 \varepsilon_{t-1} - \cdots - \theta_q \varepsilon_{t-q} \tag{7-69}$$

式(7-69)给出了一个纯 MA(q)过程。将式(7-68)与式(7-69)结合,得到一个一般的自回归移动平均过程 ARMA(p,q):

$$X_t = \varphi_1 X_{t-1} + \varphi_2 X_{t-2} + \cdots + \varphi_p X_{t-p} + \varepsilon_t - \theta_1 \varepsilon_{t-1} - \cdots - \theta_q \varepsilon_{t-q} \tag{7-70}$$

式(7-70)表明,一个随机时间序列可以通过一个自回归移动平均过程生成,即该序列可以由其自身的过去或滞后值以及随机误差项来解释,如果该序列是平稳的,即它的行为并不会随着时间的推移而变化,那么就可以通过该序列过去的行为预测未来。这也正是随机时间序列分析模型的优势所在。

7.4.5 移动平均模型

对于移动平均模型 MA(q):

$$X_t = \varepsilon_t - \theta_1 \varepsilon_{t-1} - \cdots - \theta_q \varepsilon_{t-q} \tag{7-71}$$

其中 ε_t 是一个白噪声,于是:

$$E(X_t) = E(\varepsilon_t) - \theta_1 E(\varepsilon_{t-1}) - \cdots - \theta_q E(\varepsilon_{t-q}) = 0 \tag{7-72}$$

$$\gamma_0 = Var(X_t) = (1 + \theta_1^2 + \theta_1^2 + \cdots + \theta_1^2)\sigma_\varepsilon^2$$

$$\gamma_1 = Cov(X_t, X_{t-1}) = (-\theta_1 + \theta_1\theta_2 + \theta_2\theta_3 + \cdots + \theta_{q-1}\theta_q)\sigma_\varepsilon^2$$

$$\vdots$$

$$\gamma_{q-1} = Cov(X_t, X_{t-q+1}) = (-\theta_{q-1} + \theta_1\theta_q)\sigma_\varepsilon^2$$

$$\gamma_q = Cov(X_t, X_{t-q}) = -\theta_q\sigma_\varepsilon^2$$

当滞后期大于 q 时,X_t 的自协方差系数为 0。因此,有限阶移动平均模型总是平稳的。

由于 ARMA(p,q)模型是 AR(p)模型与 MA(q)模型的组合,而 MA(q)模型总是平稳的,因此 ARMA(p,q)模型的平稳性取决于 AR(p)部分的平稳性。当 AR(p)部分平稳时,则该 ARMA(p,q)模型是平稳的;否则,是非平稳的。

7.4.6 ARIMA 模型

不同于平稳时间序列,对于一个非平稳时间序列而言,时间序列的数字特征是随着时间的变化而变化的,也就是说,非平稳时间序列在各个时间点上的随机规律是不同的,难以通过序列已知的信息去掌握时间序列整体上的随机性。因此,对于一个非平稳序列去建模,预测是困难的。而在实践中遇到的经济和金融数据大多是非平稳的时间序列。

由于时间序列总是由某个随机过程或随机模型生成的,因此一个平稳的时间序列总可以找到生成它的平稳的随机过程或随机模型。一个非平稳的随机时间序列可以通过差分的方法将它变换为平稳的,对差分后平稳的时间序列也可找出对应的平稳随机过程或模型。因此,如果我们将一个非平稳时间序列通过 d 次差分,变为平稳的,然后用一个平稳的 ARMA(p,q) 模型作为它的生成模型,则称该原始时间序列是一个自回归单整移动平均时间序列,记为 ARIMA(p,d,q)。例如,一个 ARIMA(2,1,2) 时间序列在它成为平稳时间序列之前先差分一次,然后用一个 ARMA(2,2) 模型作为它的生成模型。

ARIMA 模型的全称是差分整合移动平均自回归模型(Autoregressive Integrated Moving Average Model,ARIMA 模型),又称整合移动平均自回归模型(移动也可称作滑动),是时间序列预测分析方法之一。ARIMA(p,d,q)中,AR 是"自回归",p 为自回归项数;MA 为"滑动平均",q 为滑动平均项数,d 为使之成为平稳序列所做的差分次数(阶数)。"差分"一词虽未出现在 ARIMA 的英文名称中,却是关键步骤。

前文已经介绍了对于单整序列能够通过 d 次差分将非平稳序列转化为平稳序列。设 X_t 是 d 阶单整序列,即 $X_t \sim I(d)$,则:

$$w_t = \Delta^d X_t = (1-L)^d X_t \tag{7-73}$$

则 w_t 为平稳序列,即 $w_t \sim I(0)$,于是可以对 w_t 建立 ARMA(p,q) 模型:

$$w_t = c + \varphi_1 X_{t-1} + \varphi_2 X_{t-2} + \cdots + \varphi_p X_{t-p} + \varepsilon_t + \theta_1 \varepsilon_{t-1} + \cdots + \theta_q \varepsilon_{t-q} \tag{7-74}$$

用滞后算子表示,则:

$$\Phi(L) w_t = c + \Theta(L) \varepsilon_t \tag{7-75}$$

其中:

$$\Phi(L) = 1 - \varphi_1 L - \varphi_2 L^2 - \cdots - \varphi_p L^p \tag{7-76}$$

$$\Theta(L) = 1 + \theta_1 L + \theta_2 L^2 + \cdots + \theta_q L^q \tag{7-77}$$

经过 d 阶差分变换后的 ARMA(p,q) 模型称为 ARIMA(p,d,q) 模型,式(7-75)等价于式(7-78):

$$\Phi(L)(1-L)^d X_t = c + \Theta(L) \varepsilon_t \tag{7-78}$$

估计 ARIMA(p,d,q) 模型除了需要在估计之前确定原序列的差分阶数 d,剩余步骤等同于估计 ARMA(p,q) 模型。因此,ARIMA(p,d,q) 模型与 ARMA(p,q) 模型的不同之处就在于其自回归部分的特征多项式含有 d 个单位根。这也提醒我们要注意,在对一个时间序列进行建模之前,应当先判断该序列是否平稳,需要对序列进行平稳性检验,尤其是要检查其是否含有单位根以及单位根的个数。

7.5 线性回归案例应用

本章节将通过一个实际的交通案例应用线性回归模型,帮助大家进一步理解建模过程。

7.5.1 数据介绍

现有某高速公路检测站的交通调查动态采集数据,具体字段如表 7-1 所示。在本章节,将运用 R 语言,建立多元线性回归模型,验证平均车头间距、时间占有率以及车流量之间的关系。

交通调查动态采集数据字段说明　　　　　表 7-1

字 段	含 义	字 段	含 义
YEAR	年份	TDH	特大货车
GCRQ	观测日期	JZX	集装箱
GCZBS	观测站标识	MTC	摩托车
HOUR	小时	TLJ	拖拉机
MINUTE	分钟	XKCS	小客车速度
CDH	车道号	DKCS	大客车速度
XSFX	行驶方向	XHCS	小货车速度
SBSBM	设备识别码	ZHCS	中货车速度
DCSJLX	调查数据类型	DHCS	大货车速度
SJXH	时间序号	TDHS	特大货车速度
CLZQ	车辆周期	JZXS	集装箱速度
XKC	小客车	MTCS	摩托车速度
DKC	大客车	TLJS	拖拉机速度
XHC	小货车	GCBFB	跟车百分比
ZHC	中货车	PJCTJJ	平均车头间距
DHC	大货车	SJZYL	时间占有率

7.5.2　模型说明

根据交通流理论可知,描述交通流的三个参数车流量 q、交通密度 k 和速度 v 之间的关系可以用下式表示:

$$q = kv \tag{7-79}$$

其中,由于平均车头间距的倒数与交通密度 k 呈线性关系,即:

$$k \sim \frac{1}{\text{headway}} \tag{7-80}$$

时间占有率的倒数与速度 v 呈线性关系,即:

$$v \sim \frac{1}{\text{time}_{\text{occupancy}}} \tag{7-81}$$

因此有:

$$q \sim \frac{1}{\text{headway}} \cdot \frac{1}{\text{time}_{\text{occupancy}}} \tag{7-82}$$

对两边取对数可得:

$$\lg q \sim \lg \text{headway} + \lg \text{time}_{\text{occupancy}} \tag{7-83}$$

7.5.3 建立回归模型

在 R studio 中加载 DBI 和 RPostgreSQL 包,连接数据库,读取交通调查动态采集数据表"s122"。通过"dbSendQuery"函数,运用 R 语言进行数据预处理,统计各个车道的小客车、大客车、小货车、中货车、大货车和特大货车数量的总和,并选择车流量、车头间距及时间占有率均大于 0 的数据行。最后,应用"lm"函数构建线性回归模型。代码如下:

```
1.   library(DBI)
2.   library(RPostgreSQL)
3.
4.   #连接数据库
5.   con = dbDriver("PostgreSQL")
6.   connection<-dbConnect(con, host='你的主机名', user='你的用户名', password='你的密码', dbname='你的数据库名称',port ='5432')
7.
8.   #数据预处理
9.   station= dbSendQuery(conn=connection, statement="SELECT*FROM
10.  (SELECT GCRQ,hour1::int as HOUR,minute1::int as MINUTE,
11.          XKC::int as XKC,DKC::int as DKC,XHC::int as XHC,
12.          ZHC::int as ZHC,DHC::int as DHC,TDH::int as TDH,
13.          ((XKC::int)+(DKC::int)+(XHC::int)+(ZHC::int)+(DHC::int)+(TDH::int)) as volume,
14.          PJCTJJ::int as headway,SJZYL::int as time_ocp FROM s122) a
15.  WHERE volume>0 AND headway>0 AND time_ocp>0
16.  ORDER BY GCRQ,HOUR,MINUTE;")
17.
18.  #构建模型
19.  model.linear = lm(log(volume)~log(PJCTJJ)+log(SJZYL), data = station)
20.  summary(model.linear)
```

运行代码输出结果如图 7-5 所示。

由图 7-5 可知,我们得到了车流量、平均车头间距及时间占有率之间的模型关系,如式(7-84)所示:

$$\lg q = -0.771485\lg headway + 0.393665\lg time_{occupancy} + 6.800303 \qquad (7-84)$$

其中,q 表示车流量,headway 表示平均车头间距,$time_{occupancy}$ 表示时间占有率。各个自变量的 $p-value$ 值均小于 0.001,在模型中非常显著。此外,模型的调整 R^2 值为 0.8198,说明拟合优度良好。该模型具有一定的合理性和准确性,验证了流量的对数与平均车头间距的对数和时间占有率的对数之间存在线性关系。

本案例通过建立的多元线性回归模型具有良好的准确性和拟合度,验证了平均车头间距、时间占有率以及车流量之间的关系。

```
> summary(model.linear)
Call:
lm(formula = log(volume) ~ log(PJCTJJ) + log(SJZYL), data = station)

Residuals:
    Min      1Q  Median      3Q     Max
-5.7017 -0.1220  0.0401  0.1996  0.9293

Coefficients:
             Estimate Std. Error  t value Pr(>|t|)
(Intercept)  6.800303   0.025514  266.53   <2e-16 ***
log(PJCTJJ) -0.771485   0.004168 -185.08   <2e-16 ***
log(SJZYL)   0.393665   0.004477   87.92   <2e-16 ***
---
Signif. codes:  0 '***' 0.001 '**' 0.01 '*' 0.05 '.' 0.1 ' ' 1

Residual standard error: 0.3595 on 54829 degrees of freedom
Multiple R-squared:  0.8198,    Adjusted R-squared:  0.8198
F-statistic: 1.247e+05 on 2 and 54829 DF,  p-value: < 2.2e-16
```

图 7-5 线性回归模型结果

7.6　时间序列分析案例应用

本章节将通过对交通中的时间序列数据进行分析,为大家进一步讲解时间序列分析方法。

7.6.1　数据介绍

本章节仍然使用上节提到的交通调查动态采集数据,将运用 R 语言,集计各车道的各车型数量,得到路段车流量随时间的变化曲线,进一步进行时间序列分析。

7.6.2　模型说明

交通中有很多时间序列数据,这些数据往往呈现出随时间变化的特征和周期性特征,交通流量数据就是一个很好的例子。因此我们考虑将交通调查动态采集数据按照时间进行聚合,统计每天所有车道的小客车、大客车、小货车、中货车、大货车和特大货车数量总和,得到该高速公路检测站的每日交通量,从而进行时间序列分析。

7.6.3　建立时间序列预测模型

建立时间序列模型需要用到"forecast"和"zoo"软件包,若未安装可通过如下代码安装:

1. install.packages("forecast")
2. install.packages("zoo")

在 R studio 中加载 DBI 和 RPostgreSQL 包,连接数据库,读取交通调查动态采集数据表"s122"。通过"dbSendQuery"函数,运用 R 语言进行数据预处理,统计得到每天的交通量。通过"strptime"函数设置时间标签,"autoplot"函数观察每日交通流随时间变化的曲线。代码如下:

```
1.  library(forecast)
2.  library(zoo)
3.  library(DBI)
4.  library(RPostgreSQL)
5.
6.  #连接数据库
7.  con = dbDriver("PostgreSQL")
8.  connection<-dbConnect(con, host='你的主机名', user='你的用户名', password='你的
    密码', dbname='你的数据库名称',port ='5432')
9.
10. #数据预处理
11. station= dbSendQuery(conn=connection,statement=
12. "SELECT*,(XKC+DKC+XHC+ZHC+DHC+TDH) AS volume
13.   FROM(SELECT GCRQ,(hour1::int)as HOUR,(minute1::int)as MINUTE,
14.         sum(XKC::int) as XKC, sum(DKC::int) as DKC, sum(XHC::int) as XHC,
15.         sum(ZHC::int) as ZHC, sum(DHC::int) as DHC, sum(TDH::int) as TDH
16.       FROM s122
17.       WHERE XSFX='S'
18.       GROUP BY GCRQ,HOUR,MINUTE) a
19.   ORDER BY GCRQ,HOUR,MINUTE;")
20.
21. #设置时间标签
22. x<-strptime("2021-06-0101:00:00","%Y-%m-%d%H:%M:%S")+300*1:NROW(station[,"vo
    lume"])volume= zoo(station[,"volume"], x)
23.
24. #观察数据分布
25. autoplot(volume)
26. acf(volume)
27. pacf(volume)
28. model.arima = auto.arima(volume_train, trace=TRUE, seasonal = TRUE,allowmean =
    FALSE)
```

执行如上代码,得到图 7-6 所示交通流随时间变化的曲线。

进行时间序列分析需要确定根据 ACF 与 PACF 图拖尾或截尾确定模型类型,因此我们调用 acf 函数和 pacf 函数观察 ACF 图与 PACF 图(图 7-7、图 7-8),以确定模型阶数。代码与运行结果如下:

由图 7-7 和图 7-8 可以看出,ACF 与 PACF 都表现出拖尾的特征,故选择 ARMA 模型。但是通过图示的 ACF 和 PACF 定阶较为困难,因此考虑使用 auto.arima 函数确定 ARIMA 模型参数 p、d、q(表 7-2)。代码及输出结果如下:

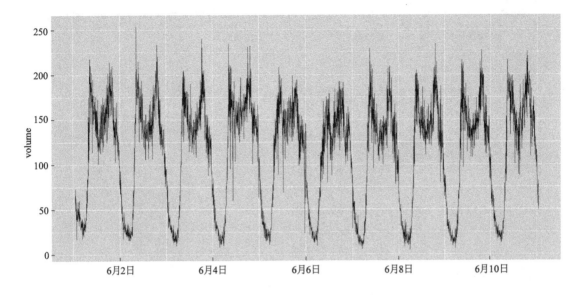

图 7-6 交通流随时间变化曲线

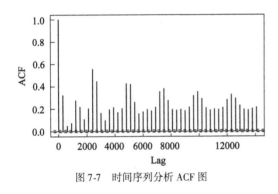

图 7-7 时间序列分析 ACF 图

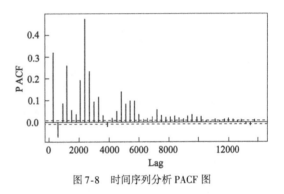

图 7-8 时间序列分析 PACF 图

表 7-2 auto.arima 函数参数说明

参数名称	作用
volume_train	用于分析的数据,时间序列
trace = TRUE	输出模型选择过程
seasonal = TRUE	允许季节性影响
allowmean = FALSE	不允许均值变化

时间序列分析 auto.arima 定阶结果如图 7-9 所示。

由图 7-9 结果可知,最佳模型参数为 ARIMA(1,0,2)。调用 summary 函数,输出 ARIMA 模型结果如图 7-10 所示,模型回归 AIC = 2694.45,MAE = 19.23234。

本案例通过时间序列分析模型对车流量变化数据进行分析,得到交通流随时间变化的曲线,通过 ACF 图和 PACF 图确定模型形式,并利用 R 语言 auto.arima( ) 函数确定时间序列模型,确定 ARIMA 模型参数,模型具有一定的准确性和合理性。

```
> model.arima = auto.arima(volume_train, trace=TRUE, seasonal = TRUE,allowmean = FALSE)
 Fitting models using approximations to speed things up...

 ARIMA(2,0,2) with zero mean    : 2695.033
 ARIMA(0,0,0) with zero mean    : 3613.65
 ARIMA(1,0,0) with zero mean    : 2705.737
 ARIMA(0,0,1) with zero mean    : 3306.05
 ARIMA(1,0,2) with zero mean    : 2692.146
 ARIMA(0,0,2) with zero mean    : 3094.703
 ARIMA(1,0,1) with zero mean    : 2707.713
 ARIMA(1,0,3) with zero mean    : 2694.194
 ARIMA(0,0,3) with zero mean    : 2977.554
 ARIMA(2,0,1) with zero mean    : 2707.644
 ARIMA(2,0,3) with zero mean    : 2697.202

 Now re-fitting the best model(s) without approximations...

 ARIMA(1,0,2) with zero mean    : 2694.593

 Best model: ARIMA(1,0,2) with zero mean
```

图 7-9　时间序列分析 auto.arima 定阶结果

```
> summary(model.arima)
Series: volume_train
ARIMA(1,0,2) with zero mean

Coefficients:
         ar1     ma1     ma2
      0.9655  0.0222  0.2436
s.e.  0.0147  0.0590  0.0563

sigma^2 estimated as 658:  log likelihood=-1343.23
AIC=2694.45   AICc=2694.59   BIC=2709.1

Training set error measures:
                    ME     RMSE      MAE       MPE     MAPE     MASE        ACF1
Training set  3.110796  25.51802  19.23234  -0.8472442  21.98609  0.1686328  -0.01080155
```

图 7-10　时间序列分析模型结果

习　　题

1. 多元线性回归模型的基本假设是什么？

2. 请尝试推导 R^2 和调整 R^2 之间的等式关系。

3. 假设时间序列 X_t 是由 $X_t = \delta_0 + \delta_1 X_{t-1} + \varepsilon_t$ 生成，如果 ε_t 是一个具有零均值、同方差、不序列相关的白噪声，那么请问：

（1）X_t 是平稳时间序列吗？

（2）$X_t - E(X_t)$ 是平稳时间序列吗？

本章参考文献

[1] 高铁梅. 计量经济分析方法与建模[M]. 4 版. 北京:清华大学出版社,2020.

[2] 李子奈,潘文卿. 计量经济学[M]. 4版. 北京:高等教育出版社,2015.
[3] WASHINGTON S P, KARLAFTIS M G, MANNERING F L. Statistical and econometric methods for transportation data analysis[M]. 2nd ed. Boca Raton:CRC Press, 2010.
[4] 张晓峒. 计量经济学基础[M]. 5版. 天津:南开大学出版社,2021.
[5] 庞皓. 计量经济学[M]. 4版. 北京:科学出版社,2019.
[6] 李子奈,叶阿忠. 高级应用计量经济学[M]. 北京:清华大学出版社,2012.

第 8 章
支持向量机

前面两章对数理统计在交通中的分析应用已进行了系统的理论性讲解。接下来,在具备理论基础的前提下,本书将开始探讨人工智能(AI)模型在交通工程中的应用,并且提供具体案例帮助读者深刻理解并掌握这些技术。首先,本章将对在分类判断以及交通流预测等问题上应用较多的支持向量机(Support Vector Machine,SVM,也称为支持向量网络)进行介绍。

SVM 是一种有监督的学习模型,有许多的学习算法与之相关,可以用于分析处理数据,完成分类或者回归任务。支持向量机模型的思路是用空间中的点来表示实例,进而通过映射,用一个尽可能宽的清晰间隔来分开单独类别的实例。于是,新的例子被映射到同一个空间,并可以根据在空间中,各个实例落在间隔的哪一边来将其预测为属于某一个类型。该模型是一种二类分类模型,它的基本模型是最大化间隔的线性分类器,可以通过求解凸二次规划问题来解决。

该模型具有较好的泛化能力,通过实现结构风险最小化来达到实际风险最小化的目的,因此在解决非线性数据、小样本和维数灾难等问题方面具有很好的性能,而这也恰恰符合交通数据的特点,即普遍存在非线性、潮汐性和非平稳性特点。

8.1 线性支持向量机

8.1.1 线性分类器

在二类分类问题中,通常特征空间为希尔伯特空间或欧氏空间,而输入空间是欧氏空间或离散集合,假设两空间不同。同时,线性支持向量机假设上述两空间的元素均一一对应,且将输入映射成位于特征空间中的特征向量。对于非线性支持向量机,则是由一个从输入空间到特征空间的非线性映射来将输入映射成特征向量。因此,输入最终都会从输入空间转换到特征空间,从而在特征空间中进行支持向量机的学习。

假设给定一个训练数据集且位于特征空间上:

$$T = \{(x_1,y_1),(x_2,y_2),(x_3,y_3),\cdots,(x_N,y_N)\} \tag{8-1}$$

其中,$x_i \in R^n, y_i \in y = \{+1, -1\}, i = 1,2,3,\cdots,N$,称$(x_i,y_i)$为样本点,$x_i$为第$i$个实例(也称为第$i$个特征向量),$y_i$为$x_i$的类标记。样本点分类有两种情况:当$y_i = -1$时,$x_i$被称为负例;当$y_i = +1$时,$x_i$被称为正例。

为了解决二类分类问题,可以在特征空间中找到一个分离超平面,即$w \cdot x + b = 0$,将特征空间分为两部分,同时将实例分为两种不同的类。如图8-1所示,实心圆表示正例,空心圆表示负例。法向量w和截距b可以决定超平面,用(w,b)表示。法向量指离的一侧是负例,相反为正例。分类决策函数为:

$$f(x,w,b) = \text{sign}(wx + b) \tag{8-2}$$

然而,如图8-2所示,可以得到无数种分类方式,均可以将两类数据正确划分,即可以将线性可分的训练数据集中的两类数据正确分开的分离超平面有无数个。为了得到最优分类方式,需要利用间隔最大化原理来求取最优分离超平面,即需要求得最大分类器边距,从而得到唯一的最优解。

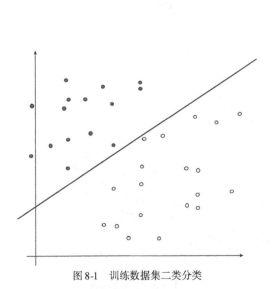

图8-1 训练数据集二类分类

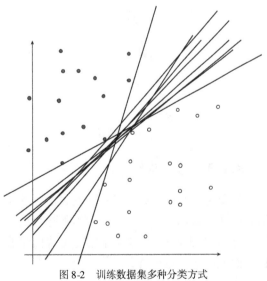

图8-2 训练数据集多种分类方式

8.1.2 分类器边距

将线性分类器的边距定义为边界在到达数据点之前可以增加的宽度,如图 8-3 所示。通常,数据分类预测的确信程度可以通过该数据点距分离超平面的远近表示。例如,若有 A、B 两点均在分离超平面的正例侧,现需要预测它们各自的类别。其中,B 点距离超平面较近,则预测 B 点为正例不是非常确定。反之,A 点距超平面较远,那么如果预测该点为正例,则比较确信该预测结果是正确的。

由于支持向量机学习的基本思路是找到使得几何间隔最大的分离超平面,并且正确地将训练数据集划分为两类。也就是说,需要以足够大的确信度分类训练数据。这样,不仅可以将正例和负例的数据点分开,对于某些离超平面很近的很难分类的点也可以充分确信地将其分开。从而,可以得到对未知新数据点有较好分类和预测能力的唯一分类超平面。

为了实现上述目标,需要得到具有几何间隔最大的分离超平面即最大间隔分离超平面。最大边距线性分类器是指具有最大边距的线性分类器,称为线性支持向量机(Linear Support Vector Machine,LSVM),如图 8-4 所示。其中,"支持向量"(Support Vector)是指距离超平面最近的点,即边界上的点,此处为圈出的三点。在得到分离超平面的过程中,支持向量起到关键性作用,而其他实例点不发挥作用。所求解将会随着支持向量的移动而改变,相反,若移动甚至去除间隔边界以外的其他实例点,则不会对解产生影响。正是因为支持向量在确定分离超平面时的极为重要的作用,才将该分类模型以支持向量机命名。此外,由于一个模型中通常只有较少的支持向量,因此很少的重要训练样本即可确定该模型。

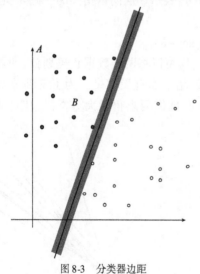

图 8-3 分类器边距

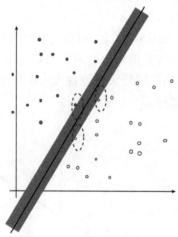

图 8-4 最大边距和支持向量

8.1.3 数学求解

如图 8-5 所示,$wx + b = 1$ 以上表示预测类为正例的空间,$wx + b = -1$ 以下为预测类为负例的空间。可知,对于 $y_i = +1$ 的正例点,支持向量在下列超平面上:

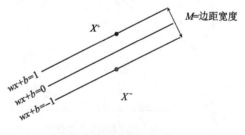

图 8-5 正负例分类

$$w \cdot x^+ + b = +1 \tag{8-3}$$

对于 $y_i = -1$ 的负例点,支持向量在下列超平面上:

$$w \cdot x^- + b = -1 \tag{8-4}$$

进而整理可得:

$$w \cdot (x^+ - x^-) = 2 \tag{8-5}$$

即:

$$(x^+ - x^-) \cdot |w| = 2$$

$$x^+ - x^- = \frac{2}{|w|} \tag{8-6}$$

最后,得出:

$$M = \frac{2}{|w|} \tag{8-7}$$

为完成利用线性支持向量机分类训练数据集,需实现以下两个目标:首先需要正确分类所有训练数据,即使当 $y_i = +1$ 时,$w x_i + b \geq 1$;当 $y_i = -1$ 时,$w x_i + b \leq -1$,即对所有的 i 而言,$y_i(w x_i + b) \geq 1$。其次,要最大化边距 $M = \frac{2}{|w|}$ 或最小化 $\frac{1}{2} w^t w$(w 由分母变为分子,因此由最大值问题变为最小值问题,且两问题等价)。为此,可以建立一个二次优化问题并求解 w 和 b:

$$\min \Phi(w) = \frac{1}{2} w^t w \tag{8-8}$$

$$\text{s.t.} \quad y_i(w x_i + b) \geq 1, i = 1, 2, \cdots, n \tag{8-9}$$

求解该优化问题,需要优化受线性约束的二次函数。二次优化问题是一类众所周知的数学规划问题,有许多(相当复杂的)算法来解决它们。解决方案包括构造对偶问题,通过求解对偶问题来得到原始问题的最优解。这样做的原因有两个,一是因为对偶问题通常更容易求解,二是为了引入核函数,从而自然地延伸至解决非线性分类问题。

其中拉格朗日乘子 α_i 与下列主要问题中的每个约束都相关联,即找到 $\alpha_1 \cdots \alpha_N$ 满足 $Q(\alpha) = \sum \alpha_i - \frac{1}{2} \sum \sum \alpha_i \alpha_j y_i y_j x_i^T x_j$ 最小,且 $\sum \alpha_i y_i = 0$,任意 $\alpha_i \geq 0$。拉格朗日理论描述了约束优化问题的解。得到拉格朗日乘子后,构建拉格朗日对偶函数:

$$F(w, b, \alpha) = \frac{1}{2} \|W^T\|^2 - \sum_{i=1}^{n} \alpha_i \cdot [y_i(W^T x_i + b) - 1] \tag{8-10}$$

令:

$$C(w) = \max_{\alpha_i > 0} F(w, b, \alpha) \tag{8-11}$$

该函数意味着通过调整 α 的大小,使得 F 函数最大。当约束不满足,即 $y_i(W^T x_i + b) < 1$ 时,一定可以调整 α 使得 $C(w)$ 无限大(令 α 等于正无穷即可)。当约束满足时,可以使 F 函数最大,即取到 $\frac{1}{2} \|W^T\|^2$。因此,约束满足时,有:$C(w) = \frac{1}{2} \|W^T\|^2$。

那么原命题就等价于:

$$\min_{w, b} C(w) = \min_{w, b} \max_{\alpha_i > 0} F(w, b, \alpha) = p^* \tag{8-12}$$

至此,虽然已将不等式的约束问题转化为一个 p^* 的问题,但是这仍然很难求解。因为需要首先解决不等式约束的最大值问题,再在 w 上求解最小值。为将上述两步骤交换,即先求

解关于 w 的最小值,再解决关于 α 的不等式约束问题,需要运用 Karush-Kuhn-Tucker(KKT)条件和强对偶定理(Slate's Theorem 或 Strong Duality Theorem)。强对偶定理是指如果约束函数是仿射的,则对偶间隙为零。K. K. T. 条件则提供了 x 点为最优点的充要条件。

因此,根据拉格朗日对偶性,式(8-12)等价于:

$$\max_{\alpha_i > 0} \min_{w,b} F(w,b,\alpha) = d^* \tag{8-13}$$

求解,首先固定 α,分别对 w、b 求偏导数,令其等于零得:

$$\frac{\partial F}{\partial w} = 0 \Rightarrow w = \sum_{i=1}^{n} \alpha_i y_i x_i = 0 \tag{8-14}$$

$$\frac{\partial F}{\partial b} = 0 \Rightarrow w = \sum_{i=1}^{n} \alpha_i y_i = 0 \tag{8-15}$$

则:

$$\begin{aligned}
F(w,b,\alpha) &= \frac{1}{2} \|W^{\mathrm{T}}\|^2 - \sum_{i=1}^{n} \alpha_i \cdot [y_i(W^{\mathrm{T}} x_i + b) - 1] \\
&= \frac{1}{2} W^{\mathrm{T}} W - W^{\mathrm{T}} \sum_{i=1}^{n} \alpha_i y_i x_i - b \sum_{i=1}^{n} \alpha_i y_i + \sum_{i=1}^{n} \alpha_i \\
&= \frac{1}{2} W^{\mathrm{T}} \sum_{i=1}^{n} \alpha_i y_i x_i - W^{\mathrm{T}} \sum_{i=1}^{n} \alpha_i y_i x_i + \sum_{i=1}^{n} \alpha_i \\
&= -\frac{1}{2} (\sum_{i=1}^{n} \alpha_i y_i x_i)^{\mathrm{T}} \sum_{i=1}^{n} \alpha_i y_i x_i + \sum_{i=1}^{n} \alpha_i \\
&= \sum_{i=1}^{n} \alpha_i - \frac{1}{2} \sum_{i,j=1}^{n} \alpha_i \alpha_j y_i y_j x_i^{\mathrm{T}} x_j
\end{aligned} \tag{8-16}$$

此时,拉格朗日函数只包含一个变量 α_i,通过下面的第二步,求出 α_i 便能求出 w 和 b,由此可见,分类函数也就可以求出。

经过上述步骤,得到的拉格朗日函数式子已经没有了变量 w 和 b。对于求 α 的极大值问题,即是关于对偶变量的优化问题:

$$\max_{\alpha} \left(\sum_{i=1}^{n} \alpha_i - \frac{1}{2} \sum_{i,j=1}^{n} \alpha_i \alpha_j y_i y_j x_i^{\mathrm{T}} x_j \right) \tag{8-17}$$

$$\text{s.t.} \quad \alpha_i \geq 0, i = 1, 2, \cdots, n \tag{8-18}$$

$$\sum_{i=1}^{n} \alpha_i y_i = 0 \tag{8-19}$$

等价于:

$$\min \frac{1}{2} \|W^{\mathrm{T}}\|^2 \tag{8-20}$$

$$\text{s.t.} \quad y_i(W^{\mathrm{T}} x_i + b) \geq 1, i = 1, 2, \cdots, n \tag{8-21}$$

解的形式为:$w = \sum \alpha_i y_i x_i$,$b = y_i - w^{\mathrm{T}} x_k$,对于任意 x_k,使得 $\alpha_k \geq 0$。每个非零 α_i 表示对应的 x_i 是支持向量。分类函数的形式为:$f(x) = \sum \alpha_i y_i x_i^{\mathrm{T}} x + b$,且其依赖于测试点 x 和支持向量 x_i 之间的内积。在解决优化问题时需要计算所有训练点对之间的内积 $x_i^{\mathrm{T}} x_j$。因此,在进行新数据点的预测时,只需要计算它与训练数据点的内积即可,为了后期利用核函数求解非线性问题,这一点至关重要。除此以外,支持向量也可以体现在这里。这是因为所有非支持向量所对应的系数 α 都等于零,所以只需要对数量很少的支持向量计算新点的内积即可,而不用针对所有的训练数据。

至于所有非支持向量对应的 α 均等于零的原因,简单地说,就是这些远离超平面的点——正如之前分析过的一样,不会对超平面产生影响。并且因为超平面可以完全决定分类结果,因此分类问题的计算过程中不会有这些不重要的点的参与,所以不会对结果产生任何影响。

介绍至此,支持向量机还只能处理线性的情况,不过,在得到了对偶形式之后,可以十分简单地通过核技巧推广到非线性的情况。这是因为,线性可分条件下支持向量机的对偶算法就是通过求解对偶问题得到最优解,通过引入对偶算法,不仅使得线性可分的问题更容易求解,还可以利用核函数来进一步处理非线性分类问题。

例 8.1 已知训练数据集如图 8-6 所示,其正例点是 $x_1=(3,3)^T, x_2=(4,3)^T$,负例点是 $x_3=(1,1)^T$,试求最大间隔分离超平面。

解:根据式(8-20)和式(8-21)对训练数据集构造约束最优化问题:

$$\min_{w,b} \frac{1}{2}(w_1^2 + w_2^2)$$

$$\text{s.t.} \begin{cases} 3w_1 + 3w_2 + b \geq 1 \\ 4w_1 + 3w_2 + b \geq 1 \\ -w_1 - w_2 - b \geq 1 \end{cases}$$

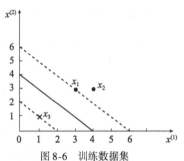

图 8-6 训练数据集

求解上述最优化问题,得解为 $w_1 = w_2 = \frac{1}{2}, b = -2$,因此,最大间隔分离超平面为:

$$\frac{1}{2}x^{(1)} + \frac{1}{2}x^{(2)} - 2 = 0$$

其中,$x_1=(3,3)^T$ 和 $x_3=(1,1)^T$ 为支持向量。

8.1.4 硬边距和软边距

线性分类器的边距包括硬边距和软边距,硬边距要求所有数据点均被正确分类,无训练错误。但是当数据集含有噪声时,通常有两种解决方案:可以使用非常强大的核,但是可能会导致过拟合,或者采用软边距分类。使用软间隔最大化可以解决线性不可分问题。线性不可分是指某些样本点 (x_i, y_i) 不能满足约束(8-9),一般情况下可以把训练数据中的某些特异点(Outlier)去除,则剩下的样本点集合仍为线性可分的。

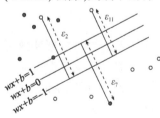

图 8-7 松弛变量

软边距分类是指可以通过添加松弛变量 ξ_i(图 8-7),使得函数间隔加松弛变量大于等于 1,即支付一个代价 ξ_i,以便对难以分类或嘈杂的数据集示例进行容许犯错的分类。此时,二次优化的准则为最小化 $\frac{1}{2}\|w\|^2 + C\sum_{k=1}^{R}\xi_k$,其中 C 称为惩罚参数,通常大于零,经常根据具体应用问题来决定,C 值大表示对误分类的惩罚大,反之则对误分类的惩罚减小,可以将参数 C 视为控制过拟合的一种方法。上述目标函数包含两个目标,既要使前者 $\frac{1}{2}\|w\|^2$ 尽可能小,也就是说使得

间隔尽量大，同时要让误分类的个数尽可能少，C 可以用来调和两者。

使用硬边距时，目标为找到 w 和 b 使 $\Phi(w) = \frac{1}{2}w^\mathrm{T}w$ 最小，且 $y_i(w^\mathrm{T}x_i + b) \geq 1, i = 1, 2, \cdots, n$。

在使用包含松弛变量的软边距时，目标变为找到 w 和 b 使得 $\Phi(w) = \frac{1}{2}w^\mathrm{T}w + C\sum_{k=1}^{R}\xi_k$ 最小，且 $y_i(w^\mathrm{T}x_i + b) \geq 1 - \xi_i, \xi_i \geq 0, i = 1, 2, \cdots, n$。

8.2 非线性支持向量机

8.2.1 特征空间

如图 8-8 所示的含噪声数据集线性可分，然而若数据集如图 8-9 所示太难分类该如何处理呢？可以将数据映射到高维空间，如图 8-10 所示。

图 8-8 易分类数据集　　　　　　　图 8-9 难分类数据集

利用非线性支持向量机进行数据分类的总体思路是原始输入空间始终可以映射到某个训练集可分离的高维特征空间，非线性支持向量机是利用一个非线性映射来将输入映射转化为特征向量，进而在特征空间中进行支持向量机的学习，如图 8-11 所示。

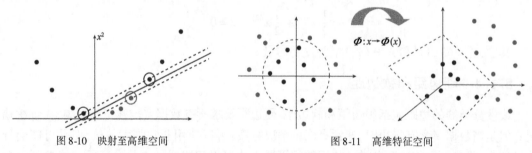

图 8-10 映射至高维空间　　　　　　　图 8-11 高维特征空间

因此，首先将原空间的数据映射到新空间，在此过程中需要使用一个变换，再用线性分类学习方法在训练集中学习分类模型，就可以用线性分类方法求解非线性分类问题。

8.2.2 核技巧（Kernel Trick）

利用如下两个步骤即可建立非线性学习器，第一步是使用一个非线性映射将数据变换到如上述特征空间，然后在该特征空间中利用线性学习器进行分类。核函数方法就是把上面两步融合到一起建立一个非线性的学习器。使用核函数可以将数据隐式表达为特征空间，并且可以在其中训练线性学习器，这样就可以跳过本需计算特征映射的问题。

使用核函数可以增强学习器的学习能力，并且通过线性学习器对偶空间的表达方式可以让分类操作更加灵活且可操作性强。易知，训练样例一般不会独立出现，而总是以成对样例的内积形式出现。用对偶形式来表示学习器不仅可以使得可调参数的个数不受输入属性的个数影响，且通过使用合适的核函数来替代内积，可以隐式地将非线性的训练数据映射到高维空间,而不需要增加可调参数的个数(前提是核函数能够计算对应着两个输入特征向量的内积)。与训练样例相关的唯一内容是它们在特征空间的 Gram 矩阵,该矩阵也叫核矩阵。

在线性支持向量机的对偶问题中,目标函数和决策函数(分离超平面)都只与输入实例和实例之间的内积有关,即线性分类器依赖于向量 $K(x_i,x_j) = x_i^T x_j$ 之间的点积。而当数据集线性不可分时,如果每个数据点通过 $\Phi: x \to \varphi(x)$ 的变换映射到高维空间,则点积为: $K(x_i,x_j) = \varphi(x_i)^T \varphi(x_j)$。核函数是在扩展的特征空间中与内积相对应的函数。

例 8.2 二维向量 $x = [x_1, x_2]$,令 $K(x_i, x_j) = (1 + x_i^T x_j)^2$,需得到 $K(x_i, x_j) = \varphi(x_i)^T \varphi(x_j)$。

解: $K(x_i, x_j) = (1 + x_i^T x_j)^2$

$= 1 + x_{i1}^2 x_{j1}^2 + 2 x_{i1} x_{j1} x_{i2} x_{j2} + x_{i2}^2 x_{j2}^2 + 2 x_{i1} x_{j1} + 2 x_{i2} x_{j2}$

$= [1 + x_{i1}^2 + \sqrt{2} x_{i1} x_{i2} + x_{i2}^2 + \sqrt{2} x_{i1} + \sqrt{2} x_{i2}]^T [1 + x_{j1}^2 + \sqrt{2} x_{j1} x_{j2} + x_{j2}^2 + \sqrt{2} x_{j1} + \sqrt{2} x_{j2}] = \varphi(x_i)^T \varphi(x_j)$

其中,$\varphi(x) = [1 + x_1^2 + \sqrt{2} x_1 x_2 + x_2^2 + \sqrt{2} x_1 + \sqrt{2} x_2]$

由默瑟定理,即每一个半正定对称函数都是一个核,可知任何半正定的函数都可以作为核函数,但是对于某些函数 $K(x_i, x_j)$ 而言,检查是否满足 $K(x_i, x_j) = \varphi(x_i)^T \varphi(x_j)$ 较烦琐。因此,可以利用半正定对称函数对应的半正定对称 Gram 矩阵:

$$K = \begin{vmatrix} K(x_1,x_1) & K(x_1,x_2) & K(x_1,x_3) & \cdots & K(x_1,x_N) \\ K(x_2,x_1) & K(x_2,x_2) & K(x_2,x_3) & \cdots & K(x_2,x_N) \\ \cdots & \cdots & \cdots & & \cdots \\ K(x_N,x_1) & K(x_N,x_2) & K(x_N,x_3) & \cdots & K(x_N,x_N) \end{vmatrix}$$

支持向量机中核技巧的作用,简单概括,就是可以使计算变得简单,甚至实现看似不可能完成的计算。使用该方法的关键是找到一个可以使计算更高效的核函数。在实际应用时,核函数的选择通常会依赖领域专业知识,其有效性也需要通过实验来验证。常见的核函数包括:

(1)线性: $K(x_i, x_j) = x_i^T x_j$。

线性核函数是目前最简单的核函数,也是径向基核函数的特例。该核函数主要可用于线性可分的数据集,可以在原始空间找到最优线性分类器,优点为参数少且速度快。

(2)p 次幂多项式: $K(x_i, x_j) = (1 + x_i^T x_j)^p$。

该核函数属于全局核函数,适合正交归一化数据,允许存在距离较远的数据点对核函数的影响。其对应的支持向量机为 p 次多项式分类器。参数 p 越大,则映射具有更高的维度,也就是说计算量越大。而当 p 过大时,容易因为学习的复杂性过高而导致过拟合。

(3)高斯(径向基函数网络): $K(x_i, x_j) = \exp\left(-\dfrac{\|x_i - x_j\|^2}{2\sigma^2}\right)$。

径向基核函数属于局部核函数,数据点距离中心越远,取值会越小。高斯核函数是径向基核函数的另一形式,对数据中存在的噪声有较强的抗干扰能力。但是核函数的作用范围会随着参数 σ 的增大而减弱。

(4)Sigmoid: $K(x_i, x_j) = \tanh(\beta_0 x_i^T x_j + \beta_1)$。

该核函数起源于神经网络,所以此时支持向量机实现了一种多层感知器神经网络。

上述核函数对比情况如表 8-1 所示。

核 函 数 对 比 表　　　　　　　　　　　表 8-1

核 函 数	优　　点	缺　　点	适用范围
线性核	参数少、速度快	只能解决线性可分问题	线性可分数据集
多项式核	可解决非线性问题	参数多	正交归一化数据
高斯核	较强抗干扰能力	可解释性差	样本个数小于样本特征种类
Sigmoid 核	泛化能力良好	较复杂	广泛用于深度学习

8.2.3　数学求解

对偶问题公式为：找到 $\alpha_1\cdots\alpha_N$，满足 $Q(\alpha) = \sum\alpha_i - \frac{1}{2}\sum\sum\alpha_i\alpha_j y_i y_j K(x_i x_j)$ 最大，且 $\sum\alpha_i y_i = 0$，任意 $\alpha_i \geq 0$。解为 $f(x) = \sum\alpha_i y_i K(x_i, x_j) + b$，求解 α_i 的优化方法保持不变。这是目前计算速度最快的二次规划优化算法，特别是在解决线性支持向量机和数据稀疏的问题时表现出更好的性能。但样本容量相对较大时，通常采用 SMO(Sequential Minimal Optimization) 算法。

8.3　支持向量机应用案例讲解

8.3.1　支持向量机在交通中的应用

首先，支持向量回归在交通中的应用主要包括预测客流量、预测交通拥堵评价参数、预测交通事故、预测交通碳排放以及预测公交到站时间等。

预测客流量主要可以根据 SVR 进行短时交通流量预测或者民航客流量预测等。Matlab 的 SVM 工具箱、Python 的 Scikit-Learn 和 LIBSVM 这三种开源工具都可以实现支持向量机。此外，SVR 模型还可以通过与遗传算法、主成分分析法、深度信念网络等相结合进行优化，进而有效消除冗余及噪声数据，达到更高的准确率及更好的效果。尽管如此，当前应用中也存在着许多问题和挑战，随着检测器精度的提高，客流量数据的时间间隔越来越短，导致数据随机性越来越强，提高了预测的难度系数，且目前对纵向随机性的研究成果较少。因此，在客流量预测的实时性、效率和精确度等方面仍有很大的研究空间。

预测交通拥堵评价参数时，可以从道路服务水平、拥堵时间比等各个角度衡量拥堵水平。具体可以利用平均速度、交通流密度等指标来表征。利用 SVR 模型并结合 K-均值聚类、主成分分析法、PSO 算法等可以分析车流平均速度以及预测车道饱和度等，进而判断道路拥堵发生的可能性。当前较为前沿的预测方法为可以通过多个交通拥堵评价参数进行综合评价。在未来的研究中，数据的收集以及准确率的提高会成为重要研究方向。

预测交通事故即预测交通事故数、万车死亡率等指标，对保障公民人身安全以及政府政策制定都具有重要意义。且交通事故发生的影响变量之间存在着非线性关系，SVR 模型在该问题上可以实现较好的效果。通过 SVR 模型与 ARIMA 模型等的结合和优化,可以实现公路、铁路以及海上交通事故和飞行事故的预测。如何选择出最重要的影响特征变量并进行合理降维是今后的研究所面临的主要挑战。

预测交通碳排放也就是预测单位 GDP 所产生的碳排放总量时,利用 SVR 并结合主成分分析方法等建立该预测模型可以得到较好的学习及泛化能力,有效减少误差。将 LSTM 和 RNN 等深度学习模型与 SVM 进行结合可能会在未来达到更佳的预测效果。

除了支持向量回归外,支持向量分类在交通领域也应用得十分广泛,例如交通状态判断、交通标志识别、交通事件预测以及道路结冰预测等。

通过仿真并利用 SVC 进行分类预测,可以将交通状态划分为畅通、基本畅通、拥挤、非常拥挤和拥塞五种等级状态。此外,也可以将各类噪声,如排气噪声、轮胎噪声等输入模型中,进而识别交通流状态,将其划分为自由流、饱和流和拥堵。目前的研究中,普遍缺乏大量的样本数据,此外还可以将分类和回归进行结合来达到更高的判别精度。

交通标志识别是自动驾驶研究领域的重要内容。通过图像分割、检测标志轮廓和识别标志,用 SVC 模型结合颜色模型、卡尔曼滤波算法等来识别限速标志、快速交通标志等交通标志,达到了较高分类准确性及实时性。在未来的研究中,通过提高其算法运行效率以及提升其在不利条件下的扩展性仍有很大的深入探索空间。

基于 SVM 的交通事件自动检测算法可以用来预测交通事故发生的可能性及严重程度,该模型还可以与神经模糊推理系统、空间分析等相关内容进行结合,研究驾驶员受伤程度等,以期达到在实际中减少人员伤亡和财产损失及减少交通延误的目的。

8.3.2 支持向量机应用案例分析

在本案例中,利用 Python 语言建立以及实现支持向量机模型达成平均车头间距预测车流量的目的。易知,如果一条车道的车流行驶稳定、车速均匀,则该车流的平均车头间距与车道交通量之间成反比例关系。所以,利用平均车头间距预测车流量切实可行并且观察两者之间是否存在反比例关系即可验证模型的效果及正确性。在实际应用中,利用预测得出的车流量可以进行宏观调控,缓解交通拥堵等问题。

	YEAR	GCRQ	GCZBS	HOUR	MINUTE	CDH	XSFX	SBSBM	DCSJLX	SJXH	CLZQ	XKC
1	2021	1-Jun-21	320000202	1	0	11	S	1.41E+14	0	1	5	6
2	2021	1-Jun-21	320000202	1	5	11	S	1.41E+14	0	2	5	4
3	2021	1-Jun-21	320000202	1	10	11	S	1.41E+14	0	3	5	3
4	2021	1-Jun-21	320000202	1	15	11	S	1.41E+14	0	4	5	6
5	2021	1-Jun-21	320000202	1	20	11	S	1.41E+14	0	5	5	6
6	2021	1-Jun-21	320000202	1	25	11	S	1.41E+14	0	6	5	10
7	2021	1-Jun-21	320000202	1	30	11	S	1.41E+14	0	7	5	5
8	2021	1-Jun-21	320000202	1	35	11	S	1.41E+14	0	8	5	5
9	2021	1-Jun-21	320000202	1	40	11	S	1.41E+14	0	9	5	5
10	2021	1-Jun-21	320000202	1	45	11	S	1.41E+14	0	10	5	1
11	2021	1-Jun-21	320000202	1	50	11	S	1.41E+14	0	11	5	4
12	2021	1-Jun-21	320000202	1	55	11	S	1.41E+14	0	12	5	3

图 8-12 原始数据图(部分)

进行原始数据的获取,具体见第 5 章。此案例使用的数据来自交通调查,部分原始数据如图 8-12 所示,其中所包含的数据字段及其中文含义如表 8-2 所示。

字段表头含义表 表 8-2

表　头	含　义	表　头	含　义
YEAR	年份	TDH	特大货
GCRQ	观测日期	JZX	集装箱
GCZBS	观测站编号	MTC	摩托车
HOUR	小时	TLJ	拖拉机
MINUTE	分钟	XKCS	小客车速
CDH	车道号	DKCS	大客车速
XSFX	上下方向	XHCS	小货车速
SBSBM	设备识别码	ZHCS	中货车速
DCSJLX	调查数据类型	DHCS	大货车速
SJXH	时间序号	TDHS	特大货速
CLZQ	处理周期	JZXS	集装箱速
XKC	小客车	MTCS	摩托车速
DKC	大客车	TLJS	拖拉机速
XHC	小货车	GCBFB	跟车百分比
ZHC	中货车	PJCTJJ	平均车头间距
DHC	大货车	SJZYL	时间占有率

在 Jupyter Notebook 中导入需要用的包以及从数据库中导入数据。

```
1.  # 导入需要的包
2.  import pandas as pd
3.  import numpy as np
4.  import matplotlib.pyplot as plt
5.  from sklearn.svm import SVR
6.  from sklearn.model_selection import train_test_split
7.  from sklearn.model_selection import GridSearchCV
8.  import time
9.  from sklearn.metrics import r2_score
10.
11. # 从数据库导入数据
12. engine = create_engine('postgresql+psycopg2'+'://' +
13.                         '你的登录名' +':' +
14.                         '你的登录密码' + "@" +
15.                         '你的主机名' + ':' +
16.                         '5432' + '/' +
17.                         '你的数据库名称'
18.                        )
19. data = pd.read_sql('SELECT * FROM real_time_data',con = engine)
```

接着进行简单的数据预处理：

```
1.  # 删除无用数据列
2.  data = data.drop(['XKCS','YEAR','GCRQ','GCZBS','HOUR','MINUTE','SBSBM
    ','DCSJLX',
3.                   'SJXH','CLZQ','DKCS','XHCS','ZHCS','DHCS',
    'TDHS','JZXS','MTCS',
4.                   'TLJS','GCBFB','SJZYL','SJZYL','FLAGS','OF
    F_MINS','ERR_CODE',
5.                   'ERR_DESC','DELETE_BY','DELETE_TIME','CREA
    TE_BY','CREATE_TIME',
6.                   'UPDATE_BY','UPDATE_TIME'],axis = 1)
7.
8.  # 删除缺失值
9.  data.dropna(inplace = True)
10.
11. # 删除重复数据行
12. data = data.drop_duplicates(keep = 'first')
13.
14. # 重排索引
15. data = data.reset_index(drop = True)
```

实现支持向量机模型的步骤大致如下所示：

在实现数据预处理后,筛选出模型所需的平均车头间距及总车流量数据。

第一步,需要新增总车流量列并计算各种车型的流量之和。

```
1.  # 新增总车流量列
2.  data['flow'] = data['XKC'] + data['DKC'] + data['XHC'] + data['ZHC'] + data[
    'DHC'] + data['TDH'] + data['JZX'] + data['MTC'] + data['TLJ']
```

第二步,筛选出车辆行驶方向为上行且车道序号为11的数据行并重排索引,同一车道且同一方向的车流量才符合统一标准,可以进行建模和研究。

```
1.  # 筛选上行、11车道的数据
2.  new_data = pd.DataFrame({'PJCTJJ':[],'flow':[]})
3.  for index, row in data[:].iterrows():
4.      if data.at[index,'CDH'] == 11 and data.at[index,'XSFX'] == 'S':
5.          new_data.at[index,'PJCTJJ'] = data.at[index,'PJCTJJ']
6.          new_data.at[index,'flow'] = data.at[index,'flow']
7.
8.  # 重排索引
9.  new_data = new_data.reset_index(drop = True)
```

处理后的数据大致如图8-13所示。

第三步,进行完上述数据处理后,开始进入建模数据准备阶段。首先,需要设置自变量及因变量并划分测试集和训练集。此处设定为 80% 的数据用作训练，剩余 20% 的数据用作测试模型效果。

	PJCTJJ	flow
0	564.0	7.0
1	980.0	4.0
2	2191.0	3.0
3	777.0	6.0
4	825.0	6.0
...	...	...
7255	534.0	7.0
7256	391.0	7.0
7257	998.0	6.0
7258	617.0	4.0
7259	724.0	7.0

图 8-13 处理后的数据表

```
1. # 设置自变量 X 和因变量 y
2. X = new_data['PJCTJJ']
3. y = new_data['flow']
4.
5. # 划分训练集和测试集
6. X_train, X_test, y_train, y_test = train_test_split(X, y,random_state = 0,train_size = 0.8)
```

接着，将数据转化为模型所需类型。

```
1.  # 转换数据类型
2.  X_list = X_train.to_list()
3.  X_array = np.array(X_list)
4.  X_train = X_array.reshape(len(X_train),-1)
5.
6.  X_list = X_test.to_list()
7.  X_array = np.array(X_list)
8.  X_test = X_array.reshape(len(X_test),-1)
9.
10. y_list = y_train.to_list()
11. y_array = np.array(y_list)
12. y_train = y_array.reshape(len(y_train),-1)
13.
14. y_list = y_test.to_list()
15. y_array = np.array(y_list)
16. y_test = y_array.reshape(len(y_test),-1)
```

完成数据准备工作后,开始建立 SVR 模型。SVR(支持向量回归模型)是支持向量机的一个重要应用分支。它们的主要区别是 SVR 最终会将样本点分为一类,目的是使得所有样本点离超平面的总偏差最小。

第一步,先利用网格搜索算法搜索最优参数。此处,选择使用的分类器为 SVR,需要优化的参数取值(param_grid)中包括 C 和 gamma。

```
1.  # 网格搜索最优参数
2.  svr = GridSearchCV(SVR(kernel = 'rbf',gamma = 0.1), cv = 5, param_grid = {'C
    ':[1e0, 1e1, 1e2, 1e3],'gamma':np.logspace(-2, 2, 5)})
```

第二步,利用上述搜索得出的参数训练模型并输出训练时间。此处的训练时间为212.76s。

```
1.  # 记录训练时间
2.  t0 = time.time()
3.
4.  # 训练 svr 模型
5.  svr.fit(X_train,y_train)
6.
7.  # 记录并输出训练时间
8.  svr_fit = time.time() - t0
9.  print(svr_fit)
```

最后,根据训练得到的模型在测试集上进行预测。

```
1.  # 模型预测
2.  y_svr = svr.predict(X_test)
3.
4.  # 记录并输出预测时间
5.  t0 = time.time()
6.  svr_predict = time.time() - t0
7.  print(svr_predict)
```

通过绘制真实数据和预测数据的散点图(图 8-14、图 8-15),可以看出自变量平均车头间距和因变量车流量之间存在较为显著的反比例关系,这符合已知定理。

```
1.  # 绘制测试集真实值散点图
2.  plt.scatter(X_test, y_test)
3.  plt.ylabel('Flow',fontsize = 14)
4.  plt.xlabel('PJCTJJ',fontsize = 14)
5.  plt.legend()
6.  plt.show()
7.
8.  # 绘制测试集预测值散点图
9.  plt.scatter(X_test, y_svr)
10. plt.ylabel('Flow',fontsize = 14)
11. plt.xlabel('PJCTJJ',fontsize = 14)
12. plt.legend()
13. plt.show()
```

最后计算 R^2 评价该模型的拟合程度。

1. # 计算 R2
2. print("得分:", r2_score(y_test, y_svr))

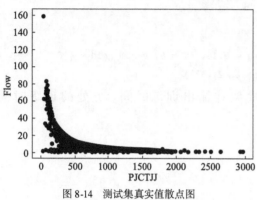

图 8-14　测试集真实值散点图　　　　图 8-15　测试集预测值散点图

此案例得分为 0.82,此时的模型结果可能并未达到最佳效果,读者可自行根据期望效果,综合考虑泛化能力、模型准确性等多方面因素进行进一步调整和调参,模型使用的核函数、C 和 gamma 值等内容均可以根据实际情况进行调整和改进。

习　题

1. 训练数据集中共有三个数据点,其中 (3,3)、(4,3) 为正例点,(1,1) 为负例点,求线性可分支持向量机。

2. 已知正例点 $x_1=(1,2)^T, x_2=(2,5)^T, x_3=(3,3)^T$,负例点 $x_4=(2,1)^T, x_5=(3,2)^T$,试求最大间隔分离超平面和分类决策函数,并在图上画出分离超平面、间隔边界及支持向量。

3. 在本书随附资料中的交通流车速数据集(Speed_data.csv)上训练一个支持向量机回归模型,并预测数据集所包含时间段之后一小时的车速。

4. 在本书随附资料中的交通流数据集(Flow_data.csv)上训练一个支持向量机回归模型,并预测 2014 年 4 月 1 日 8:00 的统计交通流量。

本章参考文献

[1] 李航. 统计学习方法[M]. 2 版. 北京:清华大学出版社,2019.
[2] ANSEL TING. 拉格朗日对偶问题(原来这么简单,你也可以轻松学会)[EB/OL]. (2017-08-26). https://zhuanlan.zhihu.com/p/28804123.
[3] 林浩,李雷孝,王慧. 支持向量机在智能交通系统中的研究应用综述[J]. 计算机科学与探索,2020,14(6):901-917.

第9章 决策树

在将机器学习模型应用到交通领域的实际问题解决过程中,除了支持向量机以外,决策树也是应用较多的模型,并且其具有很强的可拓展性。在单棵决策树的基础上,还可以进一步建立随机森林等集成模型。因此,对于基础决策树的学习十分有必要。

主要用于分类问题的决策树是一种有监督学习算法。它适用于分类和连续输入输出变量。在使用决策树算法的过程中,使用者根据输入变量中最关键的分支/微分因子,将总体或样本分成两个或多个齐次集(或子总体)。例如在现实生活中,典型的应用案例包括根据西瓜的纹路、颜色等特征判断以及预测某个瓜的好坏或者根据年龄、收入、性别等特征判断某人可能是银行失信人员的概率等。

决策树具有高精度、稳定性和易解释性的特点,可以很好地映射非线性关系。该算法的主要优点是具有可读性,分类速度较快。可以利用训练数据并依据损失函数最小化的原则建立模型并进行学习。然后再对新的数据进行分类,从而达到预测的目的。其学习通常分为以下三步:特征选择、决策树的生成、决策树的修剪。

9.1 决策树模型

在本小节中,首先对决策树模型进行了内容、分类、划分方法等方面的概述,接着对该模型学习步骤的第一步特征选择的几种依据和指标进行了介绍,包括基尼指数、卡方、信息增益和方差缩减。

9.1.1 模型概述

决策树模型是一种基于学习的决策规则的算法,被用来预测目标变量的值。它可以解决回归和分类问题,在此过程中需要改变控制决策树如何学习规则的函数。其学习的方法是通过学习和连续应用一系列规则来将数据点划分为不同的子集,并且对每个子集进行预测。这个预测是基于训练样本子集的结果值,而该结果值则是来自于一系列规则的应用。决策树学习的本质是分析并依据训练集的特征归纳得出一组分类规则。符合训练数据集的决策树(即与训练数据集不相矛盾,可以将数据均正确分类的决策树)可能不存在也可能有很多个。因此,学习和训练的过程是为了找到一个与训练数据集更为匹配且具有较好的泛化能力的决策树。

决策树可以分为回归树和分类树,分类树是根据相关类别频率或者主要类别的值来预测各类别出现的可能性;回归树则是通过可获得数据点的结果值的均值来计算预测结果。当决策树为分类树时,预测结果即因变量可能是将某数据划分为某一类的可能性或可能性排名。

决策树模型是一种树形结构,可以对数据实例进行分类。其结构由有向边和节点组成,节点包括内部节点和叶节点。叶节点可以表示一个类,而内部节点则表示一个属性或特征。其分类流程是从根节点开始,递归地对实例的某一特征测试并分配至相应的子节点,直到叶节点即可得到该实例的分类结果。

主要的决策树算法包括 ID3、C4.5、CART 等。ID3 是由 Ross Quinlan 在 1986 年提出的一种构造决策树的方法,可以用来处理标称型数据集(取自有限的数据,只存在"是"和"否"两种结果,一般用于分类)。在处理过程中,需要在节点上选取可以将此处的训练数据最好的划分的属性,且信息增益是最后决定如何划分的判断标准。这种算法的特点是没有剪枝,因此容易造成过拟合且需要使用标称型数据,以及对连续型数据的处理效果很差。C4.5 是对 ID3 的改进,大体与 ID3 类似,改进的地方包括:

(1)可以处理标称型数据以及连续型数据。在处理连续型数据时,该算法在对应节点使用一个属性的阈值来将样本划分成两部分。

(2)可以处理存在缺失属性的数据。该算法允许在属性值缺失时将其标记为"?",并且在计算熵增益时忽略存在缺失的样本。

(3)构造完决策树后可以对其进行剪枝。将相邻的无法产生大量信息增益的叶节点进行合并,减少过度匹配的问题。

(4)划分特征选择的标准为信息增益率,克服了信息增益会偏向取值较多的特征的缺点。

CART(Classification and Regression Tree)称为分类决策树(二叉树),可以处理分类问题以及回归问题。与 ID3 不同的是,CART 使用二元切分,即在对样本进行划分时使用属性阈值,等价于递归地二分各个特征,将特征空间划分为有限个单元。划分的标准包括熵增益、基尼纯净度(Gini Impurity)和方差缩减(Variance Reduction)(用于回归)。

假设有 30 个人的样本,他们有三个变量:性别(男/女)、学历(本科以下/本科及以上)和年龄(35 岁以下/35 岁及以上)。30 人中有 15 人拥有机动车驾驶证。现在,本书将建立一个模型来预测谁拥有驾驶证。

在这个问题中,需要根据这三个变量之间的显著性输入变量来区分每个样本是否已经获得驾驶证。如图 9-1 所示,为解决问题可以建立决策树模型。

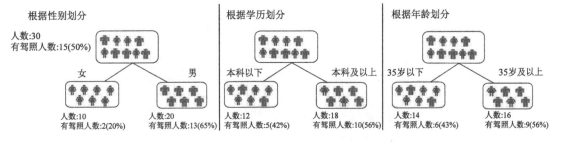

图 9-1　不同划分方式分类结果

注:该例改编自 https://www.analyticsvidhya.com/blog/2016/04/tree-based-algorithms-complete-tutorial-scratch-in-python/。

决策树的类型包括两种:分类变量决策树和连续变量决策树。具有分类目标变量的决策树,称为分类变量决策树;当决策树具有连续的目标变量时,称为连续变量决策树。

当因变量连续时,使用回归树;当因变量是分类变量时,则使用分类树。在使用回归树时,从训练集的终端节点获得的数值是落在此处所有观测值的平均响应,即平均值。在使用分类树时,终端节点得到的值(类)是落在该区域的观测值的模式,即众数(最终的分类结果取决于数量较多的类别)。这两种树都将预测空间(自变量)划分为不同且不重叠的区域。且这两种树都遵循一种自上而下的贪心算法,即只关注眼前的增益,不考虑未来如何,称为递归二进制分支。此拆分过程将继续,直到达到用户定义的停止条件。在这两种情况下,分支过程都会生成完全生长的树,直到达到停止标准。贪心算法的简单理解就是,假设在决策树自上而下的构造过程中,当拆分某个节点时,不关心下一次拆分的收益,仅按照本次拆分可获得最大收益的方式进行拆分。这样可能会导致遗漏某个对本次收益可能为负,但是下一次拆分可获得较大收益,使得总收益增加的节点的拆分。但是使用贪心算法可以减少计算花销,实现高效分类或者回归。

如图 9-2 所示,与决策树相关的重要术语包括:
(1)根节点:它表示整个总体或样本,并进一步划分为两个或多个齐次集。
(2)拆分:将一个节点拆分为两个或多个子节点的过程。
(3)决策节点:当一个子节点分支成更多的子节点时,则称为决策节点。
(4)叶/终端节点:不拆分的节点称为叶或终端节点。
(5)修剪:删除决策节点的子节点称为修剪,或者可以说分支的相反过程。
(6)分支/子树:整棵树的一个子部分称为分支或子树。
(7)父节点和子节点:一个分为子节点的节点称为子节点的父节点,子节点是父节点的子节点。

决策树模型的缺点是可能造成过拟合,如果用线性模型可以很好地逼近因变量和自变量之间的关系,那么线性回归将优于基于树的模型。而如果因变量和自变量之间有着高度非线性和复杂的关系,树模型将优于经典的回归方法。并且,决策树模型比线性回归更容易解释。在这一点上,决策树模型总是比线性模型做得更好。

总之,决策树模型有诸多优势,包括:
(1)易于理解。

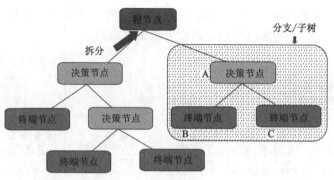

图 9-2 相关术语

(2) 在数据探索中很有用。
(3) 需要更少的数据清理(不受异常值和缺失值的影响)。
(4) 不受数据类型的约束。
(5) 非参数法(没有关于空间分布和分类器结构的假设)。

对于线性回归算法而言,一旦拟合出适合训练数据的参数θ_i,并将其保存,则对于之后的预测,不需要再使用原始训练数据集,这称为参数学习算法。在参数模型中,参数的数目是有限的,有固定数量的参数(或者有固定的结构)。从机器学习的角度来说,参数机器学习算法是假设可以最大程度地简化学习过程,同时也限制了可以学习到的内容,这种算法简化成一个已知的函数形式,也就是利用固定数量的参数来拟合数据。应用该算法主要包括两个步骤,首先需要选择一种形式的目标函数,进而从训练数据中学习和训练得到目标函数的系数。大家所熟知的 Logistic 回归、感知机、朴素贝叶斯和线性判别分析(LDA)都属于该种算法。参数机器学习算法之所以广受欢迎,主要是因为该种算法很容易理解且解释性强,并且可以快速从少量的数据中学习到参数,并较好地拟合有缺陷的数据。然而,它也存在一些较为显著的不足之处,例如被选择的函数形式会对模型造成一定的限制,且不太适合解决较为复杂的问题,也较难在实践中匹配到潜在的目标函数。

对于局部加权线性回归算法,每次进行预测都需要全部的训练数据(每次进行预测得到不同的参数θ_i),因此没有固定的参数,这称为非参数算法。在非参数模型中,参数的数目(可能)是无限的,模型的复杂性随着训练数据的数量增加而增长。非参数机器学习算法是一种不对目标函数的形式做出强烈假设的算法,也就是说可以自由地通过数据学习任何函数形式,因此训练样本数的增加会导致参数数量随之增加。本书中涉及的决策树(如 CART 和 C4.5)、支持向量机和 KNN 均属于非参数学习算法。由于该算法可以自由学习各种函数,所以具备较强的灵活性,不需要假设潜在的函数并且在预测时可以达到较好的性能。然而,该算法需要更多的数据并且训练速度很慢,也容易陷入过拟合,结果的解释性较差。

为了评估模型的预测性能并在一定程度上减少过拟合,决策树的训练过程中,通常会采用交叉验证的方法,其中十折交叉验证目前使用的最多。如共有 100 个样本数据,将其划分为 10 组。第一次训练时,利用第一到第九组数据作为训练样本,第十组数据作为测试样本。第二次训练时,利用第二到第十组数据作为训练样本,第一组数据作为测试数据……以此类推,训练以及测试十次,进而计算其平均值。

在应用方面,决策树还可以为其他模型和方法选择出对目标变量影响更大的变量。在使用决策树模型筛选变量时,各个变量之间可能会存在一定的相关性。若相关性会对模型结果产生影响,需要提前检查不同变量之间的独立性。此外,在回归模型中使用决策树筛选出来的变量时,若自变量和因变量之间的关系较复杂,不单调,则可以离散化或弃用筛选出来的变量。

9.1.2 划分规则

分裂的目标是让数据变得更纯,使决策树得出的结果更接近真实值。因此划分的总体要求是要使得划分后子节点可以得到最大程度的纯度提升,同时子节点中包含的数据量不太少。其中,纯度提升就是说在划分后的子节点中,在不同分类上的分布相比之前更不平均。比如说,在父节点上时,将所有样本数据划分为两类的概率分别为40%和60%,在将父节点划分后,子节点中类别分布变为20%和80%,这就是纯度的提升。

对于分类型数据,例如将人按照性别划分为男和女可以在决策树的节点中直接进行划分。在类别较多时,算法可能会对其进行简单的处理,将某几类归为一类。

但是对于数值型的变量,需要在划分前进行一些处理。通常是将数值进行分段,例如本章例题中将年龄分段为35岁以下和35岁及以上,然后再进行划分。但是,这样的处理也存在一定的弊端,即会丧失对极端数据中存在的特殊信息的敏感度。若极端值中有某些意义重大的信息,那么模型则无法将其体现出来。此外,在利用算法运行决策树模型时,连续变量的分段通常都会自动完成,因此划分的具体分界处可能是例如258之类的较不规整的整数。而且将数据具体划分为几段也由算法及其参数决定。

当数据中存在缺失值时,决策树算法通常会专门将其作为一个分类结果,有时也会和其他分段或者分类合并为一种。

此外,为了防止模型过于复杂、预测精度较低和泛化能力欠佳,通常会设定某些提前终止分裂的条件。一般设定的条件主要包括以下几种:

(1)节点最少样本量

当某个节点被分到的样本量小于该值时停止继续划分。因为当数据量过少时,继续划分可能会强化噪声数据,因此提前结束不仅可以优化分类效果,还可以降低过拟合的可能,并且降低了决策树的复杂度。

(2)熵值/基尼值阈值

当熵值/基尼值小于对应阈值时,提前停止划分。这是因为熵值和基尼值均可以表示数据集的混乱程度,当数值较小时代表数据集的纯度较大。因此当熵值/基尼值小于某阈值时,可以提前停止节点的分裂。

(3)决策树深度

决策树的深度是指从根节点到最后一层叶节点的距离,即所有叶节点的最大深度。根节点的子节点的深度为1,该子节点的子节点深度为2,以此类推,可以算出所有叶节点距离根节点的距离。当深度达到深度上限时停止分裂,可以有效减小过拟合的风险。

(4)所有特征均已用于分类

当数据集的所有特征均已在节点中用于分类后,则该决策树不得不被动地停止分类,将当前节点设置为叶节点。

9.1.3 基尼指数

如果是分类树,CART 采用基尼指数值来衡量节点纯度,而对回归树而言,则采用样本方差衡量节点纯度。节点的纯度越低,则节点分类或者预测的效果就会越差。

基尼指数是经典决策树 CART 用于分类问题时选择最优特征的指标。决策树通过从根节点向下不断延伸来进行扩展,在达到一定的深度后可以实现纵向预测的功能,并且可以对样本数据集进行分类。为了得到纯度最高,即划分效果最佳的决策树模型,可以使用基尼指数来进行衡量和选择分支特征。假设有 K 个类,样本点属于第 k 类的概率为 p_k,则概率分布的基尼指数定义为:

$$G(p) = \sum_{k=1}^{K} p_k(1-p_k) = 1 - \sum_{k=1}^{K} p_k^2 \tag{9-1}$$

满足条件 $\sum_{k=1}^{K} p_k = 1$。

基尼指数可以描述一个随机变量的不确定性程度,表示在样本集合中随机挑选一个样本可能被错误分类的概率大小。基尼指数越小表示这个样本被错误分类的概率越小,即集合的纯净度越大,反之,集合越不纯。当集合中所有样本均属于一个类别时,基尼指数为 0。如果总体是纯的,那么从一个总体中随机选择两个样本,则必须是同一类的且概率为 1。相比于熵值而言,基尼指数的计算不需要进行对数运算,更加高效,且其更偏向于连续属性,而熵则更偏向于离散属性。基尼指数具有如下特点:

(1)它适用于分类目标变量"成功"或"失败"。
(2)它只执行二进制拆分。
(3)基尼值越高,同质性越高。
(4)CART 使用基尼方法来创建二元分支。

在计算分支样本的基尼指数时,首先需要使用成功和失败概率平方和公式 $(p^2 + q^2)$ 计算子节点的基尼得分,进而计算子节点的基尼得分加权平均和。再使用分支出的每个节点的加权基尼得分计算分支的基尼指数。

例 9.1 计算如图 9-3 所示决策树的基尼指数。

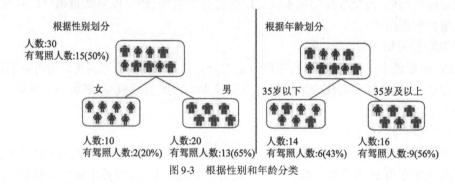

图 9-3 根据性别和年龄分类

解:根据性别分支:

子节点女性基尼得分 = 0.2×0.2 + 0.8×0.8 = 0.68
子节点男性基尼得分 = 0.65×0.65 + 0.35×0.35 = 0.55
性别分支加权基尼得分 = 10/30×0.68 + 20/30×0.55 = 0.59

性别分支基尼指数 = 1 − 0.59 = 0.41
按照年龄分支：
35 岁以下子节点基尼得分 = 0.43 × 0.43 + 0.57 × 0.57 = 0.51
35 岁及以上子节点基尼得分 = 0.56 × 0.56 + 0.44 × 0.44 = 0.51
年龄分支加权基尼得分 = 14/30 × 0.51 + 16/30 × 0.51 = 0.51
年龄分支基尼指数 = 1 − 0.51 = 0.49
综上，按照性别分支的基尼指数较小，分类后纯度较大，因此应该按照性别进行分支。

9.1.4 卡方

卡方是一种可以计算子节点和父节点之间差异的统计显著性的算法。目标是检验某个划分不可能是由偶然因素和随机产生的可能性。可以通过目标变量观察频率和预期频率的标准化差异的平方和来衡量。好的划分方式得出的所有子节点具有最大的卡方值。卡方具有以下特点：

(1) 它适用于分类目标变量"成功"或"失败"。
(2) 它可以执行两个或多个分支。
(3) 卡方检验值越高，子节点与父节点差异的统计显著性越高。
(4) 每个节点的卡方值用公式计算：

$$\text{卡方} = \sqrt{\frac{(\text{实际} - \text{预期})^2}{\text{预期}}} \tag{9-2}$$

(5) 它生成一种名为 CHAID(卡方自动交互检测器)的树。

计算用于分支的卡方的步骤为，首先通过计算成功和失败的偏差来计算单个节点的卡方，再使用分支的每个节点的成功和失败的所有卡方之和计算分支的卡方。

例 9.2 计算如图 9-3 所示中根据性别和年龄分类的卡方值。

解：根据性别分支：

首先，填充分类为女性的节点，填充"有驾照"和"没有驾照"的实际值，分别是 2 和 8。再计算"有驾照"和"没有驾照"的期望值都是 5，因为父节点的概率为 50%，我们对男性计数应用了相同的概率(10)。

再使用公式计算偏差，偏差等于实际值 − 预期值。它代表"有驾照"(2 − 5 = −3)和"没有驾照"(8 − 5 = 3)。使用公式计算"有驾照"和"没有驾照"节点的卡方，公式为式(9-2)。可以参考表 9-1 进行计算。

同样，可以按照类似的步骤计算分类为男性的节点的卡方值。

最后将所有卡方值相加，计算根据性别分支的卡方值。

根据性别分类计算表 表 9-1

节点	有驾照	没有驾照	总计	预期有驾照	预期没有驾照	有驾照偏差	没有驾照偏差	卡方 有驾照	卡方 没有驾照
女性	2	8	10	5	5	−3	3	1.34	1.34
男性	13	7	20	10	10	3	−3	0.95	0.95
							卡方总计	4.58	

根据年龄分支：

根据年龄执行类似的计算步骤，将得到表9-2。

根据年龄分类计算表 表9-2

节点	有驾照	没有驾照	总计	预期有驾照	预期没有驾照	有驾照偏差	没有驾照偏差	卡方 有驾照	卡方 没有驾照
35岁以下	6	8	14	7	7	−1	1	0.38	0.38
35岁及以上	9	7	16	8	8	1	−1	0.35	0.35
							卡方总计	1.46	

综上，按照性别分支的卡方较大，划分后纯度提升最快，因此该处应该按照性别进行分支。

9.1.5 信息增益

信息论是一种度量方法，用来定义一个被称为熵的系统的无序程度。在信息论和概率统计中，熵是表示随机变量不确定性（复杂度）的度量。如果样本是完全均匀的，则熵为零，如果样本是等分的（50% − 50%），则熵为1，即熵越大，随机变量的不确定性就越大。所以，在运用的过程中，比较划分前后子集熵的大小即计算其差值，可以得出利用该特征进行划分时的效果，也就是信息增益。

相比基尼指数而言，熵值到达峰值的过程相对更慢，因此熵对无序集合的惩罚会更重，所以熵的使用频率更高。熵的计算公式如下：

$$熵值(Entropy) = -p\log p - q\log q \qquad (9-3)$$

这里 p 和 q 分别是该节点中成功和失败的概率。通常，式（9-3）中的对数采用以2为底或以自然对数 e 为底，此时，熵的单位分别为比特（bit）或纳特（nat）。熵也用于分类目标变量。它选择的分支具有最低的熵，相比父节点和其他分支而言更低。熵越小越好。

将特征 A 对训练数据集 D 的信息增益 $g(D,A)$ 定义为集合 D 的经验熵 $H(D)$ 与特征 A 给定条件下 D 的经验条件熵 $H(D|A)$ 之差，即 $g(D,A) = H(D) - H(D|A)$，等价于训练集中类与特征的互信息。信息增益代表了在一个条件下，信息复杂度（不确定性）减少的程度。其中，经验熵（当熵中的概率通过数据估计例如最大似然估计得到时，对应的熵称为经验熵）表示对数据集分类的不确定性，经验条件熵则表示特征在给定条件下对数据集分类的不确定性。

计算分支熵首先要计算父节点熵，再计算每个分支节点的熵，并计算分支中所有可用子节点的加权平均值。

划分前的熵值是已知且确定的，然而划分后的熵值却不确定。该熵值越大表示该次划分后的数据子集纯度越低，即不确定性也越大。因此，为了更快更好地实现数据划分，需要找到使得纯度增加最快的各个特征。而信息增益依赖于特征，具有更大信息增益的特征则具有更强的分类能力，所以在利用信息增益衡量划分效果时，信息增益越大越好。因此，特征选择准则是对训练数据集分别计算每个特征的信息增益，选择信息增益最大（信息不确定性减少的程度最大）的特征作为分支特征，构造决策树。

然而，信息增益在使用的过程中也存在一些缺点。信息增益与训练数据有密切关系，因此其大小只是相对含义,而非绝对意义。由于取值更多的特征在划分后得到的子集通常会纯度更高,从而使得熵值更低,导致较大的信息增益。因此,得到的信息增益会更倾向于取值多的特征。该问题可以通过信息增益比进行校正。

信息增益比的计算公式如下:

$$g_R(D,A) = \frac{g(D,A)}{H(D)} \tag{9-4}$$

即特征 A 对训练集 D 的信息增益比为信息增益与训练集 D 的经验熵之比。

例9.3 计算如图 9-3 所示中根据性别和年龄分类的熵值。

解:父节点的熵 = $-\frac{15}{30}\log_2\frac{15}{30} - \frac{15}{30}\log_2\frac{15}{30} = 1$。这里 1 表示它是一个不纯节点。

女性节点的熵 = $-\frac{2}{10}\log_2\frac{2}{10} - \frac{8}{10}\log_2\frac{8}{10} = 0.72$

男性节点的熵 = $-\frac{13}{20}\log_2\frac{13}{20} - \frac{7}{20}\log_2\frac{7}{20} = 0.93$

分支性别熵 = 子节点加权熵 = $10/30 \times 0.72 + 20/30 \times 0.93 = 0.86$

35 岁以下节点的熵 = $-\frac{6}{14}\log_2\frac{6}{14} - \frac{8}{14}\log_2\frac{8}{14} = 0.99$,35 岁及以上节点的熵 = $-\frac{9}{16}\log_2\frac{9}{16} - \frac{7}{16}\log_2\frac{7}{16} = 0.99$

分支年龄熵 = $14/30 \times 0.99 + 16/30 \times 0.99 = 0.99$

在上面,可以看到性别分支的熵在所有的树中是最低的,所以决策树将按照性别分支。此外,可以从熵中推导出信息增益为 1 – 熵值。

9.1.6 方差缩减

方差缩减是一种用于连续目标变量(回归问题)的算法,主要可以解决预测数值型变量的决策树应用问题。该算法采用标准方差公式来选择最优分支,可以减少分类的分散性。选择方差较低的分支作为分支总体的标准:

$$方差(\text{Variance}) = \frac{\sum(X - \bar{X})^2}{n} \tag{9-5}$$

计算方差时,首先要计算每个节点的方差,再计算每个分支的方差作为每个节点方差的加权平均值。

例9.4 计算如图 9-3 所示中根据性别和年龄分类的方差值。

解:将"有驾照"指定数值 1,"没有驾照"指定数值 0。

根节点方差的平均值为 $(15 \times 1 + 15 \times 0)/30 = 0.5$,共有 15 个 1 和 15 个 0。此时,方差为 $[15 \times (1 - 0.5)^2 + 15 \times (0 - 0.5)^2]/30 = 0.25$

分类为女性节点的平均值 = $(2 \times 1 + 8 \times 0)/10 = 0.2$,方差 = $[2 \times (1 - 0.2)^2 + 8 \times (0 - 0.2)^2]/10 = 0.16$

分类为男性节点的平均值 = $(13 \times 1 + 7 \times 0)/20 = 0.65$,方差 = $[13 \times (1 - 0.65)^2 + 7 \times (0 - 0.65)^2]/20 = 0.23$

性别分支方差 = 子节点加权方差 = $10/30 \times 0.16 + 20/30 \times 0.23 = 0.21$

分类为35岁以下节点的平均值 = $(6 \times 1 + 8 \times 0)/14 = 0.43$，方差 = $[6 \times (1-0.43)^2 + 8 \times (0-0.43)^2]/14 = 0.24$

分类为35岁及以上节点的平均值 = $(9 \times 1 + 7 \times 0)/16 = 0.56$，方差 = $[9 \times (1-0.56)^2 + 7 \times (0-0.56)^2]/16 = 0.25$

年龄分支方差 = $14/30 \times 0.24 + 16/30 \times 0.25 = 0.25$

综上，按照性别分支的方差较小，划分后纯度提升最快，因此该处应该按照性别进行分支。

9.2 决策树参数设置及剪枝

经过特征选择后，在决策树的生成过程中需要设置树的各项参数，此后还需要进行决策树的剪枝来尽量避免过拟合现象。导致过拟合现象的原因是在进行学习的过程中，过于考虑尽可能地调高对训练数据的分类准确性，进而得出过于复杂的决策树，导致决策树可能在训练数据上效果良好，但是在测试数据集上结果很差，不具备较好的泛化能力。因此，在建立决策树模型时，防止过度拟合是关键。

9.2.1 设置树大小限制

如图9-4所示，给决策树设置大小限制有以下几种情况：

(1) 节点拆分的最小样本数

节点拆分的最小样本数是指在定义节点时，需要考虑拆分的最小样本数(或观测值)，在使用Python的sklearn.tree包时，默认为2。该值会限制子树继续划分的条件，当该值为整数时，如果某个节点的样本数小于该值，则决策树会停止在该处寻找最佳特征进一步划分；当该值为浮点数时，则代表样本总数的百分比(向上取整)。所以如果放入决策树中的数据量较小时，参数节点拆分的最小样本数意义不大，反之若数据量很大，则最好可以增大该参数值。该数可以用于控制过拟合，但过高的值可能导致拟合不足。因此，应使用交叉验证进行调整。

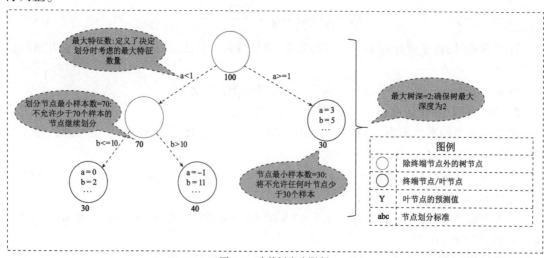

图9-4 决策树大小限制

(2) 终端(叶)节点的最小样本数

终端(叶)节点的最小样本数是指定义终端节点或叶节点中所需的最小样本数量(或观测值数量)。如果划分到某个终端节点的数据量小于该参数值,则将会被剪枝。也可以用于控制过拟合,类似于最小样本分支。对于不平衡的分类问题,一般应选择较低的值,因为少数类占多数的情况将非常少。

(3) 树的最大深度(垂直深度)

在 Python 的 sklearn 中默认为"None"。树的最大深度在样本或特征很少时作用不大,但是在样本数以及特征数均很多的情况下需要进行限制,常用值介于 10~100 之间。该参数值可以用于控制过拟合,因为更大的深度会使得模型学习特定样本的特性,也应使用交叉验证进行调整。

(4) 最大终端节点数

最大终端节点数是指决策树中终端节点或叶节点的最大数目,可以代替最大深度。该参数值也可以防止过拟合。默认情况下最大终端节点数为"None",也就是不对终端节点数进行限制。由于创建了二叉树,"n"的深度最多会产生 2^n 个叶节点。若决策树的特征很多时,可以设置该参数,具体数值可以通过交叉验证得到。

(5) 拆分时要考虑的最大特征数

搜索最佳分支时要考虑的随机选择的特征数,默认为"None"。依据经验法则来说,特征总数的平方根非常有效,但是使用者应该检查特征总数的 30%~40% 以找到最佳参数值。一般而言,较高的值可能导致过度拟合,但这取决于具体情况。通常样本特征值不多,例如小于 50 时,使用默认值就可以。相反,倘若特征值非常多,可以灵活使用上述其他各参数的取值来控制该最大特征数,以控制决策树的生成时间。

9.2.2 树木修剪(Pruning)

如前所述,设置约束的技术是一种贪婪的方法。换言之,它将立即检查最佳分支并向前移动,直到达到指定的停止条件之一。这样得出的决策树通常可以准确地进行训练数据的分类,但是在未知的测试数据上表现却没那么好,也就是说出现过度拟合的现象。解决该问题需要考虑减少决策树的复杂度,即对已生成的决策树进行化简。

决策树剪枝通常包括预剪枝(Pre-Pruning)和后剪枝(Post-Pruning),主要通过最小化决策树整体的损失函数或代价函数来实现。在使用决策树时,需要将数据集划分为训练集和验证集,前者可以决定树生成过程中每个节点划分所选择的属性;而验证集则在预剪枝时,决定某一节点是否有必要按照该属性展开,在后剪枝中用来判断该节点是否需要剪枝。

预剪枝的核心思想是:在对每一个节点进行实际划分之前,先使用验证集验证划分完是否可以提高划分和分类的准确性,如果可以则向下继续递归生成节点,反之则将该节点记为叶节点。该剪枝方式是从上向下进行。通过预剪枝,可以减少很多决策树的分支,不仅可以降低过拟合的可能,也可以有效减少训练以及测试时间。然而,预剪枝存在提升欠拟合风险的可能性,因为虽然预剪枝时验证并剪掉的划分可能无法提高分类准确性,但是该节点之后延伸出的分支有可能可以提高决策树的泛化能力。

后剪枝的进行方向与预剪枝相反,是对一个已经生成的完整决策树从下向上进行判断和剪枝。依次对非叶节点进行验证和判断,若将该节点对应的子树替换为叶节点能提升分类的准确性和泛化性能,则剪掉该子树,将其替换为叶节点。相比预剪枝,后剪枝的方法可以留下更多分支,因此欠拟合风险较小,泛化能力通常也较优。但是,由于后剪枝是在整棵决策树构造完成后,从下往上依次进行验证,耗费的时间成本较大。

如图9-5所示,当开车时,让我们考虑以下情况:
共有2条车道:
(1)汽车以80km/h的速度行驶的车道。
(2)卡车以30km/h的速度行驶的车道。
此时,您就是图9-5中的汽车,您有两个选择:
(1)向左拐,迅速超过另外两辆车。
(2)继续在现在的车道上行驶。

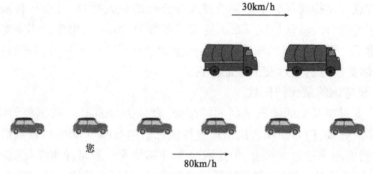

图9-5　两车道及汽车、卡车运行情况

在前一种选择中,您将立即超越前面的汽车,并在卡车车道以30km/h的速度开始行驶,同时寻找一个向右后退的机会。原来在您后面的所有汽车同时向前行驶。如果您的目标是在接下来的10s内最大化您的距离,这将是最佳的选择。在第二种选择中,您以相同的速度继续前进,穿过卡车,然后超车,但这可能还取决于前方的情况。

这正是普通决策树和剪枝的区别。一个有约束的决策树不会看到前面的卡车,而会采取一种贪婪的立即换道的方法,该方法只考虑现状而不考虑未来情况。此外,如果使用修剪,实际上会提前几步做出选择。

在剪枝过程中,首先创建达到最大深度的完整的决策树。然后从底部开始去掉叶子。因为与顶部相比,叶子给了负回报。假设一次分支给的收益是 -10(损失10),然后下一次分支给的收益是20。一个简单的决策树将在第1步停止,但在修剪中,将看到总体增益为 +10,并保留两片叶子。

此外注意,sklearn的决策树分类器目前不支持剪枝。像XGBoost这样的高级包采用了树修剪以及R中的库rpart提供了一个修剪函数。

9.3　决策树应用案例讲解

本案例所采用的数据预处理方法同8.3节,具体数据处理流程和代码位于第5章,进而利用决策树模型进行超重数据分类,即利用车辆类型、轴数和载重量数据预测和判断该车辆是否超重,并且通过与实际结果对比判断模型效果。通过该模型,在实际应用中可以帮助判断某些车辆是否超重,进而避免发生交通事故。

首先,导入需要用的包以及从数据库中导入处理过的数据。

```
20. # 导入需要的包
21. from sklearn import tree
22. import pandas as pd
23. import numpy as np
24. from sklearn.model_selection import train_test_split
25. from sqlalchemy import create_engine
26. import psycopg2
27. import graphviz
28.
29. # 从数据库导入数据
30. engine = create_engine('postgresql+psycopg2'+'://' +
31.                       '你的登录名' +':' +
32.                       '你的登录密码' + "@" +
33.                       '你的主机名' + ':' +
34.                       '5432' + '/' +
35.                       '你的数据库名称')
36. data = pd.read_sql('SELECT * FROM limit_data',con = engine)
```

导入的数据如图9-6所示。

	vehicle_type	weight	alex_count	flag
0	13	23330	3	0
1	13	18010	3	0
2	12	17080	5	0
3	13	7840	6	0
4	11	6725	2	0
...	...	...	...	...
791	12	18670	2	1
792	16	49880	6	1
793	16	49100	6	1
794	13	50740	6	1
795	13	50050	6	1

图9-6 处理后的治超数据集

数据中的相应字段及其对应含义如表9-3所示。

字段表头含义表　　　　　　　　　　　　　　　　　　　　　　　表9-3

表头	含义	表头	含义
vehicle_type	车辆类型	alex_count	轴数
weight	载重量	flag	标志

其中,标志列 flag = 1 表示该行车辆超重。接着,设置自变量 X 和因变量 y 并将其转化为模型所需类型。

```
1.  # 设置自变量和因变量
2.  y = data['flag']
3.  X = data.drop(['flag'],axis = 1)
4.
5.  # 数据类型转化
6.  y_list = y.to_list()
7.  y_array = np.array(y_list)
8.  y = y_array.reshape(len(y),-1)
9.  X = X.values
```

之后划分训练集和测试集,同样选择数据集中的 80% 作为训练集,剩余 20% 作为测试集。

```
1.  # 划分训练集和测试集
2.  X_train, X_test, y_train, y_test = train_test_split(X, y,random_state = 0,train_size = 0.8)
```

利用上述训练集数据训练决策树分类模型,划分标准采用熵,最大树深设置为4。

```
1.  # 训练模型
2.  clf = tree.DecisionTreeClassifier(criterion = 'entropy',max_depth = 4)
3.  print(clf)
4.  clf.fit(X_train,y_train)
```

进行模型预测及正确率评价。正确率是指该模型预测正确的个数与总样本个数的比值。

```
1.  # 训练集上进行模型预测及评价正确率
2.  answer = clf.predict(X_train)
3.  y_train = y_train.reshape(-1)
4.  print(answer)
5.  print(y_train)
6.  print(np.mean(answer == y_train))
7.  # 测试集上进行模型预测及评价正确率
8.  answer = clf.predict(X_test)
9.  y_test = y_test.reshape(-1)
```

```
10. print(answer)
11. print(y_test)
12. print(np.mean(answer == y_test))
```

在训练集上的正确率为 98.74%，同理在测试集上的正确率为 97.50%，泛化能力较好。最后，导出决策树。

```
1.  # 导出决策树
2.  dot_data = tree.export_graphviz(clf,
3.                                  out_file = None,
4.                                  feature_names = ['vehicle_type','alex_count'
    ,'weight'],
5.                                  class_names = ['1','0'],
6.                                  filled = True,
7.                                  rounded = True,
8.                                  special_characters = True)
9.  graph = graphviz.Source(dot_data)
10. graph.render(view=True, format="pdf", filename="decisiontree_pdf")
```

读者可以根据自身需求调整各项参数来提高模型的预测能力，例如更改划分标准，可以采用本章前面章节提到的基尼指数等。此外，读者还可结合本章介绍的剪枝方法为决策树进行剪枝，减少决策树过拟合的风险。决策树如图 9-7 所示。

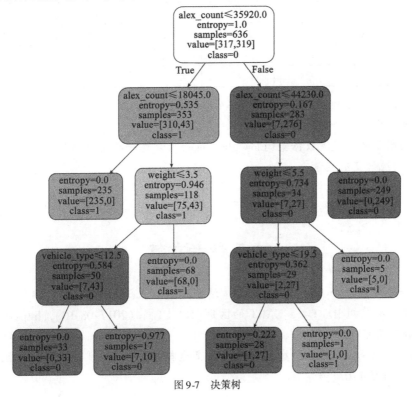

图 9-7　决策树

习 题

1.已知如下表所示的训练数据,生成一个二叉回归树。

训练数据　　　　　　　　　　　　　　　习题1表

x_i	1	2	3	4	5	6	7	8	9	10
y_i	4.50	4.78	4.91	5.32	5.80	7.05	7.80	8.23	8.72	9.00

2.已知如下表所示交通状态数据集,利用拥挤指数 CI 将路段交通拥挤状态划分为畅通、轻度拥挤、拥挤、严重拥挤 4 个状态。拥挤指数(CI)为系统延误时间和总的行程时间的比值。规定 $0 \leq CI \leq 0.15$ 时,交通状态为畅通;$0.15 < CI \leq 0.4$ 时,交通状态为轻度拥挤;$0.4 < CI \leq 0.8$ 时,交通状态为拥挤;$CI > 0.8$ 时,交通状态为严重拥挤。为简单起见,此处统一将轻度拥挤和畅通归为交通状况良好,将拥挤和严重拥挤归为交通状况不好。要求如下:

(1)求不同分支方式的基尼指数。
(2)求得完整的决策树。

交通状态数据集　　　　　　　　　　　　　习题2表

天气	时间段	节假日	道路质量	特殊天气	CI	拥挤等级
晴朗	高峰期	是	好	否	0.18	轻度拥挤
晴朗	非高峰期	是	坏	是	0.49	拥挤
晴朗	非高峰期	否	好	是	0.26	轻度拥挤
晴朗	非高峰期	否	好	否	0.70	畅通
下雨	非高峰期	否	好	否	0.11	畅通
下雨	非高峰期	否	好	是	0.23	轻度拥挤
起雾	非高峰期	否	好	是	0.45	拥挤
下雪	非高峰期	否	好	是	0.92	严重拥挤

3.在教材附带的交通流车速数据集(Speed_data.csv)上训练一个决策树模型,并预测数据集所包含时间段之后半个小时的车速。

4.在教材附带的交通流数据集(Flow_data.csv)上训练一个决策树模型,并预测 2014 年 4 月 1 日 1:00 的统计交通流量。

本章参考文献

[1] 李航. 统计学习方法[M]. 2 版. 北京:清华大学出版社,2019.
[2] ARRNOS. 决策树 ID3 C4.5 CART 的区别[EB/OL]. (2017-08-10). https://www.jianshu.com/p/805715811793.
[3] 房丽侠,魏连雨,闫伟阳. 基于决策树的交通拥挤状态预测[J]. 河北工业大学学报,2010(2):105-110.

[4] KARTHE. Tree based algorithms: a complete tutorial from scratch (in R & Python)[EB/OL].(2014-04-12). https://www.analyticsvidhya.com/blog/2016/04/complete-tutorial-tree-based-modeling-scratch-in-python/.

[5] KEVIN7561. 数据挖掘模型介绍之三:决策树[EB/OL].(2014-03-03). https://blog.csdn.net/kevin7658/article/details/20380659.

[6] 夜尽天已明. 决策树参数介绍[EB/OL].(2018-07-28). https://www.cnblogs.com/mdevelopment/p/9381726.html.

[7] WJUNNENG. 机器学习:参数/非参数学习算法[EB/OL].(2018-06-02). https://www.cnblogs.com/wjunneng/p/9126906.html.

[8] 呆呆的猫. 机器学习实战(三)——决策树[EB/OL].(2018-03-13). https://blog.csdn.net/jiaoyangwm/article/details/79525237.

[9] BRIELLEQQQQQQJIE. 统计学习方法 第五章习题答案[EB/OL].(2019-10-08). https://blog.csdn.net/qq_41562704/article/details/98590728.

第 10 章
集成学习

上一章节所述决策树是根据一系列规则将数据进行分类或回归的过程。特别地,分类决策树在实现分类目标的过程中将实例根据不同特征逐级划分为由内部节点和叶节点组成的树形结构,最后根据要求对树结构进行剪枝,缩小树结构模型,减少模型的过拟合。这种情况下的分类器往往对特定特征的分类和回归展示出较好的性能,但对于数据庞杂、数据维度大、数据分布不均等复杂数据表现乏力。此时,可通过将多个具有数据针对性的弱分类器进行结合完成目标任务,集成学习应运而生。

10.1 引　言

在过去的几十年里,学术界和工业界基于数据进行了多方面的研究,产生了很多优秀的基于数据的个体学习器,例如决策树和神经网络。在实践中往往更需要一个对所有数据集泛化性能较好的学习器,但是,由于各个体学习器的假设以及训练样本的不同,个体学习器的性能也表现出一定的差异性,例如,个体学习器 1 对数据集中具有特征 F1 的数据泛化较好,而对特征 F2 的数据泛化较差;而个体学习器 2 对数据集中具有特征 F2 的数据泛化较好,对特征 F1 的数据泛化较差。那么,如何获得比个体学习器 1 和个体学习器 2 更好性能的学习器呢? 集成学习应运而生。

集成学习将多个个体学习器通过一定的组合策略结合以达到博采众长,提升模型正确率的目标。集成学习示意图如图10-1所示。其中,个体学习器既可以为同类型,也可以为不同类型,当个体学习器为同类型时,也称为"基学习器"(Base Learner),当个体学习器为不同类型时,称为"组件学习器"(Component Learner)。

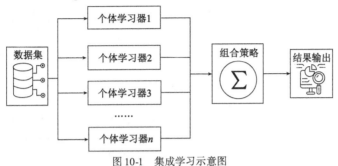

图10-1 集成学习示意图

根据集成学习中个体学习器的生成方式可以将集成学习方法分为三类:考虑个体学习器之间强依赖关系的串行生成的序列化方法、个体学习器之间不存在强依赖关系且并行生成的并列化方法以及在并行化方法基础上考虑各个体学习器预测输出的堆叠学习法。第一种方法的代表是 Boosting 算法簇,其中最著名的为 AdaBoost 算法;第二种方法的代表是 Bagging 和随机森林;第三种方法的代表是 Stacking。因此本章将分别介绍 AdaBoost、Bagging 和 Stacking。

10.2 Boosting

Boosting 实际上为一集成学习算法簇,该方法通常是以一种序列化顺序将同质的弱学习器按照某种策略进行组合,以达到提升模型性能的目的。Boosting 算法的训练过程与人类学习的过程类似,首先进行基础知识的补充学习,并进行一轮测试(如学习中的考试)评估学习内容的掌握情况,然后根据评测结果(做对了哪些题目及做错了哪些题目)修正学习目标:减少在正确题目上投入的学习精力并增大在错误题目上的投入,待一段时间之后再进行新一轮的测试评估学习结果,如果评估学习结果满足个人目标(如达到90分以上)或学习时段终止则结束此部分内容的学习。

具体地,Boosting 算法的流程如图10-2所示,通常的工作机制为:首先基于分布权重相同的初始训练集训练出一个基学习器,然后根据基学习器的评价结果调整训练集的权重(给予基学习器判别正确的样本较低的权重,而给予错误的样本更高的权重),使得后续学习器降低对前任学习器判别正确样本的关注度,而更加关注前任学习器失效的样本,之后再基于调整后的数据权重训练下一个学习器,直至学习到算法事先设定的学习器数目或最终的模型结果满足先前设定的可容忍误差为止,最后将所有学习器通过不同权重组合在一起形成更高性能的学习器。

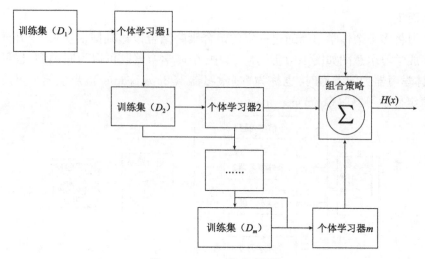

图 10-2 Boosting 算法示意图

10.2.1 AdaBoost

在 AdaBoost 算法簇中,最具代表性的为 AdaBoost 算法,其英文名称为"Adaptive Boosting",即自适应增强算法。其自适应性主要体现在:当前一个分类器分类或识别错误时,此错误分类的样本的权值会增大,而正确分类或识别的样本的权值会减小,然后基于更新的权值再训练下一个学习器。在每一次的迭代过程中,都会添加进一个新的弱学习器,直到达到设定的最大迭代次数或识别错误率达到设定的足够小的阈值。算法 10.1 展示了二分类 AdaBoost 的伪代码,具体如下:

步骤 1:按照一定比例将数据集分为训练集和测试集;

步骤 2:假设初始训练集所有数据分布权值相同,都为 $1/n$,将根据初始训练集分布训练基学习器;

步骤 3:开始实现往复循环迭代计算每次训练时的训练集权值分布及各个学习器的权重;

步骤 3.1:循环训练 M 轮得到设定的 M 个学习器;

步骤 3.2:根据训练集权值分布 D_m 训练得到学习器 $H_m(x)$;

步骤 3.3:根据公式计算 $H_m(x)$ 在数据集 D_m 上的分类误差率 e_m:

$$e_m = \sum_{i=1}^{N} P[H_m(x_i) \neq y_i] = \sum_{i=1}^{N} \omega_{mi} I[H_m(x_i) \neq y_i] \tag{10-1}$$

其中,ω_{mi} 为样本 i 在第 m 轮训练时的权重。

步骤 3.4:通过公式计算 $H_m(x_i)$ 的系数:

$$\alpha_m = \frac{1}{2} \log \frac{1-e_m}{e_m} \tag{10-2}$$

步骤 3.5:迭代更新训练集 D_{m+1} 的权值分布,为下一轮训练做好准备:

$$D_{m+1}(x_i) = \frac{D_m(x_i) \exp[-\alpha_m y_i H_m(x_i)]}{Z_m} \tag{10-3}$$

其中,Z_m为规范化因子,以确保D_{m+1}为一概率分布:

$$Z_m = \sum_{i=1}^{n} \omega_{mi} \exp[-\alpha_m y_i H_m(x_i)] \tag{10-4}$$

步骤4:将训练的各个基学习器进行组合,得到最终的分类器:

$$H(x) = \text{sign}\left[\sum_{m=1}^{M} \alpha_m H_m(x)\right] \tag{10-5}$$

式中,α_m表示各个基学习器的重要性,且需要注意的是,所有基学习器的α_m和并不为1。

算法 10.1 二分类 Adaboost 算法

输入	数据集 $D = \{(x_1,y_1),(x_1,y_1),\cdots,(x_N,y_N)\}$,其中$x_1 \in X \subseteq \mathbb{R}^n, y_1 \in Y = \{-1,+1\}$
	M:个体学习器个数
输出	最终分类器 $H(x)D_1$
1	将数据集D划分为包含n个样本的训练集D_1和包含$N-n$个样本的测试集D_2
2	初始化训练数据的权值分布$D_1 = (\omega_{11},\cdots,\omega_{1i},\cdots,\omega_{1n}),\omega_{1i} = \frac{1}{n}, i=1,2,\cdots,n$
3.1	对于$m=1,\cdots,M$,执行
3.2	基于权值分布D_m的数据集,训练得到基本学习器$H_m(x)$
3.3	计算学习器$H_m(x)$在数据集D_m上的分类误差率e_m
3.4	结合分类误差率e_m计算$H_m(x)$学习器的系数α_m
3.5	结合$H_m(x)$学习器的系数α_m更新训练数据集的权值D_{m+1}
4	通过不同权重将$H_1,H_2,\cdots,H_M$进行组合,得到最终的分类器$H(x)$

Adaboost 的提出激发了对此类算法的大量研究,例如在权重更新规则方面和分类器管理方面做了改进,其中比较著名的变种有 Real AdaBoost、Gentle AdaBoost、Float Boost、Emphasis Boost 及 Reweight Boost 等。

10.2.2 梯度提升决策树算法(GBDT)

梯度提升决策树算法(Gradient Boosting Decision Tree,GBDT)是一种基于损失函数在当前模型中的负梯度,寻找提升树模型最快的算法。模型的输入为数据集 $D = \{(x_1,y_1),(x_1,y_1),\cdots,(x_N,y_N)\}$,其中$x_1 \in X \subseteq \mathbb{R}^n, y_1 \in Y = \{-1,+1\}$,决策树的个数$M$,其具体的训练过程为:

步骤1:按照一定比例将数据集分为包含n个样本的训练集D_1和包含$N-n$个样本的测试集D_2;

步骤2:创建只有一个根节点的初始回归树:

$$f_1(x) = \arg\min_{c} \sum_{i=1}^{n} L(y_i,c) \tag{10-6}$$

步骤3.1:从$M=2$开始循环训练$M-1$轮共计得到M棵树;

步骤3.2:计算拟定的损失函数在当前模型的负梯度值,将其作为残差的估计值:

$$r_{mi} = -\left[\frac{\partial L(y_i, f(x_i))}{\partial f(x_i)}\right]_{f(x)=f_{m-1}(x)} \tag{10-7}$$

步骤 3.3：基于 (x_i, r_{mi}) 拟合一棵子树，得到第 m 棵回归树，其对应的叶节点区域为 $R_{mz}, z = 1, 2, \cdots, Z$。

步骤 3.4：对于每一叶节点区域，计算叶节点区域的值以使得损失函数最小化：

$$c_{mz} = \arg\min_c \sum_{x_i \in R_{mz}} L[y_i, f_{m-1}(x_i) + c] \tag{10-8}$$

步骤 3.5：更新回归树：

$$f_m(x) = f_{m-1}(x) + \sum_{z=1}^{Z} c_{mz} I(x \in R_{mz}) \tag{10-9}$$

步骤 4：计算得到最终回归模型：

$$\hat{f}(x) = f_M(x) = \sum_{m=1}^{M} \sum_{z=1}^{Z} c_{mz} I(x \in R_{mz}) \tag{10-10}$$

在这里需要提到一种对 GBDT 算法进行诸多算法和工程上改进的 XGBoost 算法，此算法是由陈天奇等开发的一个开源机器学习项目，已经被广泛应用于多个机器学习竞赛当中，有兴趣的读者可自行查阅相关资料阅读研究，本章将不再单独介绍。

10.3 Bagging

相比 Boosting 算法，还有一种能够并行计算各个弱学习器表现性能并将其训练结果统一进行组合的算法，这种算法有助于快速提升模型性能并降低运算复杂度，集成学习中最著名的并行化方法为自主聚合（Bagging）。Bagging 算法类似于"少数服从多数"的投票机制，一个基于 bagging 算法的车辆是否超载分类模型结果如表 10-1 所示，本例中训练了三个个体学习器，最终模型的输出结果表示为三个个体学习器输出结果的众数（此例中的组合策略为判别的众数即为模型最终结果）。

基于 Bagging 的车辆超载分类示例　　　　　　　　　　表 10-1

数据	模型 A	模型 B	模型 C	Bagging 结果	真实路况
数据 1	超载	未超载	超载	超载	超载
数据 2	超载	超载	未超载	超载	超载
数据 3	超载	未超载	未超载	未超载	未超载

Bagging 方法是出现最早，形式最简单却非常有效的集成算法之一。Bagging 方法通常相互独立地并行化学习多个弱学习器，然后按照某种组合策略将这些弱学习器的结果进行组合形成模型最终结果，从而实现鲁棒性更强的集成模型。这种方法在一定程度上可在训练模型中减少过拟合，这使得其能够适用于训练数据规模较大的复杂系统中。Bagging 方法的示意图如图 10-3 所示，首先将数据集分为训练集和测试集，然后从训练集中有放回地抽样 n 组样本，基于每组样本生成一个单独的个体学习器，然后使用组合策略获得性能更强的组合模型 $H(x)$，最后将测试集输入 $H(x)$ 验证模型的性能。

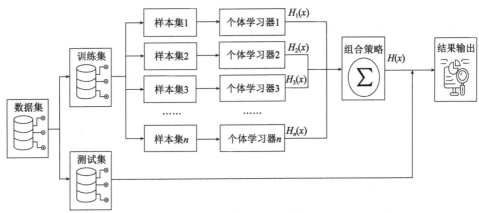

图 10-3　Bagging 方法示意图

在进行样本抽样时,所抽取的样本应该满足代表性和独立性:

(1)代表性:初始数据集 D 样本数量足够大以接近真实分布,这样从数据集中抽取的样本数据则具有对真实数据分布良好的代表性。

(2)独立性:与抽取样本数量相比,初始数据集 D 应该足够大,这样抽取的样本之间就不会有太大的相关性,此时根据不同的抽样样本训练出的个体学习器也具有不同的特性。

如此,即使某次抽样的样本中存在较小扰动,也可以通过拥有多特征的集成学习模型减小此扰动,即通过增加 Bagging 算法个体学习器的多样性,可减少集成模型的方差。对于 Bagging 算法来说,假设在数据集 D 中采样 n 组样本,则样本在 n 次采样中始终不会被采到的概率为 $\left(1-\dfrac{1}{n}\right)^n$,当采样次数趋于无穷大时,可以得到:

$$\lim_{n\to\infty}\left(1-\frac{1}{n}\right)^n \to \frac{1}{e} \approx 0.368 \tag{10-11}$$

即当采样次数趋于无穷大时,数据集中 63.2% 的样本会被采样到,随着采样次数的增加,占比迅速增大,最终趋于收敛。另外,假设个体学习器的计算复杂度为 $O(m)$,组合策略的复杂度为 $O(c)$,则 Bagging 算法的计算复杂度为 $T(O(m)+O(c))$,但是通常来说 $O(c)$ 都很小,因此 Bagging 算法训练与个体学习器的复杂度同阶,说明 Bagging 算法是一个非常高效的集成学习算法。

算法 10.2 展示了一个分类 Bagging 算法的伪代码。与传统的分类算法相比,Bagging 有三方面的优势:①通过训练不同特性的个体学习器增加了分类模型的正确率和健壮性;②从偏差-方差分解角度来看,其减少了分类器的方差;③与 AdaBoost 不同,Bagging 算法可以用于多分类任务。

	算法 10.2　分类 Bagging 算法
输入	数据集 $D=\{(x_1,y_1),(x_1,y_1),\cdots,(x_N,y_N)\}$,其中 $x_1 \in X \subseteq \mathbb{R}^n, y_1 \in Y=\{-1,+1\}$
	M:个体分类学习器个数
输出	最终分类器 $H(x)$
1	将数据集 D 划分为包含 n 个样本的训练集 D_1 和包含 $N-n$ 个样本的测试集 D_2
2.1	对于 $m=1,\cdots,M$,执行

续上表

算法 10.2	分类 Bagging 算法
2.2	从训练集 D_1 中有放回地采样 N 个样本
2.3	使用选取的样本训练个体分类学习器 H_m
3	通过相应的策略将 $H_1,H_2,\cdots,H_M$ 进行组合,得到最终的分类器 $H(x)$

10.4 Stacking

集成学习本质思想在于构建多个个体学习器,然后通过投票法和平均法等组合策略将多个个体学习器组合用于最终决策。除此之外,还有另外一种组合策略就是使用另外一个机器学习算法将个体学习器的结果进行组合,这个方法就是 Stacking。Stacking 方法与 AdaBoost 和 Bagging 方法的不同主要在两方面:①Stacking 方法考虑的是异质弱学习器,而 AdaBoost 和 Bagging 方法考虑的是同质弱学习器;②Stacking 方法使用另外一个机器学习算法组合基础学习模型,而 AdaBoost 和 Bagging 方法根据确定性算法组合弱学习器。

在 Stacking 方法中,将个体学习器称为初级学习器,用于结合的学习器称为次级学习器或元学习器(Meta-learner);初级学习器使用的训练数据叫做初级训练集,次级学习器使用的训练数据叫做次级训练集,次级训练集是初级学习器在初级训练集上得到的输出与对应样本标签的组合。Stacking 方法的示意图如图 10-4 所示,其中初级学习器基于训练集得出的结果作为元学习器的输入训练模型,最终输出优化的模型结果。

图 10-4 Stacking 方法示意图

算法 10.3 展示了一个分类 Stacking 算法的伪代码,通过这种方法将异质学习器进行组合通常可获得更好的性能。在实际 Stacking 模型训练过程中,主要采用 k 折交叉验证算法来使初级学习器产生次级学习器的训练集,两层 Stacking 算法的训练流程如图 10-5 所示,首先将初始的训练集 D 随机划分为 k 个大小相同的子训练集 $D_1,D_1,\cdots,D_k$,对第 i 折来说,将 D_i 和 D/D_i 分别作为其测试集和训练集。此时,当给定 M 个初级学习器时,对于训练集,每个初级学习器根据每一折的训练集生成模型,并将当前训练数据集的预测值和原始标签作为次级学习器的训练数据集;对于测试集,将每个初级学习器根据每一折所得出模型对测试集的预测值以及标签作为次级学习器的测试数据集。

\multicolumn{2}{c	}{算法 10.3　分类 Stacking 算法}
输入	数据集 $D = \{(x_1,y_1),(x_1,y_1),\cdots,(x_N,y_N)\}$，其中 $x_1 \in X \subseteq \mathbb{R}^n, y_1 \in Y = \{-1,+1\}$ M:初级学习器个数 初级学习器算法: $A_1, A_2, \cdots, A_M$ 元学习器算法: A
输出	最终分类器 $H(x)$
1	将数据集 D 划分为包含 n 个样本的训练集 D_1 和包含 $N-n$ 个样本的测试集 D_2
2.1	对于 $m = 1, \cdots, M$, 执行
2.2	$H_m = A_m(D_1)$
3	$D' = \phi$
4.1	对于 $n = 1, \cdots, n$, 执行
4.2	对于 $m = 1, \cdots, M$, 执行
4.3	$o_{n,m} = H_m(x_n)$
4.4	$D' = D' \cup [(o_{n,1}, o_{n,1}, \cdots, o_{n,M}), y_n]$
5	$h' = A(D')$
6	最终的分类器: $H(x) = h'(H_1, H_2, \cdots, H_M)$

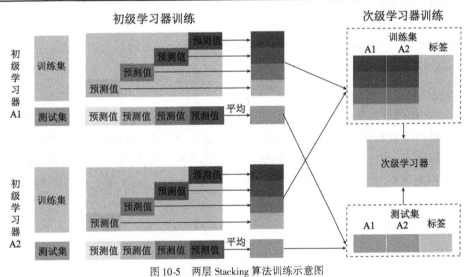

图 10-5　两层 Stacking 算法训练示意图

10.5　案例应用

集成学习现在已被广泛应用于文本分类、人脸识别以及计算机辅助等多个领域，也被应用于交通领域中用于解决各种问题，如超限车辆分类、非通勤群体识别及事故清理时间预测等。

10.5.1　模型建立及训练

本小节将通过 Bagging 算法和 Boosting 算法实现超限车辆分类，所使用到的数据已在第 3

章导入到了数据库中。首先需要将所需要的数据从数据库中导入到 Python 中，然后再进行建模分析，所需要的数据存储在名为"limit_data"的表中。基于 Bagging 算法和 Boosting 算法实现超限车辆分类主要可分为四个步骤：依赖包导入、数据特征选取和数据集切分、模型建立并训练及模型验证。

（1）依赖包导入

本次集成学习模型主要通过 Python 语言的第三方包"Scikit-learn"实现，其中包含了多个集成学习算法，本小节仅导入所需的 Adaboost 算法和 Bagging 算法。在模型训练完毕之后，需要对训练结果进行可视化，因此还需要导入第三方可视化包"Matplotlib"，具体导入依赖包如下所示：

```
1.  from sklearn.ensemble import AdaBoostClassifier,BaggingClassifier    #用于建立
    集成学习模型
2.  from sklearn.model_selection import train_test_split                 #用于将将
    分割数据集为训练集和测试集
3.  from sklearn.metrics import confusion_matrix,ConfusionMatrixDisplay  #混淆矩阵
    数据获取和展示
4.  import matplotlib.pyplot as plt                                      #可视化展
    示
5.  from matplotlib.pyplot import MultipleLocator                        #设置轴刻
    度间隔
```

（2）数据特征选取和数据集切分

在建立模型之前，首先将所需要的数据从数据库导入 Python 中，然后根据本案例的需要选取模型的特征变量和标签变量，此模型中特征变量包含 4 个，分别为：车辆类型、车辆载重、轴数和车辆限重，标签变量为车辆是否超重。在模型训练之前，需要将特征变量和标签变量划分为训练集和测试集，本次为了获得可复制结果，设置 random_state 为 1，训练集样本数量：测试集样本数量 = 3∶1。

```
1.  #从数据库中获取所需数据
2.  engine = create_engine('postgresql+psycopg2'+'://' +
3.                         '你的登录名' +':' +
4.                         '你的登录密码' + "@" +
5.                         '你的主机名' + ':' +
6.                         '5432' + '/' +
7.                         '你的数据库名称'
8.                         )
9.  data = pd.read_sql('SELECT * FROM limit_data',con=engine)
10.
11. X = data.loc[:,['vehicle_type','weight','alex_count']]    #特征变量选取
12. Y = data.loc[:,['flag']]                                  #标签
```

变量选取

```
13. #特征变量分割为训练集和测试集
14. X_train, X_test= train_test_split(X,           #特征变量数据集
15.                         random_state=1,        #获得可复制的结果
16.                         test_size=0.25         #测试集占比
17.                         )
18. #标签变量分割为训练集和测试集
19. y_train, y_test = train_test_split(Y,          #标签变量数据集
20.                         random_state=1,        #获得可复制的结果
21.                         test_size=0.25         #测试集占比
22.                         )
```

(3) 建立模型并训练

在 Python 中，建立 Bagging 模型和 Boosting 模型非常简单，只要指定属性关系、所使用的数据及个体学习器的数目，即可快速建立一个集成学习模型。本次案例中为了对比不同基学习器数量下模型的性能表现，特分别设置基学习器数量从 1 至 10 变化，并存储模型训练和测试结果。需要说明的是，sklearn 第三方库中 Bagging 算法和 Boosting 算法的基学习器都默认使用决策树，如读者想使用其他的基学习器，则可更改模型建立中的"base_estimator"字段。另外，为了实现实验的可重复性，本实例特别设置了种子为 1。当然，在实际训练过程中，研究人员都可根据自己数据情况、研究目标设置训练数据与测试数据的占比以及个体学习器的个数。

```
1.  train_result = []     #存储训练集准确率
2.  test_result = []      #存储测试集准确率
3.  for i in range(1,11):
4.      clf = AdaBoostClassifier(n_estimators=i,   #设定子学习器数目
5.                          random_state=1         #随机种子，用于获取可复制的结果
6.                          )
7.      # clf = BaggingClassifier(n_estimators=i,  #设定子学习器数目
8.      #                    n_jobs=-1,            #使用所有处理器训练
9.      #                    random_state=1        #随机种子，用于获取可复制的结果
10.     #                    )
11.     clf.fit(X_train, y_train)                  #模型训练
12.     train_score = clf.score(X_train, y_train)  #训练集准确率
13.     test_score = clf.score(X_test, y_test)     #测试集准确率
14.     train_result.append(train_score)
15.     test_result.append(test_score)
```

(4) 模型结果可视化

模型结果可视化主要分为两部分：

①不同数量基学习器下的模型性能展示，即绘制模型随基学习器数量增长时的训练集准确率和测试集准确率的变化情况。

```
1.  #=======不同数量基学习器下的模型性能展示============
2.  def plot_train_test_score_curve(train_result,test_result):
3.      fig, ax = plt.subplots(1, 1, figsize=(7, 4))           #设置绘图画布大小
4.      x_value = list(range(1,11))                            #X轴刻度设置
5.      plt.plot(x_value,train_result)                         #绘制训练集准确率
6.      plt.plot(x_value,test_result)                          #绘制测试集准确率
7.      plt.legend(["Train Result","Test Result"])             #设置legend
8.      fontdict = {'family':'Microsoft YaHei','size':12}      #坐标轴字体格式设置
9.      plt.xlabel('nEstimator',fontdict=fontdict)             #X坐标轴标签设置
10.     plt.ylabel('Score',fontdict=fontdict)                  #Y坐标轴标签设置
11.     x_major_locator=MultipleLocator(1)                     #X轴刻度间隔设置
12.     ax.xaxis.set_major_locator(x_major_locator)
13.     y_major_locator=MultipleLocator(0.01)                  #Y轴刻度间隔设置
14.     ax.yaxis.set_major_locator(y_major_locator)
15.     plt.show()                                             #图像显示
16.
17. plot_train_test_score_curve(train_result,test_result)
```

②单个模型测试集下的混淆矩阵展示，即展示单个模型下预测为真真实为真、预测为真真实为假、预测为假真实为真和预测为假真实为假的样本量。

```
1.  # ============混淆矩阵图展示===========
2.  y_pre = clf.predict(X_test)                                #测试集分类预测
3.  C2 = confusion_matrix(y_test, y_pre)                       #构建混淆矩阵
4.  disp = ConfusionMatrixDisplay(confusion_matrix=C2,         #指定混淆矩阵数据
5.                                display_labels=clf.classes_  #指定类标签
6.                                )
7.  disp.plot()           #图像绘制
8.  plt.show()            #图像展示
```

10.5.2 模型结果分析

（1）模型最终性能比较

在本数据集下，Adaboost 模型和 Bagging 模型最终都表现出了非常优异的性能，最终结果如表10-2 所示，当基学习器数目为10时，两个模型在训练集上的正确率都为100%，并且两个模型在测试集上也表现出了非常好的泛化性能，预测准确率都超过了98%，Bagging 的模型预测准确率甚至接近99%。

表 10-2 Adaboost 和 Bagging 模型分类正确率

模　　型	训练集正确率	测试集正确率
Adaboost	100%	98.99%
Bagging	100%	98.99%

(2) 随基学习器个数变化性能比较

图 10-6 和图 10-7 分别展示了 Adaboost 模型和 Bagging 模型随基学习器个数增加的性能表现。随着基学习器数目的增多，Adaboost 模型在训练集和测试集上的表现逐步提升，Bagging 模型的表现始终维持在较高的水平。结果可解释为由于 Adaboost 算法会增加错误样本的训练权重，使得模型性能随着基学习器数目的增加而增大；而 Bagging 算法为并行化采样训练算法，其在增加基学习器数目时会逐步提升模型性能，但当数目过多时可能会造成过拟合，本案例数据下，若为了在保证模型最佳性能的基础上兼顾运行效率，可设置 Bagging 模型的基学习器个数为 5，当然，具体基学习器数目需要根据实际数据自行设定。

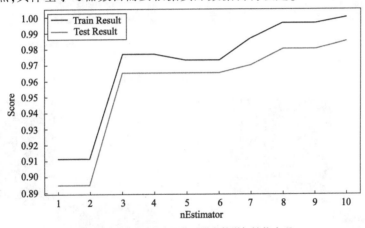

图 10-6　Adaboost 随基学习器个数增加性能表现

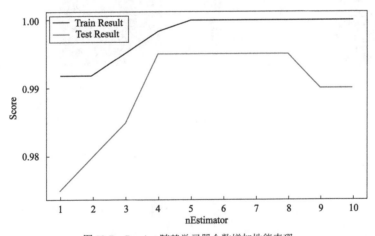

图 10-7　Bagging 随基学习器个数增加性能表现

另外，为了更加细致地比较模型性能变化，本节特选定对基学习器数目较少($n=2$)与基学习器数目最大($n=10$)两种情况下的预测准确率混淆矩阵进行展示，如图 10-8 和图 10-9 所示。Adaboost 的提升效果较为明显，真实标签为"非超载"(图中由 0 表示)被判别为"超载"

(图中由 1 表示)的错误数目由 4 个变为 1 个,真实标签为"超载"但被判别为"非超载"的错误数目由 17 个变为 2 个,错误判别率下降了 85.71%,而 Bagging 模型的错误判别率下降了 50%。

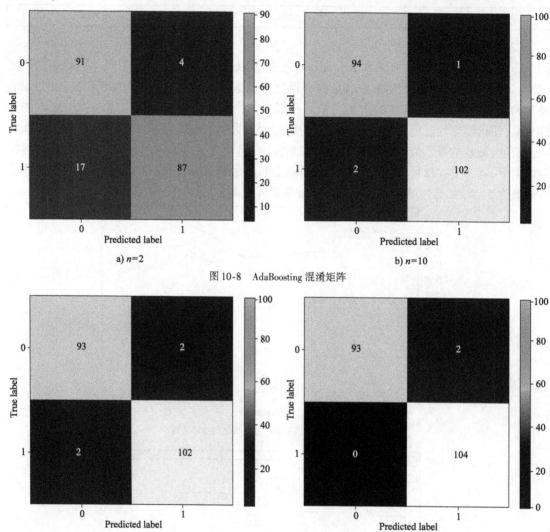

图 10-8　AdaBoosting 混淆矩阵

图 10-9　Bagging 混淆矩阵

习　　题

1. 试阐述一下为什么要使用集成学习。
2. 试阐述 Boosting 算法的步骤。
3. 试阐述 Boosting 和 Bagging 的主要区别。
4. 试分析 AdaBoost 和 GBDT 之间的异同点。

5. 给定如下表的数据,试计算 Adaboost 算法在第二次训练时的数据权值分布。

习题 5 表

序号	1	2	3	4	5	6	7	8
X	0	1	2	3	4	5	6	7
Y	−1	1	1	1	−1	−1	1	−1

6. 选择自己研究领域的数据集,试用 Python 语言自己编写集成学习算法或使用 Scikit-leran 第三方包实现回归或分类。

本章参考文献

[1] ZHANG C, MA Y. Ensemble machine learning: methods and applications[M]. New York: Springer Science + Business Media, 2012.

[2] 周志华. 机器学习[M]. 北京:清华大学出版社,2016.

[3] 李航. 统计学习方法[M]. 2 版. 北京:清华大学出版社,2019.

[4] DU B, LIU C R, ZHOU W J, et al. Detecting pickpocket suspects from large-scale public transit records[J]. IEEE Transactions on Knowledge and Data Engineering, 2018, 31(3): 465-478.

[5] HASTIE T, TIBSHIRANI R, FRIEDMAN J. The elements of statistical learning[M]. 2nd ed. New York: Springer, 2001.

[6] FREUND Y, SCHAPIRE R E. A short introduction to boosting[J]. Journal of Japanese Society for Artificial Intelligence, 1999, 14(5): 771-780.

[7] FRIEDMAN J H. Greedy function approximation: a gradient boosting machine[J]. The Annals of Statistics, 2001, 29(5): 1189-1232.

[8] MA X L, DING C, LUAN S, et al. Prioritizing influential factors for freeway incident clearance time prediction using the gradient boosting decision trees method[J]. IEEE Transactions on Intelligent Transportation Systems, 2017, 18(9): 2303-2310.

第 11 章
聚类分析

上一章节所述的集成学习可以将多种弱学习器结合形成强大的目标学习器以克服弱学习器泛化能力弱的缺点。在集成学习模型中,针对带有标签的数据集,可以将支持向量机等有监督算法作为集成学习的弱学习器实现对有标注数据集分类,而对于无标签数据而言,可将聚类算法,如应用非常广泛的 K-means 算法,作为集成学习的弱学习器,实现对未标注数据集的类别划分。

11.1 引　　言

聚类在数据挖掘和模式识别领域有着广泛的应用,其主要是根据数据集中样本之间的距离或相似度将其划分为不同的类或簇,并使组与组之间的差距尽可能大,组内数据的差距尽可能小。与分类不同,在开始聚集之前用户并不知道要把数据分成几组,也不知道分组的具体标准,聚类分析时事先并不知道数据集合的特征,因此其属于无监督学习。而分类,用户则知道数据可分为几类,将要处理的数据按照分类分入不同的类别,也称为有监督学习。聚类既可以作为一个单独的工具获得数据的分布状况,观察每一簇数据的特征,集中对特定的聚簇集合作进一步的分析,用于寻找数据中内在的分布结构,也可以作为分类等其他任务的前驱过程。

聚类通常可以分为硬聚类(Hard Clustering)和软聚类(Soft Clustering),当数据集中的样本只能属于一个类别或聚类类别集合之间的交集为空时,称为硬聚类;当一个样本属于多个类或类别之间的交集不为空时为软聚类。人们基于不同的学习策略研究出了不同的聚类算法,硬聚类的代表算法为 K-means 算法和分层聚类算法,软聚类的代表算法为模糊 C-means 算法。

本章将对聚类中涉及的基本概念和常用的 K-means 聚类、分层聚类和密度聚类三种具有代表性的聚类算法进行介绍。

11.2 基本概念

11.2.1 类或簇的相关概念

给定数据集 $D = \{x_1, \cdots, x_i, \cdots, x_n\}$ 和其子集 G,x_i 和 x_j 为 G 中的任意两个样本,使用 d_{ij} 代表样本 x_i 和样本 x_j 之间的距离,通常满足公式时,可以将 G 视为一个类或簇。

$$d_{ij} \leq T \tag{11-1}$$

式中,T 为指定的正数。

常用的类的特征有两个:类的均值 $\bar{x}_G$、类的直径 D_G 以及类 G 和类 Q 之间的距离 D_{GQ}。

(1) 类的均值 $\bar{x}_G$,也称为类的中心,由类中样本的平均值刻画:

$$\bar{x}_G = \frac{1}{n_G}\sum_{i=1}^{n} x_i \tag{11-2}$$

式中,n_G 为类 G 中的样本的个数。

(2) 类的直径 D_G,由类中两个样本的最大距离来刻画:

$$D_G = \max_{x_i, x_j \in G} d_{ij} \tag{11-3}$$

(3) 类 G 和类 Q 之间的距离 D_{GQ},包含中心距离、最短距离、最长距离和平均距离。

① 中心距离:由类 G 和类 Q 的中心 $\bar{x}_G$ 和 $\bar{x}_Q$ 来刻画:

$$D_{GQ} = d_{\bar{x}_G, \bar{x}_Q} \tag{11-4}$$

② 最短距离:由类 G 中一样本和类 Q 中一样本之间的最短距离刻画:

$$D_{GQ} = \min\{d_{ij} | x_i \in G, x_j \in Q\} \tag{11-5}$$

③ 最长距离:由类 G 中一样本和类 Q 中一样本之间的最长距离刻画:

$$D_{GQ} = \max\{d_{ij} | x_i \in G, x_j \in Q\} \tag{11-6}$$

④ 平均距离:由类 G 和类 Q 中两两样本距离之和的平均值来刻画:

$$D_{GQ} = \frac{1}{n_G n_Q}\sum_{x_i \in G}\sum_{x_j \in Q} d_{ij} \tag{11-7}$$

11.2.2 距离和相似度的相关概念

聚类的实质是通过样本之间的距离或相似度将样本进行聚合,不同的相似度和距离评判会直接影响聚类的结果,设样本集合中的两个样本 $x_i = (x_{1i}, x_{2i}, \cdots, x_{pi})^T$,$x_j = (x_{1j}, x_{2j}, \cdots, x_{pj})^T$,则常用的距离度量有欧氏距离、曼哈顿距离和切比雪夫距离,可由式(11-8)~式(11-10)表示;常用的相似性度量有相关系数和夹角余弦,可由式(11-11)和式(11-13)表示。

(1) 欧氏距离：

$$d_{ij} = \left(\sum_{k=1}^{p} |x_{ki} - x_{kj}|^2 \right)^{\frac{1}{2}} \tag{11-8}$$

(2) 曼哈顿距离：

$$d_{ij} = \sum_{k=1}^{p} |x_{ki} - x_{kj}| \tag{11-9}$$

(3) 切比雪夫距离：

$$d_{ij} = \max_{k} |x_{ki} - x_{kj}| \tag{11-10}$$

其中，d_{ij} 越大，表明样本之间的相似性越小，反之表明样本之间的相似度越大。

(4) 样本 x_i 和样本 x_j 之间的相关系数：

$$r_{ij} = \frac{\sum_{k=1}^{p}(x_{ki} - \bar{x}_i)(x_{kj} - \bar{x}_j)}{\left[\sum_{k=1}^{p}(x_{ki} - \bar{x}_i)^2 \sum_{k=1}^{p}(x_{kj} - \bar{x}_j)^2 \right]^{\frac{1}{2}}} \tag{11-11}$$

其中：

$$\bar{x}_i = \frac{1}{p}\sum_{k=1}^{p} x_{ki},\ \bar{x}_j = \frac{1}{p}\sum_{k=1}^{p} x_{kj} \tag{11-12}$$

(5) 样本 x_i 和样本 x_j 之间的夹角余弦：

$$s_{ij} = \frac{\sum_{k=1}^{p} x_{ki} x_{kj}}{\left(\sum_{k=1}^{p} x_{ki}^2 \sum_{k=1}^{p} x_{kj}^2 \right)^{\frac{1}{2}}} \tag{11-13}$$

样本之间的相关系数和夹角余弦的大小展示了样本的相似程度。越是接近于 1，表明样本越相似，越接近于 0 则表明样本之间越不相似。

11.3 K-means 聚类

K-means 聚类，顾名思义就是一种基于样本均值将数据集中所有样本划分到 k 个类别或簇当中，而使得同类别中样本的距离最小或相似度最高，而非同一类别的样本之间的距离最大或相似度最小的算法。K-means 聚类属于硬分类，因此数据集中样本只能属于一个类别或簇。

具体地，给定数据集 $D = \{x_1, x_2, \cdots, x_n\}$、目标类别数目 k、目标类别集合 $C = \{C_1, C_2, \cdots, C_k\}$，定义聚类的评分函数为样本与其所属类别中心的距离之和，即：

$$L = \sum_{i=1}^{k} \sum_{x \in C_i} \|x - \mu_i\|^2 \tag{11-14}$$

其中，μ_i 为集合 C_i 的类别中心。这样，K-means 的求解问题就变为一个最优化问题：

$$C^* = \arg\min_{C} L = \arg\min_{C} \sum_{i=1}^{k} \sum_{x \in C_i} \|x - \mu_i\|^2 \tag{11-15}$$

由于将 n 个样本划分到 k 个类别或簇中，所有可能的分法数目为：

$$S(n, k) = \frac{1}{k} \sum_{i=1}^{k} (-1)^{k-i} \binom{k}{i} k^n \tag{11-16}$$

显然，这个数值是指数级的，因此找到其最优解并不容易，K-means 算法采用了贪心算法近似求解最优解。具体的过程如算法 11.1 所示，首先是初始化聚类中心和聚类结果集合；然后迭代多步骤，直至聚类结果收敛；最后输出算法聚类的分类。在每一次的 K-means 算法迭代过程中，都包含了两个步骤：

(1) 更新聚类集合：数据都被根据式(11-7)划分到距离最近的那个聚类中心所属类别当中。

(2) 更新聚类中心：根据聚类类别中的样本计算新的聚类中心。

$$z^* = \arg\min_i \{\|x - \mu_i\|^2\}, 1 \leq i \leq k \tag{11-17}$$

算法 11.1 中步骤 2.1 当聚类趋于收敛时通常有两种表现形式：①类别划分结果 C 中的样本不再发生变化；②聚类中心向量 μ^t 趋于收敛，即：

$$\sum_{i=1}^{k} \|\mu_i^t - \mu_i^{t-1}\|^2 \leq \varepsilon \tag{11-18}$$

其中，ε 为一很小的正数，表示聚类中心向量变化的阈值。在进行实际聚类任务时，可以根据样本的形式选择合适的聚类收敛形式。

	算法 11.1 K-means 算法
输入	数据集 $D = \{x_1, x_2, \cdots, x_n\}$
	k：最终聚类数目
输出	类别划分 $C = \{C_1, C_2, \cdots, C_k\}$
1	令 $t=0$，从数据集 D 中随机挑选 k 个样本作为初始聚类中心 $\mu^0 = \{\mu_1^0, \mu_2^0, \cdots, \mu_k^0\}$，初始化 $C_i = \phi, i = 1, 2, \cdots, k$
2.1	重复执行运算，直到聚类趋于收敛：
2.2	计算各个样本 x_i 到聚类中心的距离
2.3	按照与聚类中心的距离大小将样本分配到距离最近的类别中，构成类别 $C^t = \{C_1^t, C_2^t, \cdots, C_k^t\}$
2.4	计算每个类别中心，并更新 $\mu^{t+1} = \{\mu_1^{t+1}, \mu_2^{t+1}, \cdots, \mu_k^{t+1}\}$
2.5	如果聚类结果未收敛，$t = t + 1$
3	输出最终类别 $C^* = \{C_1^t, C_2^t, \cdots, C_k^t\}$

由于 K-means 算法中每一次都要计算每一个拥有 d 个维度的样本点与 k 个簇之间的距离，因此，K-means 算法迭代一次的计算复杂度为 $O(nkd)$。但是在 K-means 算法中并不是迭代一次就可以得到最优的聚类结果，因此，假设迭代 t 次得到最优聚类结果，那么 K-means 算法的计算复杂度为 $O(tnkd)$。同时，由于每一次迭代都要访问每一样本，因此，K-means 算法的 I/O 开销较大。

需要注意的是，由于 K-means 算法是基于贪婪策略进行求解的，因此，并不能保证收敛到全局最优。另外两个因素也会影响 K-means 聚类结果：①k 值的大小：K-means 算法中的 k 值都是事先确定的，而对于实际任务来说很难知道最优 k 值，当然设定不同的 k 值也就会产生不同的类集合；②初始聚类中心的选择：K-means 算法每一次更新集合内部样本都是根据上一时刻所设置的聚类中心进行聚类，由此产生的影响可以追溯到初设定的聚类中心。

(1) 针对难点 1，可首先计算聚类类别的误差平方和(Sum of the Squared Errors, SSE)，然后根据 SSE 的变化趋势判断最终聚类数目 k。因为随着 k 的增大，各个簇内部的聚合程度增加，这会使得 SSE 降低，而当 k 增加到真实聚类数目时，如果继续增加 k 的大小，SSE 的减小程度便会变缓，这个最先趋于平缓的点，即聚类类别数。SSE 由式(11-19)计算。

$$SSE = \sum_{k=1}^{K} \sum_{p \in C_k} |p - m_k|^2 \qquad (11\text{-}19)$$

式中，K 为设定的可能的聚类数目，一般设置较大（可设置为欲聚类数目的 2~3 倍）；p 为样本；m_k 为第 k 个类别的中心。

（2）针对难点 2，当前主要采取的方法是逐批次选择距离尽可能远的 k 个点。在开始聚类时，首先随机选择一个点作为初始类的聚类中心点，然后挑选出距离该初始聚类中心点最远的那个点作为第二个聚类中心点，第三个聚类中心点为距离前两个聚类中心距离最大的点，以此类推直至选择出 k 个初始类的中心点。

11.4 层次聚类

层次聚类是一种将数据聚集到层次化结构中的聚类方法，在层次化结构中，聚类最顶端只有一个包含所有样本的类，聚类的最底端为各个样本单独组成的类，如图 11-1 所示，聚类的最顶端包含了 ABCDE 五个样本，而最底端分别为 A、B、C、D 和 E 五个。

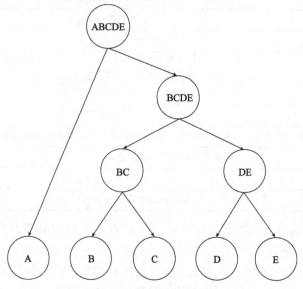

图 11-1 分层聚类系统树图

层次聚类有两种聚类方法：聚合（Agglomerative）或自下而上（Bottom-up）聚类、分裂（Divisive）或自上而下（Top-down）聚类。聚合聚类是指最初将所有样本分别分到一个类别，然后根据评判规则（距离最近或相似度最高）将最近的两个类进行合并，建立新的类别，一直重复此步骤直到所有的样本归为一个类别为止。分裂聚类是指最初将所有样本分到一个类别，然后根据评判规则（距离最远或相似度最低）将此类别分裂，一直重复此步骤直至所有样本单独属于一个类别为止。

聚合聚类算法如算法 11.2 所示，其主要分为四步：初始化、计算样本初始距离矩阵、迭代合并距离最小类别以及最终类别树输出。在迭代中主要包含三方面内容：①合并距离最小类别；②更新类别簇；③计算新的距离矩阵。值得注意的是，当我们指定最终聚类类别 k 时，则当结果中包含 k 个类别时，算法停止继续聚合输出结果。在分层聚类算法中，距离评判函数可以使用11.2.2提到的欧氏距离函数、曼哈顿距离函数和切比雪夫距离函数,相似性度量函数以使用11.2.2提到的相关系数和夹角余弦。另外,由于聚合结果并没有像K-means算法那样随机指定聚类中心,因此不会出现在聚类过程中带入初始误差。

算法11.2 聚合聚类算法	
输入	数据集 $D = \{x_1, x_2, \cdots, x_n\}$
输出	类别划分 C
1	构造 n 个类别,每个类别包含一个样本 $C_i = \{x_i\}, i = 1, 2, \cdots, n$
2	计算 n 个类别两两之间的距离,记作 $D = [d_{ij}]_{n \times n}$
3.1	重复执行运算,直到所有样本最终聚成一类:
3.2	合并类别之间距离最小的两个类 C_i 和 C_j,并将其合并为 C_{ij}
3.3	更新类别分簇:去除 C_i 和 C_j,增加 C_{ij}
3.4	计算新的类别与当前各个类别的距离
4	输出最终类别树 C^*

11.5 密度聚类

K-means 算法可以对凸形的簇进行很好的分类,但是对于非凸的数据,由于来自不同类别的样本之间的距离可能比同类别的样本之间的距离还要小,因此,K-means 很难寻找到真正的簇,而本小节所介绍的基于密度的聚类(density-based clustering)方法能够挖掘出这样的非凸簇。

基于样本密度进行聚类的算法有 DBSCAN、OPTICS 和 DENCLUE,其中最具代表性的为DBSCAN,这是一种通过设定核心点个数和邻域范围,样本的连接不断扩展簇的范围而后达到聚类的方法。本小节将主要介绍 DBSCAN 算法,在介绍此算法之前,需要首先定义7个概念:

(1) ϵ-邻域:对于一个样本 $x \in D$,在样本 x 附近距离小于 ϵ 的区域为样本 x 的 ϵ-邻域,即样本满足:

$$N_\epsilon(x) = \{y \mid d_{xy} \leq \epsilon\} \tag{11-20}$$

(2) 核心点(Core Point):对于一个样本 $x \in D$,若在 x 的 ϵ-邻域内至少有 Minpts 个点,则称 x 为一个核心点,即样本满足:

$$|N_\epsilon(x)| \geq \text{Minpts} \tag{11-21}$$

(3) 边界点(Border Point):当样本 $x \in D$ 不满足 Minpts 阈值条件但又属于另外一个核心点 z 的 ϵ-邻域时,称为边界点,即:

$$|N_\epsilon(x)| < \text{Minpts}, x \in N_\epsilon(z) \tag{11-22}$$

(4) 奇异点(Outlier):如果一个样本既不属于核心点也不属于边界点时,其为奇异点,也称噪声点。

(5) 密度直达(Directly Density Reachable):如果 $x \in N_\epsilon(y)$,且 y 为一个核心点,则称 x 是从 y 密度直达的。

(6) 密度可达(Density Reachable):如果存在一系列的点 $x_0, x_1, \cdots, x_n$,其中 x_i 是从 x_{i-1} 密度

直达,若 $x=x_0, y=x_n$,则称 y 由 x 密度可达。

(7)密度相连(Density Connected):如果存在一个核心点 z,使得点 x 和点 y 都是从 z 密度可达的,则称 x 和 y 为密度相连。

图 11-2 是对上述七个概念的展示(其中 Minpts = 3),其中虚线表示数据点的 ϵ-邻域,x_1 为核心点,x_5 为边界点,x_6 为奇异点,x_2 由 x_1 密度直达,x_3 由 x_1 密度可达,x_3 与 x_4 密度相连。

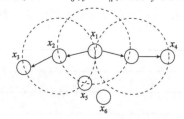

图 11-2 DBSCAN 中七个定义的相关示意图

DBSCAN 的伪代码如算法 11.3 所示。首先计算出每一个数据的 ϵ-邻域,根据 ϵ-邻域中数据的数量获得数据中的核心点,并初始化每一数据的分类标识符;然后遍历核心集中的每一样本,根据样本的连接情况不断递归扩展聚类簇,并将其中包含的样本设为同一类别;最后根据分类标识符获得最终样本类别划分。实际上,本算法中还可以继续扩展输出数据中的奇异点和边界点,奇异点为标识符 $ID(x)=\phi$ 的样本,而边界点是数据集中除核心点和奇异点之外的样本。

	算法 11.3 DBSCAN 算法
输入	数据集 $D=\{x_1, x_2, \cdots, x_n\}$
	邻域阈值:ϵ
	核心点的个数:Minpts
输出	类别划分 $C=\{C_1, C_2, \cdots, C_k\}$
1	初始化核心点集合 $M=\phi$
2.1	遍历所有样本,执行:
2.2	确定样本 x 的 ϵ-邻域 $N_\epsilon(x)$
2.3	给每一 x 设定分类标识符:$ID(x)=\phi$
2.4	如果 $|N_\epsilon(x)| \geqslant$ Minpts,则将 x 添加入核心点集合:$M=M \cup \{x\}$
3	初始化分类数:$k=0$
4.1	对于每一个 $ID(x)=\phi$,且 $x \in M$,执行:
4.2	建立新的分类标识符:$k=k+1$
4.3	将当前的核心点 x 划分为第 k 类别:$ID(x)=k$
4.4.1	对于每一个 $y \in N_\epsilon(x)$,执行:
4.4.2	将当前的数据 y 划分到第 k 类别:$ID(y)=k$
4.4.3	如果 $y \in M$,则对 $z \in N_\epsilon(y)$ 执行 4.4.1 操作
5	根据分类标识符 $ID(x)$ 将样本聚类到相应类别:$C_i=\{x \in D \mid ID(x)=i\}$
6	输出最终类别簇 $C^*=\{C_1, C_2, \cdots, C_k\}$

DBSCAN 算法最初需要设定邻域大小 ϵ 和核心点的个数 Minpts,这两个值的设定都会影响聚类结果,特别是此算法对于 ϵ 的选择非常敏感,特别是在各个类别之间的密度相差较小时,如果邻域 ϵ 设定过大,则不同的类别会被合并到同一簇;但如果邻域 ϵ 设定过小,则比较稀疏的类别容易被误判为噪声点。因此,在实际聚类中需要设定合适大小的 ϵ。在此基础上,学者提出了 OPTICS 算法。DBSCAN 中需要设定两个参数:ϵ 和 Minpts,选择不同的参数则会得到不同的聚类结果,甚至得出的结果会千差万别。OPTICS 对此进行了改进,它降低了算法对输入参数的敏感性,使得聚类效果有一定的提升。

11.6 案例应用

聚类分析是进行数据分析一项极为重要的手段,现已被应用于主题分类、推荐引擎等领域,其也是交通领域不可或缺的一项重要技术,尤其对于海量离散时间序列数据集,例如交通状态分析、车辆轨迹分析以及通行模式挖掘等问题,都是需要通过大量历史数据聚类进行更加细致的分析。本小节案例使用数据表名称为"g205_6"的数据对交通状态进行 K-means 聚类和层次聚类,主要用到的数据为时间占有率和平均车头间距。

(1)载入所需依赖包

首先,需要加载 Python 语言用于操作数据的第三方依赖包"pandas"和"numpy",执行本次聚类所使用的"Scikit-learn"中的相关聚类方法。

```
1.  from sklearn.cluster import KMeans,AgglomerativeClustering
2.  import pandas as pd
3.  import numpy as np
4.  import matplotlib.pyplot as plt
5.  from  sqlalchemy import   create_engine
6.  from  sklearn.preprocessing import StandardScaler
```

(2)所需数据字段提取及处理

一般情况下,交调数据中的时间占有率越大,平均车头间距越小表明路段越是拥堵,反之,时间占有率越小,平均车头间距越大表明路段越是通畅。原始数据中给出了上、下两层每条车道下的时间占有率和平均车头间距,在进行聚类之前,首先从数据库中将本案例所需要的数据导入到 Python 中,然后求得每一层各个时段下的时间占有率和平均车头间距。本小节将每一层上每一时段内所有车道的时间占有率的平均值和平均车头间距的平均值作为本层每时段内的最终时间占有率和最终平均车头间距。由于上层方向和下层方向结构不同,本案例特对两种方向分别进行聚类。

```
1.  #从数据库中获取所需数据
2.  engine = create_engine('postgresql+psycopg2'+'://' +
3.                         '你的登录名' +':' +
4.                         '你的登录密码' + "@" +
```

```
5.                              '你的主机名' + ':' +
6.                              '5432' + '/' +
7.                              '你的数据库名称'
8.                          )
9.    data_or = pd.read_sql('SELECT * FROM g205_6',con=engine)
10.
11.   #获取上层方向数据:S 表示上层,X 表示下层
12.   data = data_or[data_or['XSFX']=='X'].reset_index()
13.
14.   #===========获取跟车百分比和平均车头间距数据=========
15.   SJZYL_all = []  #用于存储最终时间占有率数据
16.   PJCTJJ_all = [] #用于存储最终平均车头间距数据
17.
18.   for d in range(1,31):                  #条件筛选：日期
19.       date_str = str(d)+'-Jun-21'
20.       for h in range(1,25):              #条件筛选：小时
21.           temp_list_speed = []
22.           for s in range(0,60,5):        #条件筛选：分钟时段
23.               #筛选满足条件的时间占有率数据
24.               SJZYL_temp = data[(data['GCRQ'] == date_str) &
25.                                 (data['HOUR'] == h) &
26.                                 (data['MINUTE'] == s)].loc[:,'SJZYL']
27.               # 筛选满足条件的平均车头间距数据
28.               PJCTJJ_temp =data[(data['GCRQ'] == date_str) &
29.                                 (data['HOUR'] == h) &
30.                                 (data['MINUTE'] == s)].loc[:, 'PJCTJJ']
31.
32.               #判断是否有含 0 的数据
33.               if pd.isnull(np.mean(list(filter((0).__ne__, PJCTJJ_temp)))) or \
34.                   pd.isnull(np.mean(list(filter((0).__ne__, SJZYL_temp)))):
35.                   continue
36.               else :
37.                   PJCTJJ_all.append(np.mean(list(filter((0).__ne__, PJCTJJ_temp))))
38.                   SJZYL_all.append(np.mean(list(filter((0).__ne__, SJZYL_temp))))
```

```
39.
40.  PJCTJJ = pd.Series(PJCTJJ_all,name='PJCTJJ')
41.  SJZYL = pd.Series(SJZYL_all,name='SJZYL')
42.  result = pd.concat([PJCTJJ,SJZYL],axis=1)    #将获取的数据组合成新的数据框
```

（3）最佳聚类数目确定

在聚类之前，首先通过编程确定最佳聚类数目，计算聚类的总误差平方和，然后选取曲线变化趋势放慢的聚类数目作为最佳聚类数目，这样可以尽可能地减小误差，但不至使得分类太细。由图 11-3 和图 11-4 可得，当聚类数目超过 3 之后，上层方向和下层方向的总误差平方和减少较为缓慢，因此本案例将上下层方向的聚类数目都设置为 3。

```
1.  #====依次创建不同聚类数目的模型并保存每个模型的 SSE====
2.  SSE_list = [ ]
3.  K = range(1, 11)                             #设置拟聚类数目
4.  for k in range(1,11):
5.      km_model=KMeans(n_clusters=k)            #分别建立不同聚类数目下的 Kmeans 模型
6.      km_model.fit(result)
7.      SSE_list.append(km_model.inertia_)       #将模型的误差平方和存入列表
8.      print(SSE_list)
9.
10. #绘制聚类数目与 SSE 的关系曲线
11. plt.figure()
12. plt.plot(np.array(K), SSE_list, 'bx-')
13. plt.rcParams['figure.figsize'] = [12,8]
14. plt.xlabel('K',fontsize=17)
15. plt.ylabel('SSE',fontsize=17)
16. plt.xticks(fontsize=14)
17. plt.yticks(fontsize=14)
18. plt.show()
```

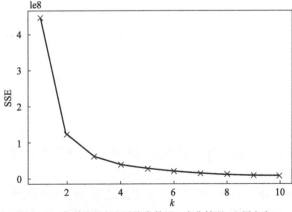

图 11-3　类别总平方和随聚类数目 k 变化情况（上层方向）

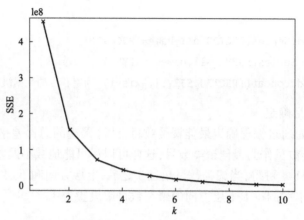

图 11-4 类别总平方和随聚类数目 k 变化情况（下层方向）

（4）K-means 模型和层次聚类模型建立

本案例基于 Scikit-learn 依赖包建立 K-means 模型和层次聚类模型，因此，只需要在模型建立过程中指定聚类相关参数即可实现数据聚类。本案例中主要指定数据最终分类数目为 3，认为其对应"拥堵""轻微拥堵"和"流畅"三种交通状态。需要注意的是，由于数据粒度和量纲不同，可能会使得最终聚类结果偏离实际情况，因此在进行聚类之前首先要对数据进行标准化处理，然后再建立相应的聚类模型得出每个数据的聚类标签。

```
1.  #==============数据标准化===========
2.  scaler = StandardScaler()
3.  scaler.fit(result)
4.  result_nor = scaler.transform(result)
5.
6.  #==========模型建立及标签获取=======
7.  model = KMeans(n_clusters=3, random_state=1)    #建立 K-means 模型
8.  #model = AgglomerativeClustering(n_clusters=3)   #建立层次聚类模型
9.  y_pred = model.fit_predict(result_nor)
10.
11. #=========原始数据及标签合并=========
12. cluster_output = pd.concat((result,              #原式数据
13.                     pd.DataFrame(y_pred,columns=['labels'])),  #标签数据
14.                     axis=1)     #按列合并
15.                     )
```

（5）聚类结果展示

聚类结果展示即是将原始数据和标签数据同时展示在图像中。在本案例中，分别对本案例设定的 3 种不同的标签进行绘制，并使用不同的颜色表示出来。最终结果如图 11-5 ~ 图 11-8 所示，其中图 11-5 和图 11-6 为 K-means 聚类结果，图 11-7 和图 11-8 为层次聚类结果。针对上、下两层方向，显示出不同的特征，同时 K-means 和层次聚类的结果也有一定的差异。

需要说明的是,本案例仅通过时间占有率和平均车头间距进行聚类,如需确定更加细致的交通状态,需要结合路段行驶速度等其他属性进一步确定,读者如有兴趣可自行实践,本节将不做过多赘述。

```
1.  #==========最终聚类结果展示===========
2.  plt.scatter(cluster_output[cluster_output['labels']==2]['PJCTJJ'],
3.              cluster_output[cluster_output['labels']==2]['SJZYL'],
4.              c='firebrick',label='拥堵')
5.  plt.scatter(cluster_output[cluster_output['labels']==1]['PJCTJJ'],
6.              cluster_output[cluster_output['labels']==1]['SJZYL'],
7.              c='blue',label='轻微拥堵')
8.  plt.scatter(cluster_output[cluster_output['labels']==0]['PJCTJJ'],
9.              cluster_output[cluster_output['labels']==0]['SJZYL'],
10.             c='orange',label='流畅')
11. 
12. plt.rcParams['figure.figsize'] = [12,8]
13. plt.xlabel('平均车头间距',fontsize=14)
14. plt.ylabel('时间占有率',fontsize=14)
15. plt.legend()
16. plt.show()
```

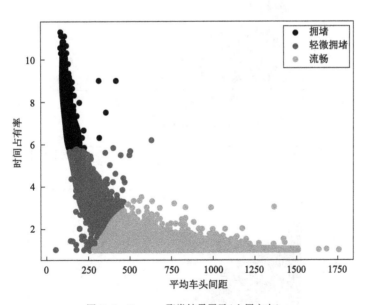

图 11-5　K-means 聚类结果展示(上层方向)

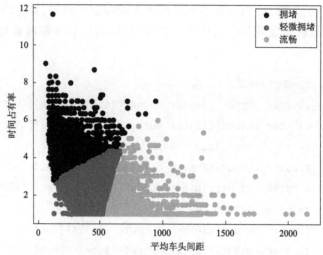

图 11-6　K-means 聚类结果展示（下层方向）

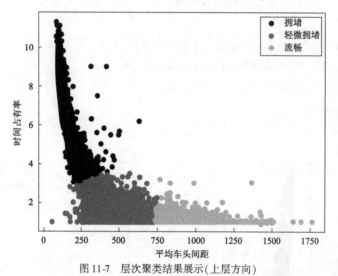

图 11-7　层次聚类结果展示（上层方向）

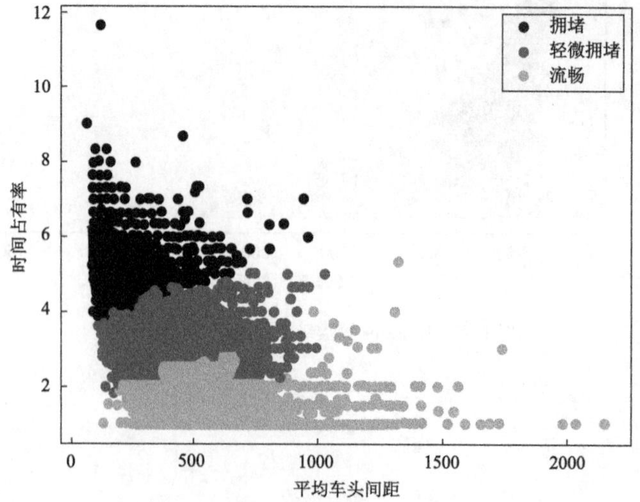

图 11-8　层次聚类结果展示（下层方向）

习 题

1. 试阐述聚类和分类的区别。
2. 下表给定道路路段的行驶速度,设定 $k=2$,试使用 K-means 算法将其聚类。

习题 2 表

序号	1	2	3	4	5
速度	2	11	6	5	12

3. 简述聚合聚类算法原理。
4. 查找车辆行驶轨迹数据,试使用 DBSCAN 算法判别道路通行状态。

本章参考文献

[1] JAIN A K, MURTY M N, FLYNN P J. Data clustering: a review[J]. ACM computing surveys (CSUR), 1999, 31(3): 264-323.
[2] ESTER M, KRIEGEL H P, SANDER J, et al. A density-based algorithm for discovering clusters in large spatial databases with noise[C]// AAAI. Proceedings of the Second International Conference on Knowledge Discovery and Data Mining. Palo Alto: AAAI Press, 1996.
[3] 周志华. 机器学习[M]. 北京:清华大学出版社, 2016.
[4] 李航. 统计学习方法[M]. 2 版. 北京:清华大学出版社, 2019.
[5] ZAKI M J, MEIRA W. Data mining and analysis: fundamental concepts and algorithms[M]. Cambridge: Cambridge University Press, 2014.
[6] MA X L, WU Y J, WANG Y, et al. Mining smart card data for transit riders' travel patterns[J]. Transportation Research Part C: Emerging Technologies, 2013, 36: 1-12.

第 12 章
神经网络

在本书前面的章节中，我们学习了多种传统的机器学习方法。在本章节和下一章节中，我们将学习目前应用较多的深度学习方法。深度学习的基础是神经网络模型，在本章节中，我们会详细介绍神经网络模型。

12.1 人工神经网络模型

人工神经网络模型，是仿照生物神经网络设计的一种机器学习算法模型，并不是生物学意义上的神经网络。在本书后文中简称的"神经网络"，均代表人工神经网络模型。经过不断的发展，神经网络模型已经由多层、复杂结构组成的"深度学习"模型，发展成为能够处理高复杂度、非线性、并行计算等问题的有力工具。

12.1.1 神经元模型

神经网络模型最为基础、最为重要的组成部分就是神经元模型。在生物神经网络中，一个"兴奋"的神经元向它相邻的神经元发送神经递质，这种神经递质会改变接收到的神经元的电位。当某一个神经元的电位超出了自身的阈值，便也会进入"兴奋"状态，从而向相邻的神经元发送神经递质。

早在1943年，McCulloch与Pitts便提出了"MP神经元模型"来模拟这一过程。该模型一直被沿用至今。这一经典模型主要包括了两个部分：权重和激活函数。

如图12-1所示，n个输入分别乘上对应的权重再进行求和，将这一结果输入激活函数可以得到该神经元的输出，这一过程可以表示为：

$$y = \sigma\left(b + \sum_{i=1}^{n} w_i x_i\right) \quad (12-1)$$

式中，y为输出；x_i为第i个输入；b为一个常数，代表该神经元的偏置；w_i为第i个输入到该神经元对应的连接权重。

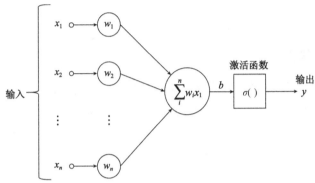

图 12-1 神经元结构

激活函数σ模拟了神经元在到达一定阈值后兴奋的特点，一般是一个非线性函数，因为只有激活函数为非线性时，神经网络才有可能表现出复杂的非线性关系。关于激活函数最直观的想法是使用如图12-2a)所示的阶跃函数$\text{sgn}(x)$，但由于其不连续、不光滑，在实际应用中常用的激活函数包括了Sigmoid、Tanh、ReLU等函数，如图12-2b)~d)所示。

$$\text{sgn}(x) = \begin{cases} 1, & x > 0 \\ 0, & x \leq 0 \end{cases} \qquad \text{Sigmoid}(x) = \frac{1}{1 + \exp(-x)}$$

$$\text{Tanh}(x) = \frac{\exp(x) - \exp(-x)}{\exp(x) + \exp(-x)} \qquad \text{ReLU}(x) = \max(0, x)$$

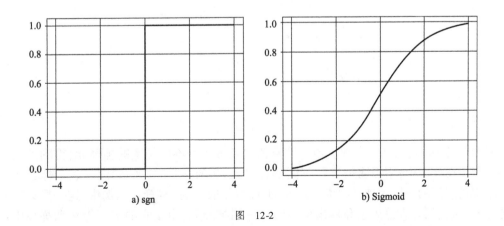

图 12-2

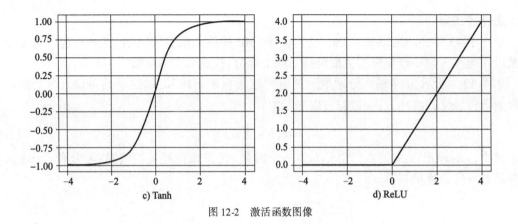

图 12-2 激活函数图像

12.1.2 前向传播

当我们把许多神经元,按照一定的层次结构组合在一起,就形成了一个神经网络。信息在层与层之间依次传播的过程称为神经网络的前向传播,可以由下式表示:

$$z_i^{l+1} = W_{i,j}^l a_j^l + b_i^l \tag{12-2}$$

$$a_i^{l+1} = \sigma(z_i^{l+1}) \tag{12-3}$$

其中:

$$z_i^{l+1} = \begin{bmatrix} W_{11}^l & W_{12}^l & W_{13}^l \\ W_{21}^l & W_{22}^l & W_{23}^l \\ W_{31}^l & W_{32}^l & W_{33}^l \end{bmatrix} \begin{bmatrix} a_1^l \\ a_2^l \\ a_3^l \end{bmatrix} + \begin{bmatrix} b_1^l \\ b_2^l \\ b_3^l \end{bmatrix} \tag{12-4}$$

式中,a^l 为第 l 层所有输出信号的行向量组成的矩阵;$W_{i,j}^l$ 为第 l 层的所有神经元 j 和下层各神经元 i 之间连接权重的列向量组成的矩阵;b_i^l 为第 $l+1$ 层各神经元 i 的偏置项。输入信号以矩阵运算的形式在层间传递,并经过激活函数实现非线性化。

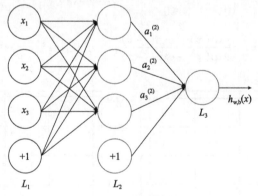

图 12-3 前向传播

如图 12-3 所示,该网络实现了输入信号依次经过三个不同层次的神经元,得到了输出信号的过程。在该图中,用圆圈来表示不同的神经元,带有 +1 标志的圆圈代表了神经元的偏置。图中最左侧的一层为神经网络的输入层,最右侧的一层(尽管在示例中,这一层只有一个神经元)为输出层。在输入层和输出层中间的一层神经元,由于它的值不能在训练集中直接观察到,被称为隐藏层(又称中间层)。概括图中的神经网络,其含有 3 个输入神经元、3 个隐藏神经元和一个输出神经元(不考虑偏置神经元)。

用n_l表示神经网络的层数,那么在本例中,$n_l = 3$。神经网络的第l层表示为L_l,则本例中的神经网络可以表示为L_1, L_2, L_3,分别对应了输入层、隐藏层和输出层。本例中神经网络的参数可以表示为$(W, b) = (W^1, b^1, W^2, b^2)$,其中$W_{ij}^l$表示第$l$层第$j$个神经元和第$l+1$层第$i$个神经元之间的权重,同理$b_i^l$表示第$l+1$层第$i$个神经元的偏置。所以本例中,$W^1 \in \mathbb{R}^{3 \times 3}$,$W^2 \in \mathbb{R}^{1 \times 3}$。

所以,本例的前向传播过程可以通过下式表示:

$$a_1^2 = \sigma(W_{11}^1 x_1 + W_{12}^1 x_2 + W_{13}^1 x_3 + b_1^1) \tag{12-5}$$

$$a_2^2 = \sigma(W_{21}^1 x_1 + W_{22}^1 x_2 + W_{23}^1 x_3 + b_2^1) \tag{12-6}$$

$$a_3^2 = \sigma(W_{31}^1 x_1 + W_{32}^1 x_2 + W_{33}^1 x_3 + b_3^1) \tag{12-7}$$

$$h_{W,b}(x) = a_1^3 = \sigma(W_{11}^2 a_1^2 + W_{12}^2 a_2^2 + W_{13}^2 a_3^2 + b_1^2) \tag{12-8}$$

12.2 神经网络的训练

在上一节中了解了输入数据如何经过神经网络的前向传播计算,得到最终输出结果的过程。在本节中,将学习如何确定神经网络各层参数(W, b)的具体数值。对于寻找最佳参数的这一过程,一般称为对神经网络的"训练"过程,或者是神经网络的"学习"过程。

12.2.1 损失函数

衡量一个神经网络的性能好坏,通常使用损失函数(Loss Function)来表示:

$$J(W, b, x, y) = f(h_{W,b}(x), y) = f(\hat{y}, y) \tag{12-9}$$

由上式的形式可以看出,损失函数的本质就是衡量神经网络预测结果和真实结果之间的差异,通常,当神经网络预测结果与真实值完全一样时,损失函数的值为0。

(1) 均方误差(Mean Square Error, MSE)。对于线性回归问题,常用的损失函数为均方误差:

$$\text{MSE}(\hat{y}, y) = \frac{1}{n} \sum_{1}^{n} (\hat{y}_i - y_i)^2 \tag{12-10}$$

上式代表了预测值和真实值之间的方差的均值,衡量了预测的偏差程度。方差的性质使得损失函数大于等于零,在预测值等于真实值时损失函数值等于零。并且方差对于严重的偏差会有更大的惩罚,微弱的偏差影响更小(例如绝对值误差为0.1、1、10的三个预测结果,其方差分别是0.01、1、100),这使得网络能够输出较为稳定的结果。

(2) 交叉熵(Cross Entropy)。对于逻辑分类问题,均方误差(MSE)就不太适合作损失函数,因为该问题的输出通常是0~1的概率,损失函数需要判断的是真实概率分布与预测概率分布之间的差异,若用均方误差则不能很好地反映神经网络训练的好坏,常用的损失函数为交叉熵。以单标签任务为例,即每个样本只能有一个标签,其损失函数表达式如下:

$\text{loss}(\hat{y}, y) = -\sum_{i=1}^{n} y_i \log(\hat{y}_i)$ 假设所有类别的总数为C,则x应当是一个C维的向量,每一个维度代表了对于各个类别的预测结果。$Class$为真实的类别,所以$x[class]$为类别$class$的预测结果。当 $\exp(x[class]) = \sum_j \exp(x[j])$ 时,损失函数为 0。

其中,对数为自然对数,真实分布为 y,网络输出分布为 $\hat{y}$,总的类别数为 n。

用一个小例子来解释交叉熵损失函数的运行机理,假如正在进行图像识别,有三种类别,分别是[行人,自行车,汽车],假设图像样本实际为行人,即[1,0,0]。

如果网络输出的分布为:[0.7,0.3,0],那么计算损失函数为: $-1 \times \log 0.7 - 0 \times \log 0.3 - 0 \times \log 0 = 0.357$

如果网络输出的分布为:[0.9,0.1,0],那么计算损失函数为: $-1 \times \log 0.9 - 0 \times \log 0.1 - 0 \times \log 0 = 0.105$

上述两种情况对比,第二个分布的损失明显低于第一个分布的损失,说明第二个分布更接近于真实分布,与事实相符。

(3)正则化(Regularization)。此外,损失函数还经常使用正则化的技巧,在常规损失函数后加上正则项:

$$l_n \text{Norm} = \alpha \|W\|_n \tag{12-11}$$

即加上神经网络权重参数 W 的 l_n 范数(n 通常取 2)乘上预先设定的比例 α,这使得神经网络倾向于得到更小的参数(n 取 2 时),并且使得一些不重要的神经元权重参数趋近于 0。对于有着庞大权重参数量的神经网络,这样做可以使得网络向着简单的方向训练,避免过拟合的产生。

12.2.2 梯度下降法

神经网络的训练可以概括为找到一组权重参数 W 使得目标函数(即损失函数)最小。而通常得到最优参数的方法为梯度下降法(Gradient Descent)。

图 12-4 是梯度下降法的一个例子,在这个例子中假设神经网络的参数仅有两个,即 θ_0、θ_1,$J(\theta_0,\theta_1)$ 为损失函数的值。为了找到损失函数 $J(\theta_0,\theta_1)$ 的(局部)最小值,必须从函数上的某一个初始点 (θ_0^0,θ_1^0) 对应的梯度的反方向移动适当的距离 lr,从而实现迭代搜索。基于此,梯度下降法可以概括为以下两个步骤:

(1)选定一个初始点 (θ_0^0,θ_1^0),计算 $J(\theta_0^0,\theta_1^0)$ 处的梯度 $\nabla J(\theta_0^0,\theta_1^0)$。

(2)沿前点处梯度的反方向初步更新参数,即 $(\theta_0^{i+1},\theta_1^{i+1}) = (\theta_0^i,\theta_1^i) + \text{lr} \nabla J(\theta_0^i,\theta_1^i)$。

其中 lr 为人工设定的参数,被称为步长或学习率(Learning Rate)。

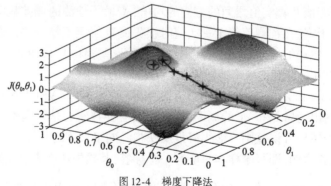

图 12-4 梯度下降法

神经网络中权重参数 W 更新的整个过程可以表示为:

$$\Delta w_{i,j}^n = -\text{lr}\frac{\partial J}{\partial w_{i,j}^n}(\pmb{W}^n) \tag{12-12}$$

$$w_{i,j}^{n+1} = w_{i,j}^n + \Delta w_{i,j}^n \tag{12-13}$$

式中,n 为迭代步数,$w_{i,j}$ 为连接下层某神经元 i 和上层某神经元 j 的权重系数。

总而言之,梯度下降法的基本策略可以理解为"在有限视距内寻找最快路径下山",因此每走一步,参考当前位置最陡的方向(即梯度的反方向)进而迈出下一步。

12.2.3 误差反向传播算法

在训练上述前向传播(Forward Propagation)神经网络时,梯度下降法需要计算损失函数对于每一个参数的梯度,这对于有着成千上万个参数的多层复杂神经网络是低效的。想要训练多层网络需要更为高效和强大的学习算法,而误差反向传播算法(Error Back Propagation Algorithm,简称 BP 算法)是最为杰出的代表,现实任务中的神经网络绝大多数都是通过 BP 算法进行训练的。它由两部分组成,即神经元信号的正向传播和误差的反向传播(图 12-5)。

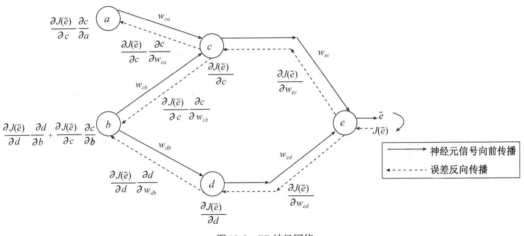

图 12-5 BP 神经网络

BP 算法避开了梯度下降法的冗余,它对于每一个路径只访问一次就能求顶点(e)对所有下层节点(a 和 b)的偏导值(损失函数积累梯度)以及各层之间权值参数 $w_{i,j}^l$ 的梯度。正如 BP 算法的名字,BP 算法是反向(自上往下)来寻找路径的。

如图 12-5 所示,神经网络首先向前(自下而上)传递神经元信号,得到预测值 $\tilde{e}$,之后通过损失函数 $J(\ )$,得到当前网络的损失值 $J(\tilde{e})$。接下来进行误差反向传播,从最上层的节点 e 开始,对于 e 的下一层的所有子节点,求 $J(\tilde{e})$ 对某个节点输出的偏导值,并将结果"堆放"在该子节点中。等 e 所在的层按照这样传播完毕后,第二层的每一个节点都"堆放"些值,然后针对每个节点,把它里面所有"堆放"的值求和,就得到了顶点 e 对该节点的偏导(损失函数积累梯度),如图中 c 点的积累梯度 $\frac{\partial J(\tilde{e})}{\partial c}$。若要求损失函数对节点间权重的梯度,只需要让上层节点上的积累梯度对权重求偏导,即可得到损失函数对权重的梯度,如图中 w_{ec} 的梯度 $\frac{\partial J(\tilde{e})}{\partial w_{ec}}$。然后将这些第二层的节点各自作为起始顶点,初始值为顶点 e 对它们的偏导值,以"层"为单位重复上述传播过程,即可求出顶点 e 对每一层节点的偏导值。

12.2.4 优化器

在机器学习中,有很多优化算法可以用来寻找模型的最优解。对于神经网络而言,这些优化算法的目标便是寻找损失函数最小的解。这些优化算法常常被称为优化器(Optimizer)。

上面几节中介绍了最为基础的梯度下降法(Gradient Descent,GD)。GD 是绝大多数神经网络优化器的基础,了解了梯度下降法的原理,对于学习理解其他优化器的原理很有帮助。不过,在实际训练神经网络的过程中,很少会直接使用 GD 来进行优化,GD 有着以下几个较大的缺陷:

(1) 训练速度很慢:根据梯度下降算法的原理,每一次输入经过前向传播得到输出后,都需要进行一次反向传播,调整梯度下降的方向。这对于大型的数据集来说,每输入一个样本都要更新一次参数,且每次迭代都要遍历所有的样本,会使得训练过程极其缓慢,需要花费很长时间才能得到收敛解。

(2) 容易陷入局部最优解:鞍点指梯度下降法中,梯度为 0 的点。当神经网络的参数到达一个梯度整体接近于 0 的鞍点"平原"时,模型参数不再继续更新。但很可能这个鞍点只是局部的最优,并不是全局的最优解。

(3) 参数调节困难:在介绍梯度下降法时,有一个人工设定的参数 lr,被称为步长或学习率。这一人工设定的参数对于梯度下降法的影响非常大,lr 过小,会导致参数在类似于"山谷"的地方被困住;lr 过大,会导致训练不稳定,甚至不收敛,损失函数越训练越大。而如何设置 lr 往往只能通过经验和实验来确定,这是人们所不希望看到的。

为了解决以上问题,许多更加先进的优化器被提出。在本节,我们将选择其中有代表性的几个,并简单介绍它们的原理。

1) 随机梯度下降法(Stochastic Gradient Descent,SGD)

随机梯度下降法的产生主要是为了克服 GD 训练速度很慢的问题,SGD 的基本思想是从训练样本中随机选择样本计算梯度来进行梯度下降。假设从一批训练样本 n 中随机选取一个样本 i_s,模型参数为 W,损失函数为 $J(W)$,则使用 SGD 的更新参数表达式为:

$$W_{t+1} = W_t + lr \times g_t \tag{12-14}$$

式中,lr 为学习率;$g_t = \nabla J_{i_s}(W_t; X^{i_s}; Y^{i_s})$,$i_s \in \{1,2,\cdots,n\}$,为随机选择的一个梯度方向;$W_t$ 为时刻 t 的模型参数。

相较于 GD,SGD 极大地缩短了训练时间。例如训练大型数据集时,每次从百万数据样本中,取几百个数据点,计算 SGD 梯度,更新模型参数。相比于标准梯度下降法的遍历全部样本,每输入一个样本更新一次参数,要快得多。至于随机选择导致的噪声问题,大量的理论和实践工作证明,只要噪声不是特别大,SGD 都能很好地收敛。

不过,SGD 依然没有克服局部最优解的问题。并且,SGD 的学习率调整依然非常依赖经验和实验。

2) 动量-随机梯度下降法(SGD-Momentum)

使用动量(Momentum)的随机梯度下降法(SGD),主要思想是引入一个积攒历史梯度信息动量来加速 SGD。从训练集中取出一个大小为 n 的小批量样本 $\{X^1, X^2, \cdots, X^n\}$ 的样本,对应

的真实值分别为Y^i,则 Momentum 优化可表示为:

$$v_t = \alpha v_{t-1} + \text{lr} \times \nabla J(W, X^{i_s}, Y^{i_s}) \tag{12-15}$$

$$W_{t+1} = W_t - v_t \tag{12-16}$$

式中,v_t 为 t 时刻的速度;α 为一个参数,用来控制上一时间点速度对当前的影响,通常习惯于取 0.9。

动量法的引入,很好解决了局部最优解的问题。类似于小球(参数)在下降中带上了惯性,这样在一些小的"坑坑洼洼"(局部最优)中便不会卡住,而是会保持惯性飞出去,避免了陷入局部最优。

3) Adam 算法

传统的优化器通常将学习率设置为常数,或者根据训练次数调节学习率。这样做忽视了学习率其他变化的可能性,因此需要采取一些策略来想办法更新学习率,从而提高训练速度。这种根据训练过程调整学习率的优化算法称为自适应学习率优化算法。

目前的自适应学习率优化算法主要有:AdaGrad 算法, RMSProp 算法, Adam 算法等。其中 RMSProp 算法可以看作是 AdaGrad 算法的优化版,而 Adam 算法又可以看作是 RMSProp 算法和 Momentum 的结合。所以,这里重点介绍自适应学习率优化算法中的集大成者——Adam 算法。

Adam 算法通过计算梯度的一阶矩估计和二阶矩估计而为不同的参数设计独立的自适应学习率。其算法策略可以表示为:

$$m_t = \beta_1 m_{t-1} + (1 - \beta_1) g_t \tag{12-17}$$

$$v_t = \beta_2 v_{t-1} + (1 - \beta_2) g_t^2 \tag{12-18}$$

$$\hat{m}_t = \frac{m_t}{1 - \beta_1^t} \tag{12-19}$$

$$\hat{v}_t = \frac{v_t}{1 - \beta_2^t} \tag{12-20}$$

$$W_{t+1} = W_t - \frac{\eta}{\sqrt{\hat{v}_t} + \epsilon} \hat{m}_t \tag{12-21}$$

式中,m_t 和 v_t 分别为一阶动量项和二阶动量项;β_1 和 β_2 分别为动力值的大小,通常取 0.9 和 0.999;$\hat{m}_t$ 和 $\hat{v}_t$ 分别为各自的偏置修正项;ϵ 为一个很小的数,通常取值为 1×10^{-8},以避免分母为 0。

Adam 算法有效解决了超参数设置困难的问题,Adam 通常被认为对超参数的选择相当鲁棒,只要学习率处于一个较为正常的范围(默认为 1×10^{-3}),通常都能有较快较好的训练结果。

12.3 神经网络的技巧(Trick)

在上面几节的内容中,对于人工神经网络的搭建和训练有了一个整体的介绍,但在实践中,仍然有很多细节处的问题需要解决。神经网络的搭建和训练有着很多的技巧(Trick),

使用这些技巧能够有效提升神经网络模型的效果。本节将选择几个广泛使用的技巧进行介绍。

12.3.1 Softmax 函数

在 12.2.1 节的损失函数中,介绍了常常被用于分类问题的交叉熵损失函数。但在实际的神经网络中,应当怎样实现交叉熵损失呢? 以一个简单的情况为例,做三分类问题,即总共有三个类别,那么输出层应当有三个神经元,对应输出的是三个类别分别对应的概率。

假设输出层的输出是[0.4,0.7,0.3],那么第一个问题就是三个类别对应的概率的和不为 1,这是不符合逻辑的。第一种思路是直接选择最大值,将最大值的类别概率设置为 1,其余为 0,即[0.4,0.7,0.3]⇒[0,1,0]。但事实上希望取值较小的概率也能偶尔被取到,即希望能够比较"柔和"(Soft)地取得最大值,这便是 Softmax 函数。对于向量 V,V_i 表示其中的第 i 个元素,那么这个元素的 Softmax 值为:

$$S_i = \frac{e^{V_i}}{\sum_j e^{V_j}} \quad (12-22)$$

以刚才的[0.4,0.7,0.3]为例,经过 Softmax 转化,其值变为[0.3072,0.4147,0.2780]。

值得注意的一点是,考虑交叉熵损失函数中的定义包含了取对数的部分,这一取对数的部分和 Softmax 中的指数部分会相互约简。因此,部分神经网络框架的交叉熵损失函数中自带了 Softmax 的部分,网络的输出层并不需要进行 Softmax;也有一些神经网络框架相反,输出层需要进行 Softmax。这一问题需要根据具体的设置来决定。

12.3.2 Dropout

Dropout 是一种常见的神经网络训练技巧。Dropout 的思想是在训练过程中,每一次迭代都随机"丢弃"一定比例的神经元。具体实践之中,就是使这些神经元的输出为 0。注意 Dropout 只会在训练中生效,在训练结束后,所有的神经元都会正常生效。

Dropout 通常能够改善过拟合以及提升模型的性能。直观上来讲,Dropout 类似于"负重训练","负重训练"最后摘下负重往往会更强。原理上,Dropout 类似于集成学习中的 Bagging 技巧,每一轮次的 Dropout 其实可以看作是 Bagging 中的一个子模型,而最终的神经网络可以看作这些子模型的打包,从而获得了更好的性能。通常 Dropout 的值会取 10%~50%,代表了 10%~50%的神经元会失效。

12.3.3 验证集与早停(Early-Stopping)

传统的机器学习任务往往将数据划分为两种:训练集和测试集。但在神经网络之中,由于神经网络拟合能力太强,为了避免模型参数过拟合,通常会将数据划分为三种:训练集、验证集、测试集。在神经网络每一次迭代后,都会在验证集上测试模型的效果。注意,在验证集上测试时并不会计算误差的反向传播,不会更新梯度,也就是说验证集并不会用于训练过程。

人们通常不会选择在训练集上表现最好的模型用于测试集测试,相反会选择验证集上表现最好的模型用于测试集测试。当验证集的损失函数不再降低甚至开始升高时,往往说明模型开始了过拟合,这时就可以终止模型的训练,这种技巧称为提前停止(Early-Stopping)。一个形象的例子是把训练集比作课本和作业题,把验证集比作模拟考试,把测试集比作高考,希望模拟考试最好的同学去参加高考。而过拟合就类似于,有的同学作业做得很好,是因为他背过了所有题目的答案,在模拟考试表现不好,是因为没有找到做题的方法,在高考中也会发挥欠佳。图12-6中,展示了一个存在过拟合问题的神经网络模型的训练过程,其中横轴代表训练的轮次,纵轴代表损失函数的值,深色和浅色的线分别对应了训练集和验证集。可以看到,初始时验证集的损失函数值要优于训练集,这是由于模型中 Dropout 层的正常现象。之后,可以看到验证集的损失函数值在 10 左右震荡无法下降,而训练集却不断下降到了 7 左右,模型产生过拟合。对最终验证集上最优的模型进行测试,在测试集上的结果为 9.98,与验证集的结果相似,这说明验证集更能反映模型的实际性能。

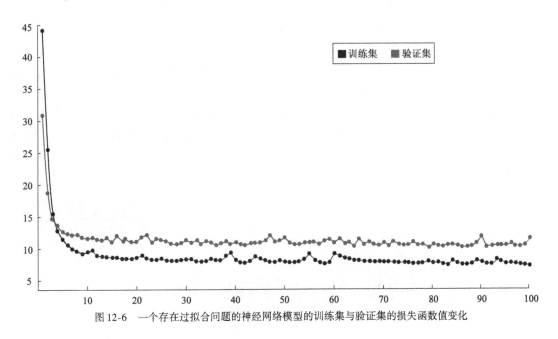

图 12-6　一个存在过拟合问题的神经网络模型的训练集与验证集的损失函数值变化

12.4　在 Python 环境中实践神经网络

在本章节中了解学习了神经网络的原理和搭建方法,以及神经网络模型如何进行训练和优化。在实际工程实践中,并不需要亲自实现人工神经元模型、误差反向传播、梯度下降法等模型和算法。当前已经有了多款成熟、开源的深度学习框架可以帮我们轻松搭建人工神经网络模型,并进行模型的训练和测试。基于深度学习框架,可以在短短几十行代码中搭建出包含数据预处理、模型搭建、模型优化、模型测试的一套完整深度学习模型流程。常见的深度学习框架包括了 Google 主导开发的 Tensorflow,以及 Facebook 主导开发的 Torch 等。而在本节,我们将在 Python 的环境当中安装和配置基于 Torch 的深度学习环境,并搭建不同的神经网络在不同的数据集上进行测试。

12.4.1 Python 中深度学习框架的搭建

使用 Torch 的 Python 版本:PyTorch 搭建环境非常的简便。只需要打开 PyTorch 官方网站: https://pytorch.org/get-started/locally/,并设置自己适合的安装命令。

如图 12-7 所示,从上到下每一行的设置分别对应了:

(1) PyTorch 的版本,从左往右分别为:稳定版(1.10)、最新版、长期支持版(1.8.2),这里推荐选择长期支持版[即图中的"LTS(1.8.2)",LTS 是 Long Term Support 的英文缩写]。

(2) 系统版本,从左往右依此为:Linux、Mac、Windows,这里根据自己的系统版本进行选择。本书选择了 Windows 版本。

(3) 安装软件包的途径,从左往右分别为:Conda、Pip、LibTorch、Source。这里选择使用 Conda 进行安装。

(4) 环境语言,从左往右分别为:Python、C++/Java。这里选择 Python 语言。

(5) 计算平台,从左往右分别为:CUDA 10.2、CUDA 11.1、ROCm 4.2、CPU。其中 CUDA 10.2、CUDA 11.1 都是 NVIDIA 公司推出的 GPU 加速平台,基于这些 GPU 加速平台可以显著提升神经网络的计算速度。读者可以先确认自己是否有较新款的 NVIDIA 中高端显卡,然后更新显卡驱动至最新版本。之后在命令提示行中输入 nvidia-smi,查看显卡和驱动 CUDA 情况。如图 12-8 所示,可以看到 CUDA Version:11.1,代表了驱动 CUDA 的版本为 11.1。于是计算平台选择 CUDA 11.1。如果 CUDA 版本不支持,或电脑配置不支持的读者,也可以选择 CPU 版本。

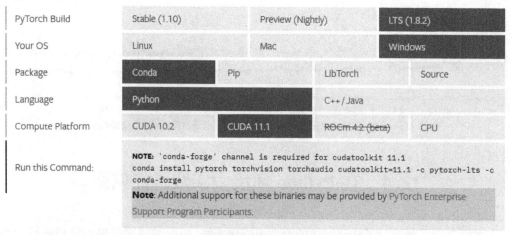

图 12-7 安装 PyTorch

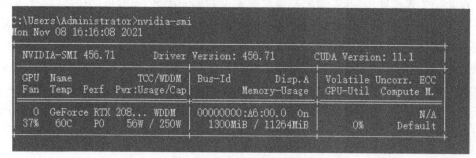

图 12-8 查看显卡和驱动情况

最后我们可以看到对应的安装命令"conda install pytorch torchvision torchaudio cudatoolkit = 11.1-c pytorch-lts-c conda-forge",在命令行中输入并等待 conda 安装完成即可。

在这里需要额外指出,目前大部分教程在使用 GPU 加速时会先要求读者手动安装 CUDA 和 CUDNN 平台,这一方法已经过时。在目前较新的 PyTorch 版本中,cudatoolkit 软件包能够直接通过驱动 CUDA 使用 GPU 加速,因此只需要更新显卡驱动即可,省去了手动安装 CUDA 和 CUDNN 平台的诸多不便。但如果读者有降低 CUDA 版本,或使用其他深度学习平台的需求(如 Tensorflow),则可以参考 https://developer.nvidia.com/cuda-downloads 手动安装 CUDA 和 CUDNN 平台,本书将不再赘述。

12.4.2 Python 中搭建全连接人工神经网络

(1)数据的准备和预处理

交通状态的预测是智能交通系统当中的基本问题之一,对于缓解城市交通拥堵、车辆优化与调度等都有帮助。通常,交通状态数据来自于道路上的交通状态检测器(例如:地感线圈、摄像头、浮动车等)。这些检测器实时采集对应路段的交通状态(例如:速度、车流量、车头时距等)。由于交通状态的复杂多变,通常将一个时间片内的交通状态进行集计分析,例如计算 5min 内速度的平均值作为这一时间片内的速度。

本章节将使用由北京市浮动车采集的北京北二环路段的速度数据,实现基于人工神经网络的交通速度预测。原始数据以 5min 为单位进行集计处理,总跨度为 5 天,所以共包含了 $\frac{60}{5} \times 24 \times 5 = 1440$ 行;数据共包括了 21 列,代表了选择的 21 个路段(图 12-9)。其中,第 n 列代表了地图上由西向东数第 n 个路段。选取一个检测器,按照时间顺序对速度作图,如图 12-10 所示。可以看出交通速度数据具有周期性的特点;同时,交通速度数据经常产生猛烈的变化,这对准确的预测带来了挑战。

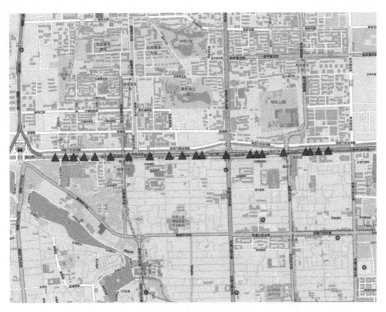

图 12-9　所选路段空间位置

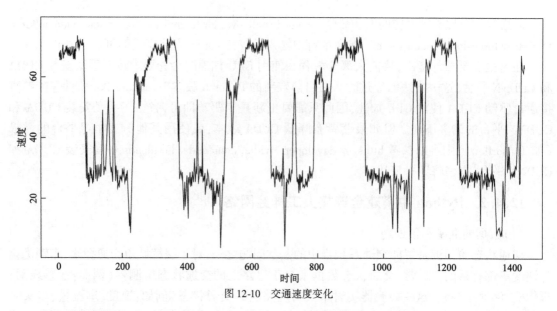

图 12-10 交通速度变化

本章节将使用前 12 个时间片(60min)的交通状态作为输入,预测后 6 个时间片(30min)的交通状态作为输出。显然,这是一个典型的时间序列自回归预测问题。

首先导入一些实验所需的软件包:

```python
1.  import numpy as np
2.  import pandas as pd
3.  import torch
4.  import torch.nn as nn
5.  import torch.nn.functional as F
6.  from torch.optim import Adam
7.
8.  from torch.utils.data import Dataset, DataLoader, Subset
```

其中,torch 是 pytroch 的主体;torch.nn 包含了大部分的网络层,我们将其简写为 nn;torch.nn.functional 中包含了函数化的网络,我们将其简写为 F。以上三个导入方法与简写是较为标准和约定俗成的 torch 导入方式。此外我们从 torch.optim 中导入 Adam 优化器,从 torch.utils.data 中导入 Dataset、DataLoader、Subset 用于预处理数据。

之后定义一个类来储存实验数据:

```python
1.  class TrafficDataset(Dataset):
2.      def __init__(self, path, x_offset=12, y_offset=6):
3.          self._path = path
4.          df = torch.from_numpy(pd.read_sql(sql, path).to_numpy())
5.          tod = torch.arange(df.shape[0])
6.          tod %= 12*24
7.          tod = tod.float() / (12*24)
```

```
8.          tod = tod.reshape(-1, 1)
9.          tod = tod.expand(df.shape)
10.         df = torch.stack([df, tod], dim=-1)
11.         xs = []
12.         ys = []
13.         for i in range(len(df)-x_offset-y_offset):
14.             x = df[i:i+x_offset]
15.             y = df[i+x_offset:i+x_offset+y_offset, :, :1]
16.             xs.append(x)
17.             ys.append(y)
18.         self.x_data = torch.stack(xs)
19.         self.y_data = torch.stack(ys)
20.
21.     def __len__(self):
22.         return self.x_data.shape[0]
23.
24.     def __getitem__(self, item):
25.         return self.x_data[item], self.y_data[item]
```

可以看到 TrafficDataset 类继承自 torch 中的 Dataset 类,我们定义了类初始化的三个输入,分别是:path、x_offset、y_offset,分别代表了数据的路径、输入的时间片长度、输出的时间片长度。利用 pandas 的 read_sql 方法从数据库读取数据,并通过 torch.from_numpy 将其转化为 torch 中的数据类型。之后的几步中,先是根据数据顺序,计算每个时刻对应在一天中的位置(Time of day, tod)作为额外的输入,然后将数据按照前 12 个时间片预测后 6 个时间片的格式存储在 self.x_data 和 self.y_data 中。

继承 torch 中的 Dataset 类还必须实现_len_和_getitem_两个方法,分别对应了选取对象长度和选取对象元素的方法。将_len_设置为返回 self.x_data 的长度,将_getitem_设置为分别返回 self.x_data[item]、self.y_data[item]。

我们先进行先前定义的 TrafficDataset 对象的实例化。

```
1. import psycopg2
2. sql = "SELECT * FROM flow"
3. path = psycopg2.connect(database="你的数据库", user="你的用户名", password="你的密码", host="你的主机名", port="5432")
4. data = TrafficDataset(path)
```

之后,选择前 60% 数据作为训练集,然后以 60%~80% 的数据作为验证集,最后 20% 的数据作为测试集。利用 Subset 类可以实现对象的分割:

```
1. train_len = int(len(data) * 0.6)
2. val_len = int(len(data) * 0.8)
3. train_data = Subset(data, range(train_len))
4. val_data = Subset(data, range(train_len, val_len))
5. test_data = Subset(data, range(val_len, len(data)))
```

最后使用 torch 中的 DataLoader 对象，构建三个数据集的迭代对象：

```
1. # datashape(batchsize, seq_len: 12, sensor_len: 21, size:2)
2. train_loader = DataLoader(train_data, batch_size=32, shuffle=True)
3. val_loader = DataLoader(val_data, batch_size=32)
4. test_loader = DataLoader(test_data, batch_size=32)
```

这里的参数 batch_size 代表了批次大小。神经网络会分批将数据以此输入网络进行迭代，这种分批技巧可以保证数据的大小不会超过显卡的存储限制。Shuffle 参数代表了是否打乱数据集的顺序。

(2) 搭建全连接人工神经网络进行交通状态预测

在 pytorch 中，神经网络同样由类来定义，要继承 nn. Module 类，必须实现初始化方法和 forward 方法，其中初始化中通过 nn 定义神经网络层，forward 定义数据计算流程：

```
1.  class DenseNet(nn.Module):
2.      def _init_(self):
3.          super(DenseNet, self)._init_()
4.          self.dense = nn.Sequential(
5.              nn.Linear(21*12*2, 256),
6.              nn.ReLU(),
7.              nn.Linear(256, 256),
8.              nn.ReLU(),
9.              nn.Linear(256, 21*6)
10.         )
11.
12.     def forward(self, x):
13.         shape = x.shape
14.         x = x.reshape(shape[0], -1)
15.         return self.dense(x).reshape(shape[0], 6, shape[2], 1)
```

可以看到，我们定义的神经网络类需要继承 nn. Module 类。在类初始化中，首先要初始化父类，即代码中的 super(DenseNet, self)._init_()。之后继续定义神经网络层。输入的形状为 (batch 大小,时间片长度,检测器个数,速度+时刻位置)，即 (32,12,21,2)。不能直接把这个形式的数据输入进全连接神经网络，这样全连接网络只会考虑单个传感器单一时间片的两个数据，即输入的最后一个维度。应当将后三个维度进行合并，让神经网络同时考虑不同时空下的交通状态。所以合并后的形状应为(32,12*21*2),因此神经网络第一层定义如上面的nn.Linear(21*12*2,256),这代表了输入层神经元21*12*2,连接到隐藏层256个神经元;之后连接一个 ReLU 的激活函数。继续添加一个256神经元到256神经元的全连接层,一个 ReLU 激活函数。最后连接一个256神经元到21*6神经元的隐藏层,这是为了最终输出的形式符合输出格式。

在 forward 中,可以看到用 shape 变量记录了初始输入的形式。然后将输入 x 的后几个维度进行合并(此处 reshape 的用法与 numpy 类似,其中的 -1 代表自动推算剩余的维度)。最终经过神经网络的输入再通过 rshape 变化为(32,6,21,1),保持输出形式。

搭建好了神经网络,继续搭建训练流程。首先定义一个变量 device 来选择计算平台是 GPU 还是 CPU:

```
1. device = torch.device("cuda" if torch.cuda.is_available() else "cpu")
```

这行代码中 torch.cuda.is_available()能够判断 CUDA 是否可用,并返回 True 或 False。利用这个函数自动设置并通过 torch.device 赋值。

然后初始化网络、损失函数、优化器以及一个变量 best 用于储存结果:

```
1. net = DenseNet().to(device)
2. cretic = nn.L1Loss()
3. optimizer = Adam(net.parameters(), lr=3e-4, weight_decay=1e-5)
4. best = 99999
```

其中,可以看到将定义的 DenseNet 类实例化,并使用 to 方法将其连接到定义的计算平台上。Cretic 是损失函数,其直接使用 nn 中自带的 L1Loss(即一范数损失,也被称为绝对值损失,Absolute Error)。对于优化器,使用先前导入的 Adam 优化器,第一个参数代表这个优化器作用的参数,传入网络的所有参数:net.parameters();第二个参数 lr 代表学习率,设置为0.0003,即 Python 中的 3e-4;最后一个参数为正则化损失系数,设置为 1e-5 以对抗过拟合。

之后构建一个训练迭代循环,如下所示。可以看到构建了一个150次的循环,代表共迭代150次。每次迭代中,首先初始化两个 list:train_loss, val_loss,用于储存训练集和验证集的结果。之后通过先前构建的 DataLoader 对象 train_loader,以 batch 的形式取出数据。之后可以看到 net.train()代表将网络设置为训练模式,torch 会记录梯度变化。使用 to 方法将 x 和 y 也发送到计算平台 device 之上。optimizer.zero_grad()代表清零当前优化其中记录的梯度,这使得之前训练的梯度不会影响本次训练。然后利用先前定义的损失函数 cretic 计算真实值 y 和神经网络预测值 net(x) 之间的误差。loss.backward()代表根据误差 loss 计算梯度,optimizer.step()代表优化器更新参数一个步长。至此一个 batch 的训练结束,将 loss 的数值用 train_loss 记录:

```
1. for i in range(1,150+1):
2.     train_loss = []
3.     val_loss = []
```

```
4.      for x,y in train_loader:
5.          net.train()
6.          x = x.to(device)
7.          y = y.to(device)
8.          optimizer.zero_grad()
9.          loss = cretic(y, net(x))
10.         loss.backward()
11.         optimizer.step()
12.         train_loss.append(loss.item())
13.
14.     for x, y in val_loader:
15.         net.eval()
16.         x = x.to(device)
17.         y = y.to(device)
18.         loss = cretic(y, net(x))
19.         val_loss.append(loss.item())
20.
21.     print(i, "train_loss:{}, val_loss:{}".format(np.mean(train_loss), np.mean(val_loss)))
22.     if np.mean(val_loss)<best:
23.         best = np.mean(val_loss)
24.         best_state_dict = net.state_dict()
25.
26. print("best_val_loss:", best)
```

之后的验证集循环与训练集类似,只是不需要计算梯度和更新参数,同时使用net.eval() 将网络调整为检验状态。在每一轮迭代结束后,计算训练集和验证集的平均损失并用print输出。如果这一轮迭代的平均验证集损失好于之前(即best),将best更新为当前的验证集损失,然后把当前网络的参数net.state_dict()记录在best_state_dict中。最终,所有迭代结束后,输出最佳验证集损失。

最后测试模型,首先载入在验证集上表现最佳的模型:

```
1. net.load_state_dict(best_state_dict)
```

在测试集的测试和在验证集测试没有任何区别:

```
1. test_loss = []
2. for x, y in test_loader:
3.     net.eval()
4.     x = x.to(device)
```

```
5.         y = y.to(device)
6.         loss = cretic(y, net(x))
7.         test_loss.append(loss.item())
8.
9. print("test:{}".format(np.mean(test_loss)))
```

最后,将模型参数按照"parameter_best_Dense_{test_loss}.pkl"的形式保存:

```
1. torch.save(net.state_dict(), 'parameter_best_Dense_{:.6f}.pkl'.format(np.mea
   n(test_loss)))
```

运行代码可以看到训练结果如图 12-11 所示,可以看到验证集中的最好结果为5.486,在测试集上测试结果为5.631。

```
143 train_loss:4.393007887734307, val_loss:5.513615555233425
144 train_loss:4.369820559466326, val_loss:5.65474698278639
145 train_loss:4.4833399101539895, val_loss:5.488252414597405
146 train_loss:4.413391501815231, val_loss:5.5395480791727705
147 train_loss:4.467268431628192, val_loss:5.565989335378011
148 train_loss:4.407621966467963, val_loss:5.490754299693638
149 train_loss:4.393715858459473, val_loss:5.502728448973762
150 train_loss:4.37079714845728, val_loss:5.497382587856716
best_val_loss: 5.485957185427348
test:5.6311741140153675

Process finished with exit code 0
```

图 12-11 全连接神经网络训练结果

本节的完整代码如下:

```
1. import numpy as np
2. import pandas as pd
3. import torch
4. import torch.nn as nn
5. import torch.nn.functional as F
6. from torch.optim import Adam
7.
8. from torch.utils.data import Dataset, DataLoader, Subset
9.
10. class TrafficDataset(Dataset):
11.     def __init__(self, path, x_offset=12, y_offset=6):
12.         self._path = path
```

```
13.        df = torch.from_numpy(pd.read_sql(sql, path).to_numpy())
14.        tod = torch.arange(df.shape[0])
15.        tod %= 12*24
16.        tod = tod.float() / (12*24)
17.        tod = tod.reshape(-1, 1)
18.        tod = tod.expand(df.shape)
19.        df = torch.stack([df, tod], dim=-1)
20.        xs = []
21.        ys = []
22.        for i in range(len(df)-x_offset-y_offset):
23.            x = df[i:i+x_offset]
24.            y = df[i+x_offset:i+x_offset+y_offset, :, :1]
25.            xs.append(x)
26.            ys.append(y)
27.        self.x_data = torch.stack(xs)
28.        self.y_data = torch.stack(ys)
29.
30.    def __len__(self):
31.        return self.x_data.shape[0]
32.
33.    def __getitem__(self, item):
34.        return self.x_data[item], self.y_data[item]
35.
36. class DenseNet(nn.Module):
37.    def __init__(self):
38.        super(DenseNet, self).__init__()
39.        self.dense = nn.Sequential(
40.            nn.Linear(21*12*2, 64),
41.            nn.ReLU(),
42.            nn.Linear(64, 64),
43.            nn.ReLU(),
44.            nn.Linear(64, 21*6)
45.        )
46.
47.    def forward(self, x):
48.        shape = x.shape
49.        x = x.reshape(shape[0], -1)
50.        return self.dense(x).reshape(shape[0], 6, shape[2], 1)
```

```
51.
52.  import psycopg2
53.  sql = "SELECT * FROM flow"
54.  path = psycopg2.connect(database="你的数据库", user="你的用户名", password="你
     的密码", host="你的主机名", port="5432")
55.  data = TrafficDataset(path)
56.  train_len = int(len(data) * 0.6)
57.  val_len = int(len(data) * 0.8)
58.  train_data = Subset(data, range(train_len))
59.  val_data = Subset(data, range(train_len, val_len))
60.  test_data = Subset(data, range(val_len, len(data)))
61.
62.  # datashape(batchsize, seq_len: 12, sensor_len: 21, size:2)
63.  train_loader = DataLoader(train_data, batch_size=32, shuffle=True)
64.  val_loader = DataLoader(val_data, batch_size=32)
65.  test_loader = DataLoader(test_data, batch_size=32)
66.
67.  device = torch.device("cuda" if torch.cuda.is_available() else "cpu")
68.
69.  net = DenseNet().to(device)
70.  cretic = nn.L1Loss()
71.  optimizer = Adam(net.parameters(), lr=3e-4, weight_decay=1e-5)
72.  best = 99999
73.  for i in range(1,150+1):
74.      train_loss = []
75.      val_loss = []
76.      for x,y in train_loader:
77.          net.train()
78.          x = x.to(device)
79.          y = y.to(device)
80.          optimizer.zero_grad()
81.          loss = cretic(y, net(x))
82.          loss.backward()
83.          optimizer.step()
84.          train_loss.append(loss.item())
85.
86.      for x, y in val_loader:
87.          net.eval()
```

```
88.         x = x.to(device)
89.         y = y.to(device)
90.         loss = cretic(y, net(x))
91.         val_loss.append(loss.item())
92.      print (i, "train_loss:{}, val_loss:{}".format(np.mean(train_loss), np.mean(val_loss)))
93.      if np.mean(val_loss)<best:
94.         best = np.mean(val_loss)
95.         best_state_dict = net.state_dict()
96.
97.  print ("best_val_loss:", best)
98.  net.load_state_dict(best_state_dict)
99.  test_loss = []
100. for x, y in test_loader:
101.     net.eval()
102.     x = x.to(device)
103.     y = y.to(device)
104.     loss = cretic(y, net(x))
105.     test_loss.append(loss.item())
106.
107. print ("test:{}".format(np.mean(test_loss)))
108. torch.save(net.state_dict(), 'parameter_best_Dense_{:.6f}.pkl'.format(np.mean(test_loss)))
```

习 题

1. 解释激活函数在神经网络中的作用,并列举几个常用的激活函数。
2. 如果使用线性函数 $f(x) = w^T x$ 作为神经元的激活函数,会有什么缺陷?
3. 学习率的取值过大或过小会对神经网络的训练产生什么影响?
4. 搭建并训练一个神经网络,比较神经网络与本书前几章中机器学习算法在预测精度、可解释性、计算用时上的差异。

本章参考文献

[1] NIELSEN M A. Neural networks and deep learning[M]. Determination Press, 2015.
[2] NG A, NGIAM J Q, FOO C Y, et al. UFLDL tutorial: multi-layer neural network[EB/OL]. http://ufldl.stanford.edu/tutorial/supervised/MultiLayerNeuralNetworks/.

第 13 章 深度学习

2016 年 3 月,阿尔法围棋(AlphaGo),也就是俗称的"阿尔法狗"(图 13-1),与围棋世界冠军、职业九段棋手李世石进行围棋人机大战,以 4 比 1 的总比分获胜。而 AlphaGo 背后所依托的深度学习(DeepLearning)在人们当中广为流传。如今,深度学习已经在计算机视觉(Computer Visual,CV)、自然语言处理(Natural Language Processing,NLP)以及多个行业领域取得了大规模的革新和突破。在上一章中,介绍了神经网络的原理与应用。在本章中,将要学习如何利用神经网络,构建深度学习模型。

图 13-1 "阿尔法狗"

13.1 深度学习简介

13.1.1 深度学习的定义

典型的深度学习模型是指很深层的神经网络。在上一章中,神经网络模型隐藏层的数目最多只有两层。而在今天,一个深度学习模型中往往包括了数十层的网络,多个模块的连接融合产生复杂的结构。然而,随着网络层数增多,网络的训练产生了许多棘手的问题,参数的规模达到了几万、甚至大型的深度学习模型含有百亿级的参数量,所以深度学习其实也包括了为了面对这些问题所提出的种种解决方法。

13.1.2 深度学习的优势

显然,一个模型的参数数目越多,他所能描述的规律也就越复杂,能够完成更复杂的任务。而描述一个神经网络复杂程度最直观的指标就是神经网络的参数数目。

要增加神经网络的参数数目,很直观地分为两个思路:"更深"和"更宽","更深"便是深度学习的思想,增加网络的层数;"更宽"则是考虑不改变层数,而增加层内神经元的数目。在深度学习中,虽然更深与更宽同时在被使用(Deep&Wide),但是深层次的作用要比增加每层的宽度更为有效。这主要分为以下几个原因。

首先,增加新的隐藏层便引入了新的激活函数,激活函数之间的反复嵌套使得模型的非线性大幅度提升,能够描述出更加复杂的关系。

其次,深度网络可以视为单一隐藏层的浅层神经网络的叠加,前一个隐藏层的输出可以看作是后一个隐藏层的输入。这使得模型有着类似于决策树,或者说类似于人类的分层次逻辑。

以图13-2为例,模型要实现一个图像分类的任务:输入是人物的肖像照,输出为照片对应的类别,总共分为四类(短发男人、短发女人、长发男人、长发女人),那么左侧有2层的"深层"网络和右侧只有1层的浅层网络哪个效果会好些呢?哪个更接近人类的逻辑呢?答案是左侧的"深层网络"。首先,上一层的输出可以作为下一层的输入,在分类长发和短发时可以参考上一层得到的性别分类结果;同时,训练性别或者发型的二元分类模型很明显要比实现一次分类出发型+性别的四分类模型要容易一些;此外,在数据集之中,可能长发男与短发女的占比会很小,直接训练难以学到他们的特征,但分层次之后,分别确定发型和性别便可以有效进行分类。

深度神经网络的原理与图13-2的例子接近,只不过每一层到底在提取什么,这是由神经网络自己"学"到的。通常,靠前的层提取基础的特征,靠后的层提取高级的特征。以图像识别任务为例,通常前几层都在提取一些类似于线条、形状的图案,后几层则在寻找类似于大象的鼻子、猫的眼睛之类高级的特征。如图13-3所示,底层特征寻找的主要是抽象的线条,中层开始有了一些复杂的花纹,高层提取出了更为复杂的形状。

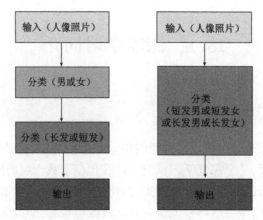

图 13-2　深层次的优势

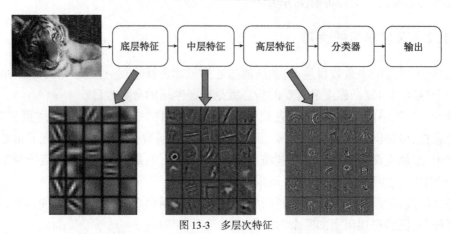

图 13-3　多层次特征

13.1.3　深度学习的挑战

在上文中,我们谈了许多关于"更深"的好处,但直接堆叠网络层数,很可能使模型变得更差。这是因为想要实现一个深度网络并不容易,有很多随着网络变深产生的问题需要面对与解决。

(1)参数过多,计算达到瓶颈。毫无疑问,更加深层的网络代表了更多的参数:例如在一个含有 64 个神经元的隐藏层后面全连接一个同样 64 个神经元的隐藏层,那么便增加了 $64 \times 64 = 4096$ 个权重参数。同时,对于更为复杂的任务,比如图像识别,一个图像中包含了非常庞大的数据:例如手机厂家经常宣传自己的手机有着"千万级像素"的高清摄像头,这代表着一个高清图片输入,包含着千万级的维度。即使网络只有一个神经元全连接到每个像素,网络的参数也是千万级的。

(2)梯度消失与梯度爆炸。请读者们回忆 12 章中讲解的 BP 算法,它实现了误差反向传播,误差梯度从输出层反向一层层传递到初始的输入层。但是对于深层的网络,由于梯度是层层相乘的,前一层的梯度基于下一层的梯度,这会导致梯度传播到开始几层的时候趋近于零或非常大,也就是"梯度消失"和"梯度爆炸"。

例如:最后输出层的梯度为 0.1,那么它之前所有层的梯度都要受到这一个梯度的影响,倒数第二层可能梯度为 $0.1 \times 0.1 = 0.01$,倒数第三层可能梯度就是 $0.01 \times 0.1 = 0.001$……以此类推,到了第一层的时候梯度已经趋近于零了,这便是"梯度消失";同理,如果是较大的梯度叠加,便是"梯度爆炸"。

"梯度消失"会导致只有靠近输出层的几层网络得到训练,而前面的网络因为梯度始终趋近于零,相当于没有被训练过,相当于随机给出预测值;"梯度爆炸"会导致神经网络的训练不能收敛,变成发散函数,使得训练的损失函数值越来越大,模型越训练越糟糕。

为了解决以上问题,让模型"更深"且"更好",许多用于深度学习的方法被提出。我们将在下一小节详细讲解。

13.2 卷积神经网络(CNN)

当你第一次听到卷积神经网络这一术语,可能会联想到神经科学或生物学。卷积神经网络(Convolutional Neural Networks, CNN)的确是从视觉皮层的生物学上获得启发的。视觉皮层有小部分细胞对特定部分的视觉区域敏感。Hubel 和 Wiesel 于 1962 年进行的一项有趣的试验详细说明了这一观点,他们验证出大脑中的一些个体神经细胞只有在特定方向的边缘存在时才能做出反应(即放电)。例如,一些神经元只对垂直边缘兴奋,另一些对水平或对角边缘兴奋。Hubel 和 Wiesel 发现所有这些神经元都以柱状结构的形式进行排列,而且一起工作才能产生视觉感知。这种一个系统中的特定组件有特定任务的观点(视觉皮层的神经元细胞寻找特定特征)在机器中同样适用,这就是 CNN 的基础。

13.2.1 感受野和步长

CNN 的核心便是感受野。一层 CNN 中包含有若干个卷积神经元,每个神经元被称作卷积核(Kernel),卷积核有时又称滤波器(Filter)。每一个卷积核含有相当于它感受野大小的参数。以图 13-4 为例,左侧为模型的输入图像(Input),通常是矩阵的形式,右侧的方框代表了一个卷积核的感受野。卷积核一次只读取感受野范围内的图像进行处理分析,而非一次读取整张图片。卷积核感受野的范围一般都比较小,比如长宽各 3 像素的 3×3 卷积核。

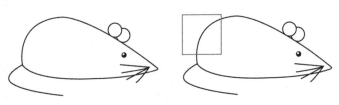

图 13-4 感受野

当卷积核读取了一个区域的信息后,会向邻近区域平移一个步长(Stride)的大小。如图 13-5 所示,输入是一个长 7 像素、宽 7 像素的图片,卷积核的大小为 3×3,如图 13-5a)的实线框和虚线框所示,一次能够读取共计 9 个像素的信息。当实线框中的 9 个像素经过卷积核,计算得到对应的输出后[如图 13-5b)黑色块所示],卷积核接下来向右边移动一个步长(图例中步长为 1),即左图中的虚线框,再次计算得到输出[即图 13-5b)的灰色块],以此类推,最终卷积核将经过图像的各个位置,得到最终的输出,如图 13-5b)所示。

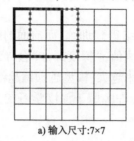
a) 输入尺寸:7×7

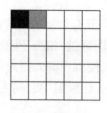
b) 输出尺寸:5×5

图 13-5　步长

图 13-5 中还展示了卷积操作带来的一个问题:原先图片输入的尺寸为 7×7,经过卷积之后却变成 5×5,这是由卷积本身的性质导致的。要解决这个问题,很直观的想法便是在原先的图片四周填充(Padding)一些值,让图片卷积后维持原来的大小。理解了卷积的原理后,不难得出卷积前后图像大小与卷积核大小、步长和填充大小的关系:

$$W' = \frac{W - K + 2P}{S} + 1 \tag{13-1}$$

式中,W 和 W' 分别为卷积前、卷积后图像的长或宽;K 为卷积核长或宽大小;P 为单侧的填充大小;S 为步长的大小。

上式可能出现 W' 不为整数的情况,通常是因为感受野读取超出了输入矩阵的范围,采用的手段为直接废弃该次读取,即将上式第一项进行下取:

$$W' = \left\lfloor \frac{W - K + 2P}{S} \right\rfloor + 1 \tag{13-2}$$

13.2.2　激活函数

CNN 同样需要激活函数来描述非线性关系。而对于包括 CNN 在内的所有深度学习问题,激活函数的选择尤为关键——为了解决 13.1.3 节中提出的"梯度消失""梯度爆炸"问题。其实解决方法很简单,使用 ReLU 激活函数而不要使用 Sigmoid 激活函数。

梯度消失与梯度爆炸其实都反映了深层网络中梯度不稳定的问题,而这一问题主要是 Sigmoid 激活函数导致的,如图 13-6a)所示,Sigmoid 函数对于无论多大或多小的输入,都会将其映射到(0,1)的区间,导致即使输入有了很大的变化,经过激活函数后的变化也非常小;此外,在反向传播算法中,由下式可知,对 Sigmoid 函数求导会越求越小,在深层网络中极易发生梯度消失问题。而如图 13-6b)所示的 ReLU 图像,可以看出 ReLU 函数并不需要担心这个问题,输入在 x 正半轴上增加多少,输出还是多少,不会发生改变。同时 ReLU 函数的计算还要比 Sigmoid 函数更快。

Sigmoid 函数由下列公式定义:

$$S(x) = \frac{1}{1 + e^{-x}} \tag{13-3}$$

其对 x 的导数可以表示为:

$$S'(x) = \frac{e^{-x}}{(1+e^{-x})^2} = S(x)[1-S(x)] \tag{13-4}$$

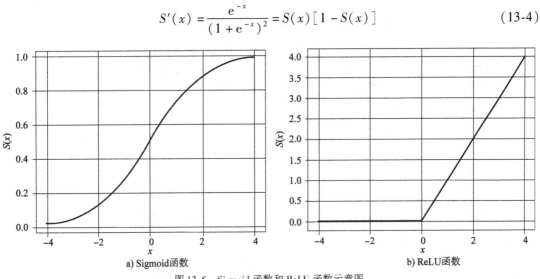

图 13-6　Sigmoid 函数和 ReLU 函数示意图

13.2.3　池化

CNN 中的另一个核心思想是池化(Pooling)。池化有时候也被称为下采样(Down Sampling)。池化的思想其实非常好理解:在一个区域中计算出一个值代表这个区域,而最受欢迎的最大值池化(Max-Pooling)便是用一个区域的最大值代表这个区域。池化的作用有很多,其中最主要的两点就是:①对通过卷积采集到的特征信息进行压缩,降低维度,减小计算量;②加强图像特征的不变性,即使图像发生偏移、旋转和伸缩也能保证识别的稳定。

如图 13-7 展示了一个大小为 2×2,步长为 2 的最大值池化。池化分别在四个区域中选择了这个区域的最大值作为代表。图像的大小在池化后从 4×4 减小到了 2×2。

同样,也有使用平均值池化(Average Pooling)、L2 范数池化等代替最大值池化,在这里不再赘述。

图 13-7　最大值池化

13.2.4　整体结构

在了解了 CNN 各个组成部分之后,CNN 整体的结构也就呼之欲出了。以图像分类任务为例(图 13-8),输入按照卷积→激活函数→池化的顺序层层堆叠,在 CNN 中,卷积层、激活函数、池化层通常作为一层来表示;最后连接了两个全连接层,输出最终的结果。基于这种结构的 CNN 的基本思想和运行机理将在下一节展示。

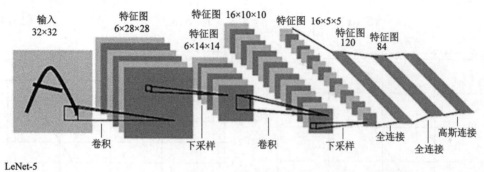

图 13-8　图像分类 CNN(LeNet)

图 13-8 中,第二层特征图,维度为 $6\times28\times28$,这里的 6 指的是图像经过 6 个自动生成的卷积核的卷积操作得到的 6 个 28×28 的矩阵的叠加,其中卷积核的参数是神经网络要更新的参数。

13.2.5　CNN 的思想

CNN 整体的思想分为两个部分,第一部分是使用卷积池化来提取特征,第二部分是通过全连接层进行预测。这一流程是当前几乎所有深度学习的基本思路,因此深度学习有时候也被称为"特征学习"或"表示学习"。

卷积的核心思想是利用了卷积核的参数共享,大幅度减少了参数量,极大地提升了运算效率。此外,它还自然而然地解决了很多图像识别中的问题:比如,目标的位置不固定。以图像分类为例,判断一张图片中是否有猫。图片 A 中的猫在画面左上角,图片 B 中的猫在画面右下角。对于全连接的神经网络,需要同时学会识别左上角的猫和右下角的猫,即便这样,在测试时面对一个画面中央的猫时很有可能全连接的神经网络还是无法正确判断。而对于卷积来说,猫在画面的任何位置都一样。

池化则是为了进一步增加卷积的感受范围。以刚刚猫的例子为例,如果一只猫的长宽变成原来的 2 倍,只依靠卷积可能就不能奏效了。但经过一次池化,这只猫相当于缩小到原来的一半,相当于卷积核的感受野在不增加参数量的前提下扩大了一倍,能够再次正确识别。

13.3　循环神经网络(RNN)

13.3.1　序列数据

循环神经网络(Recurrent Neural Network,RNN)的诞生很大程度上是为了处理序列数据。而序列数据广泛地存在于我们身边:视频可以看作是图像的序列;一句话可以看作是很多个字组成的序列;一条道路每隔一个时间间隔统计的流量、速度数据也可以看作是序列数据。

序列数据有以下几个特点:

(1)序列数据可以看作是若干个相同类别的数据连接组成的数据。例如一句话是由很多个字组成的,每个元素"字"是同一类别的。

(2)序列数据一般是不固定长度的。以一句话为例,有多少个字是不固定的,可以很长也可以很短。

(3)序列数据的前后顺序包含有重要信息,且有关联关系。继续以语言为例:"北京到上海"和"上海到北京"虽然包含的字完全一样,但因为顺序不同,意思完全不一样;对于"他看上去很高兴"这句话,如果问"他"指代谁,你一定一头雾水,但如果你能读到上文"我见到了小明,他看上去很高兴",那很明显"他"是小明。

而 RNN 在很大程度上能够面对序列数据的特点与带来的挑战。

13.3.2 RNN 的基本结构

RNN 的基本结构为一个双输入和双输出的神经网络。如图 13-9 所示,RNN 表示为网络 A,网络 A 的输入包括了某时间 t 下的序列输入 $x(t)$ 和来自上一个状态的输出 $h(t-1)$,它的输出 $h(t)$ 既传递给输出层,同时也传递到下一个状态作为输入。总的来说,RNN 依次从序列的开头一步步到结尾,每次以序列的信息和上一层的隐藏层的输出为输入,并输出当前隐藏层作为下一隐藏层状态的输入。因此在隐藏层输入输出的这一循环过程中,RNN 实现了序列信息的有序传递。

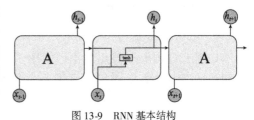

图 13-9　RNN 基本结构

RNN 的传递关系可以由下式给出:

$$h(t) = f_H[W_{IH}x(t) + W_{HH}h(t-1)] \tag{13-5}$$
$$y(t) = f_O[W_{HO}h(t)] \tag{13-6}$$

式中,W_{IH} 为输入层和隐藏状态层之间的权重;W_{HH} 为隐藏状态层之间的权重;W_{HO} 为隐藏状态层和输出层之间的权重;f_H 和 f_O 分别为隐藏状态层和输出层的激活函数。

13.3.3 长短期记忆(LSTM)

上一节讲解了 RNN 的基本结构,但这一结构太过简单,在实际训练中,隐藏层状态 $h(t)$ 并不能传递很远。与"梯度消失"类似,网络的记忆——隐藏层状态 $h(t)$ 在传递几层后便会消失。这种基本的 RNN 只能进行短期(Short Term)的记忆。

而长短期记忆网络(Long Short Term Memory, LSTM),使用了独特设计的门结构,能够实现长期和短期的记忆,解决了基础 RNN 的问题。

如图 13-10 所示,LSTM 的隐藏层输入输出由基本 RNN 的一组变为了两组,在图像上侧的一条通道被称为单元状态,由 C_t 表示,它代表 LSTM 长期记忆的部分,只有少量的线性操作,这种结构能够很轻松地实现信息从 LSTM 网络中穿过;下方的由 h_t 表示,是隐藏层状态,代表着 LSTM 的短期记忆。

LSTM 利用遗忘门、输入门和输出门来控制长期和短期的记忆。首先是遗忘门,如图 13-11所示,它通过上一个隐藏层状态 h_{t-1} 和输入 x_t 决定了长期记忆 C_{t-1} 中哪些不需要保留。

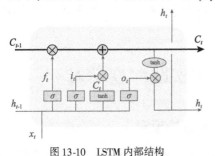

图 13-10　LSTM 内部结构　　　　　　　图 13-11　遗忘门

如图 13-12 所示，输入门同样使用了上一个隐藏层状态 h_{t-1} 和输入 x_t，决定了当前时刻网络输入 x_t 向长期记忆 C_t 中"记忆"哪些新的信息。

在经过遗忘门和输入门后，长期记忆 C_{t-1} 得到了更新，如图 13-13 所示。

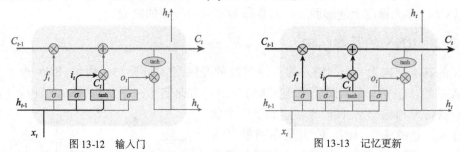

图 13-12　输入门　　　　　　图 13-13　记忆更新

如图 13-14 所示，输出门不但使用了上一个隐藏层状态 h_{t-1} 和输入 x_t，还使用了更新后的长期记忆 C_t 作为输入，共同决定了下一个状态的输出 h_t。

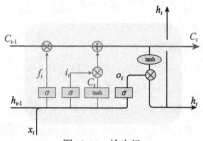

图 13-14　输出门

整个 LSTM 网络单元的数据传递更新过程可以由一组公式表示：

$$f_t = \sigma[W_f(h_{t-1}, x_t) + b_f] \tag{13-7}$$

$$i_t = \sigma[W_i(h_{t-1}, x_t) + b_i] \tag{13-8}$$

$$\widetilde{C}_t = \tanh[W_C(h_{t-1}, x_t) + b_C] \tag{13-9}$$

$$C_t = f_t \times C_{t-1} + i_t \times \widetilde{C}_t \tag{13-10}$$

$$o_t = \sigma[W_o(h_{t-1}, x_t) + b_o] \tag{13-11}$$

$$h_t = o_t \times \tanh(C_t) \tag{13-12}$$

式中，f_t 为遗忘门；i_t、$\widetilde{C}_t$ 为输入门；C_t 为细胞状态；o_t 为输出门；h_t 为隐藏状态；σ 为 Sigmoid 激活函数，通过 Sigmoid 层输出（是一个向量）的每个元素都是一个在 0～1 之间的实数，表示让对应信息通过的权重（或者占比）；比如，0 表示"不让任何信息通过"，1 表示"让所有信息通过"。式中"×" Hadamard 乘法，即两向量对应位置元素进行乘积。

每个 LSTM 网络有三个这样的门结构，来实现保护和控制信息。W 和 b 分别表示了对应层的权重参数和偏置。

13.4　在 Python 环境中实践深度学习

13.4.1　搭建卷积人工神经网络进行交通态势预测

在上一章中，我们搭建了全连接人工神经网络用于交通态势预测。在本章节我们将搭建卷积人工神经网络用于交通态势预测。利用卷积的思想来处理检测器的空间关系,以提升模型性能。

在上一章中,我们构建了数据集和基本的训练流程,这些部分都是可以在这一节中重复利用的。重点在于构建卷积神经网络。同样,定义名为 CNN 的类来表示神经网络:

```
1.  class CNN(nn.Module):
2.      def __init__(self):
3.          super(CNN, self).__init__()
4.          self.cnn = nn.Sequential(
5.              nn.Conv1d(2*12,64,kernel_size=3,padding=1),
6.              nn.ReLU(),
7.              nn.Conv1d(64, 64,kernel_size=3,padding=1),
8.              nn.ReLU(),
9.          )
10.         self.lin = nn.Conv1d(64, 6, kernel_size=1)
11.
12.     def forward(self,x):
13.         shape = x.shape
14.         x = x.permute(0,1,3,2)
15.         x = x.reshape(x.shape[0], -1, x.shape[3])
16.         x = self.cnn(x)
17.         x = self.lin(x)
18.         x = x.unsqueeze(-1)
19.         return x
```

nn.Conv1d 定义了一维的卷积层,第一个参数代表了输入的通道数,第二个参数代表了输出的通道数,kernel_size 代表了卷积核的大小,padding 为两侧填充的大小。需要注意的是,在 torch 的卷积层中,数据的格式默认是:第一维度表示 batch_size,第二维度代表通道数,之后的维度代表长宽等。但是原始的数据格式为:batch_size、时间片长度、检测器数目、通道数,显然与其不符。因此在 forward 中使用 permute 方法来进行维度的交换。Permute 方法中的参数表示原始维度的位置,例子中的 permute(0,1,3,2) 就代表了:将第 0 维换为原来的第 0 维,将第 1 维换为原来的第 1 维,将第 2 维换为原来的第 3 维,将第 3 维换为原来的第 2 维。然后利用 reshape 把时间维度合并。通过卷积处理,最后利用一个卷积核大小为 1 的卷积层,将通道数变化为输出所需的格式:6。由于在变化中把原先的通道维度合并了,最后通过 unsqueeze(-1) 方法在最后添加一个额外维度。

运行代码可以看到训练结果如图 13-15 所示,验证集中的最好结果为 5.043,在测试集上测试结果为 5.368。相比于全连接神经网络,卷积神经网络的效果已经有了显著提升。

```
143 train_loss:4.3840033919722945, val_loss:5.1809805101818505
144 train_loss:4.404765279204757, val_loss:5.190127399232653
145 train_loss:4.385582332257871, val_loss:5.076131992869907
146 train_loss:4.3467805120680065, val_loss:5.173536658287048
147 train_loss:4.3593230424103915, val_loss:5.099118497636583
148 train_loss:4.326199452082316, val_loss:5.193704658084446
149 train_loss:4.379094883247658, val_loss:5.125374409887526
150 train_loss:4.465523560841878, val_loss:5.074491620063782
best_val_loss: 5.043062501483494
test:5.3683794604407415

Process finished with exit code 0
```

图 13-15 卷积神经网络结果

13.4.2 搭建循环人工神经网络进行交通态势预测

在上一节中,通过卷积神经网络处理了空间维度的信息。本节,我们通过循环神经网络中 LSTM 网络,处理时间维度的信息。模型的重点依然是通过类定义网络,定义名为 LSTMNet 的类:

```
1.  class LSTMNet(nn.Module):
2.      def __init__(self):
3.          super(LSTMNet, self).__init__()
4.          self.rnn = nn.LSTM(input_size=2, hidden_size=32, num_layers=1,batch_first=True)
5.          self.dense = nn.Sequential(
6.              nn.Linear(32, 128),
7.              nn.ReLU(),
8.              nn.Linear(128, 6)
9.          )
10. 
11.     def forward(self,x):
12.         shape = x.shape
13.         x = x.permute(0,2,1,3)
14.         x = x.reshape(-1, x.shape[2], x.shape[3])
15.         x,_ = self.rnn1(x)
16.         x = x[:,-1]
17.         x = self.dense(x)
18.         x = x.reshape(shape[0], shape[2], 6, 1)
19.         x = x.permute(0,2,1,3)
20.         return x
```

其中，使用 nn.LSTM 直接创建一个 LSTM 网络，input_size 代表输入通道数，这里是 2；hidden_size 代表 LSTM 隐藏层通道数，这里设置为 32；num_layer 表示 LSTM 层数，这里使用单层，设置为 1；默认的 LSTM 层输入形式为（序列长度，batch_size，通道数），而数据 batch_size 在最前面，因此设置 batch_first = True，来匹配输入格式。在 forward 中，首先通过 permute 和 reshape 将空间维度合并到 batch_size 中，然后通过 LSTM 计算，LSTM 默认会返回两个值，一个是最后的输出，一个是最终的隐藏层状态和细胞状态组成的元组，只需要最后一个输出，所以使用 x = x[：，-1]进行切片。对于 LSTM 提取的特征，使用全连接神经网络进一步处理。最终再使用 reshape 和 permute 转化为输出格式。

LSTM 训练的结果如图 13-16 所示，可以看到验证集中的最好结果为 4.927，在测试集上测试结果为 5.228，可以看到 LSTM 网络的预测精度有了更进一步的提升。

```
143 train_loss:4.381449337358828, val_loss:5.015352421336704
144 train_loss:4.3710783234349, val_loss:5.122699552112156
145 train_loss:4.3683475300011778, val_loss:5.045515126652187
146 train_loss:4.3574991932621705, val_loss:4.986044936709934
147 train_loss:4.348937449631868, val_loss:5.0210845073064165
148 train_loss:4.381452445630674, val_loss:4.971476766798231
149 train_loss:4.361328125, val_loss:5.015472809473674
150 train_loss:4.368842310375637, val_loss:4.951892124281989
best_val_loss: 4.92739130391015
test:5.227617224057515

Process finished with exit code 0
```

图 13-16　循环神经网络结果

习　题

1．深度学习"更深"的结构有哪些好处？同时带来了哪些问题？

2．怎样缓解"梯度消失"？

3．阐述 CNN 参数共享的思想和好处。

4．举例说明几个序列化数据以及它们的序列化特征。

5．阐述为什么 LSTM 可以实现长期的记忆。

6．根据本章实践中使用 CNN 处理空间关系和 LSTM 处理时序关系，搭建同时结合 CNN 和 LSTM 的网络进行交通状态预测。

7．（选做）查阅资料，学习 ResNet 的结构，了解残差连接结构对于"更深"的深度学习的帮助。

8．（选做）查阅资料，学习 Transformer 的结构，了解其如何解决了 LSTM 的非并行化，以及"长期记忆仍然不够长"的问题，以及基于 Transformer 的语言预训练模型 BERT、GPT 在 NLP

中表现的强大性能。

本章参考文献

[1] NIELSEN M A. Neural networks and deep learning[M]. San Francisco: Determination Press, 2015.
[2] NG A, NGIAM J Q, FOO C Y, et al. Feature extraction using convolution[EB/OL]. http://ufldl.stanford.edu/tutorial/supervised/FeatureExtractionUsingConvolution/.
[3] ZHEN X T. UVA deep learning course[Z/OL]. https://uvadlc.github.io/.
[4] DESHPANDE A. A beginner's guide to understanding convolutional neural networks part 2 [EB/OL]. https://adeshpande3.github.io/A-Beginner's-Guide-To-Understanding-Convolutional-Neural-Networks-Part-2/.
[5] NANDO F. Machine learning: 2014-2015 course materials[Z/OL]. https://www.cs.ox.ac.uk/people/nando.defreitas/machinelearning/.
[6] CHRISTOPHER O. Understanding LSTM networks[EB/OL]. http://colah.github.io/posts/2015-08-Understanding-LSTMs/.
[7] CHEN Y N, LEE H Y. Applied deep learning: machine learning and having it deep and structured[Z/OL]. https://www.csie.ntu.edu.tw/~yvchen/f106-adl/syllabus.html.

第 14 章
数据可视化

在之前的章节中我们介绍了交通数据科学的多种实际应用,并得到了各式各样的结果。在本章中,我们将了解数据可视化的方式,将数据与结果转化为更加美观、直观的形式。

数据可视化是关于数据视觉表现形式的研究。数据可以通过恰当的可视化方法抽取出关键信息,更好地表达数据内部的特征。数据可视化的研究从 20 世纪 50 年代起步,至今数据可视化所包含的范围越来越宽广,各式的新技术如图像处理、动画制作、3D 建模等都可以纳入数据可视化的范畴。空中交通可视化如图 14-1 所示。

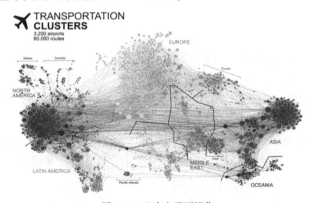

图 14-1 空中交通可视化

14.1 数据可视化基本方法

14.1.1 数据可视化的目标

在介绍数据可视化的基本方法之前,首先应当理解数据可视化的目标是什么,只有正确认识到我们进行数据可视化所要达到的目标,才可能选择正确的数据可视化方法。

数据可视化的目标主要分为以下几个方面:
(1) 记录信息;
(2) 协助推理;
(3) 转化数据的表现形式。

如图 14-2 所示,这幅图展示了数据可视化在记录信息方面的作用。交叉口各相位的自行车流量信息及驾驶人特征可视化地展示在了图片当中。

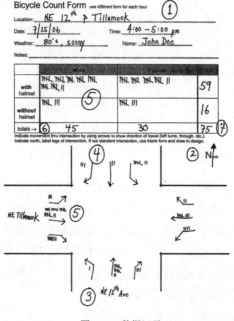

图 14-2　数据记录

如图 14-3 所示,这幅图展示了数据可视化为推理提供帮助。图片的横轴是时间,纵轴是沿着一条道路的里程数,图中的颜色深浅表示了道路的拥堵情况。这种时空图的分析方法在交通中十分常见,它为推理分析路段的通行能力情况和拥堵的产生和消散提供了帮助。

如图 14-4 所示,这幅图展示了数据可视化技术转化了数据的表现形式。这种可视化技术被称作"词云",其从一大段文字中提取出关键性的词语,按照重要度赋予不同的大小并排列组合,起到了总结和提炼文章关键点的作用。

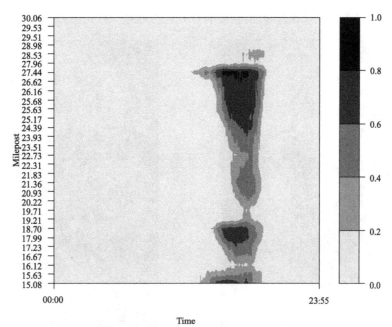

图 14-3　高速公路拥堵热度图(时空图)

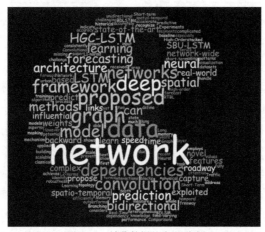

图 14-4　转化数据的表现形式

14.1.2　交通数据的可视化方法

相较于其他各种数据,可视化交通数据时我们往往都离不开"地图"。"地图"本身就是一种数据的可视化形式,地图将包含有各种信息的点、线、面地理信息数据转化为了可视化的二维平面连续形式。可视化交通数据,可以看作是一个向已有的"地图"可视化空间中添加额外信息的过程,添加新数据新信息后的"地图"便成为了我们的交通数据可视化。

以图 14-5 为例,我们实现了一个交通中常见问题的可视化——出行 OD 点数据可视化。我们的可视化过程可以视为向原有的地图中添加新的数据和信息的过程。原有的地图为二维的平面形式,横轴为经度、纵轴为纬度,其中表示出了该地区的地区、路网等信息。在"地图"的数据可视化基础上,将交通数据"添加"到原有的地图当中,使用圆形来表示出行 OD 点,圆形在原有"地图"的位置表示了出行 OD 点的位置,圆形的大小表示了该区域出行 OD 点出行量的大小，同时使用连线以及圆形的颜色表示 OD 点之间的点对关系。

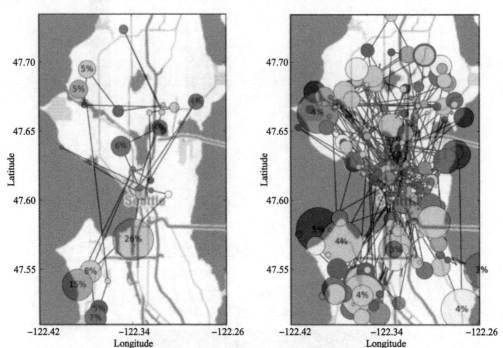

图 14-5　出行 OD 点数据可视化

此外，除了向"地图"这一常见的可视化形式中添加数据的方法，交通数据的可视化方法还包括了使用"时空图"。"时空图"也是一种二维平面连续的数据可视化方式，但是相较于地图，通常"时空图"的横轴为时间——选择一个时刻作为原点，横轴的数值为该点对应时刻与原点时刻的差值；纵轴为距离——选择空间中的一个点作为原点，同时选择了一个固定的方向，纵轴数值为沿着这个方向的点距离原点的距离。"时空图"可以形象地表达一条道路上车辆或行人的运动的时空间规律，同时可以和其他信息的可视化形式很好地结合。

以图 14-6 为例，进行了多个交叉口过往车辆的时空数据可视化。图像中的斜方向的几条线条表示过往车辆在时空的运动规律。同时，该数据可视化还结合了各个交叉口的信号配时规律，一共 4 个交叉口的信号配时以及交叉口的地理位置信息也一并可视化地在图像中展示。

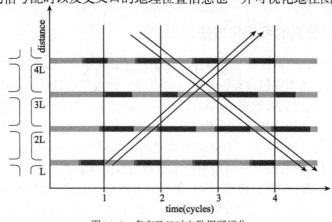

图 14-6　多交叉口时空数据可视化

14.2 使用 R shiny 进行数据可视化

在之前的章节之中,我们学习了使用 R 语言进行数据分析处理。在这一章节中,将学习使用 R 语言的 shiny 程序包快速构建数据可视化交互平台。

通常,构建一个 web 基础的可视化交互平台需要熟练使用 HTML/JavaScript 等语言构建前端网页,以及搭建后端与数据库和前端交互。但是利用 shiny,可以使用很少的代码快速搭建出包括前后端的 web 应用,而不需要相关 web 语言的基础。此外,shiny 可以轻松搭建出动态网页数据,这意味着在 shiny 搭建的 App 中,随着后台数据的变化,前端展示的图像也会实时地自动变化。因此,shiny 搭建的网页 App 是动态网页,而不是静态网页。同时,尽管 shiny 可以只用 R 语言来搭建网页 App,但 shiny 同样支持与 HTML、CSS、JavaScript 组合,满足更加自定义化的功能。

14.2.1 shiny 的安装运行

和安装 R 语言其他的程序包一样,安装 shiny 同样只需要一行代码:

```
1. install.packages("shiny")
```

打开 R studio 输入并运行上面的代码,就会自动安装完成 shiny。在安装完成后,首先应该导入 shiny 程序包,导入的方法与导入其他程序包的方法完全一致:

```
1. library(shiny)
```

导入之后,可以运行 shiny 自带的几个示例来验证 shiny 是否安装成功。比如可以运行以下代码,运行示例 1,效果如图 14-7 所示。

```
1. runExample("01_hello")
```

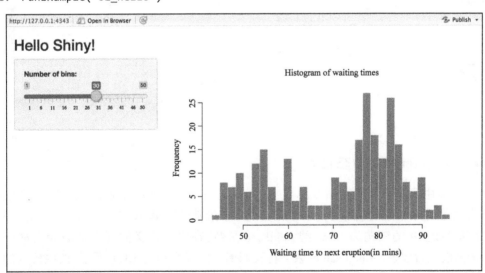

图 14-7　shiny 示例 1 Hello Shiny

14.2.2 shiny 的基本结构

shiny App 可以在一个 R 语言程序文件中实现,例如 App.R。在这个文件中的代码可以分为 3 个部分:

(1) UI,即用户界面,主要实现前端的可视化界面,控制应用程序的布局和外观,还显示输出。例如,标题、页面布局、文本输入、单选按钮、下拉菜单等。

(2) Server,即服务端,主要实现后端的数据计算逻辑。包含计算机生成应用程序所需的指令。例如,使用用户提供的输入,对其进行处理并产生所需的输出。

(3) 运行函数,用于调用运行 shiny App。

整体的代码结构如下所示:

```
1. library(shiny)
2.
3. ui <- ...
4.
5. server <- ...
6.
7. shinyApp(ui = ui, server = server)
```

可见,编写 shiny App 的过程,就是实现 ui 部分和 server 部分的过程。最后,定义的 ui 与 server 传入 shiny App 函数,调用和运行 shiny App。图 14-8 展示了 shiny App 的基本结构。

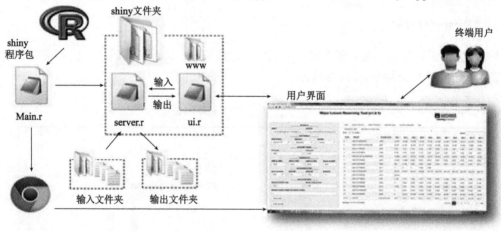

图 14-8 shiny App 结构

14.2.3 shiny UI 静态元素

在上一节中我们了解了 shiny App 的基本结构,shiny UI 部分对应了用户界面,即最终给大家展示可视化结果的前端部分。本节将实现一个最基础的 shiny UI。

UI 部分最基本的结构为 shiny 的 fluidPage 函数,在之后定义的各个页面元素都应当由 fluidPage 函数进行包裹。fluidPage 函数会将我们传入的参数作为 UI 的元素,按照传入的顺序进行展示。

以下面的代码为例,传入两个最为基本和常用的 shiny UI 布局,来构建一个简单和经典的 shiny UI 布局。

```
1. ui <- fluidPage(
2.     titlePanel("title panel"),
3.     
4.     sidebarLayout(
5.         sidebarPanel("sidebar panel"),
6.         mainPanel("main panel")
7.     )
8. )
```

按照先后顺序,分别传入了 titlePanel 和 sidebarLayout 两个元素,同时 sidebarLayout 又包含了 sidebarPanel 和 mainPanel 两个元素,可以看出 shiny UI 的布局是可以层层嵌套的,这也是 HTML 前端设计的特点。在 titlePanel、sidebarPanel 以及 mainPanel 中,分别传入了一个字符串,这个字符串就对应了该元素在 UI 中所显示的内容。最终效果如图 14-9 所示。

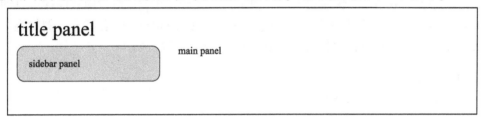

图 14-9　基本 shiny UI

可以看出,UI 可以分为两个部分:页面上方的 title panel 和下方的由 sidebar panel 和 main panel 组成的 sidebarLayout。

此外,还可以利用 shiny 中的函数快速实现 HTML 元素标签,这一部分的内容适合对 HTML 有一定基础的读者。表 14-1 列出了部分 shiny 中常用的 HTML 标签。

部分 shiny 中常用的 HTML 标签　　　　表 14-1

shiny 函数	HTML 标签	用　　途
p	\<p\>	文字段落
h1	\<h1\>	一级标题
h2	\<h2\>	二级标题
h3	\<h3\>	三级标题
a	\<a\>	超链接
br	\<br\>	空行
div	\<div\>	分隔容器
span	\<span\>	行内分隔容器

续上表

shiny 函数	HTML 标签	用　　途
pre	\<pre\>	预格式化的文本
code	\<code\>	代码
img	\<img\>	图片
strong	\<strong\>	加粗文字
em	\<em\>	斜体文字
HTML		直接渲染 HTML 代码

使用 shiny 的 HTML 标签函数本质上相当于快速生成了一段对应的 HTML 代码,例如:

```
1.  > h1("My title")
2.  <h1>My title</h1>
```

可以看出 h1 函数相当于快速生成了一段 HTML 代码。HTML 标签函数同样可以和我们在上一节所学到的元素函数如 titlePanel、sidebarPanel 或 mainPanel 嵌套结合。例如将之前例子中 mainPanel 的元素从字符串替换为多级的 HTML 标签函数,如:

```
1.  ui <- fluidPage(
2.  titlePanel("title panel"),
3.
4.  sidebarLayout(
5.    sidebarPanel("sidebar panel"),
6.    mainPanel(h1("First level title"),
7.      h2("Second level title"),
8.      h3("Third level title"),
9.      h4("Fourth level title"),
10.     h5("Fifth level title"),
11.     h6("Sixth level title"))
12. )
```

生成的页面应当如图 14-10 所示。

图 14-10　多级标题

可以使用同样的方法来插入图片，需要额外注意的是，图片的路径如果采用相对路径，那么应当在 App.R 文件的同一级目录中建立一个名叫 www 的文件夹来存储图片，例如我们要展示 rstudio.png，其路径应当为 www/ rstudio.png，整体的结构如图 14-11 所示。

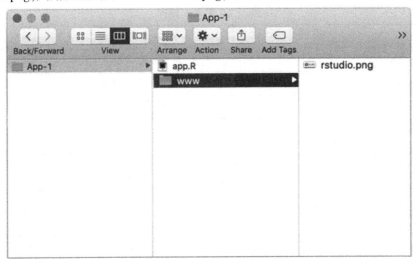

图 14-11　shiny App 工程结构

将之前例子中 mainPanel 中的元素更改为 img 函数来创建一个 img 标签，并传入参数 src、height、width 分别定义图片的路径、高度、宽度，如：

```
1.  ui <- fluidPage(
2.    titlePanel("title panel"),
3.  
4.    sidebarLayout(
5.      sidebarPanel("sidebar panel"),
6.  mainPanel(img(src = "rstudio.png",
7.    height = 140,
8.    width = 400))
9.    )
10. )
```

效果如图 14-12 所示。

图 14-12　在 shiny UI 中插入图片

14.2.4　shiny UI 输入

shiny UI 中通过使用部件(Widgets)来进行用户的输入交互。常用的部件见表 14-2。

表 14-2　shiny UI 中常用部件

函　数	部件功能
actionButton	动作按钮,用于执行动作
checkboxGroupInput	一组选项框
checkboxInput	单一选项框
dateInput	日期输入部件
dateRangeInput	一堆日期输入部件,用于输入日期范围
fileInput	文件上传
helpText	输入的帮助文字
numericInput	数字输入
radioButtons	一组单选选项
selectInput	选项框
sliderInput	滑动条
submitButton	上传按钮
textInput	文字输入

添加输入部件的方法与在 UI 中添加静态元素的方法非常类似,需要注意的是一个部件函数应当包含两个必需的参数:①部件的名字;②部件的标签。部件的名字是之后我们在 server 中获得 input 数据的关键,部件的标签用于显示随着部件一起出现的说明文字。例如,创建一个动作按钮 actionButton("action", label = "Action"),这个按钮的名字为"action",同时,在按钮上显示的文字为"Action"。

下面的代码构建了一个包含所有部件的 UI:

```
1.  ui <- fluidPage(
2.    titlePanel("Basic widgets"),
3.    
4.    fluidRow(
5.    
6.      column(3,
7.        h3("Buttons"),
8.        actionButton("action", "Action"),
9.        br(),
10.       br(),
11.       submitButton("Submit")),
12.
```

```
13.      column(3,
14.          h3("Single checkbox"),
15.          checkboxInput("checkbox", "Choice A", value = TRUE)),
16.
17.      column(3,
18.          checkboxGroupInput("checkGroup",
19.                              h3("Checkbox group"),
20.                              choices = list("Choice 1" = 1,
21.                                             "Choice 2" = 2,
22.                                             "Choice 3" = 3),
23.                              selected = 1)),
24.
25.      column(3,
26.          dateInput("date",
27.                     h3("Date input"),
28.                     value = "2014-01-01"))
29.   ),
30.
31.   fluidRow(
32.
33.      column(3,
34.          dateRangeInput("dates", h3("Date range"))),
35.
36.      column(3,
37.          fileInput("file", h3("File input"))),
38.
39.      column(3,
40.          h3("Help text"),
41.          helpText("Note: help text isn't a true widget,",
42.                    "but it provides an easy way to add text to",
43.                    "accompany other widgets.")),
44.
45.      column(3,
46.          numericInput("num",
47.                        h3("Numeric input"),
48.                        value = 1))
49.   ),
50.
```

```
51.    fluidRow(
52.
53.        column(3,
54.            radioButtons("radio", h3("Radio buttons"),
55.                     choices = list("Choice 1" = 1, "Choice 2" = 2,
56.                                    "Choice 3" = 3),selected = 1)),
57.
58.        column(3,
59.            selectInput("select", h3("Select box"),
60.                     choices = list("Choice 1" = 1, "Choice 2" = 2,
61.                                    "Choice 3" = 3), selected = 1)),
62.
63.        column(3,
64.            sliderInput("slider1", h3("Sliders"),
65.                     min = 0, max = 100, value = 50),
66.            sliderInput("slider2", "",
67.                     min = 0, max = 100, value = c(25, 75))
68.        ),
69.
70.        column(3,
71.            textInput("text", h3("Text input"),
72.                     value = "Enter text..."))
73.    )
74.
75. )
```

代码的效果如图 14-13 所示。

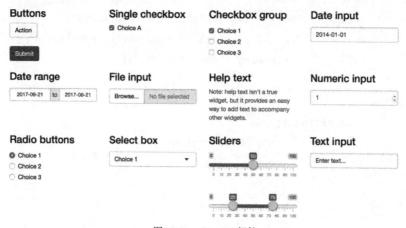

图 14-13　shiny UI 部件

14.2.5 shiny UI 输出

与定义 shiny UI 中的输入一样,shiny UI 中的输出也是添加对应的 shiny UI 输出组件,常用的输出组件见表 14-3。

shiny UI 中常用的输出组件　　　　　　　　　　　　　表 14-3

输 出 函 数	部 件 功 能
dataTableOutput	数据表
htmlOutput	HTML 源代码
imageOutput	图片
plotOutput	图表
tableOutput	表格
textOutput	文字
uiOutput	HTML 源代码
verbatimTextOutput	文字

调用 shiny UI 输出函数时,必须要传入输出函数对应的名字,这同样是为了在 server 中能够识别到对应的输出组件。例如构建一个文字型的输出 textOutput(selected_var),在构建时传入了输出的名字 selected_var。

14.2.6 shiny server

在前面几节的内容当中,我们构建了基本的 shiny UI,其中包括了静态展示的内容以及动态的输入和输出。在本节中我们将构建 server 函数中的内容,实现对 UI 中输入的读取、计算以及最终的输出。

server 函数的定义如下面的代码所示,包括了 input 和 output 两个参数的函数。input 可以看作包含了所有输入的命名列表,output 可以看作包含了所有输出的命名列表。在这段代码的例子中,output $ selected_var 即 UI 中命名为 selected_var 的输出组件,input $ var 即 UI 中命名为 var 的输入组件。

```
1.  server <- function(input, output) {
2.  
3.    output$selected_var <- renderText({
4.      paste("You have selected", input$var)
5.    })
6.  
7.  }
```

可以看到,输出的赋值为一个以 render 为开头的 shiny 函数,这是 shiny 的渲染函数,所有的输出都应该由 render 函数进行赋值,常用的 render 函数见表 14-4。

常用的 render 函数　　　　　　　　　　　　　表 14-4

render 函数	渲染输出
renderDataTable	数据表
renderImage	图片
renderPlot	图表
renderPrint	任意 print 输出
renderTable	表格类输出
renderText	字符串
renderUI	shiny 标签函数或 HTML 源码

以 shiny 自带的示例 1 为例，创建一个基于 R 语言自带数据集 faithful——关于一个间歇泉的爆发时间和持续时间，动态创建 faithful 数据持续时间的直方图：

```
1.  library(shiny)
2.
3.  ui <- fluidPage(
4.      titlePanel("Hello Shiny!"),
5.      sidebarLayout(
6.          sidebarPanel(
7.              sliderInput(inputId = "bins",
8.                          label = "Number of bins:",
9.                          min = 1,
10.                         max = 50,
11.                         value = 30)
12.
13.         ),
14.         mainPanel(
15.             plotOutput(outputId = "distPlot")
16.         )
17.     )
18. )
19.
20. server <- function(input, output) {
21.     output$distPlot <- renderPlot({
22.         x    <- faithful$waiting
23.         bins <- seq(min(x), max(x), length.out = input$bins + 1)
24.
25.         hist(x, breaks = bins, col = "#75AADB", border = "white",
26.              xlab = "Waiting time to next eruption (in mins)",
27.              main = "Histogram of waiting times")
```

```
28.
29.        })
30.
31.    }
32.
33.    shinyApp(ui=ui,server=server)
```

在上面的代码中，server 读取了 UI 中滑动条的输入结果，创建了对应条数的直方图，显示持续时间的分布关系，最终效果如图 14-14 所示。

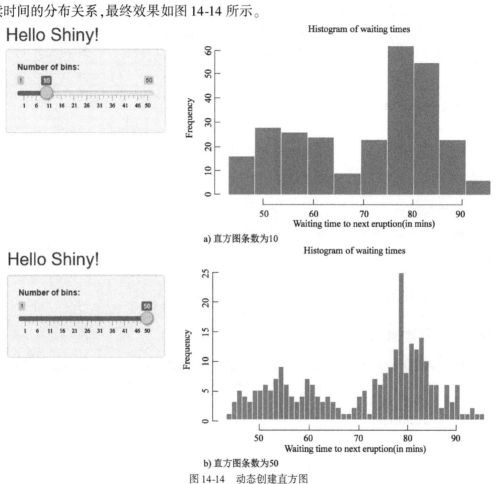

图 14-14　动态创建直方图

14.3　基于 R shiny 的交通轨迹数据可视化案例

本节我们将基于以上学到的关于 shiny 的知识，搭建一个包含了前后端的轨迹数据可视化系统。轨迹数据是交通数据分析中非常常见的数据之一，通常由 GPS 等移动定位系统获取，描述了对象经纬度坐标随时间的变化特征。本节中，我们会将一辆货车的轨迹按照时间顺序在地图上可视化展示，并显示不同时间段轨迹的特征规律。

首先，我们在 R 交互式环境下安装本 App 所需要用到的软件包，若读者在之前的练习之中已经进行过安装，则可以跳过这一步骤。

```
1. install.packages("RODBC")
2. install.packages("leaflet")
3. install.packages("leaflet.extras")
4. install.packages("shiny")
```

其中，RODBC 用于 R 语言与数据库的连接；leaflet 用于创建可交互的基于 JavaScript 的地图；leaflet.extras 包含了一些额外的用于 leaflet 的函数；shiny 为搭建 shiny App 的基础。

环境准备完成后，开始正式搭建 shiny App。在 R studio 中创建新的 R Script，并保存为 App.R。首先我们导入刚才安装好的程序包：

```
1. library(RODBC)
2. library(leaflet)
3. library(leaflet.extras)
4. library(shiny)
```

之后进行 shiny App 与数据库的连接：

```
1. # 建立连接
2. conn <-odbcConnect("Database", "用户名", "密码")
```

获取数据：

```
1. data = sqlQuery(conn, "SELECT * FROM traj")
```

14.3.1 搭建 shiny UI

首先我们来搭建用户界面的部分——shiny UI。使用 fluidPage 可以构建响应式的界面布局：

```
1. ui <- fluidPage(
2.
3.   # App title ----
4.   titlePanel("轨迹数据可视化"),
```

通过 fluidRow 构建宽度为 12 的容器，在其中通过 leafletOutpet 创建地图：

```
1. fluidRow(
2.
3.     column(12,wellPanel(
4.       leafletOutput("mymap")
5.     ))
```

```
6.
7. ),
```

再构建另一个宽度为 12 的 fluidRow，用 sliderInput 获得输入，用于控制数据的范围：

```
1. fluidRow(
2.     column(12,wellPanel(
3.             sliderInput("slider","数据范围
   ", min=1, max=nrow(data), value=c(25,500), ticks=FALSE)
4.         ))
5. )
```

14.3.2 搭建 shiny server

搭建程序的后端，最为重要的功能是将用于展示的数据，通过 renderLeaflet 函数，渲染到前端的 leaflet 地图上：

```
1.  # output associated with the leafletOutput in the UI script
2.  output$mymap <- renderLeaflet({
3.
4.    # get the data
5.    df <- data[c(input$slider[1]:input$slider[2]),]
6.
7.    # definition of the leaflet map
8.    m <- leaflet(data = df) %>%
9.      addTiles() %>%
10.     addPolylines(lng = ~lon, lat = ~lat,color = "#F00", weight = 8, opacity = 0.5,)
11.    # return the map
12.    m
13. })
```

其中，input \$ slider[1] 和 input \$ slider[2] 对应了先前定义的滑动条输入的上下限；addPolylines 允许在地图上添加 polyline 对象（polyline 定义可参考第 4 章）。

最后运行程序：

```
1. # Run the app ----
2. shinyApp(ui = ui, server = server)
```

本节完整代码如下所示：

```
1.  library(RODBC)
2.  library(leaflet)
3.  library(leaflet.extras)
4.  library(shiny)
5.
6.  conn <-odbcConnect("Database", "用户名", "密码")
7.  data = sqlQuery(conn, "SELECT * FROM traj")
8.
9.  ui <- fluidPage(
10.
11.   # App title ----
12.   titlePanel("轨迹数据可视化"),
13.
14.
15.   fluidRow(
16.
17.     column(12,wellPanel(
18.       leafletOutput("mymap")
19.     ))
20.
21.   ),
22.
23.   fluidRow(
24.     column(12,wellPanel(
25.         sliderInput("slider","数据范围
    ", min=1, max=nrow(data), value=c(25,500), ticks=FALSE)
26.       ))
27.
28.   )
29. )
30.
31. server <- function(input, output) {
32.
33.   # output associated with the leafletOutput in the UI script
34.   output$mymap <- renderLeaflet({
35.
36.     # get the data
37.     df <- data[c(input$slider[1]:input$slider[2]),]
```

```
38.
39.        # definition of the leaflet map
40.        m <- leaflet(data = df) %>%
41.          addTiles() %>%
42.          addPolylines(lng = ~lon, lat = ~lat,color = "#F00", weight = 8, opacit
    y = 0.5,)
43.        # return the map
44.        m
45.      })
46.
47.    }
48.
49.    # Run the app ----
50.    shinyApp(ui = ui, server = server)
```

习 题

1. 阐述交通数据常用的可视化方法。
2. 使用 R shiny 创建一个可视化平台,动态展示学习工作中遇到的数据。
3. 在本章节轨迹数据可视化平台的基础上,添加一个可以调节条数的直方图,用于展示轨迹中车辆速度的分布。

本章参考文献

[1] CUI Z Y. Picture of the word cloud[Z/OL]. https://github.com/zhiyongc.
[2] RODEGERDTS L, LEE K, QUAYLE S, et al. Traffic signal timing manual[R/OL]. https://ops.fhwa.dot.gov/publications/fhwahop08024.
[3] VU D H. Web application framework with Shiny[EB/OL]. http://littleactuary.github.io/blog/Web-application-framework-with-Shiny/.

第 15 章
交通大数据应用实例

本书前面章节介绍许多模型算法和软件使用方法,为解决交通问题进行了知识和技能储备。本章将带领大家面对具体的交通问题,借助编程软件进行建模和可视化,完成交通大数据的案例分析。

15.1 交通安全数据建模

安全分析是交通领域一个非常传统的话题,但在今天仍然非常重要。调查数据显示,2019年中国交通事故受伤人数约 27 万,死亡人数约 7 万,造成经济损失高达 10 亿元。自 1899 年发生第一起有记录车祸以来,全球车祸累计死亡 3000 多万人,超过第一次世界大战死亡人数。此外,交通事故引发的经济损失也是高昂的,无论是直接成本,还是拥堵、污染、治安和医疗成本。因此,如何衡量道路交通安全水平,构建合理的道路交通安全评价指标体系,对交通安全进行分析和改进有着重要意义。

通过安全分析,我们可以回答许多有关交通设施安全的问题。在交通安全分析中,常见的主题有:基于多因素预测事故发生可能性的风险分析、事故影响分析以及事故热点预测。

15.1.1 交通事故统计分析指标

对交通事故进行统计分析是对道路系统安全评价的主要内容之一,为了反映交通事故总体的数量和特性,必须建立相应分析指标揭示事故总体的内在规律。目前对交通安全进行分析的指标主要有:绝对指标、相对指标、平均指标、动态指标等。

(1) 绝对指标

绝对指标用来反映交通事故的总体规模和水平的绝对数量。常用在规定的道路上一定时间内发生的事故次数、死亡人数、受伤人数等,反映各路段的安全状况。绝对指标直观、明确,但是没有考虑到道路交通条件、道路线形、道路等级、路面状况等的影响。目前我国在交通安全管理上常用的绝对指标有交通事故次数、受伤人数、死亡人数和直接经济损失,即交通安全四项指标。

(2) 相对指标

由于绝对指标对于道路条件、交通条件变化较大的道路识别精确度较差,因此考虑将绝对识别指标与路段长度、路段交通量、区域汽车保有量、区域面积、区域人口等因素综合考虑,可以获得一定道路交通条件下的相对指标。相对指标相比于绝对指标更加准确,事故统计分析中应用更加广泛。常用的相对指标主要有万车交通事故死亡率、万人交通事故死亡率、交通事故致死率、亿车公里事故指标、综合事故率等。

(3) 其他指标

其他指标是指除了绝对指标、相对指标外的事故统计分析指标,主要包括平均指标和动态指标。平均指标主要用于反映道路整体安全状况,主要有年平均死亡人数、平均事故次数、平均亿车事故率等指标。动态指标主要用于反映道路交通安全状况的变化过程和发展趋势,主要有事故增长量、平均增长速度、事故增长率等指标。

绝对指标是相对指标、平均指标和动态指标建立的基础,而相对指标、平均指标和动态指标更能够反映出事故的发生规律、分布规律和发展趋势。

15.1.2 交通事故热点识别

事故热点是指在一段时间内,在道路上发生交通事故与其他类似路段相比明显突出的路段,即事故风险较高的位置,应优先考虑未来的安全处理。事故热点识别能够帮助我们在道路网络上找到那些安全条件较差且进行某些安全处理后获益最大的位置。

事故热点往往具有变化性和相对性,严重威胁着过往车辆的安全。由于交通事故的随机性及不可预测性,如何科学地划分道路单元,分析事故热点的成因,并建立事故热点识别方法对其诊治排序,对于减少事故发生率、提高道路交通安全具有重要意义。

上一小节我们介绍了很多交通安全评价指标,利用指标观测值对道路单元进行评价分析。是否能不借助模型直接识别事故热点呢?这就提出了一个问题,为什么我们要建立事故模型,而不是仅仅修复那些事故率高的地点?其中一个原因是事故是随机事件,在很多情况下,高事故数仅仅是由于随机波动造成的。道路单元在一段时间内的交通事故指标值并不能完全反映其交通安全状况,只有事故指标的期望值才能较为准确地反映其安全水平,而我们只能通过估计得到事故指标的期望值。统计得到的事故指标有可能存在较大的偏差,这种偏差常被称为回归效应。回归效应是交通事故的一个显著特征,是指若道路单元在某一时间段内发生了超出正常状态的事故数,即使不采取任何改善措施,在随后的一段时间内发生的事故也会相对减少;反之,若某一时间段内发生明显低于正常状态的事故数,在随后的时间内将会发生较多的事故。这表明随着时间的推移,事故指标将向其均值回归。此外,有些设施本身就是高风险的。例如,交通量较大、路段较长的设施通常会发生更多的事故,但这并不意味着其事故风险较高。

我们可以开发统计模型,以确保我们在同一水平上比较设施。在本节,我们将特别介绍《公路安全手册》中推荐的经验贝叶斯方法,该方法通常被视为事故热点识别研究的标准。这种方法有很多种变体,甚至还有许多更复杂的方法,但是大多新的方法都是典型地与经验贝叶斯方法相比较的,因为它具有较好的一致性和可解释性。

贝叶斯估计的基本思路是假定要估计的模型参数是服从一定分布的随机变量,在考虑任何数据之前,需要定义超参数,描述模型参数的先验分布。根据经验给出待估参数的先验分布(也称为主观分布),关于这些先验分布的信息被称为先验信息;然后根据这些先验信息,并与样本信息相结合,应用贝叶斯定理,求出待估参数的后验分布;再应用损失函数,得出后验分布的一些特征值,并把它们作为待估参数的估计量。贝叶斯估计中最关键的一步就是确定参数的先验分布,从历史观测数据中获取参数先验并进行贝叶斯估计,即所谓的经验贝叶斯方法(Empirical Bayes)。下面以一个例子进行说明。

例:样本 X 服从分布 $N(\theta,1)$, $\theta \in \Theta = (-\infty, +\infty)$。设先验分布 $\pi(\theta)$ 属于正态分布族 $\{N(0,\sigma^2): 0 < \sigma^2 < \infty\}$。现有历史样本 $X_1, \cdots, X_{n-1}$,当前样本 X_n,试估计当前 θ 的值[对样本的产生可理解为二次抽样的过程,先从分布 $N(0,\sigma^2)$ 中抽取 θ,再从 $N(\theta,1)$ 抽取 X_i]。

(1) 矩估计法

首先计算样本 X 的边缘分布:

$$p(x) = \int_{-\infty}^{\infty} p(x \mid \theta) \pi(\theta) d\theta \propto \exp\left(-\frac{x^2}{\sigma^2 + 1}\right) \tag{15-1}$$

即 X 的边缘分布 $N(0, \sigma^2 + 1)$。$X_1, \cdots, X_n$ 为分布 $N(0, \sigma^2 + 1)$ 独立重复抽样得到的样本。然后用样本矩来近似估计 σ^2:

$$\hat{\sigma}^2 = \sum_{i=1}^{n} \frac{x_i^2}{n-1} \tag{15-2}$$

故 θ 的近似后验分布为:

$$p(x \mid \theta) \propto \exp\left[-\frac{(x_n - \theta)^2}{2} \times \exp\left(-\frac{\theta^2}{2\hat{\sigma}^2}\right)\right] \tag{15-3}$$

根据此后验分布可以对 θ 进行估计。

(2) 极大似然法

同矩估计法一样,首先计算样本 X 的边缘分布,得到 $X \sim N(0, \sigma^2 + 1)$。因为 $X_1, \cdots, X_n$ 为独立重复抽样,故可写出 $(\sigma^2 + 1)$ 的似然函数为:

$$L(\sigma^2 + 1) = -\frac{n}{2}\ln[2\pi(\sigma^2 + 1)] - \sum_{i=1}^{n} \frac{x_i^2}{2(\sigma^2 + 1)} \tag{15-4}$$

最大化似然函数得到:

$$\hat{\sigma}^2 = \sum_{i=1}^{n} \frac{x_i^2}{n-1} \tag{15-5}$$

然后同矩估计一样,可以计算 θ 的近似后验分布,并对 θ 进行估计。

(3)边缘分布法

考虑一类特殊的情况:不寻求 θ 的后验分布,而只希望计算 θ 的后验期望。
假设参数 θ 的先验分布为 $g(\theta)$,则:

$$E(\theta \mid x_n) = \frac{\int \theta p(x_n \mid \theta) g(\theta) \mathrm{d}\theta}{\int p(x_n \mid \theta) g(\theta) \mathrm{d}\theta} = \frac{\int \theta \cdot \frac{1}{\sqrt{2\pi}} \exp\left[-\frac{(x_n - \theta)^2}{2}\right] g(\theta) \mathrm{d}\theta}{p(x_n)} \quad (15\text{-}6)$$

利用分部积分法:

$$\int \theta \cdot \frac{1}{\sqrt{2\pi}} \exp\left[-\frac{(x_n - \theta)^2}{2}\right] g(\theta) \mathrm{d}\theta =$$

$$\int x \cdot \frac{1}{\sqrt{2\pi}} \exp\left[-\frac{(x - \theta)^2}{2}\right] g(\theta) \mathrm{d}\theta + \frac{\partial}{\partial x_n} \int \frac{1}{\sqrt{2\pi}} \exp\left[-\frac{(x_n - \theta)^2}{2}\right] g(\theta) \mathrm{d}\theta$$

$$= x_n \cdot p(x_n) + \frac{\partial}{\partial x_n} p(x_n) \quad (15\text{-}7)$$

代入式(15-6),可得:

$$E(\theta \mid x_n) = x_n + \frac{\partial}{\partial x_n} \ln p(x_n) \quad (15\text{-}8)$$

故 θ 的后验期望与先验分布无关,仅与 X 的边缘分布有关。利用历史样本估计 X 的边缘分布,便可得到 θ 的后验期望分布。

需要注意的是,确定 X 的边缘分布也并非一件容易的事情,尤其是 X 的取值为连续实数时。为了提高边缘密度估计的精度,往往会假设边缘密度属于某个参数分布族。

上述三种方法是常用的经验贝叶斯方法。其中矩估计法和最大似然法试图对参数的先验分布进行建模,而边缘分布法则试图对样本的边缘分布进行建模。究竟哪种方式更合适,需要具体问题具体分析:如果对参数的先验分布了解的比较多,则应选择对参数进行建模;反之,则应选择对样本的边缘分布进行建模。

在事故热点识别分析中,经验贝叶斯的方法是把在观测位置观测得到的实际碰撞数与应用安全评估模型估计得到的碰撞数相结合。

安全评估模型(Safety Performance Function,SPF)定义为:

$$\mathrm{SPF} = f(\beta_0 + \beta_1 X_1 + \cdots + \beta_n X_n) \quad (15\text{-}9)$$

其中 $X_1,\cdots,X_n$ 是交通和道路特征,例如车道宽度、交通流量等。安全评估模型可以使用多种模型形式,在实际应用中负二项回归较为普遍。

将安全评估模型预测得到的碰撞平均值与观测得到的计数合并为加权平均值:

$$\pi_i = \alpha_i \mathrm{SPF}_i + (1 - \alpha_i) K_i \quad (15\text{-}10)$$

式中,π_i 为路段 i 的预期安全性;α_i 为一个取值在 0~1 的加权因子;SPF_i 为路段 i 的安全评估模型估计碰撞数;K_i 为路段 i 的观测碰撞数。

α_i 可以根据下式计算:

$$\alpha_i = \frac{1}{1 + \dfrac{\mathrm{SPF}_i}{k L_i^{\gamma}}} \quad (15\text{-}11)$$

式中,k 为安全评估模型(负二项回归)中的分散参数;L_i 为路段 i 的长度;γ 为一个介于 0~1之间的常量。

最后,根据预期安全性对地点进行排序,或计算事故减少可能性,作为确定安全处理优先级的另一项措施。事故减少可能性(Accident Reduction Potential,ARP)可由下式计算:

$$ARP = (1 - \alpha_i)(K_i - SPF_i) \tag{15-12}$$

如果K_i远大于SPF_i,即路段上观测到的碰撞数大于模型估计碰撞数,这意味着更大的事故减少潜力以及更高的安全处理优先级。如果α_i较大(接近于1),则 SPF 估计值的方差较高,会使得 ARP 较低,也就意味着较低的安全处理优先级。

使用经验贝叶斯进行事故热点识别,需要考虑以下因素:

(1)需要至少 2~3 年的事故数据。

(2)将多年数据视为一个时间间隔,需要其他方法来考虑更长(可能是随时间变化)的周期。

(3)通常需要分别考虑事故类型和(或)严重程度(此处未涵盖)。

(4)考虑到地点之间的异质性,定义"相似"路段的方式可能会出现问题。

(5)如果有大量零事故路段,可能需要使用零膨胀负二项模型。

15.1.3 事故热点识别案例应用

本案例通过分析事故及相关数据,包括:道路数据,交通流数据等,建立回归模型,对事故热点地区进行识别,并筛选出事故减少可能性 ARP 较高的路段。

案例数据为 Access 数据文件,将其导入 Microsoft SQL Server 中,利用 R 语言编程连接数据库。对数据进行处理,计算年平均日交通量 AADT 和路段长度 Length 的对数,记为 log_AADT 和 log_Length,然后对事故数分别进行负二项回归和泊松回归。

```
1.  library(DBI)
2.  library(RPostgreSQL)
3.  library(MASS)
4.  
5.  #连接数据库
6.  con = dbDriver("PostgreSQL")
7.  connection<-dbConnect(con, host='你的主机名', user='你的用户名', password='你的密码', dbname='你的数据库名称', port ='5432')
8.  
9.  #数据预处理
10. AccCnt_Data = dbSendQuery(conn=connection, statement=
    'select * from A4_AccidentCount')
11. AccCnt_Data$log_AADT = log(AccCnt_Data$AADT)
12. AccCnt_Data$log_Length = log(AccCnt_Data$Length)
13. model.nb = glm.nb(AccCnt_Data~log_Length+NLan+LaneWidth+LShoulderWidth+RShoulderWidth+log_AADT,data=AccCnt_Data)
```

```
14.  model.poi = glm(AccCnt_Data~log_Length+NLan+LaneWidth+LShoulderWidth+RShoul
     derWidth+log_AADT,data=AccCnt_Data,family = 'poisson')
15.
16.  summary(model.nb)
17.  summary(model.poi)
```

查看负二项回归的分散系数 k 和赤池信息准则 AIC：

```
> k
[1] 0.9198514
> AIC(model.nb)
[1] 22406.61
>
```

通过对比负二项回归和泊松回归的赤池信息准则 AIC，选择 AIC 较小的模型，因此负二项回归优于泊松回归。

```
> AIC(model.nb)
[1] 22406.61
> AIC(model.poi)
[1] 37203.24
```

通过实验，发现去掉车道宽度 LaneWidth 这一因变量进行负二项回归效果更好（AIC 值更小），因此建立新的负二项回归模型，作为安全评估模型。

```
1.  new_model = update(model.nb,.~.-LaneWidth)
2.  summary(new_model)
```

```
> AIC(model.nb)
[1] 22406.61
> AIC(new_model)
[1] 22404.62
```

根据安全评估模型计算预测碰撞平均值，利用公式 $\alpha_i = \dfrac{1}{1 + \mathrm{SPF}_i/k}$ 计算加权因子，然后按照式（15-10）将预测值与观测得到的计数合并为加权平均值 π_i，进一步根据式（15-12）计算各个路段事故减少可能性 ARP，并将计算结果保存至 AccCnt_EB 数据表中，关闭数据库连接。

```
1.  predict(new_model,type='response')[1:15]
2.  SPF = new_model$fitted.values
3.  k = new_model$theta
4.  alpha = 1/(a+SPF/k)
5.  AccCount=AccCnt_Data$AccCount
6.  pi =alpha*SPF+(1-alpha)*AccCount
7.  arp= (1-alpha)*(AccCount-SPF)
8.
```

```
 9.   result<-data.frame(AccCnt_Data$Link_ID,AccCnt_Data$RouteNo,AccCnt_Data$ST_MP
      ,AccCount,SPF,pi,arp)
10.   result.ordered<-result[order(-result$arp),]
11.   sqlSave(conn,result,'AccCnt_EB')
12.   odbcClose(conn)
```

事故减少可能性 ARP 值为前 15 的路段如表 15-1 所示。

事故减少可能性 ARP 值为前 15 的路段信息　　　　　　　　表 15-1

AccCnt_Data.Link_ID	AccCnt_Data.RouteNo	AccCnt_Data.ST_MP	accCount	spf	pi	arp
3322	5	190.61	224	44.175417	220.33195	176.15653
3115	5	166.75	196	18.312077	187.50129	169.18922
3177	5	172.58	149	20.361963	143.43995	123.07799
2813	5	133.03	126	30.472581	123.20088	92.72830
4389	90	51.74	108	11.968350	101.14607	89.17772
1367	526	4.45	116	2.901712	88.77721	85.78550
2305	405	3.77	105	20.410361	101.35213	80.94177
1620	531	6.63	97	7.612699	87.36360	79.75091
2308	405	4.01	96	12.866401	90.43903	77.60263
2459	167	25.75	100	20.771058	96.64012	75.86906
3178	5	172.85	92	16.643564	88.05335	71.40978
2342	405	7.44	90	22.923490	87.41226	64.48877
2800	5	130.75	96	29.536918	93.99269	64.45577
2477	167	27.80	79	6.176265	69.56005	63.38378
3105	5	166.04	103	38.394973	101.48843	63.09346

因此，通过事故热点识别方法，可以筛选出事故减少可能性 ARP 值较高的路段，对这些路段进行优先改善以降低事故发生率。

15.2 道路通行能力计算

计算道路通行能力的主要目的是得到道路在不同运行质量情况下一小时所能通过的最大交通量，即在指定的交通运行质量条件下所能承担交通的能力。得到的通行能力可以用于指导道路规划、道路设计、道路交通管理等。

本书介绍的道路通行能力计算方法参考《道路通行能力手册》，是由美国交通研究委员发布的《Highway Capacity Manual》,简称 HCM。该书汇集了通行能力和服务水平等方面的研究成果,阐述了分析各种道路、公路、行人和自行车交通设施运行状况的方法,为交通从业人员和研究人员提供一套统一的公路和街道设施服务质量的评价方法。

15.2.1 通行能力定义

HCM 将通行能力定义为在当前道路、环境、交通和控制条件下,在给定的时间段内,人或车辆能够合理地在预期下穿过某个地点或车道/道路的均匀截面的最大可持续小时流率。通行能力一般以 vehicles/hour(辆/h)、passenger car unit/hour(当量标准小客车/h)或 persons/hour(人/h)表示。

根据通行能力的性质和使用要求不同,通行能力可分为基本通行能力、可能通行能力和设计通行能力三种。

基本通行能力,是指道路和交通都处于理想条件下,由技术性能相同的一种标准车,以最小的车头间距连续行驶的理想交通流,在单位时间内能通过道路断面的最大车辆数。也称理论通行能力,因为它是假定的理想条件下的通行能力,实际中不可能达到。

可能通行能力,是指考虑到道路和交通条件的影响,并对基本通行能力进行修正后得到的通行能力,实际是指道路所能承担的最大交通量。

设计通行能力,是指用来作为道路规划和设计标准而要求道路承担的通行能力。也称设计通行能力为实用通行能力。

由于时间单位越大,交通不均匀性也越大,就不能够很好地反映交通量与运行质量之间的关系,因此要选取合适的时间单位来计算通行能力和设计交通量。HCM 中考虑到稳定交通流的最短存在时间为 15min,观测分析出 15min 的交通流量和运行质量的关系,最大每小时流率通常被定义为最高的 15min 交通流率。

15.2.2 连续流设施与间断流设施

HCM 中按照交通流类型,将交通设施分为两类:连续流设施和间断流设施。连续流设施中不存在来自交通流外部、可能中断交通流的固定的影响因素,如:交通信号。交通流状况取决于交通流内车辆相互作用以及车辆和道路几何线形、环境特性之间相互作用。常见的连续交通流有高速公路基本路段和一些限制出入口的路段。间断流设施是指那些由于外部设备而导致交通流周期性中断的道路设施。在间断流设施下,车流不仅受车辆与道路环境的相互影响,而且受周期性信号的影响,车流表现为成队行进的车群。常见的间断流设施有设置信号控制交叉口的城市路段。

本章主要介绍高速公路基本路段、双车道公路和信号控制交叉口的通行能力分析方法,以高速公路基本路段为例详细介绍服务水平划定的方法与思路。

15.2.3 理想条件定义

理想条件是指对条件进一步提升也不能提高基本通行能力的条件。达到理想条件时,通行能力达到最大。一般情况下,这里所指的条件包括:

(1)道路条件:指道路的几何特性,包括车道数、车道宽度、路肩宽度、中央分隔带宽度、平纵线型和视距等。

(2) 交通条件：指交通特征，包括交通组成、交通量、交通分布、高峰特性和转向特性等。

(3) 控制条件：指交通控制设施的形式及交通规则，包括信号灯设置的地点、形式，道路上的标志标线，以及车道使用限制、转弯限制等其他管控措施。

在计算通行能力时，要考虑设施类型、几何结构、交通流和控制条件的描述。

15.2.4 服务水平

服务水平(Level of Service, LOS)又称服务等级，是用来衡量道路为驾驶员、乘客所提供的服务质量等级。它的实质是描述车流之间的运行条件及其驾驶员和乘客感觉的一种质量测定标准。主要以道路上的运行速度和交通量与基本通行能力之比综合反映道路的服务质量。

中国道路服务水平划分为四级，是为了说明公路交通负荷状况，以交通流状态为划分条件，定性地描述交通流从自由流、稳定流到饱和流和强制流的变化阶段。因此，采用四级服务水平，可以方便地评价公路交通的运行质量。对于服务水平的划分，高速公路、一级公路以车流密度作为主要指标；二、三级公路以延误率和平均运行速度作为主要指标；交叉口则用车辆延误来描述其服务水平。

各级服务水平的交通流状况描述如下：

一级服务水平：交通量小、驾驶员能自由或较自由地选择行车速度并以设计速度行驶，行驶车辆不受或基本不受交通流中其他车辆的影响，交通流处于自由流状态，超车需求远小于超车能力，被动延误少，为驾驶者和乘客提供的舒适便利程度高。

二级服务水平：随着交通量的增大，速度逐渐减小，行驶车辆受别的车辆或行人的干扰较大，驾驶员选择行车速度的自由度受到一定限制，交通流状态处于稳定流的中间范围，有拥挤感。

三级服务水平：驾驶员选择车辆运行速度的自由度受到很大限制，行驶车辆受别的车辆或行人的干扰很大，交通流处于稳定流的下半部分，并已接近不稳定流范围，流量稍有增长就会出现交通拥挤，服务水平显著下降。

四级服务水平：行驶车辆受别的车辆或行人的干扰非常大，交通流处于不稳定流状态。靠近下限时每小时可通行的交通量达到最大值，驾驶员已无自由选择速度的余地，交通流变成强制状态。

针对非中断性交通流的道路设施，与中国道路服务水平等级划分不同，美国把道路服务水平分为A~F六个等级(图15-1)：

A级：车流畅通，交通量很小，交通为自由流。道路使用者基本不受交通流中其他车辆的影响，有非常高的自由度来选择驾驶期望速度。代表最好的服务水平。

B级：车流稳定，稍有延迟，交通处在稳定流范围内较好的部分，开始容易受到其他车辆的影响，有较高的自由度来选择驾驶期望速度。

C级：车流稳定，有延迟，交通处在稳定流范围内中间的部分，车辆之间的相互影响增加，驾驶速度的选择受到其他车辆的影响。

D级：车流不大稳定，延迟尚可忍受，交通量增大，交通处在稳定流范围内较差的部分，车辆之间的相互影响很大，驾驶速度的选择受到严格限制，舒适和便利程度不高。

E级：车流不稳定，延迟不能忍受，交通量接近道路通行能力，交通常处于不稳定流范围，交通流内部有小的扰动就将产生大的运行问题，驾驶自由度极低。

F 级:交通阻塞,交通处于强制流状态,交通量可能超过道路通行能力,车辆经常排成队,没有驾驶自由度,极不稳定。

a) 服务水平A　　　　b) 服务水平B　　　　c) 服务水平C

d) 服务水平D　　　　e) 服务水平E　　　　f) 服务水平F

图 15-1　各级服务水平运行状况图

15.2.5　服务水平计算方法

本小节以高速公路基本路段为例,介绍计算通行能力及划定服务水平的基本步骤和主要思路。

高速公路是有中央分隔带,上下行各个方向至少有两个车道,全部立体交叉,完全控制出入的公路。高速公路基本路段是指主线上不受匝道附近车辆汇合、分离以及交织运行影响的路段部分。显然,它属于连续流设施,在一般情况下,高速公路上的车辆可以不停顿地连续行驶。

高速公路基本路段的基本条件包括:12 英尺最小车道宽度、6 英尺最小横向净空、仅在车流中使用、驾驶员熟悉该设施、没有恶劣天气或事故等。

高速公路基本路段的通行能力取决于自由流速度(Free Flow Speed,FFS),自由流速度可以被测量,但也可以使用标准 HCM 方法进行估算。在测量方法中,自由流速度是在中低流量(最高 1000pcu/h /ln)期间测得的小客车平均速度。高速公路基本路段的通行能力随自由流速度变化,如表 15-2、图 15-2 所示。

通行能力与自由流速度关系表　　　　表 15-2

FFS (英里/h)	通行能力(pcu/h/ln)
70~75	2400
65	2350
60	2300
55	2250

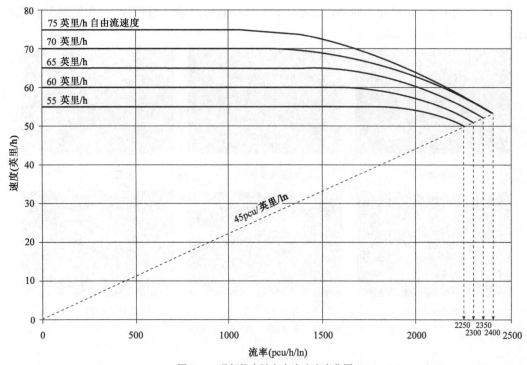

图 15-2 通行能力随自由流速度变化图

高速公路或多车道路段的服务水平预测通常包括四个主要步骤:确定自由流速度,调整需求流量,估计运行速度和密度,确定服务水平。根据实际操作,可进行以下六步:

(1)步骤1:输入数据

该步骤需要输入道路的几何数据和需求量,如果有可用的自由流速度,也需要输入。包括车道数、车道宽度、右侧净空、匝道密度和地形,以及需求流量、重型车百分比(卡车、公共汽车和RVs)、PHF和驾驶员总体因素。

(2)步骤2:计算自由流速度(FFS)

自由流速度的计算方法有两种:实地观测法和估算法。对于现有设施,可以采用实地观测法,在低-中流量条件下(不大于1300pcu/h/ln),以观测速度的85th百分位车速为自由流速度。对于规划设施或者不易观测的设施,可以采用式(15-13)进行计算:

$$FFS = BFFS - f_{LW} - f_{LC} - f_N - f_{ID} \tag{15-13}$$

式中,BFFS 为基本自由流速度;f_{LW} 为车道宽度的修正系数;f_{LC} 为侧向净空的修正系数;f_N 为车道数的修正系数;f_{ID} 为立体交叉密度的修正系数。修正系数的取值如表15-3 ~ 表15-6所示。

车道宽度的修正系数　　　　表15-3

平均车道宽度(m)	车道宽度修正系数f_{LW}	平均车道宽度(m)	车道宽度修正系数f_{LW}
3.6	0.0	3.2	5.6
3.5	1.0	3.1	8.1
3.4	2.1	3.0	10.6
3.3	3.1		

侧向净空的修正系数 表 15-4

右侧净空 (m)	侧向净空的修正系数 f_{LC}			
	单向车道数			
	2	3	4	≥5
≥1.8	0.0	0.0	0.0	0.0
1.5	1.0	0.7	0.3	0.2
1.2	1.9	1.3	0.7	0.4
0.9	2.9	1.9	1.0	0.6
0.6	3.9	2.6	1.36	0.8
0.3	4.8	3.2	1.6	1.1
0.0	5.8	3.9	1.9	1.3

车道数的修正系数 表 15-5

车道数(单向)	车道数修正系数 f_N	车道数(单向)	车道数修正系数 f_N
≥5	0.0	3	4.8
4	2.4	2	7.3

立交密度的修正系数 表 15-6

立交密度(个/km)	立交密度的修正系数 f_{ID}	立交密度(个/km)	立交密度的修正系数 f_{ID}
≤0.3	0.0	0.8	6.0
0.4	1.1	0.9	8.1
0.5	2.1	1.0	9.2
0.6	3.9	1.1	10.2
0.7	5.0	1.2	12.1

(3)步骤3:将车流量转换成小客车当量流率

基本条件下的小客车当量流率可计算为:

$$v_p = \frac{V}{\text{PHF} \times N \times f_{HV} \times f_p} \tag{15-14}$$

式中,V 为当前道路和交通条件下的服务流率(veh/h);v_p 为基本条件下的服务流率(pcu/h/ln);N 为单方向车道数;f_{HV} 为重型车辆调整系数;f_p 为对驾驶员总体特征调整系数,通常取值在0.85~1.00之间,当使用者熟悉道路时取1.0,确切值的选择必须基于对主体地点或相似地点的特征的直接观察;PHF 为高峰小时系数。

重型车辆调整系数计算公式如下:

$$f_{HV} = \frac{1}{1 + P_T(E_T - 1) + P_R(E_R - 1)} \tag{15-15}$$

式中，P_T 为交通流中卡车和公共汽车所占的百分比；E_T 为货车/公共汽车的小客车当量值（来自 HCM，基于等级）；P_R 为交通流中休闲车（RV）所占的百分比；E_R 为休闲车的小客车当量值（来自 HCM，基于等级）。

重型车辆的影响取决于高速公路位置的地形条件，可分为水平地形、起伏地形、山地地形。不同地形的小客车当量换算值如表 15-7 所示。

不同地形的小客车当量换算值　　表 15-7

类　　别	水平地形	起伏地形	山地地形
货车/公共汽车的小客车当量值 E_T	1.5	2.5	4.5
休闲车的小客车当量值 E_R	1.2	2.0	4.0

（4）步骤 4：选择速度-流量曲线

该步骤需要根据自由流速度和计算流率确定速度-流量曲线（图 15-3），再根据曲线对应的计算公式确定速度。

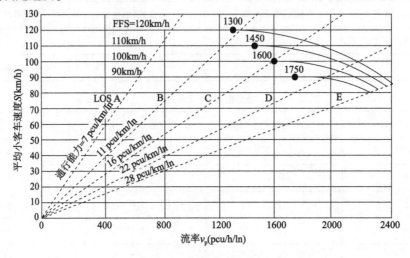

图 15-3　速度-流量曲线

对于流率 (v_p)，$(3100 - 15\text{FFS}) < v_p \leq (1800 + 5\text{FFS})$，且 $90 \leq \text{FFS} \leq 120$ 时，则速度：

$$S = \text{FFS} - \left[\frac{1}{28}(23\text{FFS} - 1800)\left(\frac{v_p + 15\text{FFS} - 3100}{20\text{FFS} - 1300}\right)^{2.6}\right] \tag{15-16}$$

对于流率 (v_p)，$v_p \leq (3100 - 15\text{FFS})$，且 $90 < \text{FFS} < 120$ 时，则速度：

$$S = \text{FFS} \tag{15-17}$$

（5）步骤 5：估算车速和密度

根据实地测量或计算的自由流速度，按图 15-3 所示的典型曲线构建适当的相同形状的速度-流量曲线。曲线与 Y 轴截距应在自由流速度（FFS）值处。根据流率，分析步骤 4 中确定的自由流速度曲线,并确定平均小客车速度。

(6)步骤6:确定服务水平(LOS)

根据:

$$D = \frac{v_p}{S} \tag{15-18}$$

确定交通流密度,将计算结果与表 15-8 中密度范围相比,从而确定服务水平。

服务水平与密度关系表 表 15-8

服务水平 LOS	密度 D(pcu/km/ln)	服务水平 LOS	密度 D(pcu/km/ln)
A	0~7	D	>15~22
B	>7~11	E	>22~28
C	>11~15	F	>28

15.2.6 服务水平计算案例

本章节通过计算一道例题,帮助大家复习和巩固上一章节介绍的服务水平计算方法。

例题:请选择 ARM 为 160.4 的所在路段,根据第 3 章导入数据库的数据表 A4_RoadData 和表 A4_LoopData,计算该路段的服务水平。其中,高峰小时系数取 0.93,驾驶员总体特征调整系数取 0.95。

(1)步骤1:将题目已知数据输入

通过数据库查看道路基本信息:

```
Query Editor    Query History
1  SELECT *
2  FROM A4_RoadData
3  WHERE BeginARM<=160.4 and EndARM>=160.4
```

routeno integer	direction character(1)	shoulderwidth double precision	rdwywidth double precision	numoflanes integer	lanewidth double precision	urbanrural character(1)	terrain character varying(10)	rampdensity double precision	endarm double precision	beginarm double precision
5	I	4.4	46.1	4	11.5	U	Level	1.593	160.63	158.04

(2)步骤2:计算自由流速度,注意此处单位为英里每小时(mi/h)

```
Query Editor    Query History
1  SELECT ROUND(MAX(SPEED)/50,0)*5 FFS
2  FROM( SELECT SPEED, NTILE(100) OVER (ORDER BY SPEED) AS Percentile
3        FROM A4_LoopData) AS A
```

ffs numeric
70

(3) 步骤3:将车流量转换成小客车当量流率

首先需要查看该道路重车比例与休闲车比重:

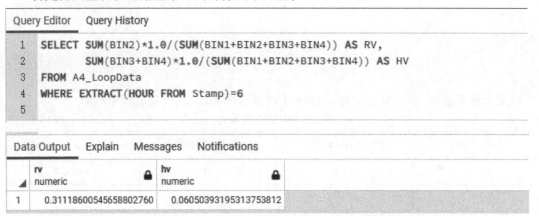

由查询结果知 $P_T = 0.0605$, $P_R = 0.3112$。由于水平地形,因此取货车/公共汽车的小客车当量值 $E_T = 1.5$,休闲车的小客车当量值 $E_R = 1.2$。计算重型车辆调整系数 f_{HV}:

$$f_{HV} = \frac{1}{1 + P_T(E_T - 1) + P_R(E_R - 1)}$$

$$= \frac{1}{1 + 0.0605 \times (1.5 - 1) + 0.3112 \times (1.2 - 1)}$$

$$= 0.9153$$

然后查看高峰小时流量:

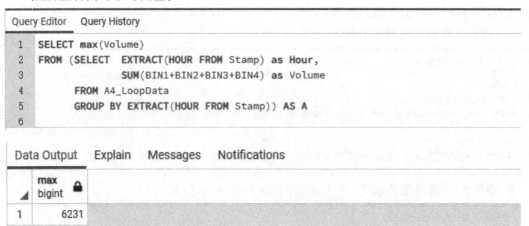

计算基本条件下的小客车当量流率 v_p:

$$v_p = \frac{V}{PHF \times N \times f_{HV} \times f_p}$$

$$= \frac{6231}{0.93 \times 4 \times 0.9153 \times 0.95}$$

$$= 1926.3170 (\text{pcu/h/ln})$$

(4) 步骤4:确定服务水平

本例题计算到这里,已经知道自由流车速 FFS = 70 英里/h ≈ 112.6541 km/h,小客车当量流率 v_p = 1926.3170 pcu/h/ln,根据图15-3可知,服务水平为 D。

以上为服务水平计算方法在实际问题中的一个应用,希望读者能通过 15.2.5 和 15.2.6 两个小节掌握基本的道路服务水平计算方法。

15.3 基于轨迹数据的地图匹配方法

15.3.1 地图匹配算法发展及原理概述

在交通学科中,用来描述物体运动历史的数据被称作轨迹数据,其组成单元为每一时刻的定位记录。由于地形复杂、定位装置故障等导致的定位误差与信号传输中断普遍存在,从配备全球定位装置的物体上直接获取的轨迹数据往往无法正确描述其真正途经的道路及行驶方向,进而无法准确描述物体的历史运动细节。作为一种广泛应用的成熟技术,地图匹配算法能够有效地将偏离道路的连续定位点恢复至物体真实通过的道路段并计算对应位置,常用的地图匹配算法包括几何匹配模型和拓扑匹配模型等。

对于几何匹配模型,定位记录所示的物体前进角度与位置同最近候选道路的差异将直接用于评价物体位于当前候选匹配道路的可能性,但由于它对于每一时刻定位记录的判断过程都与其他时刻定位记录相孤立,造成匹配精度较低;对于拓扑匹配模型,它在考虑定位记录同道路的距离差异及行驶角度差异外,在时间维度上讨论了定位点间的转移概率,又以 Newson 等提出的考虑物体在相邻时刻定位记录的移动受路网拓扑特征约束的隐马尔可夫地图匹配算法为代表。在此之上,Lou 等额外考虑了物体在相邻时刻定位记录的移动受道路最高行驶速度限制,进一步提升了基于拓扑匹配模型的准确度,故本书主要以拓扑匹配模型为依据讲解地图匹配技术在交通学科中的具体应用。

所述的隐马尔可夫模型是一种基于隐马尔可夫链的概率模型,其特点是当前阶段的隐含状态受上一阶段隐含状态影响,天然地与拓扑匹配模型这一前后定位记录受道路拓扑影响的特征相符,具备了直接用于地图匹配工作的基础。如图 15-4 所示,以车辆行驶对应的轨迹数据为例,任意的可见状态 V_t 对应着按记录时间顺序排列的轨迹数据定位点 z_t,而任意的隐含状态 S_t 则对应着当前时刻车辆可能所处的道路段 s_t^i。相似的,隐马尔可夫模型中对应的观测概率 $P(S_t|V_t)$ 对应 t 时刻轨迹数据定位点 z_t 对应某一可能所处道路段 s_t^i 的概率;而转移概率 $P(S_t|S_{t-1})$ 则对应当前时刻车辆可能所处的道路段 s_t^i 是由上一时刻车辆可能所处的道路段 s_{t-1}^j 行驶而来的概率。转移概率 $P(S_t|S_{t-1})$ 是由马尔可夫性质决定的,即当前隐含状态 S_t 对于上一状态的条件概率仅与隐含状态 S_{t-1} 有关,记为:

$$P(S_t = s_t^i | S_{t-1} = s_{t-1}^1, S_{t-1} = s_{t-1}^2, \cdots, S_{t-1} = s_{t-1}^j,) = P(S_t = s_t^i | S_{t-1} = s_{t-1}^j) \quad (15\text{-}19)$$

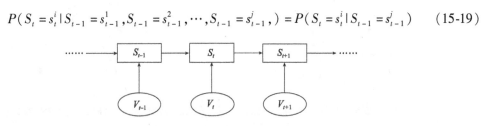

图 15-4 隐马尔可夫模型原理图

于是,地图匹配问题可转化为由初始观测概率P_0和当前阶段观测概率矩阵B、当前阶段与上一阶段对应的状态转移概率矩阵A组成的隐马尔科夫模型$\lambda = (A, B, P_0)$,则包含N条定位记录的轨迹数据对应车辆的最可能实际通过路段应满足式:

$$(S_1, S_2, \cdots, S_N) = \arg\max P(S_1, S_2, \cdots, S_N | z_1, z_2, \cdots, z_N) \\ = \arg\max P(S_1 | V_1) \prod_{i=2}^{N} P(S_t | V_t) P(S_t | S_{t-1})$$

(15-20)

为快速确定轨迹定位数据对应的车辆真实通过道路,工程界多使用维特比算法求解,具体如图15-5所示。图中每一列代表t时刻轨迹定位点全部候选道路边s_t^i对应的观测概率$P(S_t | V_t)$,而任意两列间道路段s_{t-1}^j,s_t^i之间连线表示两个相邻阶段、不同隐含状态间转移概率$P(S_t | S_{t-1})$。于是,维特比算法以一种动态规划思想,从第一阶段到第N阶段,依次计算出截至阶段S_t的所有可能的隐含状态s_t^i集合对应的最大概率值及车辆途经道路$(S_1, S_2, \cdots, S_t)$,并以此递进确定当前轨迹数据对应的车辆通过道路段$(S_1, S_2, \cdots, S_N)$。

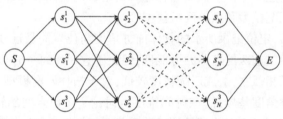

图15-5 维特比算法原理图

15.3.2 地图匹配算法核心技术要点及讲解

针对基于隐马尔可夫模型的地图匹配算法,确定观测概率及转移概率至关重要,其中观测概率指的是每一阶段轨迹定位点z_t对应候选匹配道路s_t^i的概率,转移概率指的是相邻时间定位点对应的候选道路s_{t-1}^j,s_t^i之间的移动概率。针对某一轨迹定位数据$T_{raj} = (z_1, z_2, \cdots, z_N)$而言,对于任意轨迹定位点$z_t$,确定候选道路$s_t^i$原理如图15-6所示。通过以定位点$z_t$为圆心绘制任意长度为$\xi$米的圆形搜索区,落入该区域内的全部道路都将视作该时刻的候选道路,对应的观测概率$P(S_t | V_t)$与轨迹定位点z_t至候选道路s_t^i垂线距离相关,其中具体的搜索长度ξ可视计算机硬件条件或经验选择。在图15-6中,轨迹定位点z_t对应候选道路s_i的候选匹配点表示为$p(s_i, z_i)$,对应的垂线距离表示为$\|z_t, p(s_t, z_t)\|_{great\ circle}$。根据多位学者验证,观测概率$P(S_t | V_t)$服从均值为0的高斯分布,具体计算方式见式(15-21)。

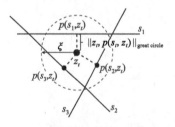 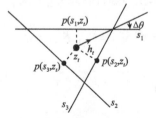

a)在搜索距离内寻找可能的候选道路　　b)在车辆行驶速度较高时引入角度差异判断

图15-6 候选道路确定方法及其距离差异确定方式

$$p(V_t|S_t) = \frac{1}{\sqrt{2\pi}\sigma_\beta} e^{-0.5\left(\frac{\|z_t,p(s_t,z_t)\|_{\text{great circle}}}{\sigma_\beta}\right)^2} \sim z(0,\sigma_\beta) \quad (15\text{-}21)$$

其中,标准差 σ_β 一般设为 50m。为了确定车辆实际通过的道路,除使用轨迹定位点与邻近路段的距离差异确定观测概率外,还需要考虑相邻时刻定位记录之间的转移概率,在此表示为车辆从前一时刻轨迹定位点 z_{t-1} 对应的候选道路 s_{t-1}^i 转移至后一时刻轨迹定位点 z_t 对应的候选道路 s_t^i 的概率,如图 15-7 所示。为保证图例简洁,图 15-7 仅表示了两个相邻时刻轨迹定位点间一组可能的候选道路对的转移概率求解方式,实际算法则需计算相邻时刻定位点全部候选匹配点(图中灰色点表示)间的转移概率用以确定车辆真实途经道路。

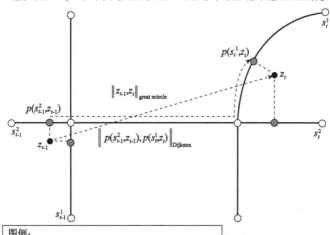

图例:
- ● 原始轨迹定位点
- ○ 道路拓扑网络中的原始节点
- ● 候选匹配点/道路拓普网络中插入的最新节点
- ── 货车真实通过的道路段

图 15-7 相邻时刻轨迹定位点间转移概率确定方法

在图 15-7 中,两个候选轨迹定位点间的地理直线距离由 $\|z_{t-1},z_t\|_{\text{greatcircle}}$ 表示,分别对应的候选匹配点 $p(s_{t-1}^2,z_{t-1})$ 和 $p(s_t^1,z_t)$ 间的路网距离则由两点之间沿道路拓扑网络的最短距离 $\|p(s_{t-1}^2,z_{t-1}),p(s_t^1,z_t)\|_{\text{Dijkstra}}$ 表示。基于车辆真实行驶路径长度应与轨迹定位点间距离大体一致的假设,可将距离转移概率定义为:

$$p_d(S_t|S_{t-1}) = p_d\left(\max\left(0, \frac{\|z_t,z_{t-1}\|_{\text{great circle}}}{\|p(s_{t-1},z_{t-1}),p(s_t,z_t)\|_{\text{Dijkstra}}} - 1\right)\right) \sim t(0,\sigma_t,n_t) \quad (15\text{-}22)$$

其中,根据 Adam 等进行的实验论证,距离转移比例对应的 T 分布参数 n_t 和 σ_t 应分别设置为 20 和 0.6。同时,考虑到轨迹定位数据中相邻的两个记录时间差异应与车辆真实行驶过的路径所用时间相似,故在距离转移概率外引入时间转移概率概念:在图 15-7 中,轨迹定位数据相邻记录的时间差异与车辆终端定位时间 T_t 和 T_{t-1} 有关,记做 $T_t - T_{t-1}$;而车辆沿道路网络行驶时间与前后候选匹配点确定的最短距离 $\|p(s_{t-1}^2,z_{t-1}),p(s_t^1,z_t)\|_{\text{Dijkstra}}$ 和通过的道路段最高限速 $v_{\max}$ 有关,记作 $\frac{\|p(s_{t-1}^2,z_{t-1}),p(s_t^1,z_t)\|_{\text{Dijkstra}}}{v_{\max}}$。基于车辆真实行驶路径所用时间应与轨迹定位点间时间差异大体一致的假设,可将时间转移概率定义为:

$$p_{\mathrm{T}}(S_t|S_{t-1}) = p_{\mathrm{T}}\left(\frac{\|p(s_{t-1}^2, z_{t-1}), p(s_t^1, z_t)\|_{\mathrm{Dijkstra}}}{\frac{v_{\max}}{T_t - T_{t-1}}}\right)$$

$$\sim \begin{cases} \exp(\lambda_{\mathrm{T}}), & \dfrac{\|p(s_{t-1}^2, z_{t-1}), p(s_t^1, z_t)\|_{\mathrm{Dijkstra}}}{\frac{v_{\max}}{T_t - T_{t-1}}} \leq 1 \\ N(1, \sigma_{\mathrm{T}}) + C, & \text{其他} \end{cases} \quad (15\text{-}23)$$

其中,考虑到车辆超过限速行驶场合较少,故将服从的概率分布按照道路拓扑网络穿行时间是否短于轨迹定位数据时间差异划分成两段,分别服从 μ 和 σ_{T} 为 1 和 0.3 的正态分布和 λ_{T} 为 0.55 的指数分布,二者以常数 C 保证在交接处概率值相等。于是,时间转移概率和距离转移概率共同组成的转移概率将在筛选车辆最可能通过的路段中起到决定性作用,而这一功能的实现则与求解相邻时刻候选匹配定位点 $p(s_{t-1}^2, z_{t-1})$ 和 $p(s_t^1, z_t)$ 间的通过路径相关。为了对后续交通学科中涉及的微观问题研究做出帮助,样例在此介绍一种确定车辆在每一定位时刻相对于最佳候选匹配道路前进方向的实现方法:

在电子地图中,每一条道路均由很多条长度不一的道路段组成,而每一个道路段均包含起点与终点且默认通行方向为起点至终点。受限于大型商务公司如高德地图等电子地图数据保密,当前研究多数使用非涉密电子地图如 OSM 地图,存在工程问题上的几个挑战:第一,在电子地图数据中,仅高速公路以成对的单向通行道路段表示,其余道路如国道、省道及城市道路等均以双向均可通行的单条道路段表示,这凸显了确定车辆相对于道路段行驶方向的重要性;第二,在电子地图数据中,双向均可通行的单条道路段表示道路并不总是按照"起点-终点(起点)-终点(起点)-终点"顺序绘制,较多出现按"起点-终点(终点)-起点(起点)-终点"混乱顺序绘制,故沿固定方向行驶的车辆正在不同道路段上的相对行驶方向可能会经常改变,这也再次凸显了确定车辆相对于道路段行驶方向的重要性。为阐述工程中解决这一问题的方法,图 15-8 绘制了相邻时刻轨迹定位点 z_{t-1} 和 z_t 对应的一组候选匹配点 $p(s_{t-1}, z_{t-1})$ 和 $p(s_t, z_t)$ 间联合确定车辆相对行驶方向的算法示意图。

在图 15-8 中,带箭头的黑色实线表示前后两个候选匹配点所在道路段 s_{t-1} 和 s_t 的默认行驶方向,虚线表示连接两个节点之间的道路网络最短路线。为便于定量表示,图中以 dir_t 表示 t 时刻车辆前进方向与道路段默认通行方向的相对关系,其中 $dir_t = 0$ 表示车辆沿默认通行方向行驶而 $dir_t = -1$ 则表示车辆沿反向行驶。于是,相邻的轨迹定位点对应候选匹配点间行驶方向组合可以由图 15-8 所示的四种情况表示,每一情况均可确定前一时刻车辆驶向节点 ToNode 与后一时刻背离节点 FromNode,进而绘制出表示车辆行驶方向的红色带箭头实线。至此,决定转移概率的道路拓扑网络最短距离 $\|p(s_{t-1}, z_{t-1}), p(s_t, z_t)\|_{\mathrm{Dijkstra}}$ 可拆解为三个部分:车辆沿道路段 s_{t-1} 由上一时刻候选匹配点 $p(s_{t-1}, z_{t-1})$ 行驶至上一时刻驶向节点 ToNode 距离,道路拓扑网络中连接上一时刻驶向节点 ToNode 和当前时刻背离节点 FromNode 的最短距离,车辆沿道路段 s_t 由当前时刻背离节点 FromNode 行驶至当前时刻候选匹配点 $p(s_t, z_t)$ 距离。利用维特比算法,可获得每一定位点最佳候选匹配点和最佳相对行驶方向组合,进而在获取车辆实际途经道路的同时实现车辆相对候选匹配道路的行驶方向判断。

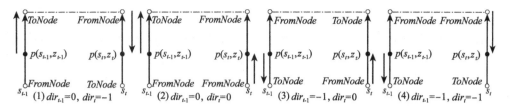

图 15-8 结合转移概率实现车辆就候选匹配道路相对行驶方向推算原理图

最终,针对已完成地图匹配的轨迹数据而言,应检查是否存在定位中断现象,即相邻的两个定位记录时间差异过大(如超过标准的定位更新时间等)。由于每个定位记录对应道路及相对行驶方向均已确定,则默认车辆沿两个定位点间的路网最短路径出行,并在假设车辆在这段时间内匀速行驶下按照时间差异成比例地完成定位丢失记录补充,从而恢复缺失定位的轨迹数据。

15.3.3 地图匹配算法工程应用案例讲解

15.3.3.1 空间数据库构建及数据预处理

(1)空间数据库构建

为使地图匹配工作顺利开展,需在 PostgreSQL 数据库中创建数据库(图 15-9),在此将新创建的数据库命名为"MapMatch";之后,由于匹配过程涉及距离计算、最短路求解等流程,需增添空间属性,在此分别导入模块 postgis 和 pgrouting(图 15-10)。

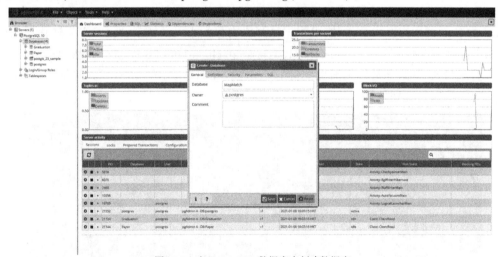

图 15-9 在 PostgreSQL 数据库中创建数据库

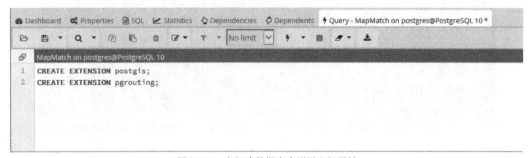

图 15-10 在新建数据库中增添空间属性

(2)电子地图预处理及导入

目前,工程界在缺乏高精度地图数据时常用的方法是进入 OpenStreet 开源地理信息网站下载道路数据,该网站提供了实时查询及数据下载等服务;通过点击"导出"按钮,可进入需要下载电子地图数据的范围选取界面,由于手动选择支持的面积有限,故直接选择"Geofabrik 下载"获取区域内电子地图信息并后期提取工程所处地域数据更为可行;之后,在子区域(Sub Region)中选择亚洲(Asia),并继续选择中国(China)即可。OpenStreetMap 提供了三种可选文件,其中. osm. pbf 后缀为 OpenStreetMap 专属格式,打包了例如 POI、道路、水文等全部地理信息,而. shp. zip 后缀文件则按照类目分别提供了矢量数据文件。为便于后续试验,在此选择. osm. pbf 后缀文件下载。

由于下载的. osm. pbf 后缀文件仅包含道路等地理信息,不具备拓扑功能,故在导入 PostgreSQL 数据库前,需首先将其转化为具备拓扑功能的文件。Osm2po 插件是一款能够基于. osm. pbf 文件实现拓扑构建及最短路求解的第三方数据部署工具(官网为 http://www.osm2po.de/,如图 15-11 所示),其不仅提供了具备多种接口的路径规划软件,也实现了将. osm. pbf 文件转化为具备导入 PostgreSQL 数据库的道路拓扑. sql 文件。为方便使用,本书在此下载的版本为 4.7.7,并将解压后的文件置于桌面、从 OpenStreetMap 网站下载的 china-latest. osm. pbf 文件置于 osm2po 根文件夹(图 15-12)。

在确保计算机中系统环境变量正确配置 java 后,使用命令提示符转换路径为 osm2po 根文件夹,并输入"java-Xmx15g-jar osm2po-core-4.7.7-signed. jar prefix = cn postp. 1. class = de. cm. osm2po. plugins. PgVertexWriter "C:\Users\54318\Desktop\china-latest. osm. pbf":其中"-Xmx"为 java 调用内存大小参数,可根据计算机内存大小灵活调节;"prefix"为转化后的文件所处根文件夹的文件名;"C:\Users\54318\Desktop\china-latest. osm. pbf"为从 OSM 官网下载的文件所在路径,其余参数均无需更改(图 15-13)。在回车后,输入"Yes"并等待片刻,将获得转化后文件及路径规划软件。

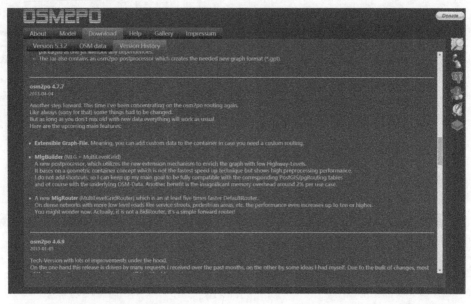

图 15-11 第三方插件 osm2po 官方网站截图

第 15 章 ▶ 交通大数据应用实例

图 15-12　第三方插件 osm2po 部署方法图

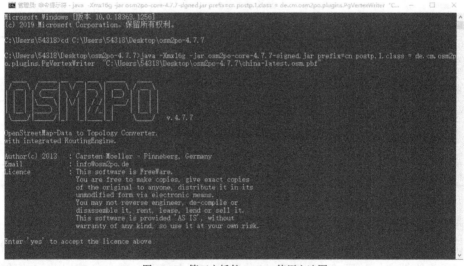

图 15-13　第三方插件 osm2po 使用方法图

在获得转化完的.sql 文件后，使用命令提示符转换路径至 PostgreSQL 数据库 psql 插件所在路径，并使用"psql -U postgres -d MapMatch -q -f"C:\Users\54318\Desktop\osm2po-4.7.7\cn\cn\cn2po_4pgr.sql""将获得的道路拓扑文件导入 PostgreSQL 数据库内：其中"-U"为数据库管理员名称，"-d"为将导入的数据库名称，"-q"为命令 psql 执行任务时不继续输出结果，"-f"为执行的.sql 脚本路径。考虑到地理坐标系较投影坐标系而言精度更高，通过确定道路表格 cn20_2po_4pgr 空间参考系为笛卡尔投影（SRID：4326）后，将道路投影至墨卡托投影（SRID：3395），具体如图 15-14 所示。

293

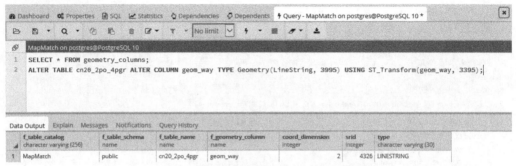

图 15-14　转换道路表格投影坐标系方法图

对于道路表格 cn20_2po_4pgr，其含有的关键字段见表 15-9，其中默认行驶方向为道路段绘制起点至绘制终点（即 source 至 target），cost 字段均为实际通过道路段的时间；当 reverse_cost 字段值与 cost 字段相同时则说明该道路段双向可通行，而当 reverse_cost 字段值为 1000000 时则说明该道路段仅可单向通行即沿默认行驶方向通行。至此，OpenStreetMap 网站下载的道路数据全部导入预设的 MapMatch 数据库并具备拓扑属性，能够进行之后步骤中最短路求解等地图匹配必备功能。

道路表格字段信息　　　　　　　　　　　　　　　　　　表 15-9

字段名称	字段含义	数据样例
id	道路段序号	5290136
osm_name	道路段名称	S313
clazz	道路段等级，其中 11、12 为高速公路，13、14 为国道	15
source	道路段绘制的起始点序号	64426
target	道路段绘制的终止点序号	64427
km	道路段长度（km）	27.360374
kmh	道路段限速（km/h）	70
cost	沿默认行驶方向穿过道路段所用最短时间（h）	0.3908625
reverse_cost	沿默认行驶方向反向穿过道路段所用最短时间（h）	0.3908625
geom_way	道路段地理信息列	0102000020E61…

（3）轨迹数据预处理及导入

本次案例使用的轨迹数据来源于一辆从辽宁省运输货物至北京市的货运车辆，包含的主要字段如表 15-10 所示。如前文地图匹配算法核心技术所述，实现较为准确的地图匹配所需的关键字段为终端定位时间、经度、纬度，这些数据均可在任意全球定位装置获取的数据中找到。需要注意的是，针对货运轨迹这种由非个人定位装置获取的轨迹数据，由于其采集质量更差，应首先剔除较大定位波动对后续地图匹配过程影响，具体可检查计算相邻时刻定位点间确定的移动速度不高于最大限速如 120km/h 来进行。

为方便操作，本书使用了 PostgreSQL 数据库为 Python 编程软件提供的数据传输接口，通过 psycopg2 模块中 create_engine()、to_sql() 等函数实现将 DataFrame 格式的轨迹数据传入 MapMatch 数据库，其最大优势是能够自动创建自定名称的数据表 tracetb 并导入轨迹数据（图 15-15）；随后，为数据表 tracetb 添加笛卡尔投影列 pt_geom 并使用轨迹数据的经度 lon、纬度 lat 数据生成地理信息列,并重投影至墨卡托投影(图 15-16)。至此,轨迹数据与道路数据归一至相同投影,满足下一步地图匹配过程需求。

轨迹数据字段信息　　　　　　　　　　表 15-10

字　段　名　称	字　段　含　义	数　据　样　例
车牌号码	货运车辆车牌号	辽 L32925
车辆终端定位时间	定位时对应的具体时间(时/分/秒)	2018/4/1 08:23:05
经度	定位时车辆所处位置经度值	122.102823
纬度	定位时车辆所处位置纬度值	41.136811
车辆里程仪速度	定位时车辆仪表盘速度(km/h)	65
方向	定位时车头行驶角度,正北为 0 度,正南为 180 度	60
海拔高度	定位时车辆海拔高度(m)	3
车辆状态	定位时车辆油路、电路等是否正常,以序号标注	3
字段名称	字段含义	数据样例
车辆报警	定位时车辆是否超速、报警等,以序号标注	0

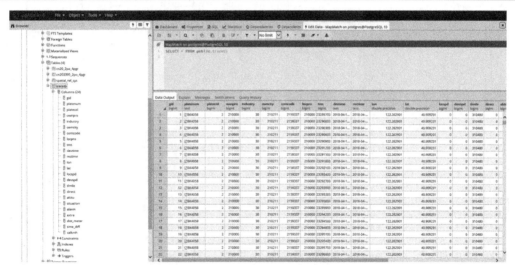

图 15-15　经 psycopg2 模块自动导入后的轨迹数据表

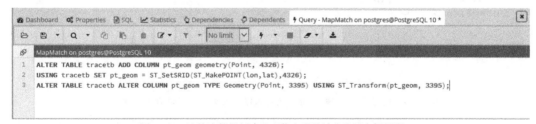

图 15-16　为轨迹数据创建地理信息列并转化为墨卡托投影

15.3.3.2　地图匹配工程技术实践

(1)候选匹配道路确定

考虑到基于隐马尔可夫的地图匹配算法重点是确定每一时刻定位数据同所有可能的候选匹配道路间的观测概率,和相邻时刻不同定位数据对应的候选匹配道路对间转移概率,故确定轨迹数据对应的全部候选匹配道路成为首要任务,使用的搜索距离默认为"真实行驶在高速公路的定位最大可偏离 50m,真实行驶在其他道路的定位最大可偏离 60m"。由于 MapMatch 数据库中使用的道路信息为全国的全部道路,为了提升匹配速度,可单独抽取车辆通过的乡级行政区(含街道)内道路数据并提取候选匹配道路,故需额外向 MapMatch 数据库内导入全国乡级行政区(含街道)的地理数据,具体操作如图 15-17 所示;同样地,为保持投影标准相同,需将导入的乡级行政区(含街道)表格 town 中地理信息列 geom 转化为墨卡托投影,具体操作如图 15-18 所示。

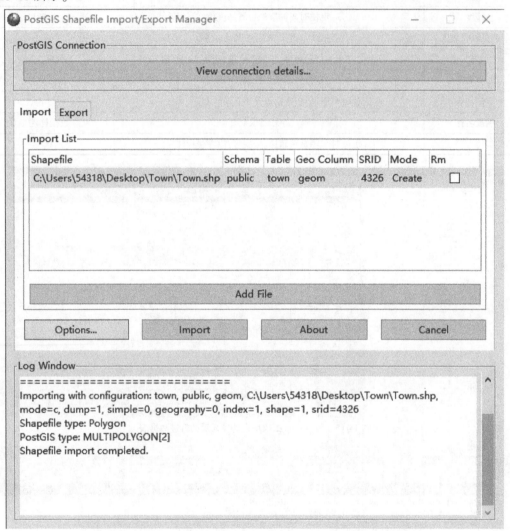

图 15-17 使用 PostGIS 模块 shp 文件导入器导入乡级行政区(含街道)数据

图 15-18 修改乡级行政区(含街道)数据表地理信息列为墨卡托投影

针对处于相同投影下的轨迹数据表 tracetb、道路数据表 cn20_2po_4pgr、乡级行政区（含街道）数据表，可运行如下所示 SQL 查询语句，用以确定轨迹数据对应的全部候选匹配道路。其关键步骤可拆解如下：

```
1.  SELECT gid::bigint AS path, id, ST_Distance(pt_geom, geom_way),ST_LineLocate
    Point(geom_way, pt_geom),tms::bigint
2.  FROM (
3.      SELECT * FROM
4.      (
5.          WITH midtable AS
6.          (
7.              SELECT t.gid AS districtid,t.geom AS district_geom
8.              FROM town AS t
9.              JOIN tracretb AS g
10.             ON ST_Intersects(g.pt_geom, t.geom)
11.         )
12.         SELECT distinct(district_geom) from midtable)  AS districttb
13.         JOIN cn203395_2po_4pgr AS cn
14.         ON ST_Intersects(districttb.district_geom, cn.geom_way)
15.     )
16.     AS sttable, (SELECT * FROM tracretb) AS pts
17.     WHERE ST_DWithin(pt_geom, geom_way, 60) OR ((clazz<13 OR kmh>=60) AND
    ST_DWithin(pt_geom, geom_way, 50)
18. )
19. ORDER BY path, st_distance
```

第一步：查询轨迹数据所在的乡级行政区（含街道）。

```
1.  SELECT t.gid AS districtid,t.geom AS district_geom
2.  FROM town AS t
3.  JOIN tracretb AS g
4.  ON ST_Intersects(g.pt_geom, t.geom)
```

该步骤的主要目的是将可能的候选匹配道路从全中国领域进行放缩，进而减少后续查询操作时间，涉及的 ST_Intersects() 函数将输出与轨迹数据定位点存在相交的乡级行政区（含街道），查询结果可在地图上显示。

第二步：寻找轨迹数据对应的所有候选匹配道路。

在获得轨迹数据对应的乡级行政区（含街道）下，可进而获得区域内全部道路数据（见 14 行代码），并进而按照不同道路允许的最大定位偏离距离（见 17 行代码）寻找所有候选匹配道路，最终获得轨迹定位序号、候选匹配道路序号、轨迹定位距离当前候选匹配道路距离、轨迹定位对应当前候选匹配道路的匹配点所占道路长度百分比、轨迹定位时间戳信息，所有可能的候选匹配道路在地图上显示。其中，ST_DWithin()函数用于获取任意定位记录给定大小缓冲区内的相交道路信息，ST_Distance()函数用于获取任意定位记录距离候选匹配道路的垂线地理距离，ST_LineLocatePoint()函数用于获取任意定位记录对应于候选匹配道路的候选匹配点在对应道路位置占比（以对应道路的起始点为0、终止点为100%计算）。

至此，通过使用PostgreSQL数据库中的空间模块PostGIS，成功获得了轨迹数据对应的全部候选匹配道路。总体来说，由于当前定位装置准确度不断上升，获得的候选匹配道路中几乎都是车辆实际通过的道路段，但依旧存在以下几个问题：

第一，由于定位信号中断等原因，轨迹数据对应的候选匹配道路并不是连续的，这表明后续需要在确定车辆相对行驶方向的前提下，恢复轨迹丢失定位。

第二，在城市道路或干线公路交叉口处等道路集中分布地带，轨迹数据中相同的定位记录将对应很多的候选匹配道路（图15-19）。此外，当车辆行驶在由成对的单向通行道路段表示道路时，仅使用距离约束获得的候选匹配道路也将成对出现。

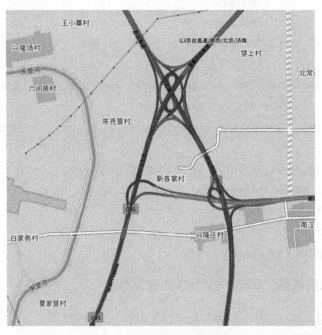

图15-19　使用距离约束获得的候选匹配道路存在结果数量多、不区分行驶方向等问题

综上所述，在获取轨迹数据对应的全部获选匹配道路后，将分别计算观测概率及转移概率，最终使用隐马尔可夫模型获取车辆真实途经路径。

（2）观测概率拟定

在获取轨迹数据对应的全部候选匹配道路信息表后，可通过Python中pandas模块的read_sql_query()函数将结果以DataFrame格式存入内存，其包含的关键字段为轨迹定位序号nid、候选匹配道路序号edge、轨迹定位距离当前候选匹配道路距离dist、轨迹定位对应当前候选匹配道路的匹配点所占道路长度百分比fraclong、轨迹定位时间戳信息secs；之后，通过左连接追加道路数据表中道路段绘制的起始点序号source、道路段绘制的终止点序号target、沿默认行驶方向穿过道路段所用最短时间cost、沿默认行驶方向反向穿过道路段所用最短时间reverse_cost、道路段长度km、道路段限速km/h、道路段等级clazz信息，具体如图15-20所示。

nid	edge	dist	frcalong	secs	source	target	cost	reverse_cost	km	kmh	clazz	seglength
0	4262710	46.522081	0.313903	1523289703	3277420	3277433	0.017173	1000000.000000	2.060700	120.0	11	NaN
1	4262710	46.522081	0.313903	1523290003	3277420	3277433	0.017173	1000000.000000	2.060700	120.0	11	0.000000
2	4262710	46.522081	0.313903	1523290303	3277420	3277433	0.017173	1000000.000000	2.060700	120.0	11	0.000000
3	4262710	46.522081	0.313903	1523290603	3277420	3277433	0.017173	1000000.000000	2.060700	120.0	11	0.000000
4	4262710	46.522081	0.313903	1523290903	3277420	3277433	0.017173	1000000.000000	2.060700	120.0	11	0.000000
5	4262710	46.522081	0.313903	1523291203	3277420	3277433	0.017173	1000000.000000	2.060700	120.0	11	0.000000
6	4262710	46.522081	0.313903	1523291503	3277420	3277433	0.017173	1000000.000000	2.060700	120.0	11	0.000000
7	4262710	46.522081	0.313903	1523291803	3277420	3277433	0.017173	1000000.000000	2.060700	120.0	11	0.000000
8	4262710	46.522081	0.313903	1523292103	3277420	3277433	0.017173	1000000.000000	2.060700	120.0	11	0.000000
9	4262710	46.522081	0.313903	1523292403	3277420	3277433	0.017173	1000000.000000	2.060700	120.0	11	0.000000
10	4262710	46.522081	0.313903	1523292703	3277420	3277433	0.017173	1000000.000000	2.060700	120.0	11	0.000000
11	4262710	46.522081	0.313903	1523293003	3277420	3277433	0.017173	1000000.000000	2.060700	120.0	11	0.000000
12	4262710	46.522081	0.313903	1523293303	3277420	3277433	0.017173	1000000.000000	2.060700	120.0	11	0.000000
13	4262710	46.522081	0.313903	1523293603	3277420	3277433	0.017173	1000000.000000	2.060700	120.0	11	0.000000
14	4262710	46.522081	0.313903	1523293903	3277420	3277433	0.017173	1000000.000000	2.060700	120.0	11	0.000000
15	4262710	46.522081	0.313903	1523294203	3277420	3277433	0.017173	1000000.000000	2.060700	120.0	11	0.000000
16	4262710	46.522081	0.313903	1523294503	3277420	3277433	0.017173	1000000.000000	2.060700	120.0	11	0.000000
17	4262710	46.522081	0.313903	1523294803	3277420	3277433	0.017173	1000000.000000	2.060700	120.0	11	0.000000
18	4262710	46.522081	0.313903	1523295103	3277420	3277433	0.017173	1000000.000000	2.060700	120.0	11	0.000000
19	4262710	46.522081	0.313903	1523295403	3277420	3277433	0.017173	1000000.000000	2.060700	120.0	11	0.000000
20	4262710	46.522081	0.313903	1523295703	3277420	3277433	0.017173	1000000.000000	2.060700	120.0	11	0.000000
21	4262710	46.522081	0.313903	1523296003	3277420	3277433	0.017173	1000000.000000	2.060700	120.0	11	0.000000
22	4262710	46.522081	0.313903	1523296303	3277420	3277433	0.017173	1000000.000000	2.060700	120.0	11	0.000000
23	4262710	46.522081	0.313903	1523296603	3277420	3277433	0.017173	1000000.000000	2.060700	120.0	11	0.000000
24	4262710	46.522081	0.313903	1523296903	3277420	3277433	0.017173	1000000.000000	2.060700	120.0	11	0.000000
25	4262710	46.522081	0.313903	1523297203	3277420	3277433	0.017173	1000000.000000	2.060700	120.0	11	0.000000
26	4262710	46.522081	0.313903	1523297503	3277420	3277433	0.017173	1000000.000000	2.060700	120.0	11	0.000000
27	4262710	46.522081	0.313903	1523297803	3277420	3277433	0.017173	1000000.000000	2.060700	120.0	11	0.000000
28	4262710	46.522081	0.313903	1523298103	3277420	3277433	0.017173	1000000.000000	2.060700	120.0	11	0.000000
29	4262710	46.522081	0.313903	1523298403	3277420	3277433	0.017173	1000000.000000	2.060700	120.0	11	0.000000

图 15-20　轨迹数据对应的全部候选匹配路段数据扩展集

考虑到某些定位点存在漂移至周围搜索范围内不存在候选匹配道路的错误位置，故需针对当前存在候选匹配道路的轨迹定位记录按时间顺序排序，计算前后两个时间对应的定位距离，具体可在 PostgreSQL 数据库中保留图 15-20 所示的轨迹定位序号 nid 记录，并结合窗口函数 LAG( )、距离函数 ST_Distance( ) 求解，后追加至图 15-20 所示数据集 seglength 列；同时，由于上图数据集中存在每个定位记录对应候选匹配道路的垂线距离，可根据式 (15-21) 计算观测概率 $p(V_t|S_t)$ 并放入数据集，具体如图 15-21 所示。

nid	edge	dist	frcalong	secs	source	target	cost	reverse_cost	km	kmh	clazz	seglength	distprob
0	4262710	46.522081	0.313903	1523289703	3277420	3277433	0.017173	1000000.000000	2.060700	120.0	11	NaN	-10.934739
1	4262710	46.522081	0.313903	1523290003	3277420	3277433	0.017173	1000000.000000	2.060700	120.0	11	0.000000	-10.934739
2	4262710	46.522081	0.313903	1523290303	3277420	3277433	0.017173	1000000.000000	2.060700	120.0	11	0.000000	-10.934739
3	4262710	46.522081	0.313903	1523290603	3277420	3277433	0.017173	1000000.000000	2.060700	120.0	11	0.000000	-10.934739
4	4262710	46.522081	0.313903	1523290903	3277420	3277433	0.017173	1000000.000000	2.060700	120.0	11	0.000000	-10.934739
5	4262710	46.522081	0.313903	1523291203	3277420	3277433	0.017173	1000000.000000	2.060700	120.0	11	0.000000	-10.934739
6	4262710	46.522081	0.313903	1523291503	3277420	3277433	0.017173	1000000.000000	2.060700	120.0	11	0.000000	-10.934739
7	4262710	46.522081	0.313903	1523291803	3277420	3277433	0.017173	1000000.000000	2.060700	120.0	11	0.000000	-10.934739
8	4262710	46.522081	0.313903	1523292103	3277420	3277433	0.017173	1000000.000000	2.060700	120.0	11	0.000000	-10.934739
9	4262710	46.522081	0.313903	1523292403	3277420	3277433	0.017173	1000000.000000	2.060700	120.0	11	0.000000	-10.934739
10	4262710	46.522081	0.313903	1523292703	3277420	3277433	0.017173	1000000.000000	2.060700	120.0	11	0.000000	-10.934739
11	4262710	46.522081	0.313903	1523293003	3277420	3277433	0.017173	1000000.000000	2.060700	120.0	11	0.000000	-10.934739
12	4262710	46.522081	0.313903	1523293303	3277420	3277433	0.017173	1000000.000000	2.060700	120.0	11	0.000000	-10.934739
13	4262710	46.522081	0.313903	1523293603	3277420	3277433	0.017173	1000000.000000	2.060700	120.0	11	0.000000	-10.934739
14	4262710	46.522081	0.313903	1523293903	3277420	3277433	0.017173	1000000.000000	2.060700	120.0	11	0.000000	-10.934739
15	4262710	46.522081	0.313903	1523294203	3277420	3277433	0.017173	1000000.000000	2.060700	120.0	11	0.000000	-10.934739
16	4262710	46.522081	0.313903	1523294503	3277420	3277433	0.017173	1000000.000000	2.060700	120.0	11	0.000000	-10.934739
17	4262710	46.522081	0.313903	1523294803	3277420	3277433	0.017173	1000000.000000	2.060700	120.0	11	0.000000	-10.934739
18	4262710	46.522081	0.313903	1523295103	3277420	3277433	0.017173	1000000.000000	2.060700	120.0	11	0.000000	-10.934739
19	4262710	46.522081	0.313903	1523295403	3277420	3277433	0.017173	1000000.000000	2.060700	120.0	11	0.000000	-10.934739
20	4262710	46.522081	0.313903	1523295703	3277420	3277433	0.017173	1000000.000000	2.060700	120.0	11	0.000000	-10.934739
21	4262710	46.522081	0.313903	1523296003	3277420	3277433	0.017173	1000000.000000	2.060700	120.0	11	0.000000	-10.934739
22	4262710	46.522081	0.313903	1523296303	3277420	3277433	0.017173	1000000.000000	2.060700	120.0	11	0.000000	-10.934739
23	4262710	46.522081	0.313903	1523296603	3277420	3277433	0.017173	1000000.000000	2.060700	120.0	11	0.000000	-10.934739
24	4262710	46.522081	0.313903	1523296903	3277420	3277433	0.017173	1000000.000000	2.060700	120.0	11	0.000000	-10.934739
25	4262710	46.522081	0.313903	1523297203	3277420	3277433	0.017173	1000000.000000	2.060700	120.0	11	0.000000	-10.934739
26	4262710	46.522081	0.313903	1523297503	3277420	3277433	0.017173	1000000.000000	2.060700	120.0	11	0.000000	-10.934739
27	4262710	46.522081	0.313903	1523297803	3277420	3277433	0.017173	1000000.000000	2.060700	120.0	11	0.000000	-10.934739
28	4262710	46.522081	0.313903	1523298103	3277420	3277433	0.017173	1000000.000000	2.060700	120.0	11	0.000000	-10.934739
29	4262710	46.522081	0.313903	1523298403	3277420	3277433	0.017173	1000000.000000	2.060700	120.0	11	0.000000	-10.934739

图 15-21　添加相邻时刻定位记录距离及观测概率的数据扩展集

(3) 转移概率拟定

在计算观测概率时,我们获得了存在候选匹配道路的相邻时刻定位记录地理距离,同理可计算相邻时刻定位记录的时间差异,故剩余任务便是确定相邻时刻定位记录对应的候选匹配点间路网最短距离并以此推测出最短通过时间,最终获取距离转移概率$p_d(S_t|S_{t-1})$及时间转移概率$p_T(S_t|S_{t-1})$。

为说明问题,本书在此说明前一时刻$t-1$对应候选匹配道路z_{t-1}的候选匹配点$p(s_{t-1}^2, z_{t-1})$同后一时刻t对应候选匹配道路z_t的候选匹配点$p(s_t, z_t)$间路网最短距离$\|p(s_{t-1}, z_{t-1}), p(s_t, z_t)\|_{\text{Dijkstra}}$确定方法。以轨迹数据集中定位序号129和定位序号130分别对应的两个候选匹配道路段及候选匹配点为例(数据见表15-11),符合图15-8中四种相对行驶方向组合的情况将有15个,在此首先介绍pgrouting模块使用方法。

添加相邻时刻定位记录距离及观测概率的数据扩展集(部分续)　　表15-11

nid	cost	reverse_cost	km	kmh	clazz	seglength	distprob
129	0.013044	1000000	1.56528	120	11	0.631563	-3.85913
129	0.013028	1000000	1.5633	120	11	0.631563	-8.4597
130	0.026348	1000000	3.1518	120	11	0.645979	-3.90413
130	0.026343	1000000	3.15113	120	11	0.645979	-7.4539

在PostgreSQL数据库pgrouting模块下,单点对单点的路网最短距离求解函数为pgr_dijkstra('SELECT * FROM Roadtable', start_node, end_node, True),其中Roadtable参数为具备拓扑的道路表格名称,start_node参数为求解最短路的起点编号,end_node参数为求解最短路的终点编号,默认的True参数表示遵循道路真实方向即视reverse_cost值确定道路是否允许反向通行,而当该参数设置为False时则忽略道路真实方向即无视reverse_cost令每条道路正反向均可通行。以start_node为3444465、end_node为3444414为例,对应的最短路将按顺次通过的道路段编号输出,具体如图15-22所示。其中,seq表示pgrouting输出结果的总体序号,path_seq表示当前最短路中当前步骤号,node表示当前步骤下的起始序号,edge表示当前步骤所在道路序号,cost表示当前步骤所需损失即通过当前道路所用的通行时间,agg_cost表示当前最短路的总体损失即截至目前步骤所需的通行时间。

由于pgrouting原始输出结果较为臃肿且仅包含通过道路段的通行时间,故使用内连接并对查询结果进行聚合,可直接得出给定节点序号间的路网最短路情况,即长度为22.801842946km、最短通过时间为0.25384923484h,具体查询方式可见图15-23。而当考虑前后两个定位记录相对于候选匹配道路的相对行驶方向时,则需考虑相对行驶方向对定位点驶向道路段节点距离(定位点由道路段节点驶来距离)、最短路求解所需节点编号影响:以定位序号176对应道路序号4472570为相对正向行驶(即$d_{176}=0$)和定位序号177对应道路编号4472501为相对反向行驶($d_{177}=-1$)为例,路网距离则应计算为$1.56528\times(1-0.273499877)$+节点3444465到节点3444417的Dijkstra距离$+3.1518\times(1-0.018415205)$,进而推算出最短通过时间;以定位序号176对应道路序号4472570为相对正向行驶(即$d_{176}=-1$)和定位序号177对应道路编号4472501为相对反向行驶($d_{177}=0$)为例,路网距离则应计算为1.56528×0.273499877+节点3444502到节点3444414的Dijkstra距离$+3.1518\times0.018415205$,进而推算出最短通过时间(表15-12)。

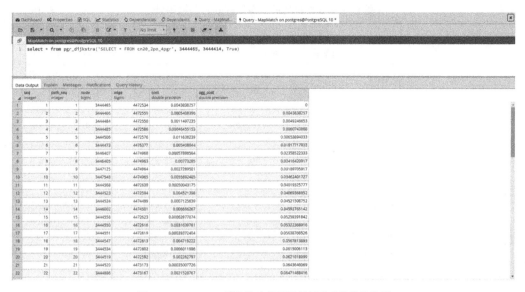

图 15-22　pgrouting 模块输出的路网最短路途径道路结果

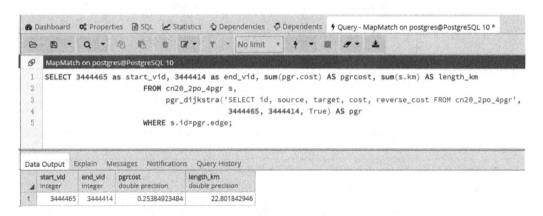

图 15-23　使用内连接及聚合函数对 pgrouting 输出结果调整过程图

添加相邻时刻定位记录距离及观测概率的数据扩展集（部分）　　　　表 15-12

nid	edge	dist	frcalong	secs	source	target
176	4472496	11.07634	0.727087	1523311590	3444413	3444414
176	4472570	35.914	0.2735	1523311590	3444502	3444465
177	4472501	11.48047	0.018415	1523311515	3444414	3444417
177	4473399	31.45319	0.981562	1523311515	3445070	3444502

于是，按照上述的路网距离及其对应通行时间计算方法，可获取定位序号 176 至定位序号 177 的 15 种可能的相对行驶方向及候选匹配点组合，具体值如表 15-13 所示。结合距离转移概率和时间转移概率的计算公式（15-22）及公式（15-23），联合 $(S_{176}, S_{177}) = (S_{176}|V_{176}) \cdot (S_{177}|V_{177}) \cdot P(S_{177}|V_{177})P(S_{176}|S_{176})$，可确定在当前两个相邻时刻定位点下，最佳匹配结果为定位序号 176 时车辆位于道路序号 4472496 且相对行驶方向为正向、定位序号 177 时车辆位于道路序号 4472501 且相对行驶方向为正向。

示例中两个相邻时刻定位点对应的转移概率计算　　　　表 15-13

定位点2 \ 定位点1		定位序号 176			
		道路序号 4472496		道路序号 4472570	
		$d_{176}=-1$	$d_{176}=0$	$d_{176}=-1$	$d_{176}=0$
定位序号 177	道路序号 4472501, $d_{177}=0$	(2.76159968466, 727086.750529, 0.645979171, 0.004156667)	(0.48541402927, 0.004045115296, 0.645979171, 0.004156667)	(24.850935560, 273500.144361, 0.645979171, 0.004156667)	(23.9958089452, 0.263798950886, 0.645979171, 0.004156667)
	道路序号 4472501, $d_{177}=-1$	(8.96873887072, 1708670.57139, 0.645979171, 0.004156667)	(6.69255321533, 981561.7409081, 0.645979171, 0.004156667)	(31.058074746, 1255083.96522, 0.645979171, 0.004156667)	(30.2029481313, 981584.084662, 0.645979171, 0.004156667)
	道路序号 4473399, $d_{177}=0$	(52.856248559, 727090.2963019, 0.645979171, 0.004156667)	(50.5800629038, 0.472830759543, 0.645979171, 0.004156667)	(74.945584435, 273500.613147, 0.645979171, 0.004156667)	(74.0904578197, 0.732584594132, 0.645979171, 0.004156667)
	道路序号 4473399, $d_{177}=-1$	(52.972821815, 745525.508800, 0.645979171, 0.004156667)	(50.6966361508, 18438.76231543, 0.645979171, 0.004156667)	(0.4858481862, 291938.156, 0.645979171, 0.004156667)	(74.2070310767, 18439.02207027, 0.645979171, 0.004156667)

注：表格内数据为[转移距离(km),转移时间(h),定位记录距离差,定位记录时间差]。

(4) 使用维特比算法获取车辆真实途经道路

通过重复步骤(3)中相邻时刻定位记录间转移概率计算过程，可依次将轨迹定位按时间顺序获取距离转移概率及时间转移概率，进而利用维特比算法获取使式(15-20)获得最大值时的候选匹配道路(点)及相对行驶方向组合。算法获取了车辆真实通过的道路段，但仍存在因传输问题导致的途中定位丢失。于是，可针对道路段断开处，结合车辆相对行驶方向及pgrouting模块提供的路网最短路求解，还原车辆历史途径道路。

15.3.4 地图匹配算法工程应用总结

目前，地图匹配算法在交通学界的工程应用已日趋成熟，其中尤以基于隐马尔可夫模型的地图匹配算法应用最为广泛。本小节针对最基础的隐马尔可夫匹配模型及其工程实践进行了详细论述，初学者可通过模仿过程快速实现较为准确的地图匹配，读者可在根据个人数据库配置情况修正后快速上手。诚然，本小节给出的仅为针对历史轨迹数据进行地图匹配的基础模型，学术界仍存在较多的改良模型，例如改良型隐马尔可夫地图匹配模型、实时在线型地图匹配、车道级地图匹配等，读者也可根据自身实际需要进行拓展阅读，并借助PostgreSQL数据库进行编程实现。

习　题

1. 通过负二项模型预测有很高事故计数的路段是否可能被确定为高安全处理优先级？为什么？为什么不？
2. 简述通行能力的定义、作用及它与交通量的区别和内在关系。
3. 简述道路通行能力与服务水平的关系，分析影响道路通行能力的因素有哪些。

本章参考文献

[1] 卢杨. 基于经验贝叶斯法的高速公路事故黑点识别研究[D]. 西安：长安大学，2015.

[2] TRB. Highway capacity manual[M]. Washington D C：National Academy of Sciences，1985.

[3] 屠启超. 低样本率下融合几何信息与拓扑关系的地图匹配算法研究[D]. 长沙：湖南大学，2017.

[4] GAO W C, LI G L, TA N. Survey of map matching algorithms[J]. Journal of Software, Chinese Academy of Sciences, 2018, 29(2)：225-250.

[5] NEWSON P, KRUMM J. Hidden Markov map matching through noise and sparseness[C]// ACM. Proceedings of the ACM International Symposium on Advances in Geographic Information Systems. Seattle：ACM Press, 2009.

[6] LOU Y, ZHANG C, ZHENG Y, et al. Map-matching for low-sampling-rate GPS trajectories [C]//ACM. Proceedings of the ACM International Symposium on Advances in Geographic Information Systems. Seattle：ACM Press, 2009.

[7] RAYMOND R, MORIMURA T, OSOGAMI T, et al. Map matching with hidden markov model on sampled road network[C]//ICPR. Proceedings of the 21st International Conference on Pattern Recognition. Tsukuba：Springer-Verlag, 2012.

[8] MILLARD-BALL A, HAMPSHIRE R, WEINBERGER R. Map-matching poor-quality GPS data in urban environments：the pgMapMatch package[J]. Transportation Planning and Technology, 2019, 42(6)：539-553.

[9] YANG C, GIDÓFALVI G. Fast map matching, an algorithm integrating hidden Markov model with precomputation[J]. International Journal of Geographical Information Science, 2018, 32 (3)：547-570.

[10] JAGADEESH G R, SRIKANTHAN T. Online map-matching of noisy and sparse location data with hidden Markov and route choice models[J]. IEEE Transactions on Intelligent Transportation Systems, 2017, 18(9)：2423-2434.

[11] LI F, BONNIFAIT P, IBANEZ-GUZMAN J, et al. Lane-level map-matching with integrity on high-definition maps[C]//IEEE. Proceedings of IEEE Intelligent Vehicles Symposium. Los Angeles：IEEE, 2017.